成都东软学院学术论文集

（第六辑）

主　编　张应辉
副主编　刘明理　喻　超　巫家敏

西南交通大学出版社
·成都·

图书在版编目（CIP）数据

成都东软学院学术论文集：第六辑 / 张应辉主编
. —成都：西南交通大学出版社，2021.7
ISBN 978-7-5643-8110-3

Ⅰ. ①成… Ⅱ. ①张… Ⅲ. ①社会科学 – 文集②自然科学 – 文集 Ⅳ. ①Z427

中国版本图书馆 CIP 数据核字（2021）第 131307 号

Chengdu Dongruan Xueyuan Xueshu Lunwenji
成都东软学院学术论文集
（第六辑）

主　编　张应辉

责任编辑　赵玉婷
封面设计　严春艳

出版发行　西南交通大学出版社
（四川省成都市金牛区二环路北一段 111 号
西南交通大学创新大厦 21 楼）
邮政编码　610031
发行部电话　028-87600564　028-87600533
网址　http://www.xnjdcbs.com
印刷　四川森林印务有限责任公司

成品尺寸　210 mm × 285 mm
印张　22.75
字数　683 千
版次　2021 年 7 月第 1 版
印次　2021 年 7 月第 1 次
定价　95.00 元
书号　ISBN 978-7-5643-8110-3

前言

Preface

一所以产学研融合为特色的大学，理当至少有一种学术刊物，作为展示学校开展学术活动的平台和反映学校学术水平的窗户，并发挥它应有的社会功能；一所大学应该注重科学研究成果，研发先进的教育方式，研磨学院的办学能力，钻研更高的专业知识。为此，《成都东软学院学术论文集》应运而生。

科研不是空中楼阁，它要建立在教学思考的基础上，也会反过来提高教学水平。要以教学为主，同时进行分阶段、分层次、分类型的科研课题探讨，以达到系统化的科研成效。希望各位老师能及时总结科研教学经验，发挥创新意识，及时更新、学习国内外行业前沿资讯和技术，从而形成高质量的科研成果，推动学院产学研良性发展。

我希望，《成都东软学院学术论文集》定位要准，办刊宗旨要明确；依托我院重点专业、特色专业，创造出一个或几个优秀的颇具特色的精品栏目，提升学刊的学术品位，形成自己的独特优势，扩大学刊学术影响；要本着学刊要“反映学校科研、教学的窗口”这一要求，科学设置学科栏目，跟踪最新学术动态，为全面提高科研、教学水平服务；还要拓宽学术视野，坚持开门办刊，广泛吸纳和反映国内外先进技术研究的最新成果。

我相信，在大家的共同努力下，《成都东软学院学术论文集》必能办出特色、办出水平，成为老师们的一个从事研究和思考的学术平台、科研成果展示平台、教学经验交流平台，为加强我校与兄弟院校及社会各界的广泛联系与交流构筑一座有益桥梁，推动学院朝着有特色、高水平、创业型应用技术大学的办学目标不断前进。

张应辉

目 录
Contents

自然科学篇

人文社科篇

自然科学篇

浅析图像处理技术中选区通道的工作原理

骆鹏州

（成都东软学院数字艺术系 四川 成都 都江堰 611844）

摘 要：近年来，数字图像处理技术经过不断改良和发展，逐渐形成了一套系统化的技术解决方案。其中，选区通道作为一项重要的核心技术，已成为当前相关领域从业者需要掌握和熟练运用的一项专业技能，以及各类艺术设计院校相关专业课程中的教学重点和难点。本文从实际应用的角度，结合相关文献资料和实际工作经验，对选区通道的工作原理进行了简要的分析和介绍。

关键词：选区；通道；图像处理

A Brief Analysis on the Working Principle of Selection Channel in Image Processing Technology

Luo Pengzhou

Department of Digital Arts, Chengdu Neusoft University, Chengdu 611844

Abstract: In recent years, digital image processing technology has been constantly developing and gradually forms a set of systematic technical solutions. Among them, selection channel, a core technology, has become a professional skill for practitioners in relevant fields to master and the focus as well as the most difficult part in the teaching of courses in relevant majors at various art and design colleges. Based on relevant literature and working experience, this paper introduces and analyses the working principle of the selection channel from the perspective of practical application.

Keywords: selection; channel; image processing

自古以来，图像以其直观性和生动性，在信息传播和交流的过程中发挥着重要作用。近年来，随着互联网技术的推广和普及，通过各种网络平台传播的数字图像作品不断增多。同时，各类数字图像处理软件也不断对相关技术进行改良和升级换代。其中典型的代表是 Adobe 公司的 Photoshop 软件。该软件为数字图像处理相关产业提供了一套便捷的技术解决方案和作业流程。其中，选区通道作为一项基础性的关键技术和核心功能，已逐渐成为相关行业从业者需要熟练掌握与灵活运用的核心专业技能，此外也成为各类艺术设计院校相关专业课程中的教学重点。同时其由于工作原理的创造性和复杂性，也常常成为学生学习的难点。本文尝试从实际应用的角度，结合相关文献资料和实际工作经验，对选区通道的工作原理进行简要分析和介绍。

1 选区的概念和作用

数字图像，是由数字信息组成的图像。常见的数字图像主要可分为两大类，即矢量图和位图（又称点阵图或栅格图）。由于新闻摄影作品和大部分创意设计图片都是以位图的形式进行存储和编辑的，因此位图在产业应用中的占比很大。本

基金项目：成都市科技局 2020 年度科研项目(编号：2020-YF09-00010-SN)。

作者简介：骆鹏州（1975—），男，汉族，四川成都人，副教授，硕士，研究方向为平面设计。

文分析和介绍的选区通道，主要是针对位图的加工处理而开发的一项关键技术，并由此衍生出了图层蒙版等其他相关技术和功能。

每一幅位图，都由许多像素点组成，其中每个像素点都分别包含和记录了各自相应的色彩信息。当用户需要用 Photoshop 软件对一幅位图中某个区域内的物体图像进行处理时，首先需要用选择工具或相关命令对该物体轮廓范围内所包含的像素点进行选择和标注。被选中的区域，会被一条浮动的、连续闪烁的闭合虚线框所包围。虚线框内的区域就是被选中的区域，被称为“选择区域”，简称“选区”。用户只有在获得轮廓适宜的选区后，才能对该选区内的物体图像和像素点进行后续加工和处理。这样，后续加工处理的效果，才会只对选区内的图像和像素点发生作用，而不会干扰和影响到选区以外的图像。

2 如何获得轮廓适宜的选区

通常情况下，画面中所包含的各种物体图像的外形轮廓，是各不相同、丰富多样的。因此，为了让用户能够根据各种物体图像的具体形状，来绘制和获得与之轮廓相适应的“选区”，Photoshop 为用户提供了各种不同的选择工具，如矩形/椭圆选框工具、套索工具、魔棒工具等。同时，还在命令菜单栏的“选择”设置了“色彩范围”等更多方便用户获得选区的操作命令。这些工具和命令的工作原理不同，在实际操作中的适用情况也不同，用户可根据需要进行选用。目前已有各类相关专业书籍对上述选择工具的使用方法进行详细的介绍，本文不再赘述。

3 选区的透明度

在 Photoshop 中，选区不仅具有一定的空间坐标位置和轮廓形状，同时还可以包含不同层次的不透明度。当用户使用矩形/椭圆选框工具、套锁工具时，如果将工具参数栏中的“羽化”参数（该参数的数值范围在 0 到 255 之间，分为 256 个等级）设置为 0，绘制出的选区就是完全不透明的。如果将“羽化”参数设为从 1 到 254 之间的任意整数数值，绘制出的选区就会沿着其轮廓边沿产生从内向外，从完全不透明向完全透明的渐变过渡效果，这种效果被称为“羽化效果”。此外，运用钢笔工具绘制的轮廓路径也可以转化为选区，并可以通过执行“选择/修改/羽化…”命令，为转化而来的选区添加羽化效果。总之，“羽化”参数的数值越大，这种渐变过渡的层次就越丰富，羽化效果也越显著。在影视海报、创意摄影和其他图像设计相关领域，可以利用选区的这种“羽化效果”，将选区中的图像复制、粘贴到新的图层中，并与其他背景图像产生自然的融合效果，这就为创意的发挥提供了方便的技术条件。

4 选区通道的概念和作用

如前所述，绘制和获得轮廓适宜的选区，是图像处理工作中常见的前期步骤。尤其是在处理大幅摄影和海报作品时，对选区轮廓的精确程度，提出了更高的要求，通常需要用套索工具或钢笔工具花费很长的时间，对选区轮廓进行精细的人工绘制。为了应对可能在绘制过程中出现断电或需要休息间隔等情况，就需要随时对选区进行保存，以便后续调用和修改完善。保存的方法，是在“通道”面板中，点击“将选区存储为通道”的命令按钮，就能将选区转化为一个单独的通道（以下将这种通道简称为“选区通道”），以便同每幅图像自带的“色彩通道”进行区别。不同的选区可保存为不同的通道，分别命名，并保存在通道面板中，以便区分。具体来说，选区通道，可以将选区的位置、轮廓形状和“羽化效果”等不透明度信息，转化为一幅黑白灰的单色位图，然后对其进行保存。以后需要对选区进行修改和重复利用时，就可以将之前保存的选区通道重新转化为相应的选区。

5 选区通道的工作原理

如前所述，一个选区通道就是一幅黑白灰单色的位图图像。这幅图像中的每个像素点中，都包含了各自的数值，表明这个像素点的黑白灰亮度层次。其中，最暗的为黑色，最亮的为白色，从黑色到白色逐渐增高的亮度渐变层次，一般被等分为 256 个层级（业界常把这种由不同亮度等级的灰色组成的渐变阶梯，简称为“灰阶”)，并用从 0 到 255 之间共 256 个整数数值来与每一个亮度层级一一对应。因此，从 0 到 255 之间的每个数值，就代表了一个特定等级的亮度层次。选区通道图像中的每个像素点中都包含了一个这样的数值，从而记录了各个像素点具体的亮度层次。因此，选区通道的显示效果，就是一张由具有不同亮度层次的灰色像素点所组成的黑白灰单色画面。

根据上述原理，也可以把画面的不透明度，从完全透明到完全不透明，等分为 256 个层级，并用从 0 到 255 之间的 256 个整数数值来与之一一对应和表示。其中，通常用 0 来表示不透明度最低的等级，也就是完全透明的效果；用 255 来表示不透明度最高的等级，也就是完全不透明的效果。其他从 1 到 254 之间的整数数值也都分别代表了一种与之相对应的不透明度等级。

照此原理，选区和上述“羽化效果”也可以转化为不透明度，同样用从 0 到 255 之间的 256 个整数数值来表示。比如，选区以外的像素点，是未被选中的状态，可以转化为完全透明的区域，即不透明度最低的等级，用数值 0 来表示。选区以内的像素点，为已被选中的状态，可以转化为完全不透明的区域，用数值 255 来表示。如果某个选区被添加了羽化效果，那么会沿着该选区的边沿，由内向外，不透明度逐渐降低，因此，也可以用从 0 到 255 之间数值来表示其中所包含的各种不透明度层次。

由此可见，选区不仅可以转化为从 0 到 255 之间的 256 个不透明度层次，同时也可以转化为从 0 到 255 之间的 256 个黑白灰亮度层次，并以单色通道图像的形式进行显示和保存。究其原因，就是我们既可以用从 0 到 255 之间的 256 个整数数值来表示某个像素点的亮度等级，同时也可以表示它的不透明度等级，因此它们之间可以互相转化。

表 1 选区通道图中某像素点的数值与亮度等级、不透明度和选区的对应关系

选区通道图中某像素点的数值	选区通道图中该像素点显示的亮度等级和效果	选区通道图中该像素点的数值可转化出的不透明度等级	选区通道中该像素点的数值可转化出的选区和羽化效果
0	亮度等级最低，显示效果为黑色	该像素点的不透明度等级最低，显示效果为完全透明而不可见	该像素点在选区以外，处于未被选中的状态
1	亮度比数值为 0 时略高一个等级，实际显示效果为一种比黑色略亮一点的深灰色	该像素点的不透明度比数值为 0 时增高一级。实际显示效果为一种比完全透明不可见略为不透明而可见一点的效果	该像素点在选区以内，处于被选中的状态，且处于羽化效果的外侧边沿，其不透明度为比数值为 0 时增高一个等级的效果
2	亮度比数值为 1 时略高一个等级层次，在通道位图中的显示效果为比上一级略亮一点点的深灰色	该像素点的不透明度比数值为 1 时增高一级。实际显示效果为比上一级略微不透明而更加可见一点的效果	该像素点在选区以内，处于被选中的状态，且靠近羽化效果的外侧，其不透明度为比数值为 1 时增高一个等级的效果
…	以此类推……	以此类推……	以此类推……
255	亮度比数值为 254 时增高一级，达到最高的亮度等级，显示效果为白色	该像素点的不透明度，比 254 级略高一个等级。实际显示效果为完全不透明，达到完全可见的程度，没有任何半透明的感觉	该像素点在选区以内，处于被选中的状态，且其不透明度达到最高等级，显示效果为完全不透明而完全可见，没有任何半透明感

根据上述原理，Photoshop 又将选区通道与图层相结合，进一步开发了“图层蒙版”功能。其工作原理，是为某个图层中的图像，加上图层蒙版。每一张图层蒙版本身就是一幅如同选区通道的黑白灰单色画面，其中对每个像素点，也用从 0 到 255 之间数值来表示其不透明度等级，并将这种不透明度效果，与图层中的图像画面直观地结合在一起。

以如下三幅图片为例，它们分别体现了同一个带有羽化效果的选区，在图像画面中的显示效果（如图 1 所示）；转化为选区通道后在黑白灰单色通道图中的显示效果（如图 2 所示），和转化为图层蒙版后与图像结合在一起的效果（如图 3 所示）。对这三者进行对比观察和分析，可以帮助我们理解三者之间的对应关系。

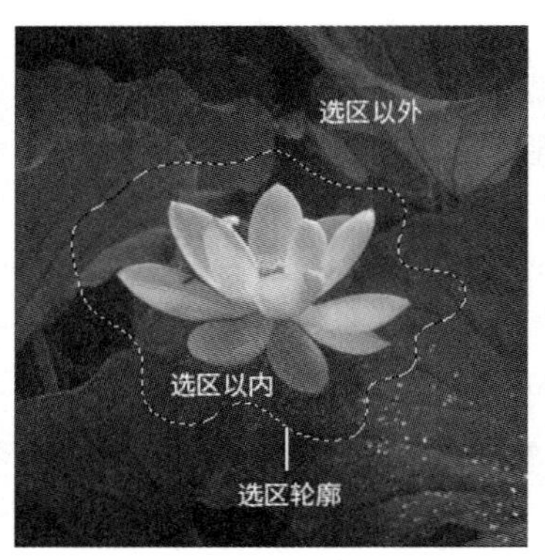

图 1　选区的显示效果

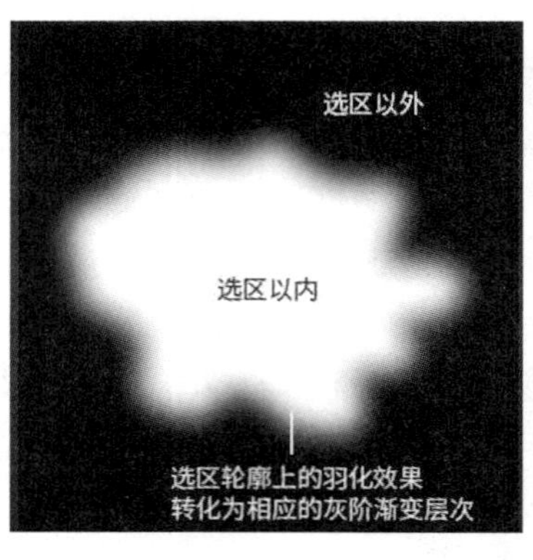

图 2　选区通道的显示效果

图 3　图层蒙版的显示效果

综上所述，选区通道为选区的保存和修改完善提供了方便，是图像处理技术中所包含的一项核心技术，目前已经成为图像设计领域相关从业者需要掌握和熟练运用的一项专业技能，以及相关艺术设计专业课程中的核心要点。同时，由于其工作原理的创造性和复杂性，也成为学习上的一个难点。在教学过程中，可以结合上述原理，以理论讲解、案例分析和实践训练相结合的方式，帮助学生加深理解，并在此基础上提高实际运用能力。

参考文献

[1] 陈远宁,徐英武. 浅析在 photoshop 中通道蒙版选区路径等之间的关系[J]. 电脑知识与技术，2019（23）：240.

[2] 王蕾. 运用 PS 通道进行复杂抠图技术分析[J]. 数字化用户，2019，25（23）：231-232.

[3] 罗文坚. PhotoShop 通道技术的探讨[J]. 电子技术与软件工程，2018，（11）：62-64.

三维建筑信息模型（BIM）与精益建造的工程管理分析

孙　源

（成都东软学院数字艺术系　四川　成都　611844）

摘　要：在建筑工程逐渐发展壮大的背景下，对其形式要求也逐渐复杂，在这样的情况下传统的进度管理也慢慢显示出其劣势。基于此，本文根据实际项目经验，论述了三维建筑信息模型（BIM）在工程进度管理中的应用。

关键词：BIM；工程；进度管理

Three Dimensional Building Information Model (BIM) and Lean Construction Project Management Analysis

Sun Yuan

(Department of Digital Arts, Chengdu Neusoft University, Chengdu 611844)

Abstract: With gradual development and expansion of construction projects, the requirements for construction forms are gradually complex. In this case, the traditional schedule management also slowly shows its disadvantages. Based on this, the author discusses the application of three-dimensional building information model (BIM) in the project schedule management according to the actual project experience.

Keywords: BIM; engineering; schedule management

1　引　言

建筑施工管理的进度安排针对的对象是拟建工程项目，对各项施工顺序和准备内容开工、竣工时间合理计划。在实际的项目实施过程中，工程进度计划不仅要制定详细，还需各个阶段的施工进度准确估算。传统的建筑施工估算方法是利用计算机软件，将进度相关事件信息与 3D 模型结合，得出展开的 4D 施工具体进度。这种进度估算方法虽然对财力资源、人力成本控制得比较好，但从管理施工角度来看，面对大型化工程项目时，得到的计算结果与实际情况之间存在较大差异。

2　三维建筑信息模型与精益建造的重要作用

三维建筑信息模型（Building Information Modeling）简称 BIM，其技术概念是 Autodesk 公司在 2002 年提出的，它可以将模型中的各种信息元素结构整合于一套三维数据库中，相关的设计单位、施工团队、运营设施部门和业主单位等多方人员可以基于 BIM 进行协同工作，提高工作效率，有效节省资源成本，实现可持续发展。目前该项技术已经在全球范围内得到了业界广泛认可，它可以帮助实现建筑信息的集成，从建筑的设计、施工、运行直至建筑全寿命周期的终结。应用 BIM 可以准确预算出建筑工程施工时所需要

作者简介：孙源（1985—），男，汉族，籍贯四川，讲师，学士，研究方向为三维动画。

的实际施工材料数量，方便相关施工作业合理管理，确保工程的施工进度。同时，BIM 有着大量的共享数据资源库，可以有效促进各个单位之间的协调沟通，及时与相关单位进行信息共享，在很大程度上为施工进度计划的顺利实施提供一定的保障，提升了工程施工进度计划的可操作性。精益生产是指固定的人来生产流动的产品，建筑是流动的人员来生产固定的产品。同制造业相比，复杂性和不确定性是建筑行业面临的共同问题，施工条件一般也比较恶劣，生产率很低，质量难以保证，因此以精益生产理论和建筑生产理论为基础来构建整个项目交付体系，能有效地减少和消除资源浪费，及时找到导致问题的原因、发现存在的差异，第一时间有效地采取解决措施，进行整改，保证施工进度计划的顺利开展，减少和缩短工作面之间的距离，提高整体工作效率，实现企业和社会利益的双丰收。

3 BIM 与精益建造的工程进度管理分析

3.1 工程概况

笔者在 2019—2020 年参与了华能集团汤阴风电场一期改扩建项目、雅安倍特星月宾馆装修改造项目、新都区创业创新中心装修改造等项目，以上项目施工建设中均引入了 BIM 与精益建造的工程管理计划，在实践中得到了较好的成果体现。现以新都区创业创新中心装修改造项目为例进行分析。该工程位于新都区北部中心地段，建筑共 10 层（地上 9 层，地下 1 层），现浇框架结构建筑，装饰总面积约 2.8 万平方米，主要包含室内装修、安装、水电、暖通、给排水等专业，项目主要由一层展厅、办公室、九层钢结构组成，从建筑整体设计、项目施工、运行全面应用了 BIM 技术进行协调管理。

3.2 基于 BIM 的建筑工程进度估计计划制定

在新都区创业创新中心装修改造项目中，为了保证工程项目的推进，首先要求在合理对该工程进行结构分解的基础上，制定施工计划。工作结构通过分解将整个项目按照信息层次划分为多级树状结构，划分的层次越多代表结构越细致，最终分析出的工作包是包含整个创业创新中心的 BIM 编码的集成。根据得出的 BIM 编码，完成工程进度计划的制定，工期安排及时间搭接。该过程充分展现了 BIM 编码功能，为完成精确的建筑工程进度计算提供了关键步骤。

3.3 建筑工程运行计算方式

数据层、模型层、平台层、应用层是 BIM 建筑工程运行计算中运行方式的四个方面。数据层属于 BIM 最基层的数据库，位于整个系统的最低端，起到控制整个建筑工程进度预估作用。数据层内包含基本数据和扩展数据两种类型，这些数据都属于半结构化形式。模型层中是 BIM 进度控制结构，主要作用是进行整理数据层的零散估计数据，当数据层中的预估信息出现改变时，模型层中的 BIM 进度控制结构也会随之改变。平台层在其中主要负责连接模型层与应用层，一方面使应用层用户不必随时关注 BIM 估计方法的具体集成步骤，另一方面支持模型层中 BIM 进度控制结构的建立。应用层实时接收平台层的进度估计结果，并根据该结果对整体工程进度起到监控管理作用。

3.4 分层优化、多方参与施工进度计划

BIM 可以高效直观地表达出多维度的空间数据，有效避免传统施工中将施工图纸作为信息传递媒介带来的信息损失，不但可以让设计方、建设方、施工方、监理方等多方机构进行及时沟通交流，为工程参建主体方提供有效的共享与写作环境和进度信息，还可以避免信息丢失。新都区创业创新中心装修改造项目在施工进度计划编制时，统筹指导主要根据 BIM 计算进行部署，同时根据实际情况组建由现场实施人员和施工计划编制人员组合的专业团队，按照精益建造方式施工理念进行有序的工程进度操作，这样既考虑到设

计和实际施工过程中的多方面影响因素又有效确保编制的施工进度计划可以得到充分落实，有利于改善工程施工进度管理中存在的一些问题，还有助于提升建筑工程进度管理的绩效，保障建筑工程项目在合同规定的期限内保质保量地顺利完成竣工验收。

3.5 WBS 项目分解、工程进度计划编制

将 WBS 运用在 BIM 与精益建造编制工程施工进度计划中把工作细分化，WBS 是把项目工作按阶段可交付成果分解成较小的、更易于管理的组成部分。将资源等信息、施工进度与 BIM 模型元素信息连接，同时把计划编制与计划实施整合起来。从组织和实践层面将施工进度、计划进度控制整合，确保强调同步反馈在进度目标中的关键作用。基于 BIM 与精益建造的工程进度计划编制，不仅可以有效减少建筑工程建设过程中的人力、物力以及财力等资源的浪费，还可以实现企业最大化的经济效益和社会效益。

3.6 项目关键工序把控

在新都区创业创新中心装修改造项目中，施工开始前负责施工的技术部门要做好充分准备工作，将 BIM 技术与项目进度计划、BIM 模型以及其中具有互用性的 4D 软件相互连接起来，注重在管理改造过程与项目进度控制运用软件辅助模拟的方法模拟，从模拟的结果看出可能存在的问题进行提前评估，在改造中及时地优化调整施工方案，三维模拟可以有效测试工程进度和可靠程度，在出现问题之前就做好解决预案，使工程项目开展的可控性达到计划要求。4D 施工模拟技术可以用来反映改造项目的具体进展，与计划施工进度的情况对比，还可以找到导致两者发生差异的原因，除此以外，这项技术对施工过程进行实时的监测，保证施工进度按计划进行。

4 结束语

当前与工程进度预测和工程可靠性以及 BIM 技术相关的研究在国内外都很广泛，这为施工进度的科学管理以及可靠实施奠定了理论基础。下一步，需要我们通过更多的实践操作，从实践中得出结果和总结经验，进一步加强 BIM 技术在控制方法中的应用和在工程项目施工中的进度预测。

参考文献

[1] 朱庆亮，张丽华，方涛. BIM 技术在项目施工进度管理中的应用[J]. 施工技术，2017，46（S2）：1184-1186.

[2] 万力. 基于 BIM 的工程项目进度管理研究[J]. 合作经济与科技，2017（24）：144-145.

[3] 包胜，林洋杰，赵政烨，等. 基于 BIM 的工程项目进度管理实例分析[J]. 项目管理技术，2017，15（12）：76-83.

CoT Network: A Network Computing Platform

Gu Ruixiang, Su Chunyang, Zou Zedong, Huang Yi, Zhang Yi, Su Zhiyun
(Wanwushuchuang Technology Company, Chengdu 610500)

Wu Jiamin
(Department of Research Management, Chengdu Neusoft University, Chengdu 611844)

Abstract: Network computing refers to the use of computers and other devices in linked networks, rather than as unconnected, stand-alone devices. As telecom technology advances, such as 5G, along with an increased number of devices, it is possible to construct a super computing network to deliver better computing services. This paper here propose "Computing of Things (CoT) Network", a network computing platform designed to perform distributed computing for embarrassingly parallel computation tasks utilizing globally distributed idle computing resources. With a year of commercial usage, it is shown that CoT Network delivers faster and more economical computing services for rendering tasks in CG markets.

Keywords: network computing; idle devices; CG render

1 Introduction

Network computing, in a broad perspective, can be considered as the use of computers and other devices in linked networks (LAN, WLAN and WAN), rather than as unconnected, stand-alone devices. Network computing in terms of public-resource computing emerged in the mid-1990s, with two projects, GIMPS and Distributed.net. SETI@ home was launched in 1999, which has attracted millions of participants worldwide. The most well-known network computing platform is Berkeley Open Infrastructure for Network Computing (BOINC), which is located at the University of California, Berkeley. It has existed since 2001, with funding primary from the National Science Foundation. BOINC is a software system that makes it easy for scientists to create and operate public-resource computing projects. It supports diverse applications, including those with large storage or communication requirements. PC owners can participate in multiple BOINC projects, and can specify how their resources are allocated among these projects. BOINC was architected as a non-profit platform with the purpose of serving scientific communities. Some open-source systems have been developed, such as Cosm, jxta, and XtremWeb, but these systems provide only part of the necessary functionality. However, many industries and markets demand cheaper and faster computation services, while millions of device owners willing to trade their devices' idle computing power for extra income instead of non-profit spiritual rewards. We here present CoT Network which is designed to bridge the idle computing power and paid computing tasks for various industries and markets, which brings extra income for idle computing resource providers and better computing services for computing resource consumers.

CoT Network has a Client/Server architecture, which is used to manages all the nodes (devices) that connected to CoT Network to compute certain tasks. Its key features are:

- Significantly lower the cost of infrastructure to achieve high availability and capability of computing resource;
- Constructing a decentralized network with distributed computing and storage capability using heterogeneous devices;
- Providing a basis for 5G application by managing interaction between MEC and end device;

- Offering a new application of 5G by linking 5G devices to form a super computing network.

2 Architecture

The major components of CoT Network, as shown in Figure 1, are B-Client, C-Client, distributed storage system, database, collector, messenger, marketplace, and authorization center.

A task that needs to be computed is initiated and divided into hundreds of sub-tasks (blocks) at B-Client. A file containing the task information is then send to Apache and MySQL, and all the way to Marketplace. At the time, actual data of sub-task are uploaded to distributed temporary data storage system. Once received the task information, Marketplace analyzes the status and parameters of all the connected computing nodes (C-Client). Based on certain coordinating algorithms, commands are sent to multiple C-Clients to notify them the assignments of sub-tasks. As commands received, C-Clients initiate the sub-task downloading process so that each C-Client obtains the corresponding sub-task(s). Once the sub-tasks are downloaded and processed in C-Clients, distributed parallel computing processes are launched. The results of sub-tasks are uploaded to Result Temporary Storage, and the requests of result confirmation are sent to Marketplace. If the results are confirmed, Authorization Center will complete the transactions and make payments to C-Clients. In the meantime, Collector downloads all the work blocks and then completes the assembling process. The followings are two core modules and their pseudocodes, presented here as examples.

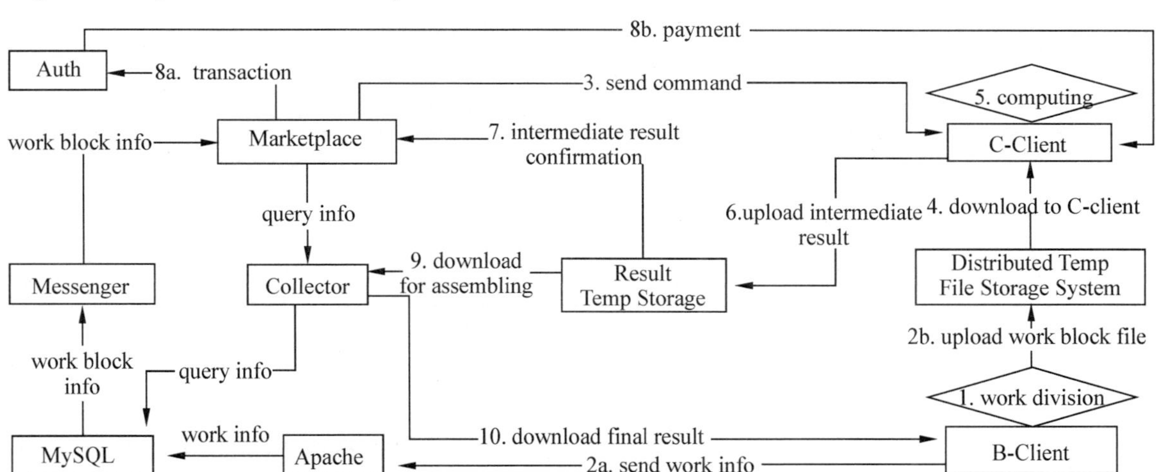

Figure 1. Architecture of CoT Network

2.1 Marketplace

Essential coordinating functions are realized in Marketplace, which is normally set up at stable computing nodes/supernode (preferably at servers with stable power and connection). In some circumstances, Marketplace is placed at unstable computing nodes (e.g., laptops and desktops) with the application of redundancy strategy.

2.2 Collector

Validating and assembling functions are integrated into Collector, which is normally set up at the same environment as the Marketplace.

3 Application

CoT Network has been successfully used in the computer graphics industry to provide rendering service for the designers using 3dMax software. With thousands of devices (mostly are PCs) connected to CoT Network, 3dMax rendering tasks can be conducted on many idle devices distributed in various locations, e.g., cybercafé, office, home, and etc. Table 1 shows the dramatic difference of rendering speed for a 3D model between two scenarios, with and without CoT Network.

Algorithm 1 COORDINATING

```
Get work from Apache Database->Queue<block>
while<WorkNotFinished>
{
  Do
    {
      ConfirmAvaliableDevices( ) ->List<device>
      block=Queue<block>.popfront( )
      SendBlocktoAvaliableDevice(block)
    } while(Stack<block>.Length=0)
       TellApacheWorkDone(result)
```

Algorithm 2 VALIDATING

```
StrategyValidator
 ->GetResultFromTempStorage( )->blockResult
   Validate(blockResult)
     ->valid->TellMarketBlockFinish->SendBlocktoAssembler( )
     ->invalid->Stack<block>.push(invalidBlock) ->Recompute
```

Table 1. The comparison of the speed of a 3D model rendering

Model Name	Size (MB)	Devices	Sub-tasks	Time (second)	Speedup
Hall	1034.86	1	-	19351	-
		50	120	3030	6.39
		100	120	1529	12.66

4 Conclusion

With thousands of users and months of applications, CoT Network has shown the capability of linking different devices (e.g., PC, workstation, smartphone, and server) to form a network computing platform, and utilize the devices' idle computing resource to provide faster and more economical CG rendering services. With the development of more applications that run on CoT Network, it can effectively bridge the idle computing resources and computing power demands with innovative business models.

Reference

[1] D P ANDERSON, J COBB, E KORPELA, etc. SETI@home: An experiment in publicresource computing[J]. Communications of the ACM, 2002, 45(11): 56-61.

[2] DAVID P ANDERSON. 5th IEEE/ACM International Workshop on Grid Computing [C]// BOINC: a system for public-resource computing and storage. Pittsburgh, 2004.

[3] GILLES FEDAK, CECILE GERMAIN, VINCENT NERI, etc. XtremWeb: a generic global computing platform[M]//IEEE/ACM – CCGRID'2001 Special Session Global Computing on Personal Devices. Piscataway: IEEE press, 2001.

小刀具 CNC 与激光加工在农耕文创产品设计开发中的应用研究

余纯利

（成都东软学院数字艺术系 四川 成都 611844）

摘 要：数控加工技术是相对成熟稳定的加工成型技术，目前该技术应用比较广泛。近年来数控加工又有了较大的发展，精度更高、速度更快、操作更人性化，而在工业设计中的产品的样机生产与批量生产都离不开数控加工工艺，并且还被间接地应用到生活的各方面，涵盖了生活中的衣、食、住、行、用。而归属到数控加工中的激光加工技术也如同燎原之火，得到迅速发展，由于其相对容易上手，使用起来也没有那么复杂繁琐，所以推广普及起来也相对容易，本文旨在探究低功率激光加工结合小刀具数控加工在农耕文创产品开发中的一些应用。

关键词：工业设计；文创产品；数控加工；激光加工

Research on the Application of Small Tool CNC and Laser Processing in the Design and Development of Agricultural Cultural and Creative Products

Yu Chunli

(Department of Digital Arts, Chengdu Neusoft University, Chengdu, Sichuan 611844)

Abstract: CNC machining technology is a relatively mature and stable processing and forming technology. At present, this technology is widely used. In recent years, CNC machining has developed greatly, with higher precision, faster speed and more user-friendly operation. The prototype production and mass production of products in industrial design are inseparable from CNC machining technology, and are also indirectly. The application of all aspects of life covers clothing, food, housing, transportation and use in life. The laser processing technology that belongs to the CNC machining is also like the fire of the original, and it has developed rapidly. Because it is relatively easy to use, it is relatively easy to popularize. This paper explores low-power laser processing, combined with the application of small tool NC machining in the development of agricultural culture creative products.

Keywords: industrial design; cultural products; CNC machining; laser processing

1 激光加工概述

根据激光束与材料相互作用的机理，大体可将激光加工分为激光热加工和光化学反应加工两类。激光热加工是指利用激光束投射到材料表面产生的热效应来完成加工过程，如激光焊接、激光雕刻切割、表面改性、激光打标、激光钻孔和微加工等；光化学反应加工是指激光束照射到物

基金项目：本文为教育部高等教育司产学合作育人项目“激光加工协同创新中心”和成都东软学院教改项目“基于开放实验室教学的青城山创意产品开发研究与实践”阶段性成果。

作者简介：余纯利（1989—），男，汉族，籍贯四川，硕士，研究方向为文创产品设计/工艺设计。

体，借助高密度激光高能光子引发或控制光化学反应的加工过程，包括光化学沉积、立体光刻、激光雕刻刻蚀以及现在流行的光固化3D打印等。本文研讨对象激光为激光热加工，主要是利用激光的高温对一些非金属的材料进行打标、钻孔、切割等，在实际的加工运用中还会结合到小刀具数控加工，对两种加工方式做一定的运用比较以及相结合的运用优势阐释等，有利于更为高效的文创产品开发。

2 对农耕文化的探索

农耕文化是我国比较古老的传统生产性文化之一。四川是我国的农业大省，也是我国比较大的旅游地，四川分布着大量的历史名胜古迹，具有极强的地域独特性、历史传承性，物质文化和非物质文化丰富，吸引着大量的旅游消费者，极大地促进地区旅游业的发展，同时也促进了旅游产品的生产和销售。川西地区是历史悠久的农耕地区，丰富多样的农耕器具以及农耕场景流传已久，这都是历史发展过程中的宝贵财富。随着社会和时代的发展，这些传统的农耕器具和场景已经逐渐淡出历史的舞台，很多年纪小的孩子对这些东西已经陌生了。随着农业旅游的逐渐兴起，尤其是近几年来突飞猛进的发展，与农耕文明相关的旅游纪念品的设计与开发上显得滞后。在新的旅游产业发展形势下，与农耕文化配套的旅游纪念品设计开发与生产显得尤为重要。若从川西农耕文化的角度进行设计开发并且将设计成果进行一定的转化，将达到丰富川西旅游产品、传承川西农耕文化的作用。

3 农耕文化应用元素提取

本文通过对地区特有历史文化资源、农耕史料记载、实际农耕场景摄影写生、农耕旅游项目考察等方面的发掘，另辟蹊径从具体的农耕旅游纪念品角度入手探索旅游纪念品的开发，并且结合具体的生产技术小刀具CNC技术和激光加工技术，将探索研究与川西农耕文化相关的文创产品与实际生产相结合，将产品落到实处，投入到实际的销售中。总体来说就是研究川西农耕文明的历史传承，提取相关的元素进行创意设计，研究相关的市场情况，然后利用小刀具CNC加工技术和激光加工技术对所设计的产品进行生产，最后投入到市场、检验设计的产品。

在研究思路上，首先对相关文献资料以及图片资料的收集，可以找到课题相关研究成果，通过分析总结、对比、评估，取长补短；实地调研仍以川西农耕地区都江堰为主要考察地点，通过对历史文化、现存农耕器具和场景的写生、摄像，完成基础资料的实地收集；通过现代设计手法和激光加工以及小刀具运用雕刻技术加以实现，设计系列旅游产品。其次，通过实地写生、调研，在原型的基础上融合现代的审美观念、艺术加工对农耕器具等进行符号的归纳、与提炼，或是利用传统造型方法与现代设计手法相结合，表达设计理念，体现历史性、开拓性、风格化特征，对农耕文化符号进行再设计、再创新后运用到文创产品的开发中来。再次，通过对川西农耕历史脉络的深入了解，掌握川西传统农耕背后的功能作用以及思想传达关键。川西特有的农耕器具独特造型的背后有丰富的历史渊源，这些历史文化同样适用于现代设计，适用于传达现代人的设计意念。这种沿用，使我们的现代设计美学多了一些传统特色气息，更多了一些文化气息和亲和力。

4 农耕文创产品开发的意义

对历史文化的传承和思想的沿用，可以说是对历史特色文化的一种浅层次的发展和提升。对于一种新的民族文化或者地域文化产品创意形式的创造，需要我们摆脱传统的物质的表面现象，进行深入的文化精髓挖掘和探寻，将传统的文化精髓进行合理的开发利用，这样既能对文化进行传承和发展，也能从一定的程度上丰富现有文创产品市场。只有在深入领悟传统的艺术精神、充分认识现代各种设计思潮的基础上，兼容并蓄，融会贯通，寻找传统与现代的契合点，才能打造出符合新时代的设计形式，才能找到真正属于本民族、本地区同时又能够为国际社会所认同的现代设计，将历史文化与现代先进生产技术结合起来加大历史文化的传承，促进经济的发展。

各个地区都有自己的特色，有不同的历史背

景、地域环境，不同的民族服饰、民族食物、民族文化等。对于自己的文化遗产有清晰的了解，对中国文化遗产中所包含的各种丰富信息以及各种巧妙变形。有充分的认知，才能够让本民族设计在世界的舞台上占有一席之地。本文主要选择川西地区的农耕文化特色进行整合提炼，结合现代先进的小刀具 CNC 雕刻技术和激光加工技术进行具有本地区特色的文化创意产品设计。深入地了解和研究川西本地区的农耕文化特色，把本地区的文化特色元素创造性的与现代工业技术结合，恰当地运用在现代的设计中来，创新设计，开拓相关的产品市场，探究产品设计成果转化的方式，将设计方案落地到市场。基于旅游市场需求，提炼川西地区的农耕文化符号，利用现代先进的小刀具 CNC 成型技术和激光加工技术来辅助设计、制作一系列具有川西农耕特色的旅游产品，以丰富市场需求。川西地区历史悠久，发展旅游产业势在必行，而发展旅游业也需要相应的理论研究支撑。本地区有些特色的农耕文化，都是使用通过几千年的历史大浪淘沙留下来的精髓，以川西地区的历史旅游文化资源为支撑，研究其理论依据，探讨川西地区的农耕文化记忆颇得其时。

5 农耕文创产品开发实践

在设计实践环节，以中国农耕器具的鼻祖“耒”为原型进行系列相关的产品设计，《易经》载：“斫木为耜，揉木为耒，耒耨之利，以教天下。”《韩非子》载：“禹之王天下也，身执耒臿以为民先。”这说明，炎黄二帝与尧舜禹时期，耒耜就作为重要的生产工具普遍被先民所使用。故开发设计中以耒为原型的系列产品包含了书写工具、装饰香器、发饰用品以及书签等，其中书签设计效果如图一左侧，主要是利用人劳动的思路将动物的造型与耒结合，从而得到书签的造型。

图 1 “耒”创意书签设计加工流程

根据激光加工的加工特点，农耕文化文创产品主要从以下几种思路完成开发。

（1）利用激光切割对材料进行切割痕迹加工，完成的效果如同在纸上绘一幅故事题材的画，也有的进行大功率的切割，将材料直接切割穿透，形成镂空的形式，类似中国传统的剪纸。

（2）利用激光加工中的区域加工，在设计中将不同的区域进行封闭，得到颜色不同的区域，激光加工中设置不同的激光强度和加工速度得到不同的图案效果，当然也可以结合前面的第一种加工方式，形成单线加工、区域加工、镂空多种状态相结合的效果。

（3）可以直接对位图图片进行灰度处理，激光加工的光强强度参考位图的灰度效果，最后形成一些具有光影效果或者灰度图效果的图案图形，再将其结合到相关的设计产品。

（4）利用激光切割，将材料完全切穿得到不同的零部件，将这些零部件进行组装或者镶嵌，得到相关的故事场景、人物等。这一种加工方式需要大量的计算结合材料的具体性能参数等，这也要求设计人员具有较高的结构设计的能力。

在样品制作实践环节选择用书签作为实验，主要利用激光的区域扫描和切割的方式进行运用，如图 1 右侧中，第一步将填充区域进行小光强的清扫，得到被加工过的区域，第二步同样采用较小的光强进行局部线条的切割，在这个步骤上材料并不会被切穿透，第三步对整体轮廓和镂空的部分进行切割，采用较大的光强直接将材料进行穿透切割即可得到所设计的造型，再经过一系列的后期表面处理即可得到完善的产品。

6 结 语

随着现代工业技术的发展，机械化与批量生产逐渐地取代原始的生产工艺与设计思想，而传统的生产加工方式也难以满足现代市场和创新设计产品的工艺需求，将农耕文化精髓与现代设计思维、加工工艺结合的再设计，会让更多的人了解认识多样性的农耕地域文化，将地域特色文化传承和发展下去。

当然在开发的过程中会有各种各样的问题需要协调处理，比如单激光加工是高温对材料进行切割，在加工一些塑胶材质的时候会出现边缘不整齐，加工车间充满塑料燃烧的气味，需要及时排气，这就需要在开发的时候结合小刀具数控切割，这样才能达到更好的效果。

参考文献

[1] 周格. 激光雕刻技术在博物馆文创产品中的应用[J]. 文化产业，2018（11）：61-64.

[2] 肖林. 基于农圣文化的创意产品设计研究[J]. 艺术与设计（理论），2018，2（11）：78-79.

[3] 李春玲，李建华，张淑珍，等. 基于先进激光加工技术创新课程的教学研究和探索[J]. 教育教学论坛，2019（25）：204-205.

[4] 沈建，吴屹，李松冰. 激光雕刻技术在艺术创作中的应用研究[J]. 艺术教育，2018（20）：94-95.

[5] 蔚建元. 激光雕刻在刨切薄竹家居产品中的应用[J]. 天工，2016（6）：158-159.

用于构建人工智能脉诊设备的中医传统理论框架

刘穆颉鑫[1]　刘　敏[2]　张大铮[2]

（1. 成都东软学院；2. 都江堰市医疗中心）

摘　要：本文旨在向工程师与医师展示中医人工智能诊疗设备的设计与架构原则，即其必须为基于中医传统理论的现代化应用，而不是简单地将机器学习或人工智能相关技术套上中医的外壳。引入中医传统理论体系，是逐步尝试构建高效的中医智能诊疗设备的基石。以智能脉诊仪为例，脉诊的规则与脉象-症状映射可指引机器学习算法区分不同脉象，并在发现关键症状时及时向医生发出警告，逐渐达到成为医生智能助手的目标，与医生共同成长。该中医传统理论框架是智能诊疗设备学习应用精准诊疗的突破口。

关键词：脉诊设备；人工智能；中医传统理论

The Philosophical Rules of TCM for Constructing AI Pulse-Diagnosing Device

Liu Mujiexin[1]　Liu Min[2]　Zhang Dazheng[2]

1 Chengdu Neusoft University, Qingchengshan, Dujiangyan, Chengdu, Sichuan, China

2 Dujiangyan Medical Centre, Chengdu, Sichuan, China

Abstract: This paper aims to show to engineers and doctors that any diagnosing devices in TCM have to be based on the philosophical rules of TCM rather than the simple applications of AI technologies and algorisms. By introducing the philosophical rules of TCM, an effective framework for AI pulse-diagnosing device is given. It can direct the AI to learn and differentiate the pulse phases to become a well-trained assistant to doctors and even alarm them when crucial symptoms occur. This TCM philosophy-based learning can be a breakthrough for other AI applications in accurate TCM clinical judgments.

Keywords: pulse-diagnosing device; artificial intelligence; traditional chinese medicine

1　中医人工智能应用回顾

作为经久不衰的行业热词，中医人工智能在市面上应用非常广泛。诸如智能面诊仪、脉诊仪、舌诊仪器等形式众多的智能辅助诊疗仪器均为以提升医生临床诊疗精准度为目标，致力于为医师分担部分乃至绝大部分工作，逐步成为医生得力的智能助手。其中大部分的脉诊设备均以收集、分析病患脉搏的压力、电位差值、波形差异与超声反馈细节为基础进行脉诊。上述所有脉诊设备与其技术的确可以抓取高精度的数据集用以拟真。然而，数据仅仅是病患脉搏信息——脉象的最基本载体，无法准确描述脉与症状的关系。尤

基金项目：四川省社会科学重点研究基地——系统科学与企业发展研究中心 2020 年度科研项目（编号：Xq20C03）。

作者简介：刘穆颉鑫，青城医学研究室师承弟子，研究方向为中医国际化与中医康养产业发展；张大铮，副主任医师/博士，研究方向为中医药慢病防控。

其对于极其细微的脉象变化，无法仅凭数据与传感器捕捉到，却可能成为疾病诊断乃至于病患生死的分水岭。仅靠基于机器从非标准医案中提取、进行量化分析的信息，医生在进行关键诊断或开具处方时仍无法验证以确保自身判断的准确性。除此之外，也有中医人工智能应当整合譬如中医专家系统的高阶理论、技术与诊断方法支撑。然而，直至今日，各派系的研究者们由于对中医脉诊理论没有一个系统而完整的理解，仍无法对各个脉象的具体表达与意义达成一致。以脉诊法为代表的中医基础诊疗逻辑如今仍未在产品概念与设计阶段得到应有的正确认识，更无需提对其深入研究与整合。标准的脉象定义、表现与意义直到今天也没有面世。综上所述，当下的所谓智能中医产品均为基于计算机对医案的拟合，而非基于系统、完整的中医理论，无法达到中医临床要求。而设计、测试、制造实用好用的中医智能脉诊仪的关键是如何在中医理论框架下进行目标明确的机器学习以切实提升诊疗准确度，降低误诊、错诊风险。

2 中医诊疗的基础逻辑

为找出病患身体具体异常部位，中医医师往往通过“望、闻、问、切”四诊法精确获取信息并在每一步确保医师做出正确诊断。四诊的每一步的诊疗逻辑相互独立，而医师的诊断结论离不开四诊法之间的相互支撑。“望”即医师从多个方面观察病人的整体外在表现，包括其面色、语言、行为、情绪等。其背后的诊疗逻辑为五运六气，五运即“木、火、土、金、水”，六气即“风、热、湿、暑、燥、寒”，二者均随四季变化而运作，并时常将异常表现在人体经络系统上。所以，“望”并不仅仅是指面诊或舌诊。“闻”与“问”可提供更多细节辅助医师进行判断。“切”是四诊中最为关键的一环。有别于前三步以五运六气基础，脉诊而由天、地、人三个子系统组成，与中医与周易的主逻辑八卦相吻合。八卦为宇宙万物运行之基础，在中医理论中为一年之中二十四节气变化的主要驱动力。在人体中，天、地、人三个子系统在头部、手腕、脚踝均有对应，组成九个穴位点，故称“三部九候”脉法（见表 1）。该脉法时至今日仅剩人部流传至今，即当今中医常用的腕部三指诊脉法，天地二部基本失传。

表 1 三部九候脉法

三部		九侯
天	上部（头面）	天：足少阳颔厌穴
		人：手少阳禾髎穴
		地：足阳明地仓、大迎穴
人	中部（手腕）	天：手太阴太渊、经渠穴
		人：手少阴神门穴
		地：手阳明合谷穴
地	下部（腿脚）	天：足厥阴五里穴
		人：足太阴箕门穴
		地：足少阴太溪穴

应用于机器学习的中医理论框架可通过 OCR（Optical Character Recognition，光学字符识别）等模组完成用于“望”的信息抓取，为后续步骤“闻”“问”提供数据支撑。两者也可整合成为一个独立运行的模块，为后续成为完整的中医人工智能诊断系统的重要组成部分打基础。如表 2 所示，各类型的疾病均有非常具体的表征，可帮助医生快速确定病的位置与状况。病的表征、位置与病因形成的精准映射也可成为未来中医人工智能机器学习的模板之一。“闻”和“问”对于目前的机器而言仍停留在简单问题层面，距离主动精准提问仍有一段距离。脉诊或“切”是检验前三

步判断是否准确、有无遗漏的关键步骤，可整合之前获取的所有信息，将推导出的病患状态与脉象比对，进行疾病的最终定性与定位，得出最终的诊断结果。四诊法每一步的密切配合方可让大夫拨云见日，由表及里找到疾病的根源。表 2 展示了四诊之间的逻辑联系、配合方式以及医生用于判断的相关表征。以四诊法作为训练与测试逻辑的机器模型可大幅提高诊疗的综合效率与准确率，且为机器对疾病与症状的自主识别甚至机器自主诊断探明道路。

表 2　四诊法与相关表征

<table>
<tr><td rowspan="35">问：
寒热
出汗
头疼
体痛
大小便
饮食
胸腹
聋
渴
经期
宿疾
喜恶
病史
治疗过程
药后反应</td><td rowspan="15">望</td><td rowspan="5">五色</td><td>青</td><td rowspan="5">面部、舌苔的颜色</td></tr>
<tr><td>赤</td></tr>
<tr><td>黄</td></tr>
<tr><td>白</td></tr>
<tr><td>黑</td></tr>
<tr><td rowspan="5">五情</td><td>怒</td><td rowspan="5">病人所话语或肢体表现出的情绪</td></tr>
<tr><td>喜</td></tr>
<tr><td>思</td></tr>
<tr><td>悲</td></tr>
<tr><td>恐</td></tr>
<tr><td rowspan="5">五液</td><td>泣</td><td rowspan="5">病人除尿液外的体液</td></tr>
<tr><td>汗</td></tr>
<tr><td>涎</td></tr>
<tr><td>涕</td></tr>
<tr><td>唾</td></tr>
<tr><td rowspan="10">闻</td><td rowspan="5">五声</td><td>呼</td><td rowspan="5">伴随病人的强烈情感表达</td></tr>
<tr><td>笑</td></tr>
<tr><td>歌</td></tr>
<tr><td>哭</td></tr>
<tr><td>呻</td></tr>
<tr><td rowspan="5">五臭</td><td>臊</td><td rowspan="5">病人所排斥的气味</td></tr>
<tr><td>焦</td></tr>
<tr><td>香</td></tr>
<tr><td>腥</td></tr>
<tr><td>腐</td></tr>
<tr><td rowspan="10">切</td><td rowspan="5">阳五相</td><td>大</td><td rowspan="5">阳脉（气盈亏的体表反映）的五种类型</td></tr>
<tr><td>浮</td></tr>
<tr><td>数</td></tr>
<tr><td>动</td></tr>
<tr><td>滑</td></tr>
<tr><td rowspan="5">阴五相</td><td>沉</td><td rowspan="5">阴脉（血盈亏的体表反映）的五种类型</td></tr>
<tr><td>涩</td></tr>
<tr><td>弱</td></tr>
<tr><td>悬</td></tr>
<tr><td>微</td></tr>
</table>

3 中医人工智能脉诊设备

与中医医师需要长期感受各类别的脉象从而熟知病情不同的是，机器可通过脉象与具体症状的映射进行训练。对脉象的分类、性质、表现与取脉法形成清晰的认识后，方可进行智能脉诊仪诊疗逻辑的构建。由于“三部九侯”脉法之中的“天部”“地部”脉法已基本失传，仅有“人部”现存于世。但是，对于疾病而言，其脉象都有其固定的特征，脉象的大致类型也没有因为取脉的范围缩小而发生变化（见图 1）。仅由人部取脉法则，结合二十四脉构架智能脉诊设备仍是切实可行的（见表 3）。实现脉诊仪的核心需要定义大致类型的标准，并录入疾病及其固有的脉象特征，其数据的获取才能够做到准确而实用。脉象是中医学名词，指脉搏的形象与动态，为中医辨证的依据之一，是人体脏腑、经络、气血、营卫变化最为精确可靠的指示器与定位器。身体的冷热变化、病情内外发展的进度、体内与体表阴阳的平衡，均能够透过脉象精准显现。脉的运行具有十分精确的周期，一日夜环绕人体五十周，律动频次与正常呼吸同步。脉象对于身体状况变化的灵敏反映是切诊的基础。中医脉象按人体阴阳的性质、变化、起止、开阖共分为二十四种，与疾病表现形成一一对应的映射。

表 3 二十四脉定义

脉象名称	与阴阳关系	具体表现
浮	阴阳之性：浮、沉	阳性浮（阳脉手感更明显）
沉		阴性沉（阴脉手感不明显）
数	阴阳之气：脏、腑	数则阳盛（病在腑）
迟		迟则阴盛（病在脏）
滑	阴阳之体：气、血	滑则血盛气虚
涩		涩则血虚气盛
大	阴阳之象：强度	阳盛则脉大（强有力）
小		阴盛则脉小（微而弱）
长	阴阳之形：周期	长为阳
短		短为阴
缓	阴阳之情：寒、热	缓为热
紧		紧为寒
石	阴阳之虚：阴根、阳根	石则气虚（阳根受损）
芤（kou，1）		芤则血亏（阴根受损）
促	阴阳之盛	阳盛则促
结		阴盛则结
弦	阴气之旺	肝家之脉： 弦牢之中有濡弱，则肝平（无病）；但有弦牢而无濡弱，则肝病
牢		
濡	阳气之衰	
弱		
散	阴阳之阖辟（开合）	脉散：气泻而不藏（阳开阴合）
伏		脉伏：气郁而不发（阴开阳合）
动	阴阳之起止	郁勃而不息（搏动不止）
代		断续而不联

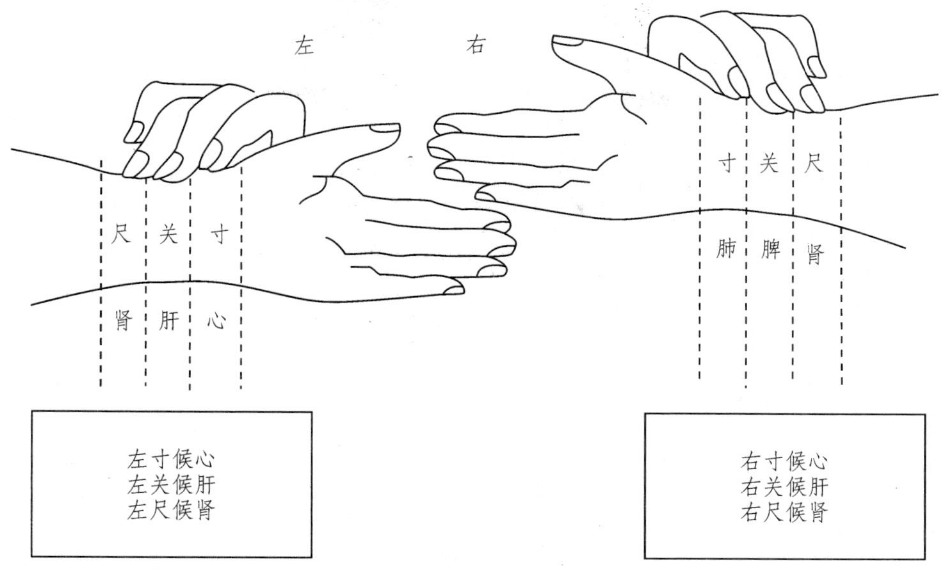

图 1 人部取脉位置（机器学习与医生临床诊疗共用）

4 如何训练机器模型

中医临床脉法是依靠个人长期行医经验积累，通过手的触摸了解、验证病情。机器传感器尚且无法达到人类手指的灵敏度、准确度。因此，脉诊仪人工智能的训练方式应根据上文提及的疾病-脉象映射，通过大量临床数据的积累、集成分类、深度学习与强化学习等算法进行分析、训练，总结规则，将脉象形成用于机器的二十四脉标准。以感冒为例，感冒在中医看来，为一切疾病的开始或诱因。感冒依据特有症状有伤风、伤寒和风寒双感。其疾病传导过程中的脉象变化与病症表征形成明确的对应（于二十四脉）。三类感冒病症都是由体表至体内发展，在体表、经络时仍属于感冒，一旦进入体内在脏腑间传导，即形成感冒引发的各类疑难杂症。感冒这一疾病经过发展几乎涵盖了所有脉象。然而，即使复杂如感冒，其脉象变化仍在二十四脉的范畴之内。所以，感冒脉象是机器诊脉训练的突破口。机器可通过感冒病症对其对应脉象进行映射，进行脉法训练。伤风、伤寒、风寒双感的具体脉象与病症的对应关系如表 4 至表 6：

表 4 伤风脉象与其对应症状

脉象	症状
浮缓	发热、怕冷、怕风、头痛、出汗
浮紧	发热、怕冷、出不了汗、身体疼痛、心烦
滑	四肢发冷、体内发热

续表

脉象	症状
大	身体发热、出汗不止、胃热
浮、	有伤风感冒症状、膀胱充血、身体发热、
微、	有伤风感冒症状、小腹硬、无法小便、烦

表 5 伤寒脉象与其对应症状

脉象	症状
浮紧	发热、怕冷、头疼、身体疼、骨节疼、不出汗、呼吸不畅
浮缓	身体时重时轻、没有困倦症状
浮弱	干呕、发热、咳嗽、口渴、小便不畅或小便频急、呼吸不畅
浮大	有感冒症状、发热、口渴、一喝水就吐
微细	困倦、身体痛、手脚发冷、骨节痛、背冷
微沉	尿不出、小腹硬、胀满

表 6 风寒双感脉象及其对应症状

脉象	症状
浮、微、缓	一日多次冷热交替、发冷少、发热多、面部发热、全身发痒
浮、微、弱	又感冒症状、口渴、严重时胡言乱语
浮、微	一日一到两次冷热交替

上文所描述的脉象分类与二十四脉中的每一个脉象在临床表现中是不变的，机器可依据以上判断标准，使用临床数据进行监督学习（supervised learning），逐步形成机器对二十四脉各脉象起止点与力度范围的感知。脉象的特征及变化就反映了疾病及其变化，反过来讲，有了对应脉象及其对疾病症状变化的描述，可为机器学习形成不同脉象与症状的特定映射组创造条件，更细致地确定机器学习训练集与测试集的范围、训练方向，落定二十四脉的最终标准。以感冒为例。感冒在中医里被划分为伤风和伤寒两大类，起因不同、脉象不同，它们的发展变迁也不同。因错误诊断或没有及时治疗，就会形成脏腑的病变，以至坏病。但是这些所有的变化，都会通过脉象的变化清晰地呈现。通过感冒的脉象学习，可为机器获取、分析、学习后续病变的脉象打下基础，逐步向形成完整诊断体系的远大目标前进。

5 结 语

通过基于中医脉诊的辩证知识逻辑体系来架构脉诊仪的底层逻辑系统，用深度学习的方式训练中医 AI 脉诊仪逐步掌握脉法，从伤寒的脉象与其变化开始，由浅及深的训练。后续病情脉法虽极度庞杂，依旧有迹可循。而脉法作为中医四诊中最为复杂，精密的诊疗手段，如能被人工智能掌握，就能完全准确地反映中医脉象的本质，那么建立真正的中医人工智能诊疗系统并将其投入使用，便指日可待。

参考文献

[1] 丁姝，林一帆，胡文平. 移动腕带充气式脉诊仪检测脾虚泄泻虚脉脉象图分析[J]. 亚太传统医药，2019（10）：118-121.

[2] 李禹廷，邢登祥，王洪强，刘学，王运通，高文艳，胡文平，林一帆. 基于移动家庭医生平台的医患共享电子血压计研发与应用[J]. 中国医学装备，2019（9）：1-3.

[3] 杨国玉，雷春红，李禹廷，高文艳，林一帆，胡文平. 基于智能手机的远程中医脉诊系统与家庭医生平台应用示范[J]. 中国全科医学，2019（33）：4128-4232.

[4] 杨培玉，李京，高文艳，林一帆. 腕带充气式脉象仪对妊娠晚期便秘患者的脉象分析[J]. 中国中医药现代远程教育，2019（11）：59-61.

[5] 赵朋飞，林一帆. 脉诊仪检测慢性胃炎肝气犯胃型的弦脉与平脉的脉象图差异分析[J]. 按摩与康复医学，2019（10）：40-42.

[6] 陈超，周灵运，刘佳，魏昊，尹俊县，张佳琪，汪南玥. 脉诊信息分析方法研究进展[J]. 中国医药导报，2018（23）34-36.

[7] 贾新颖，石刚，李虎阳，李京，赵鹏飞，马凯文，高文艳，林一帆. 急性发作期胆总管结石弦脉患者 ERCP/EST 取石前后脉象参数比较[J]. 辽宁中医药大学学报，2018（9）：177-180.

[8] 刘秀艳，高文艳，林一帆. 中医“寸口脉法”临床应用现状分析[J]. 中医学报，2018（4）：685-688.

[9] 李雪，钱鹏. 脉象仪的研究及临床应用进展[J]. 中国中医药科技，2017（6）：826-829.

[10] 王艺蓉，张容瑜，何志辉，马淑雯，刘尧赛，刘尚琪，王前，何群. 2005—2015 年我国移动医疗研究现况的文献计量学分析[J]. 中国全科医学，2017（20）：2495-2499.

并行计算时代DNA序列比对技术的研究现状与挑战

温　荷　罗频捷

（成都东软学院计算机科学与工程系　四川　成都 611844）

摘　要：序列比对作为基因识别、蛋白质结构预测等领域应用研究的基础，是目前生物信息学最核心的课题之一。本文针对海量生物数据的快速积累，首先就目前广泛应用的DNA序列比对并行算法做出详细分析，然后从单核到多核、同构到异构的体系结构发展状况方面阐述序列比对技术的研究现状及面临的挑战。

关键词：序列比对；并行算法；体系结构

Research Status and Challenges of DNA Sequence Alignment Technology in Parallel Computing Era

Wen He　Luo Pinjie

(Department of Computer Science and Engineering, Chengdu Neusoft University, Chengdu 611844)

Abstract: Sequence alignment, as the basis of Applied Research in gene recognition, protein structure prediction and other fields, is one of the most important topics in bioinformatics. In this article, Parallel DNA sequence alignment algorithms widely used at Present is analyzed in detail. And then the current situation and challenges of sequence alignment technology from single-core to multi-core, isomorphic to heterogeneous architecture is described.

Keywords: sequence alignment; parallel algorithms; architecture

随着信息技术的快速发展，生物信息学[1]等诸多领域得到了进一步的拓宽。信息数据的持续性增长促使世界各国对生物信息学越来越重视。在该领域，许多国家都成立了生物信息学的组织机构，对迅速增长的基因数据进行研究与分析。例如，美国专门建立了研究中心NCBI和NCGR。英、德、法等欧洲国家成立了目前世界上最大的分子生物信息研究机构——欧洲分子生物网络组织（EMB Net），它所涉及的机构包括20多个国家级生物学节点和8个大型生物学研究中心。

DNA序列比对[2]是生物信息学的基本组成和重要基础。深入探索序列比对算法、研究如何利用高性能计算来加速序列比对过程具有极其重要的意义。

1　序列比对概念

序列比对的基本思想[3]是：基于生物学中序列决定结构，结构决定功能的普遍规律，将核酸序列和蛋白质一级结构上的序列都看成由基本字符组成的字符串，检测序列之间的相似性，发现生物序列中的功能、结构和进化的信息。序列比

基金项目：四川省教育厅科研项目“基于GPU高性能并行计算的DNA序列对比技术研究”（项目编号：17ZB0009）。

作者简介：温荷（1982—），女，四川成都人，副教授，研究方向为计算机应用技术、大数据处理；罗频捷(1981—)，男，四川泸州人，副教授，研究方向为计算机应用技术、软件开发。

对通过将两个或多个序列按照一定的规律进行排列，来找出他们之间的相似性以至于同源性。

根据同时进行比对的序列数目可以将序列比对分为双序列比对和多序列比对。

双序列比对是找出两条脱氧核糖核酸序列之间的相似性关系。通常利用两个序列之间的字符差异就可以判定出序列间的相似性，如果两序列中同样位置的字符差异小，则序列的相似性高，反之，序列的相似性就低。如果比对的 DNA 序列长度不相等，可以通过插入空格的方式使得序列长度相等后再做比对。

多序列比对其实是双序列比对问题的推广。它是指把两个以上字符序列对齐，逐列比较其字符的异同，以便发现不同的序列之间的相似部分，从而推断出它们在结构和功能上的相似关系。通过多序列比对，研究者可以挖掘出更多的保守结构信息，主要用于分子进化关系、预测蛋白质的结构、基因组序列分析等。

由于多序列比对能够揭示双序列比对所不能发现的序列微弱相似性、序列模式和功能位点，因此对蛋白质和核酸序列的结构、功能和进化研究更有价值。

2 序列比对并行算法研究

目前研究和使用的序列比对算法其实有很多种，从实现技术上大致可以分为串行算法和并行算法[4]，但面临日益增长的海量生物数据，前者已无法解决计算量巨大的问题。因此，本文主要介绍 BLAST、Smith-Waterman 和 CLUSTAL W 三种算法的并行化处理策略。

2.1 BLAST 算法

BLAST 是一种启发式算法，它通过搜索序列数据库来找出目的序列和数据库之间的最佳局部比对效果。BLAST 算法的实现思路是：首先找出长度相等且可以形成无空位完全匹配的序列片段对，然后选出其中匹配程度最高的，最后根据给定的相似性阈值计算出高分值片段对。

BLAST 找到的不一定是最优解，只是尽力确保在较短时间内提供匹配度更佳的解，当然，速度越快，灵敏度就越低。而在大规模处理中，效率是一项非常重要的指标，于是诞生了 ICT-BLAST 算法。该算法的基本思想是：首先主节点通过广播的方式将整个数据库序列文件发送到各个计算节点，然后把批处理的查询序列文件分割成大小基本相同的片段，并将任务分配到不同的计算节点。所有的计算节点并行进行相似性搜索，同时将结果保存在本地，这样主节点不再需要对数据进行收集和排序输出。该算法运用哈希表来对整个库文件建立快速搜索策略，充分利用更多的计算节点来查询序列，有效减轻 I/O 延迟，同时降低了内存的消耗。

2.2 Smith-Waterman 算法

Smith-Waterman 是一种动态规划算法，主要用于找出两个序列中的高相似度片段。该算法的实现思路是：首先按照从左到右、从上到下的顺序对得分矩阵的每个元素进行评分，评出的最高分就是该元素的得分，然后将分值较高的进行比对找出最优序列。与 BLAST 算法相比，因其敏感度、复杂度都偏高而不适用于长序列。

主要分两步，计算得分矩阵和寻找最优比对序列。第一步得分，主要是对得分矩阵的每一元素进行从左到右、从上到下的打分，取最高值作为该元素的分值。将分值较高的进行回溯输出其最终的比对结果。该算法的对于较长的序列来说，将会带来较大的内存和时间开销。

中科院计算科学技术所的徐琳等提出 Smith-Waterman[5]多级比对算法，通过在每个节点内插入一个专用的 FPGA 内存卡，并行实现比对算法，也就是回溯计算部分由 CPU 和 FPGA 并行完成，充分利用 FPGA 打分 CPU 计算来减少运算时间，从而提高系统的资源利用率。另外，上海大学的周澄对 Smith-Waterman 串行算法做了进一步的改进，通过引入哈希函数来实现并行化，不过这种方法仅适用于细粒度的情况，因为该算法需要对各个序列不断地切割、划分类别，造成数据的频繁交换、对比。可以考虑在分类完成以后，让不同的 CPU 来完成相应的集合内的比较运算，通过多处理器模式来提高整体的运行效率。

2.3 CLUSTAL W 算法

CLUSTAL W 是目前应用最广泛的基于渐进算法实现的多序列比对算法。它对于亲缘关系近的序列能产生良好的比对结果，但对亲缘关系较远的序列识别率却不高，且容易产生局部最小化问题。而且该算法在输入序列较多的时候计算复杂度很高，必须借助并行计算技术提高算法的运行速度。所以研究人员对它的改进算法也是比较多的。目前它已有各种并行化的版本，有基于 SGI 的共享内存版本，有基于消息传递的 Clustal W-MPI，有用多线程实现的名为 MT-Clustal W 的程序，还有基于负载平衡的轮转比对并行算法等。

3 序列比对的高性能计算发展状况

生物数据的迅猛增长，致使序列比对算法的实现对计算机运算速率、字长、存储器容量、I/O 速度等提出了更高的要求，如何利用高性能计算平台，即多处理器或集群中的多台计算机来处理海量生物信息，已成为目前交叉学科发展的重要研究方向。

3.1 从单核到多核的体系结构发展

传统计算机以单处理器为核心，要提升其计算性能，目前只有通过提高芯片集成度或增加晶体管数量两种方式来实现，然而前者将导致线宽不断变窄，后者又为体系结构的发展带来巨大挑战。另外，微处理器功耗伴随主频的提升和晶体管数量的增加将以非线性方式急剧上升，传统的单核处理器，即只有一个逻辑核心的处理器，性能将难以满足系统对计算能力、存储带宽等方面的要求。

于是从单核处理器向多核处理器发展，将是处理器历史上的一次重大变革，也是通用微处理器发展的必然结果。多核处理器是指在一枚处理器中集成两个或多个完整的内核，让总线控制器能发出和接收全部指令。相对单核处理器来说，多核处理器在许多方面都有着更加明显的优势。多核处理器的设计原理是在总线控制器上集成多个处理器，通过并行化处理模式来提高机器性能，但由于多核处理器存在多种结构，且硬件设计空间庞大，因此程序员需要掌握更多的硬件知识及底层原理，而且要具备更强的编程能力，因为并行编程的难度远高于单核处理器。另外，处理器之间的结构差异也会导致程序缺乏可移植性。如何让多核处理器高效地协同工作并得到显著的性能提升给体系结构研究、并行编程技术都带来了巨大的挑战。

3.2 从同构到异构的体系结构发展

现有的基于通用微处理器结构的计算平台在运算粒度、存储调度、计算适应度等方面存在访存效率低下、移植性不强等问题。异构体系结构应运而生，它是在一个计算系统结构内集成多个不同类型的处理器分别处理不同的任务。异构并行体系结构相比同构体系结构，能更有效地适应程序的复杂性和灵活性，能更加有效地发挥计算系统的性能，是当前高性能计算领域的重要发展方向。

基于 GPU（Graphic Processing Unit）的通用加速计算和基于 FPGA（Field Programmable Gate Array）的定制计算是目前基于异构体系结构的两种主要硬件加速手段[6-8]。

GPU 的一般计算模式[9]是利用 CPU 来处理应用程序的串行部分，而将核心计算部分交给 GPU，利用多线程技术来实现对多个数据的并发控制。基于 GPU 的并行方法[10-11]通常有两种，一种叫任务内并行，就是为了充分发挥计算资源的优势而将任务同时分配到 GPU 的多个计算核心上并行执行。另一种叫任务间并行，即每个线程负责一组序列的比对，线程之间无数据交互，多个比对任务并行执行。序列的比对过程选用的就是任务间并行。

FPGA 作为一种生物信息处理算法加速平台，依赖其细粒度的位级并行能力能够很好地适应序列比对的计算特征，同时其可重构特性又可以根据用户需求定制最优的系统结构，已经逐渐成为国内外研究的热点。但 FPGA 的应用也面临两个方面的障碍。一是 FPGA 芯片的存储容量远不能满足序列比对过程的存储需求，而片外存储器访问延时将导致程序执行性能大幅下降。二是 FPGA

属于细粒度重构器件，面临目前大容量芯片，传统的静态重构方法耗时达到上百秒，无法实现不同应用间的快速切换。因此，不仅需要以存储为核心设计高效计算和存储访问的策略，还要开发高效的 FPGA 实现动态重构方法，才能提高序列比对的实际加速效果。

3.3 多核 CPU 和 GPU 并行计算面临的挑战

多核 CPU 和 GPU 同时拥有强大的并行计算能力，但是，要充分发挥出它们的性能却是当前并行计算领域的一大难题，因为它们在算法设计、编程实现和性能优化等方面都面临强大的挑战。首先，软件开发人员需要改变已经根深蒂固的串行化思维方式，形成并行化思考问题的习惯。其次，需要完善对计算机体系结构中的并行化支持，目前的开发环境、操作系统、软件包等对并行化的支撑力度都比较弱。另外，基于多核 CPU 并行算法的研究基础薄弱，成果的积累需要较长的时间。而相对于多核 CPU 来说，目前在 GPU 的并行计算方面，面临更大的挑战。GPU 比起多核 CPU 有着更多的计算核心，需要划分出若干个简单的小任务，才能实现并行计算。并且 GPU 采用简单机制来优化存储结构，各种数据访问将产生很大的开销。当 GPU 中大量线程同时运行时，如果不能解决访存开销过大的问题，GPU 的性能将大幅下降。除了算法设计，基于 GPU 的编程实现也存在很多问题。如兼容性问题，不同的 GPU 在结构和计算能力方面都有差异，这就带来了移植性问题，使得 GPU 的通用计算很难推广。又如目前支持 GPU 开发的工具不多，许多基于 GPU 的程序都要从头实现，严重降低了开发效率。

随着生物数据的大幅增长，生物序列比对的计算量也在不断扩大。为了解决序列比对时耗变大、计算数量剧增等问题，对硬件的要求提出了更为严峻的挑战，我们一定要尽快找到海量并行计算所面临的一系列问题的突破口，这同时要求我们对海量数据的处理提出更加高效的算法。

参考文献

[1] ATTWOOD T K, PARRY-SMITH D J. Introduction to bioinformatics [M]. Delhi: Pearson Education, 2002: 31-32

[2] 杨烨，刘娟. 第二代测序序列比对方法综述 [J]. 武汉大学学报（理学版），2012，58（5）：463-470.

[3] 陈玉敏. DNA 序列相似性比对算法研究[D]. 长沙：中南大学，2014.

[4] 李研. 生物序列比对算法的并行优化设计与实现[D]. 哈尔滨：哈尔滨工业大学，2015.

[5] RUCCI ENZO, GARCIA CARLOS, etc. SWIFOLD: Smith-Waterman implementation on FPGA with OpenCL for long DNA sequences[J]. BMC systems biology, 2018(12): 96.

[6] Theoretical and computational biophysics group. GPU Acceleration of Molecular Modeling Applications [EB /OL]. http://www. ks.uiuc. edu /Research/gpu, 2012.

[7] PÉREZ-SERRANO J, SANDES E. DNA sequences alignment in multi-GPUs: acceleration and energy payoff[J]. BMC Bioinformatics. 2018(19): 421.

[8] 杨春燕，钟诚. CPU 和 GPU 协同并行加速多生物序列比对[J]. 小型微型计算机系统，2016（12）：2780-2784.

[9] 李显宁. 异构机群系统中序列比对并行算法进展[J]. 福建电脑，2019（4）：67-69

[10] 林江，唐敏，童若锋. GPU 加速的生物序列比对[J]. 计算机辅助设计与图形学学报，2010，22（3）：420-427.

电子档案安全管理系统分析与设计

王李杰

（成都东软学院教务部 四川 成都 611844）

摘　要：随着现代网络的普及，网络和网络安全越显重要。无论是个人、公司、政府部门都采用电子信息化办公，工作效率得到巨大的提升，对网络的依赖也增加了很多，而此时就暴露了一个非常大的问题——信息化时代的安全问题，为了解决在电子档案信息存储安全方面的问题，本文将提供一个能够保证电子档案信息安全性的系统。此系统主要运用 PHP 计算机语言进行编写，使用的 PHP 版本是 5.6，采用的是 wampserver（windows+apache+mysql+php）集成开发环境开发，编辑器使用的是 sublime text 2，数据存储使用的是 MySQL 的 5.7 版本。在系统构建时主要是通过网络电子档案管理，在其中采用文件指纹校验技术提高安全性。通过在上传文件时对文件内容信息进行一个 MD5 的散列计算，并且将散列计算值存入数据库，先对上传文件进行备份。在下载文件时会对文件内容进行 MD5 校验，再与数据库中的信息进行比对，如果比对信息符合则直接可以下载，如果不符合则自动恢复成上传时备份的文件。从而保证了文件的安全。

关键词：电子档案安全；MySQL 数据库；B/S 模式；PHP

Analysis and Design of Electronic Archives Safety Management System

Wang Lijie

(Academic Affairs Department, Chengdu Neusoft University, Chengdu 611844)

Abstract: With the popularity of modern networks, network and network security become more important. Whether it is individual, companies, or government department that use electronic information office, work efficiency has been greatly improved, and the reliance on the network has increased a lot. At this time, it has exposed a very big problem—information security issues. In order to solve the problem of electronic file information storage security, this article will provide a system to ensure the security of electronic file information. This system is mainly written in PHP computer language. The PHP version used is 5.6. It is developed by wampserver (windows+apache+mysql+php) integrated development environment. It takes sublime text 2 as editor and 5.7 version of MySQL for data storage. In the system construction, it is mainly through network electronic file management, in which file fingerprint verification technology is adopted to improve security. First, make a backup of the uploaded file, by performing a MD5 hash calculation on the file content information when uploading the file, and storing the hash calculation value in the database. When downloading the file, MD5 checksum is performed on the content of the file, and then the information in the database is compared. If the comparison information is met, the download can be directly performed, and if it is not met, the file backed up during uploading is automatically restored. This ensures the security of the file.

Keywords: Electronic file security; MySQL database; B/S mode; PHP

作者简介：王李杰（1975—），男，汉族，四川，助理研究员，本科，研究方向为计算机应用、信息化教学管理。

1 引 言

电子档案安全管理系统主要运用PHP语言进行编写，使用5.6版本的PHP，采用wampserver（windows+apache+mysql+php）集成开发环境开发，编辑器使用的是sublime text 2，数据存储使用的是5.7版本的MySQL。在构建系统时主要是通过一个网络电子档案的管理来进行构建，在其中加入对档案管理的安全技术，即采用文件指纹校验技术。主要是通过在上传文件时对文件内容信息进行一个MD5的散列计算，并且将散列计算值存入数据库。首先通过对上传时的文件进行备份，在下载文件时会对下载文件的文件内容信息进行MD5校验，再与数据库中的信息进行比对，如果比对信息符合则直接可以下载，如果不符合则会对下载文件进行资源恢复。实现这一系统主要包含的角色有两个，第一个是普通的会员，能够注册登录系统、个人资料管理、创建目录、管理目录、上传文件、资源列表以及好友管理。第二个是管理员，管理员可以在后台为所有文件进行分类信息管理、会员信息管理、资源管理。通过这两种角色的构建完成一个功能完善、操作简便、安全性高的电子档案信息安全管理的系统。

2 系统分析

2.1 系统需求分析

2.1.1 系统功能需求分析

整个系统主要包含了两个角色，其中第一个角色是所有网民，网民们可以在系统中进行注册登录，然后登录之后就可以对自己的个人信息进行编辑、可以创建目录、可以管理目录、可以对文件进行上传、可以查看共享资料、可以管理自己的资源以及交友信息。网民用户角色的用户（见图1）。

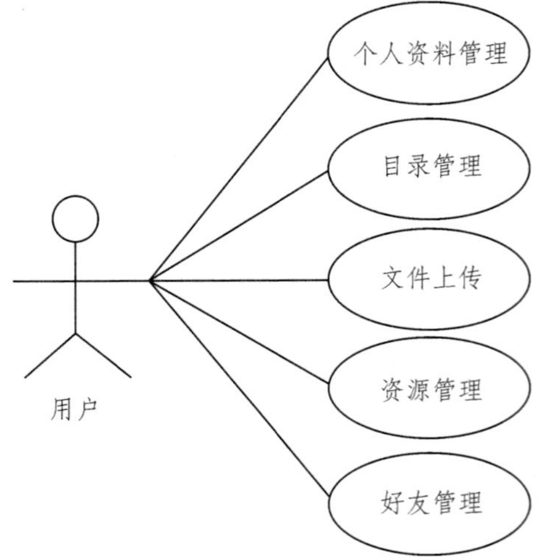

图1 系统用户用例图

系统的第二个角色就是系统管理员，通过对系统的基本信息进行管理，包括对系统的分类、对系统的会员管理、对资源的管理，以及对管理员密码的管理。其中管理员用例图（见图2）。

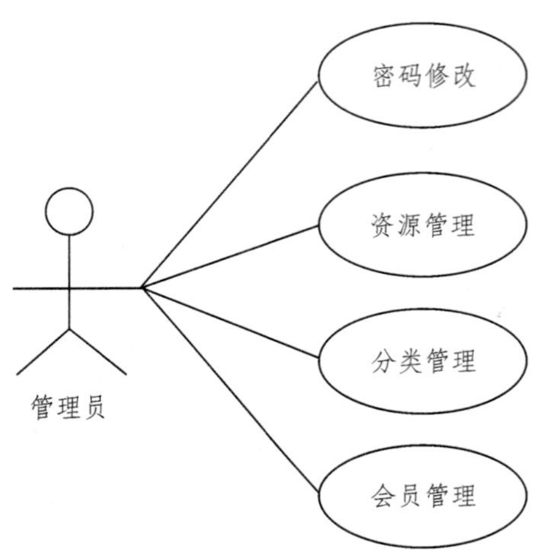

图2 后台管理员用例图

2.1.2 系统性能需求分析

对于系统的性能分析主要是依照对于不同的系统的不同性能需求，但是很多系统也都有其共同的特点性能。对于此次开发的课题——电子档案安全管理系统主要的系统性能分析如下所示：

简单性：在实现系统的各项功能的同时，操作简单易懂对于系统来说是非常重要的。

实用性：系统能够在前台进行注册并且进行资料的上传、资料的分享，资料的个人独有以及好友分享功能。

安全性：系统主要是能够对上传文件进行指纹加密，然后在文件下载的时候对其进行指纹校验，如果下载的时候指纹校验未通过，则自动用上传时的文件恢复。

2.2 系统可行性分析

2.2.1 技术可行性

在技术方面采用的是 PHP 为开发基础语言，来减少开发时所消耗的时间以及底层的构建，在开发时只需要注意逻辑结构就可以了，而且使用了前端 JS 技术来进行一些验证处理和数据交互，这样更加减少了开发的时间，这些都使得开发的技术性大大降低，同时上述所有的技术都使开源技术能够在网络获取大量的源代码以及与各种开发工作者相互交流，也能够直接查阅相关的官方手册。

2.2.2 操作可行性分析

本系统不需要太多人员参与开发就能够实现，加之 PHP 的开源特性，我们所需要的任何代码都可以在网络中找到参照以及获得下载，同时开发者的群体数量特别大，也能够为我们提供一些相关的指导经验。

2.2.3 经济可行性分析

在硬件方面我们只要提供一个电脑即可，现在市面上各种类型的电脑都能够完全胜任这个开发要求。因此在经济可行性上面，这个系统是完全可行的。

2.3 系统开发环境

系统开发的软件环境主要是基于 windows10，采用的是集成环境 wampserver，其中 PHP 采用的是 5.7 版本，MYSQL 采用的是 5.6 版本，apache 采用的是 2.3 版本。硬件方面和软件方面的相关配置详细信息如表 1 所示。

表 1 开发环境

硬件环境	台式电脑
	处理器：Intel（R）Core（TM）i7-8550U CPU @ 3.40GHz
	内存容量：16.00 GB DDR4
软件环境	Windows10 旗舰版 64 位操作系统
	wampserver 集成软件
	sublime 编辑器
	MSYQL5.6
	PHP5.7
	Apache2.423

3 系统设计

3.1 总体架构设计

在系统构建时主要采用文件指纹校验技术。如前所述，相关系统的总体架构图如图 3 所示。

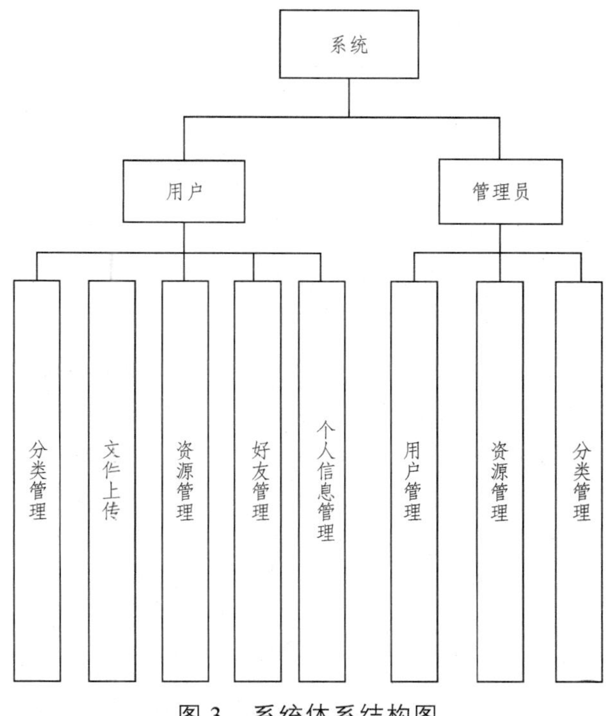

图 3 系统体系结构图

3.2 系统数据库设计

3.2.1 数据库概念模型设计

在目前各个系统中，关系型数据库是使用得最多的一种数据库，此种数据库能够在各个表中关联相关的数据字段，使用外键关联，这样能够减少很多不必要的数据字段，使得数据库不再如以前那样冗余，而且在后期数据库维护方面也能够不那么麻烦地去解耦数据库。依照此设计，将本文中设计到的数据库进行相关 E-R 概念图分别构建，如图 4、图 5 所示。

3.2.2 数据表字段设计

前面已经讲到，数据库设计是最为重要的一步，这关系到系统开发的进度以及后期维护难易程度以及我们后期开发管理以及版本更新的情况，所以我们特意使用 ID 与其他数据表做关联，并减少字段的冗余。相关数据表情况展现如下。

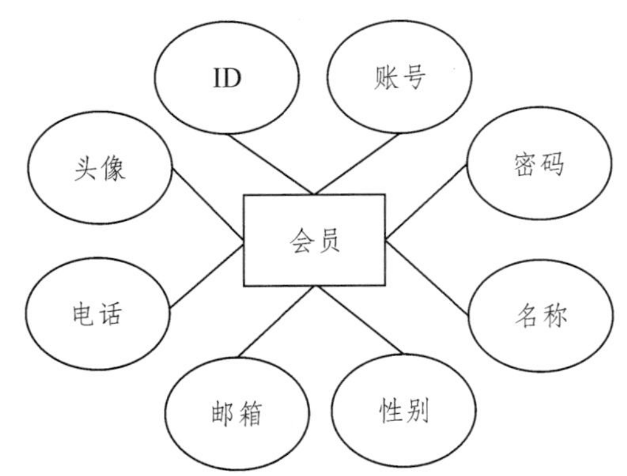

图 4　用户实体属性 E-R 分图

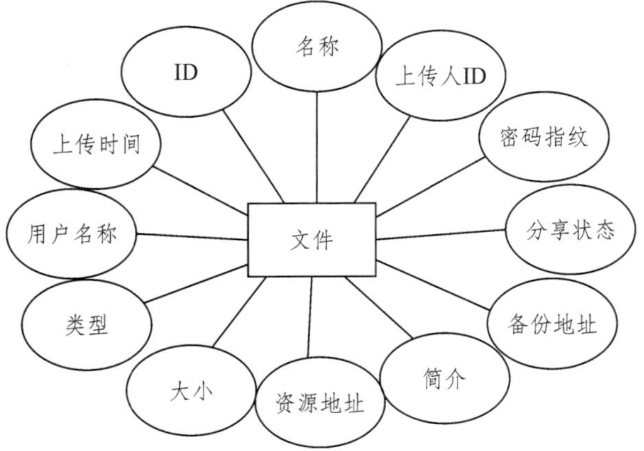

图 5　文件实体属性 E-R 分图

用户信息表（见表 2），用于存储用户的相关信息。

表 2　用户信息表

字段名	字段类	长	主键/外	字段值约束
hy_id	int		P	NOT NULL
userna	VARCH	50		DEFAULT
passwo	VARCH	100		DEFAULT
name	VARCH	100		DEFAULT
sex	int	1		DEFAULT
email	VARCH	20		DEFAULT
tel	VARCH	12		DEFAULT
tx	VARCH	100		DEFAULT

文件资源信息表，主要存放文件信息以及文件的指纹信息，用于文件安全防范，相关数据库表设计如表 3 所示。

3.2.3　电子档案安全设计

文件安全防范设计主要是通过对于文件的上传以及对于文件的下载两个时间点进行校验，上传时开启生成文件密码指纹，文件上传成功之后会把文件的指纹存入数据库，在下载文件时，系统再对下载文件进行一次校验，如果符合则直接下载，如果不符合则将文件恢复成为上传时的状态。相关设计流程如图 6 所示。

表 3　防篡改信息表

字段名	字段类型	长度	主键/外键	字段值约束
Zy_id	int	4	P	NOT NULL
name	VARCHAR	100		DEFAULT NULL
F_id	int	4		DEFAULT NULL
content	VARCHAR	1		DEFAULT NULL
pic	VARCHAR	100		DEFAULT NULL
size	VARCHAR	10		DEFAULT NULL
username	VARCHAR	100		DEFAULT NULL
Up_date	date			DEFAULT NULL
kind	VARCHAR	50		DEFAULT NULL
share	VARCHAR	50		DEFAULT NULL
C_id	int	4		DEFAULT NULL
zhiwen	VARCHAR	200		DEFAULT NULL
Backupfile	VARCHAR	200		DEFAULT NULL

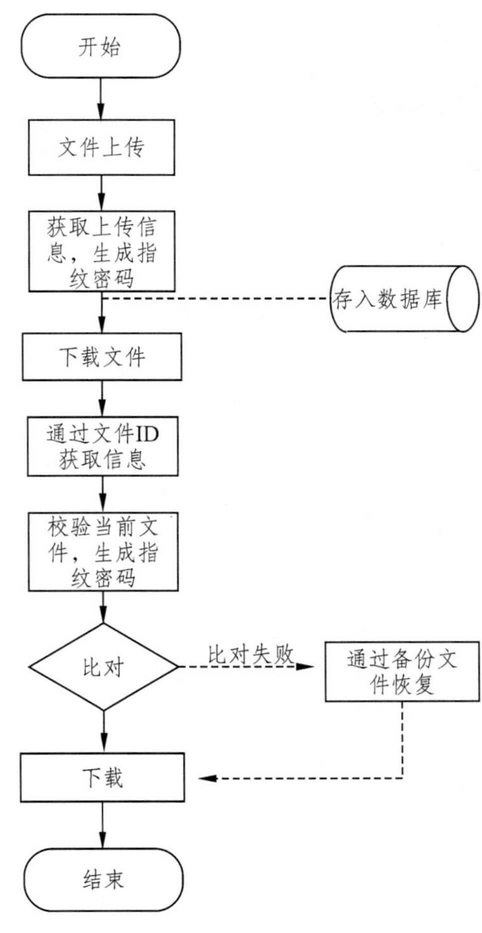

图 6 电子档案安全设计流程图

3.2.4 文件上传模块设计

文件上传模块主要是提供给用户使用，用户使用时可以上传属于自己的文件，上传时可以填写上传信息以及上传的文档类型、文档分类、文档的分享状态。在上传文件信息的时候，采用的是先把文件上传到服务器，然后再返回文件的大小、文件的名称、上传的路径、文件上传的指纹密码、文件的备份文件路径。然后一同提交到后台将数据插入到数据库中。其模块流程如图 7 所示。

3.2.5 文件下载模块设计

文件下载模块主要实现用户下载自己的文件、好友的文件或对公共资源进行下载。下载时系统会对文件进行校验，校验文件当前的指纹密码是否与上传时存入数据库中的密码一致，再对其判定操作，若不一致则对其进行恢复。相关流程如图 8 所示。

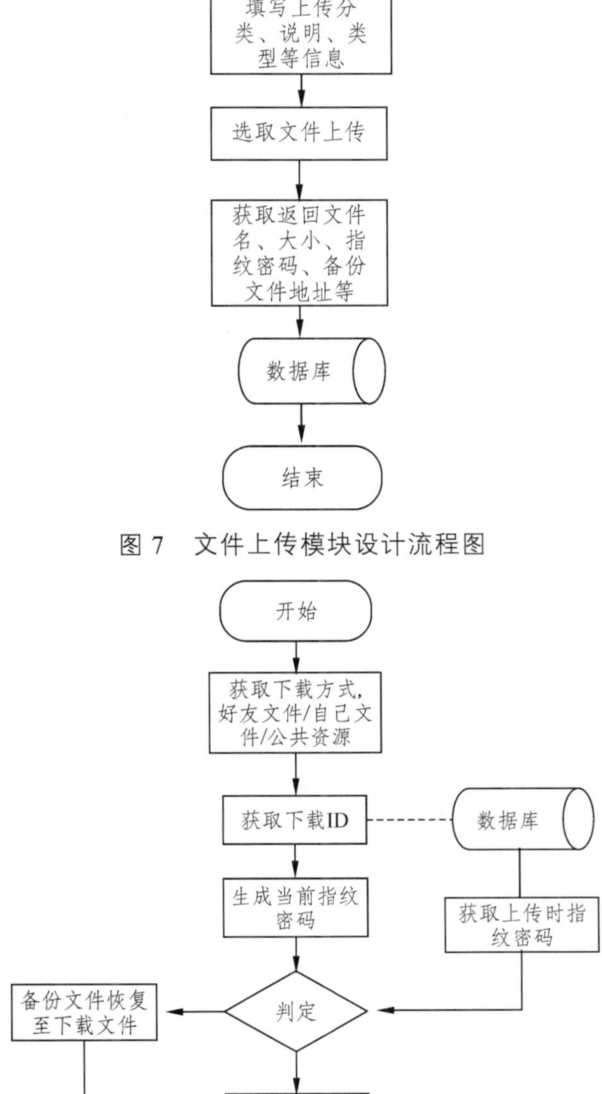

图 7 文件上传模块设计流程图

图 8 文件下载模块设计流程图

3.2.6 文件分享设计

文件分享设计主要是为了能够提供更好的文件传递，在此系统中文件分享主要是分为三个方面，其中第一个就是自己私有文件，只能够自己查看，第二个就是好友查看，将文件分享给好友，好友可以查看或者下载，第三个方式就是公共资源，资源允许全网所有人下载。相关设计流程如

图 9 所示。

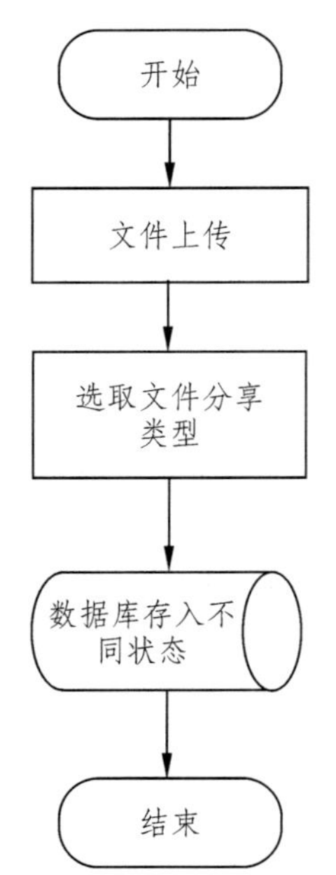

图 9 文件分享模块设计流程图

4 结 语

实现这一系统主要创建的角色有两个：一是普通的会员，能够注册登录系统、个人资料管理、创建目录、管理目录、上传文件、资源列表以及好友管理。二是管理员，管理员可以在后台为所有文件进行分类信息管理、会员信息管理、资源管理。通过这两种角色的构建完成一个功能完善、操作简便、安全性高的电子档案信息安全管理的系统。

参考文献

[1] 杨洋. 基于 PHP 的网络考试系统[J]. 办公自动化，2015（3）：57-59.

[2] 姜慧，李凯，刘松. 基于 PHP 的网上投票系统设计[J]. 林业勘查设计，2014（1）：109-110.

[3] 李金凤. 基于 PHP 技术的网络文件管理系统设计[J]. 数字化用户，2014（2）：104.

[4] 凯文・塔特罗，彼得・麦步泰尔，拉斯马斯・勒多夫. PHP 程序设计[M]. 赵戈戈，易国磐，张鹏飞，等，译. 北京：电子工业出版社，2015.

[5] 主福洋,郭坤. 基于 PHP 技术的网站建设[J]. 软件工程师，2013（1）：60-61.

[6] 王洪海. PHP 技术支持的基因数据库 Web 平台构建[J]. 电子世界，2014（18）：484.

高校智能安防系统的设计与实现研究

姚友罡　王佳智　杨小龙

（成都东软学院保卫部　四川　成都　611844）

摘　要：伴随着高校的扩招，校区的规模也越来越大，校区的管理工作也越来越复杂。在这种情况下，如何做好与强化校区的安防管理是管理工作中急需解决的问题。本文在信息技术发展的背景下，主要对高校智能安防系统的设计与实现进行分析和研究，以实现高校安保工作从“人防”到“技防”转变的目的，为高校营造一个安全和谐的校园环境。

关键词：高校；智能安防系统；设计与实现

Design and Implementation of Intelligent Security System in Colleges and Universities

Yao Yougong　Wang Jiazhi　Yang Xiaolong

(Security Department, Neusoft University, Chengdu 611844)

Abstract: With the expansion of university enrollment, the scale of the campus is also growing, and the management of the campus is becoming more and more complex. Under this circumstance, how to strengthen the campus security management is an urgent problem to be solved. Under the background of the development of information technology, this paper mainly analyses and studies the design and implementation of intelligent security system in colleges and universities, in order to realize the transformation of security work from “human defense” to “technical defense”, and to create a safe and harmonious campus environment in colleges and universities.

Keywords: colleges and universities; intelligent security system; design and implementation

高校是人才培养的重要场所，保障高校师生安全是高校日常维护工作中的重中之重。为了维护高校安全，使其能够按照正常的秩序运行，除了要有普通的保卫、防护措施之外，还需要有更加多元化、现代化和智能化的安防系统，只有建立完善的智能安防系统，才能给高校带来更大的安全保障。

1　高校智能安防系统的设计

1.1　高校智能安防系统的总体方案设计

在进行智能安防系统的总体方案设计之前，首先要明确需求，包括功能需求和性能需求，之

作者简介：姚友罡（1979—），男，汉族，四川，助理研究员，硕士，研究方向为行政管理；王佳智（1991—），男，汉族，四川，本科，研究方向为行政管理；杨小龙（1997—），男，汉族，四川，本科，研究方向为行政管理。

后再对系统进行设计。从总体方案的设计来看，可将整个目标系统分为客户端、服务器、校内受控设备、校园内部网络、外部网络等。其中客户端即为用户提供各种操作的入口，其主要是用来实现用户与服务器之间的通信，实现用户的请求；服务器则是整个安防系统的核心，其主要是实现与校园内网和外网之间的连接；校园内部网络的作用则在于为服务器以及校园内的每个公共场所的设备提供通信与连接，使用户指令得以准确的执行。

1.2 高校智能安防系统的网络逻辑结构设计

网络逻辑结构设计是整个系统设计的重要部分，它的设计好坏与整个系统的安全性和健壮性有着直接的关系。网络逻辑结构设计所采用的是星形拓扑结构，在构建过程中，中央服务器位于星形结构的中央，其与校园内所有的用电设备是连接在一起，再通过服务器和校园内部网络共同作用实现对用电设备的控制，并且所有的受控设备之间并没有直接的关联，各自的状态互不影响。

受控设备与服务器之间的连接方式有两种，一种是通过网络接口来连接，另一种是通过适配器来连接。系统采用星形拓扑结构原因也就是星形结构中各用电设备之间是相互独立的，彼此处于何种状态是互不影响的，也就是说，即便某个用电设备无法正常工作，它也不会影响其他用电设备的运作。图 1 为高校智能安防系统的网络逻辑结构图。

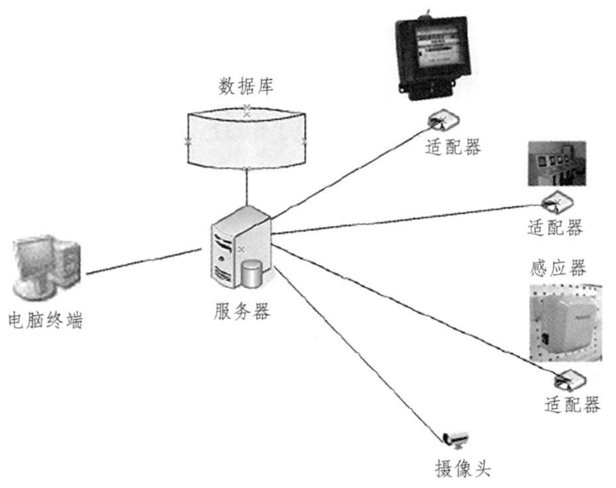

图 1　高校智能安防系统网络逻辑结构图

1.3 高校智能安防系统的硬件构成设计

在设计好整个智能安防系统的技术架构和逻辑结构之后，就需要对系统的硬件构成进行设计。总体来看，目标系统的硬件主要由移动终端、服务器、校园内部网络和各类受控设备组成。其中移动终端就是为了满足校园安保人员移动办公的需要，因此，其首先要满足的就是能够与 GPRS 进行连接，便于安保人员进行观察和操作；校园内部网络则是所有受控设备与校园网及中央服务器连接的桥梁，也是对所有设备进行控制的媒介，在构建校园内部网络时，应当选择稳定性强、安全性高、升级与维护方便的校园内网；受控设备也指所用的用电设备，例如传感器、摄像头、电源等。

1.4 高校智能安防系统统一平台软件架构设计

软件架构设计是系统开发中的重要一环，在高校智能安防系统中，软件架构可以分为客户端软件、服务器端软件、适配器软件、网络设备软件四类。其中客户端软件即为客户使用的计算机软件，是客户实现对系统操作的工具，其包括用户接口模块、信息处理模块和客户端与服务器的网络接口模块；服务器软件设计是系统设计的核心部分，其包括两个网络接口模块、信息处理模块和服务器用户模块；适配器的功能为实现没有自带网络接口的用电设备与服务器连接的桥梁，其软件主要包括两个接口模块和信息处理模块；网络设备软件是为系统连接网络而提供的软件，其主要作用是将内网与外网连接起来，实现信息之间的传输与通信。统一控制平台软件的结构如图 2 所示。

1.5 高校智能安防系统软件功能模块设计

软件功能模块设计是在软件架构设计好后进行的，在确定了目标系统的功能需求之后，就需要根据需求分析进行软件功能模块设计。在设计时，需要遵循模块化原理，使设计出来的每个功能模块都简单实用。一般地，设计过程中会将系统的所用功能进行细分，将相同功能的模块放在一起，不同功能的模块单独放置。要尽可能使每个功能模块独立，使各模块之间没有数据与信息交换或少交换，同时，模块化要从上至下进行，逐层分解。通过软件功能的模块化设计可以使各模块独立起来，形成一些功能相对独立并具体的模块，降低彼此间的依赖性，进而提高系统的可移植性。系统的功能模块如图 3 所示。

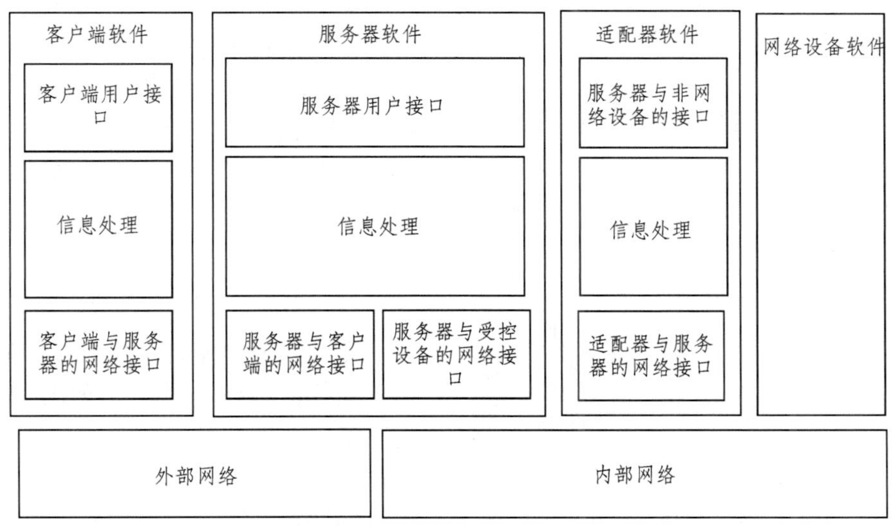

图 2　统一控制平台软件结构

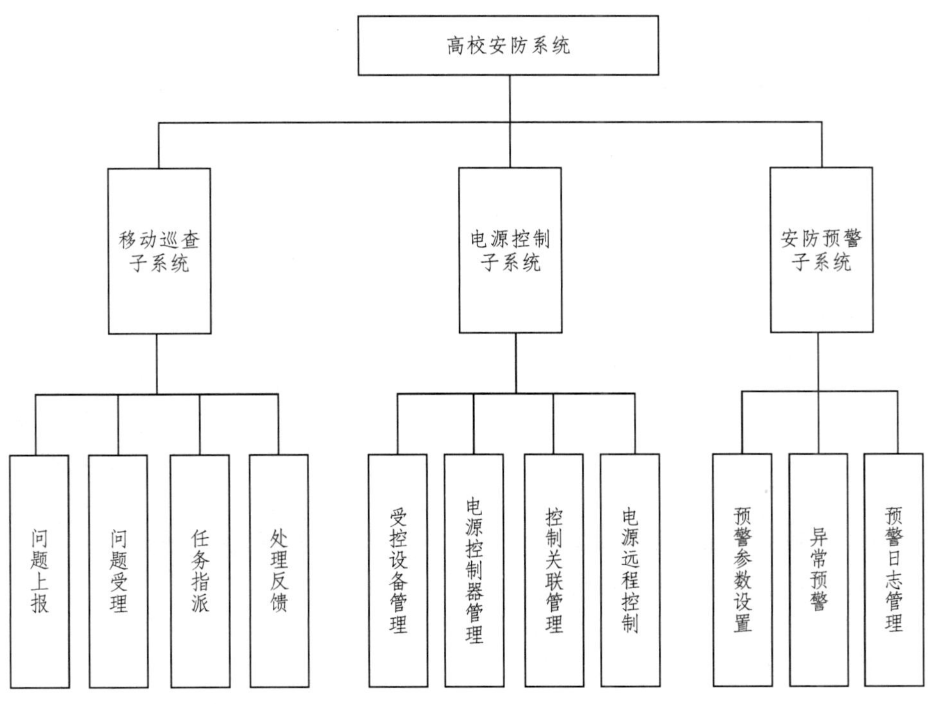

图 3　系统的功能模块图

1.6　高校智能安防系统数据库设计

在高校智能安防系统开发中，其数据库设计也是非常重要的一环。数据库是为数据提供存储和访问、处理的场所，数据库设计包含概念设计、逻辑设计和物理设计三个部分。在智能安防系统中，其包含的实体较多，对应关系复杂，因此在具体的设计过程中要明确和掌握各数据表之间的关系，进行数据库设计。

2 高校智能安防系统的实现

2.1 电源控制子系统的实现

电源控制子系统的作用在于对校园内的所有用电设备的电源进行开关控制，其主要功能子模块包括用电设备管理、电源控制器管理、控制关联等几个方面。在用电设备管理中，需要将这些设备与中央服务器和电源控制器进行关联，进而对用电设备进行控制。电源控制器管理的作用是控制用电设备的电源，每个电源控制器都会对应一个唯一的物理地址，进而进行精确的控制。每一种控制的实现都需要创建控制关联，也就是说每一个电源控制器都与其对应的用电设备有一个唯一对应的关系，并且这些关系会被保存在系统的控制关联表中，促成控制的实现。

2.2 移动巡查子系统的实现

2.2.1 问题上报

校园安保人员在巡查过程中可以通过问题上报功能将所发现的问题上报至校园安保中心，之后再由安保中心的值班员安排处理。事实上，问题上报就是对系统的问题信息数据表执行插入操作。

2.2.2 问题受理

在校园安保中心值班人员接收到安保人员上报的问题后，便对问题进行受理。在一般情况下，在接收到问题之后，值班人员首先要做的就是对事件进行判断，看如何处理，再安排人员去执行。

2.3 安防预警子系统的实现

2.3.1 异常预警

安防预警子系统是校园智能安防系统中一个非常重要的子系统。异常预警的实现分为异常数据采集和异常情况预警。异常采集是对校园内出现的异常数据进行采集，其依据事先设计好的异常预警规则，运用在校园内安装的探测器和摄像头来采集异常数据，之后再进行分析处理，并判断是否发出警告。异常预警则是检测到采集的异常数据与事先设计的预警规则一致时向用户发出预警信息。在一般情况下，如果系统采集到某个场所的异常数据接近或达到设定的危险系数或指标时，就会向控制中心发出警告。为此，为确保异常预警的正常发出，需要系统定期地对各个场所的数据进行统计。

2.3.2 关键问题解决

在高校智能安防系统中，如何实现数据采集仪中的数据与智能安防系统中的数据同步是实现安防系统功能的关键所在。数据采集后一般会临时存放在采集程序的数据库文件中，但不同的计算机终端都有着各自相应的采集程序，因而这些数据就只能是存放在不同的计算机中。因此要想将这些数据统一上传至系统的服务器，就必须要开发一个能够实现数据同步的功能，通过数据同步，将采集到的数据和中央服务器中的数据及时同步，以实现相关的操作。

3 结　语

高校智能安防系统是高校安全综合管理的重要组成部分，其对维护高校安全具有十分重要的意义。建设智能安防系统能够更好地对高校的人员、资源、设备等进行高效管理，提升高校安防智能化、现代化管理能力和水平，为高校工作正常、有序的运行保驾护航。

参考文献

[1] 张旭敏. 高校智能安防系统的设计与实现[D]. 长沙：湖南大学，2013.
[2] 李晋. 高校图书馆智能安防系统设计与实现[J]. 河南科技，2018（1）：18.
[3] 刘永立. 智能安防系统设计与实现[J]. 电脑编程技巧与维护，2018（10）：140-141.

基于Java的电子相册的研究与实现

张 翀

（成都东软学院信息与软件工程系 四川 成都 611844）

摘 要： 本文中采用Java Swing、多线程等技术实现了一个简易的桌面电子相册，该相册主要有目录树的显示，单图的缩放显示，多图的随机显示，图片的自动播放、翻页等功能。因为使用了 多线程技术来控制图片的加载速度，设计了相应的算法来计算图片缩放的比例，从而保证了多图显示的延时可控，图片的缩放保真，因而具有较好的用户体验。

关键词： 电子相册；Java Swing；多线程

Research and Implementation of Electronic Album Based on Java

Zhang Chong

(Information and Software Engineering Department,

Chengdu Neusoft University, Chengdu 611844)

Abstract: Java Swing and multi-threading technologies are employed to develop a simple desktop electronic album. This album mainly includes the display of directory tree, zoom display of single picture, random display of multiple pictures, automatic play of pictures, page turning and other functions. Since multi-threading technology is used to control the loading speed of pictures and the corresponding algorithm is designed to calculate the scale of pictures, so the delay of multi-picture display is controllable and fidelity of the pictures are ensured, which lead to a good user experience.

Keywords: electronic album; Java Swing; multi-threading

1 引 言

电子相册是一种用来对电子照片进行查看、编辑、管理的软件。市面上常见的图片处理软件功能比较强大，但同时使用起来也较为复杂。本文提出采用 Java Swing、多线程等技术开发出一种基于桌面的电子相册软件，并具有较高的图片显示效率，简洁易用的操作方法和良好的用户体验。该相册主要具有目录结构的树型显示，单图的缩放显示，多图的随机高效显示，照片的切换，自动播放等功能。

2 目录结构的树型显示

本电子相册的设计初衷是能读取本机任意目录结构的图片文件并进行显示，因此就需要以良好的用户可视体验效果将本机的目录结构显示出来。我们选择 Java Swing 中的 JTree 组件作为目录的显示效果控件，但需要提供节点信息以生成目录树。照片的文件夹结构是不确定的，深度也不确定。为此，我们设计了一个方法 getNode，通过传入的路径，并利用递归调用来生成该路径的目录结构，辅以图片文件的扩展名筛选，从而得

基金项目： 成都东软学院2017年度教改项目“基于T-C的软件工程应用型示范专业课程体系建设与探索”（NSU2017-005）。

作者简介： 张翀（1977—），男，汉族，四川，讲师，硕士，研究方向为软件工程、Java。

到整体的目录树并显示出来。该功能的显示效果如下：

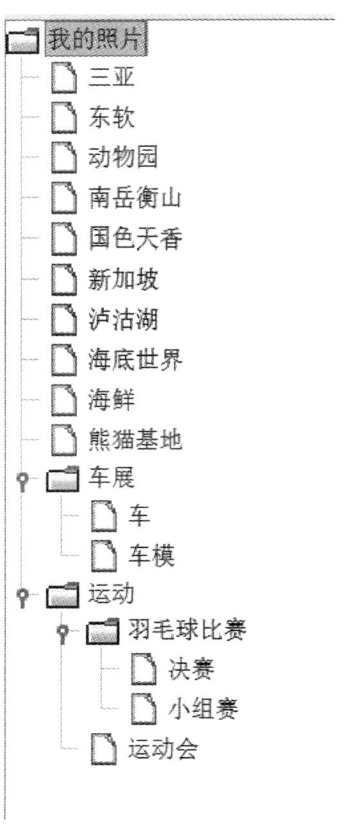

图 1　目录显示

3　单张照片的缩放显示

单张照片可以利用 JLable 组件在 Swing 的 JPanel 面板中显示出来，但原始照片一般像素都比较大，当一张大照片显示在一个小的 JLabel 上时，就只能显示照片的一部分。当然，可以通过调用 Image 类的 getScaledInstance 方法对图片进行缩放，但由于原始图片的比例与 JLabel 组件的宽高比往往不同，这就造成了缩放的失真，即图片会出现拉伸或压缩扭曲。为了解决这一问题，我们根据 JLabel 组件的宽和高，再根据原始图片的尺寸比例，分别计算出两个缩放值，取其大者，这样就得到了既满足原始尺寸比，又能在 JLabel 中全图显示的缩放值，从而实现单张照片的保真显示。其核心代码如下：

```
//在 JLabel 上显示经过缩放后的图片
public static Dimension setLabeImage(JLabel label,String path) {
    double scale,scale1,scale2;
    int labelWidth=label.getWidth();
    int labelHeight=label.getHeight();
    Image img=(new ImageIcon(path)).getImage(); //获得原始图片对象
    int imgWidth=img.getWidth(null);
    int imgHeight=img.getHeight(null);
    scale1=(imgWidth+0.0)/labelWidth;
    scale2=(imgHeight+0.0)/labelHeight;
    scale=scale1>scale2?scale1：scale2;
    //对图片进行平滑缩放
    img=img.getScaledInstance((int)(imgWidth/scale),
            (int)(imgHeight/scale), Image.SCALE_SMOOTH);
    label.setIcon(new ImageIcon(img));// 给Label 设置新的图片
    return new Dimension((int)(imgWidth/scale),(int)(imgHeight/scale));}
```

4　多图的随机高效显示

一个相册往往拥有几百甚至几千上万张图片，这就需要一个合理的布局和显示方式。首先，根据设计我们可以得到照片显示区域的宽度，并设定好每行显示照片的张数、照片之间的间距及每张照片的显示高度，这样便能计算出每张照片的显示宽度。根据以上参数，可以计算出每张照片在面板中显示的坐标，再利用 for 循环便可以生成显示多张照片所需要的所有 JLabel 组件。

有了照片显示的载体 JLabel 后，便可以利用前面的单图缩放显示技术辅以滚动面板 JScrollPane 将所有照片显示出来。这在一般情况下是没有问题的，但照片一旦很多，比如 200 张以上，计算机需要先将所有的照片加载至内存再一起显示，就会出现非常明显的卡顿甚至无法响应的现象。为此，我们采用了多线程技术进行处理，即每个线程负责一张图片的显示。每运行 10 个线程后，便给予一定的停顿时间，比如 0.5 秒，然后再启动后续线程，这样就能保证前面的图片有足够的时间随机显示出来（见图 2），而不是一片空白，从而提高用户的体验。其核心代码如下：

```
private void showPics(String path) {
```

```
for(int i=0;i<fs.length;i++) {//遍历目录下的文件
    int index=i;
    String picPath=fs[i].getAbsolutePath();
    if(MyTool.isPic(picPath)) {//如果是图片
        JLabel label=new JLabel();
        int row=i/number;//照片所在的行号
        int col=i%number;//照片在第几列
        int x=col*(gap+picWidth)+gap;//照片的左上顶点的x坐标
        int y=row*(gap+picHeight)+gap;//照片的左上顶点的y坐标
        label.setBounds(x,y,picWidth,picHeight);//设置Label的大小和位置
        //调用线程显示一张张照片缩略图
        OnePicThread onePicThread=new OnePicThread(picPath,label,picPanel);
        Thread t=new Thread(onePicThread);//创建线程类对象
        t.start();//启动线程}}}}}
```

其实现效果如下：

图2 多图的随机显示

5 照片的切换显示

当用户双击某一个目录时，需要将该目录下的所有照片显示出来，即实现照片的切换显示。要实现这一功能，最重要的是要获取用户点击的目录路径。JTree类实际上是通过DefaultMutableTreeNode节点类之间的上下级关系来构建树型结构的，而每一个DefaultMutableTreeNode节点都可以附加一个节点数据对象。在这里，我们先创建一个存储路径信息的节点数据类FileData，然后将其附加到节点上。当用户双击目录树上的某一个节点时，便可以利用JTree的getLastSelectedPathComponent方法获得点击的节点对象，通过该对象的getUserObject方法获得节点数据对象，从而获得目标路径。最后，根据目标路径，读取该路径下的所有图片文件并显示到主面板中，就完成了照片的切换显示功能。

6 照片的自动播放

照片的自动播放主要是通过设计一个线程类AutoPlayThread实现的。在该类的run方法中，通过循环遍历照片集，并调用线程类Thread的sleep方法来进行暂停，从而实现照片的循环显示，其核心代码如下所示：

```
public void run() {
    for(int i=0;i<fs.length;i++) {
```

```
if(MyTool.isPic(fs[i].getAbsolutePath())){
   MyTool.setLabeImage(label,
   fs[i].getAbsolutePath());
   try{Thread.sleep(1000);//线程暂停 1 秒
   } catch (InterruptedException e) {
          e.printStackTrace();}}}}
```

7 其他功能的实现

除以上电子相册的常见功能外，本相册还提供了诸如单图的放大、缩小查看，照片的批量改名，照片的翻页，照片的复制、移动，照片的黑白处理等功能。如图 3 所示：

图 3 其他功能的展示

8 成果与结论

电子相册当初所设计的所有功能均已实现，并在使用过程中用户体验良好，体现了对照片的方便查看和高效管理。其中 Java 多线程技术的引入，使得在进行照片的多图排列显示和单图的自动播放方面都具有较高的显示效率和良好的用户体验。

参考文献

[1] 丁小勇. 基于 ASP+FLASH+XML 架构的珍珠电子相册的设计与实现[J]. 通讯世界，2018（8）：242-243.

[2] 董钰杰，黄玉立，黄丽薇，等. 基于 Android 的电子相册设计与实现[J]. 机电信息，2017（12）：126-127.

[3] 康志辉，曾伟渊. 电子相册管理系统设计[J]. 电脑编程技巧与维护，2015（16）：20-21.

[4] 禹晨，陆洲. 基于 Java 的电子相册系统的可视化开发与应用[J]. 电子制作，2015（1）：88-89.

[5] 李皎，李玲玲，王朔琛. 基于 Java 的电子相册系统设计与实现[J]. 软件导刊，2012，11（9）：69-71.

[6] 万利成. 手机相册系统的设计与实现[D]. 长春：吉林大学，2016.

[7] 戴明儒，陆启军. 基于 PHP 技术的电子相册系统分析与设计[J]. 计算机光盘软件与应用，2013，16（22）：281-283.

基于SPOC的C语言程序设计教学改革实践

周 婷 王 泽 杨云超 王 会

（成都东软学院计算机科学与技术系 四川 成都 611844）

摘 要：SPOC作为一种新的教学模式，采用线上学习与线下管理相结合，将优质MOOC资源引入高校的课堂中，使MOOC资源发挥了更大的作用。本文针对“C语言程序设计”课程在传统教学中的不足，结合SPOC混合教学模式，在设置课程、实施混合模式教学、评价监控等方面提出了方案，最终学生的期末数据说明达到了预期的教学效果。

关键词：C语言；SPOC；混合式教学

Teaching Reform Practice of C Language Programming Course Based on SPOC

Zhou Ting Wang Ze Yang Yunchao Wang Hui

(Department of Computer Science and Technology, Chengdu Neusoft University, Chengdu 611844)

Abstract: SPOC, as a new teaching mode, uses the combination of online learning and offline management to introduce high-quality MOOC resources into the classroom of colleges and universities, making MOOC resources play a greater role. In view of the shortcomings of “C Language Programming” course in traditional teaching, this paper combines SPOC mixed teaching mode, and puts forward a scheme in setting up courses, implementing mixed teaching mode, evaluating and monitoring, etc. Finally, the final data of students show that the expected teaching effect has been achieved.

Keywords: C language; SPOC; mixed teaching

1 引 言

随着MOOC的崛起，传统教学教育的观念和方法也在随时代改变。为提高广大学生的学习效率、学习深度，使其拥有深厚的理论知识和实践操作能力，寻找一个新的、有效的学习模式。基于MOOC+SPOC（Small Private Online Courses）的新式教学模式设计，为实行新模式教学的教师们确立了新的实施方案及操作流程，以激发学生的自主学习性和积极性为先导，同时从混合教学中获得反馈，以此取得良好的教学效果。新教学模式对任课教师提出了更高的要求，新模式要求教师更加精通相应的课程内容和结构，熟悉网络课程的进度和操作，并且将其与线下教育理论融会贯通。然而更多的准备工作与改进需要我们在大量的教学实践中不断积累总结和完善。

基金项目：全国高等院校计算机基础教育研究会2018年度科研项目“基于SPOC+翻转课堂的程序设计基础（C语言）的教学改革研究”（项目批准号：2018-AFCEC-191）成果。

作者简介：周婷（1987—），女，汉族，籍贯四川，讲师，硕士，研究方向为C语言教学。

2 “C 语言程序设计”课程教学现状及缺陷

（1）教学方法和教学方案单一。

传统的教学方法较为单调枯燥。教师在教学的过程中不能充分向学生演示一些重要理论的具体应用和一些具体操作，学生在理解和掌握枯燥单一的理论知识时比较困难，难以激发学生的创新能力，学生的学习状态不佳，导致学习效果不理想。

（2）传统单一的教学不能充分满足学生自主化学习、个性化学习的需求。

传统的课堂面授，教师针对班级进行一致的教学，但每位学生的理解和学习能力不同，掌握的情况也会不一致。所以在调查中往往会出现有的学生认为进度太慢有的则认为太快的情况。新模式 SPOC 教学在一定程度上可以满足不同层次学生的自主化学习、个性化自主学习需求，相比传统模式更能激发学习创新性、多样性和潜能的发展。

（3）课程考核方式存在弊端。

目前的单一线下面授教学管理体制，尤其是考核制度仍沿袭传统的应试教育模式，传统应试体制下，更加注重理论知识，较少注重提高实践能力。这种不符合教学规律、甚至与教学培养目标相悖的方式，并不利于激发学生学习的积极主动性和创新创造性，也阻碍了程序设计基础课程的教授与接收。

3 SPOC 的优势

SPOC 是针对 MOOC 平台中对学生缺乏管理等不足问题而产生的一种新模式。学习者必须具备一定的条件才能申请加入线上课程的学习，实现对 MOOC 资源准入条件的管理，因此通常认为 SPOC 是后 MOOC 时代的产物。它的优点主要有以下几方面。

3.1 实现线上和线下课堂的混合教学

SPOC 模式使学生可以在课堂外进行线上课程的学习，在课堂中教师通过实践操作和问题导向等教学方式来检验学生的学习效果，这种模式非常适合内容多而学时少的课程。学生在课外利用大量的时间反复地学习知识点，这样缩减了课堂冗余时间，减轻了教师的工作量。

3.2 实现以学生为主体，增强了学生的学习动机

在 SPOC 模式中，学生在课堂上以回答问题和实践操作为主，实现了课堂上以学生交流互动为主体、教师收集信息并反馈为主导的理念。在课堂中教师根据教学需要会设置多个问题和操作题来检验学生课外学习的成效，使得学生不得不在课外花大量的时间来学习知识点，否则课堂中无法完成任务，这样增强了学生的学习动机，提升了学生的兴趣与参与度。

3.3 实现线上互动，自我测试

学生可以借助 SPOC 平台的线上交流功能，在限定的“小圈子”中相互交流、相互学习，教师也可以参与进来答疑解惑。SPOC 平台中设置了多套可以自动阅卷的题库，学生可以自己登录 SPOC 平台，自我测试。

3.4 实现异步学习模式，考虑学生的差异性

SPOC 平台的线上资源对学生而言，采用异步观看模式，且任何一个时间段都是开放的，充分考虑到了学生的差异性。所谓“笨鸟先飞”，学习能力较差的同学，对没有掌握的知识点，可以反复地观看，直到掌握，充分地利用了学生的碎片化学习时间。

4 基于 SPOC 的 C 语言程序设计混合式教学实践探索

4.1 实施方案

课前学习设计：在 MOOC+SPOC 平台与线

下教授的支撑下，师生可以进行“翻转课堂”，师生角色互换。教师给出下节课的学习任务，学生可以实现先行预习、学习，走在课程进度的前面。在课堂教学前先在 SPOC 平台观看相应任务的教学视频进行理论知识学习，适当进行一些相关内容的实践测试。

课中学习设计：教师可根据相应内容的测试结果将学生分成多个学习小组（每组 3～4 人），各小组分配不同层次的学生，大家互相帮助，互相补足。教师组织学生按小组对理论知识进行小组间的竞争交流，对遇到的问题和测试中出现的错题进行讨论。激励同学们在小组中解决普通的学习问题，对复杂困难的专业问题老师参与讨论，引导学生多样化思考，并带领解决相应问题。

教师对本节课的知识重点和难点进行总结，布置相应内容的作业任务，然后督促学生自主动手编程练习，将每次的课堂表现计入最终实践考核。在课程的最后 10 分钟左右，教师进行实践讲评和答疑。

课后任务：在课后的部分固定时间，教师需要对课堂中自己的教学的进度及教学内容进行回顾和总结，根据课堂中学生学习进度与成果，布置课后任务；同时，线上为学生答疑并做记录，总结学生的问题都常出现在哪些地方。学生在完成作业任务后需再次对疑难点进行回顾学习或者线上与老师互动反馈。

4.2 考核评价体系

本次基于 SPOC 的混合教学体系以过程性考核为主体，同时以各个教学任务分比例进行考核。比例为 SPOC 线上考核（30%，其中 SPOC 单元测试成绩占 20%）、课堂实践表现考核（30%）和期末成绩考核（40%）。在平时的 SPOC 考核上，SPOC 平台中各单元的测试成绩，能更加直观地对学生的学习进度深度做出反馈。课堂表现考核由教师对平时课堂上的实践表现成绩和小组内各成员间的相互评价共同组成，考核成绩需要体现出精确公平的特性，同时还需要反映出学生隐藏的问题，激起学生的积极性、创造性、多样性。

4.3 实践结果

图 1（a）是 69 名未使用 SPOC 平台的学生的成绩分布，其中 19%的学生表现优秀，总成绩超过 80 分；42%的学生表现良好，成绩在 70～79 之间；26%的学生及格，成绩在 60～69 之间，而不及格的学生还有 13%。图 1（b）是关于“C 语言程序设计课程”使用 SPOC 平台后学生平时成绩分布图，参加 SPOC 平台的学生共 1 060 名，通过平台完成了 12 次测验，12 次编程在线测试，16 次单选练兵题，共布置课后作业达 50 次，以及一次期中考试，最后 66%的学生总成绩超过 80 分，13%的学生成绩介于 70～79 之间，14%的学生成绩在 60～69 之间，当然还有 7%的学生成绩不及格。

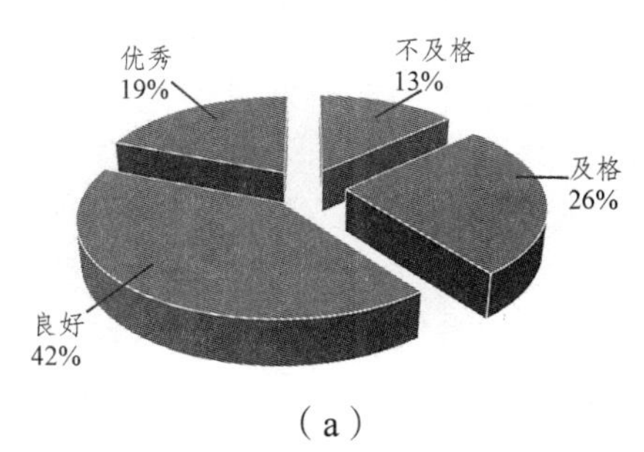

（a）

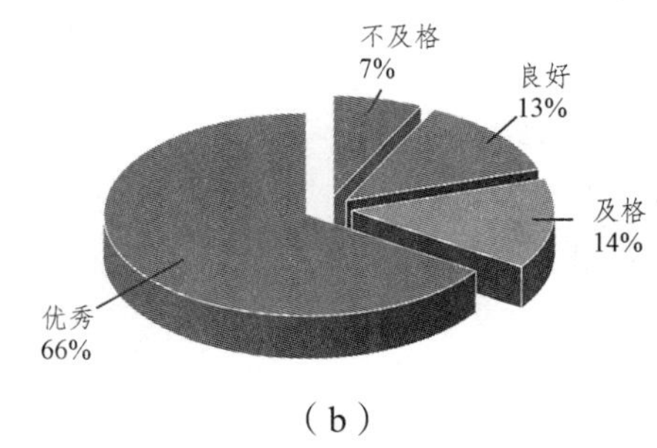

（b）

图 1 未使用 SPOC 平台和使用 SPOC 学生成绩分布图

图 1 的数据说明，引入 SPOC 平台后，刚刚及格的学生和表现一般的学生通过课后不断地练习和反复地观看视频，成绩得到了很大的提升。

5 结 语

在“C 语言程序设计”课程教学的实践创新探索过程中，采用 SPOC 模式的教学效果要明显地优于未采用该模式的教学效果。不过，针对 MOOC 的研究还在不断地深入和探讨中，我们应该不断更新自己的创新节奏，动态地吸取 MOOC 所创造的价值与经验，改进曾经与时代脱节的教育教学，衍生全新的高质量的高等教育教学模式。

参考文献

[1] 李祁，李瑛，赵秀丽. MOOC平台下的“混合式”计算机教学模式研究[J]. 计算机工程与科学，2014，36（A2）：111-113.

[2] 张海燕. MOOC的突破与挑战：一种课程观点[J]. 软件，2018，39（6）：209-213.

[3] 冯芝丽，范双南，周南. 基于MOOC的计算机基础翻转课堂教学模式探索[J]. 产业与科技论坛，2015，14（18）：181-182.

[4] 叶小娇，贺俊英，刘博影. 高校信息素养教育中 MOOC 与课堂混合教学模式研究[J]. 西昌学院学报（自然科学版），2015，29（2）：104-107.

[5] 何克抗. 从“翻转课堂”的本质，看“翻转课堂”在我国的未来发展[J]. 电化教育研究，2014（7）：5-16.

[6] 焦赛美. 基于混合学习的翻转课堂教学模式研究：以“Photoshop平面设计”课程为例[J]. 软件，2018，39（4）：222-225.

[7] 高宇鹏，任福，杨璐，等. 基于SPOC的C语言程序设计课程教学改革实践[J]. 教育天地，2019（8）：192-193.

[8] 杜坤. 基于“MOOC+翻转课堂”的C程序设计混合式教学[J]. 软件，2019，40（8）：212-215.

基于 SPOC 的数据结构课程的设计

王　泽

（成都东软学院计算机科学与工程系　四川　成都　611844）

摘　要：SPOC 在 MOOC 的基础上很好地把借助于互联网的教学模式和传统的教学模式结合在一起，有助于线上教学和线下教学的深度融合。文章从数据结构这门课程的特点和该课程对于计算机相关专业的重要性出发，深度剖析了该课程的教学现状和学生不能达到预期教学效果的主要问题，并且从教学内容、资源建设、教学组织、考核方式四个方面对课程进行重新设计。

关键词：SPOC；数据结构；课程设计

Design of Data Structure Course Based on SPOC

Wang Ze

(Department of Computer Science and Engineering, Chengdu Neusoft University, Chengdu 611844)

Abstract: On the basis of MOOC, SPOC combines the teaching mode of the Internet with the traditional teaching mode to help the deep integration of online teaching and offline teaching. From the characteristics of the data structure course and the importance of the course to the computer-related majors, the article deeply analyzes the teaching status of the course and the main problems of the students who can not achieve the expected teaching effect, and teaching redesigns the curriculum in the four aspects of teaching content, resource construction, teaching organization and assessment methods.

Keywords: SPOC; data structure; course design

1　引　言

SPOC 是近年来在高校间逐渐兴起的一种新颖的教学模式，它本质上还是采用 MOOC 的技术来实施的小规模在线课程。SPOC 的教学程序如下：教师准备教学资料，布置任务；教师按照教学大纲，每周定期准备视频教学材料和学习任务，发布到网上；学生完成自主学习；学生按照学习清单要求，在规定时间内完成视频观看、相关作业以及在线讨论等任务；教师有效组织面对面教学，即课堂教学；教师在课堂上进行知识讲授，面对面进行课程答疑，并组织随堂考试。SPOC 利用 MOOC 技术将教师从繁杂、低效的传统教学中解放出来，将时间和精力投入到更具价值的专业教学活动中来，如专业讨论、任务协作、面对面交流与互动等。SPOC 很好地把线上教学和线下教学融合在一起，形成了一种新的混合教学模式，既融合了 MOOC 的优点，又弥补了传统教育的不足。

2　数据结构课程的特点和重要性

该课程的特点是，对每一种重要的经典数据结构都从实际应用问题出发，导出其定义、实现

基金项目：计算机基础教育教学研究项目（编号：2018-AFCEC-188）（该项目得到全国高等院校计算机基础教育研究会研究会立项支持）。

作者简介：王泽（1982—），男，汉族，四川，讲师，硕士，研究方向为软件工程。

（存储）方法以及操作实现，并以更丰富的综合性较强的项目和多样的练习题来增加学生对数据结构理论的认识，从而使学生明白这些数据结构在什么样的情况下能解决什么样的问题。我院的计算机专业为本科生和专科生都开设了数据结构课程，它是计算机学科知识结构的核心和技术体系的基石，在研究生考试中也是必考科目。随着互联网技术以惊人的速度发展，数据结构在计算机专业学科中的地位丝毫没有动摇，反而因近年来算法工程师的高薪形势，而得到了业内空前的重视。数据结构是我院计算机科学与技术、网络工程和物联网工程等专业学习的重要专业基础课程，在我院计算机相关专业的课程体系中有着非常重要的地位，属于必修课程。它所讨论的知识内容和提倡的技术方法，无论对进一步学习计算机领域的其他课程，还是对信息工程的开发，都是重要而必备的基础。

3 学院数据结构课程的教学现状

我院一个学年分为三个学期，两个教学学期和一个实践学期，所以教学学期的课时相对于传统大学会少一些，因此目前，我院数据结构课程为 4 学分，总学时为 64 学时，其中理论课时 56 学时，实验课时 8 学时，在大学一年级第二学期开设，主要的专业基础先行课有程序设计基础。在教学中发现，这门课不仅有很强的理论性和抽象性，而且要求学生有很好的编程基础。故学生在学习本门课程的过程中，难免会出现一些困难，这会在一定程度上影响学习效果，从而影响到他后续专业课程的学习，甚至会影响学生对本专业的学习兴趣。通过分析以往课程教学过程，以及对高年级学生和后续专业课程教师的调研，结果显示学生不能达到预期教学效果的原因主要有以下几点：

首先学生无法接受数据结构的描述方式。数据结构的描述大多是抽象的形式，我们习惯了使用自然语言表达，难以接受数据结构的抽象表达。根据以往的教学经验，很多学生都无法理解书上的“ElemType”是什么类型。

其次学生不知道学习数据结构有什么用处。尽管很多人学习数据结构，但目的各不相同。有的人是应付考试，有的人是参加算法竞赛需要，而很多人不太清楚学习数据结构有什么用处，迷迷糊糊地看书、做题、考试。

再次学生体会不到数据结构中的妙处。由于教材、教师等各种因素影响，很多学生没有体会到用数据结构处理数据的妙处，经常为学不会而焦头烂额，学习重在体会其中的乐趣，有乐趣才有兴趣，兴趣是最好的驱动力。

最后学生编程语言基础不好。我院数据结构课程的算法描述采用 C 语言，C 语言中的指针、函数、结构体是语言学习中的难点，也是数据结构算法描述中的重要工具。学生在程序设计基础这门课程中基础没有打好，导致学习数据结构这门课程非常困难。

4 学院数据结构 SPOC 课程的设计

根据计算机学科教学的特点和学院对课程的要求，在课程进行中充分利用 SPOC 平台的线上教学的优势，把以往教学中积累的优秀资源重新筛选，重新设计课程。主要从教学内容、资源建设、教学组织、考核方式方面来进行设计。

4.1 教学内容

我们教学团队把数据结构具体教学内容整合成如表 1 所示的 6 个大模块和 9 个小模块，每个小模块都包括若干基本算法和一个实践项目。本教改方案在选择实践项目的时候，不仅设计了一些新的实践项目，如银行业务队列模拟、算术表达式求值等，还沿用了前导课程“程序设计基础”中选用的实践项目——学生成绩管理系统。

表 1 数据结构教学内容

	理论知识	项目实践
线性表	线性表的基本概念；线性表的顺序存储结构；顺序表的建立、增删改查及其常用算法；顺序表的简单排序和算法；顺序表的简单查找及其常用算法；线性表的链式（单向、双向）存储结构；链表的建立、增删改查及其常用算法。	数组元素循环右移问题 学生成绩管理系统

续表

	理论知识	项目实践
栈和队列	栈的定义；栈的顺序和链式存储结构；堆栈的应用；队列的定义；队列的顺序和链式存储结构；队列的应用。	银行业务队列模拟 算术表达式求值
树和二叉树	树的定义，基本术语及基本运算；二叉树（二叉树的链式存储、二叉树的遍历、二叉树的建立）；二叉树（线索二叉树、哈夫曼树及哈夫曼编码）。	二叉树的创建和遍历
查找	查找的基本概念；常用的查找算法；散列函数的构造方法；处理冲突的方法。	学生成绩管理系统（查找）
排序	排序的基本概念；内部排序法—插入排序；内部排序法—交换排序；内部排序法—选择排序；快速排序法—快速排序；内部排序法—归并排序。	学生成绩管理系统（排序）
图	图的基本概念；图的存储结构；图的查找算法。	地图导航

4.2 资源建设

教学资源设计是对教学资源整合和利用的关键，是教学的框架和蓝本，在教学过程中也是非常重要的一环。教学资源设计内容的丰富性、合理性和科学性奠定了学生学习的方向，因此教学资源的形式应该丰富多样，尽可能地激发学生的学习兴趣，教学资源的内容应该广泛，尽可能地满足不同层次学生的需求。教学资源包括：教学课件、教学视频、测验和作业等。

4.3 教学组织

教学活动的设计是教学组织的重要组成部分。设计广泛的教学活动有助于学生获得专门知识。教学活动的设计主要包括课前线下预习、课堂学习和课外活动三方面。课后学生在SPOC平台上看视频课，在SPOC平台的讨论区进行交流。教堂学习包括教师的学习、教师的提问、学生的思维展现和解决问题。地图语包括在教室里学到的知识和实用反馈。

4.4 考核方式

我们教学团队结合数据结构课程的实际情况，制定高效的考核措施，包括形成性考核和终结性考核。形成性考核包括学生的考勤和表现、SPOC在线测试情况、实验报告，占总成绩的50%；终结性考核成绩占总成绩的50%。

5 结 语

随着互联网的发展，人们呼吁一种更有利于学生利用课余时间自主学习，激发学生兴趣的教学形式，SPOC借助于MOOC的基础便应势而生。本文根据数据结构课程的特点和重要性和我校数据结构课程的教学现状，并基于SPOC线上线下相结合教学模式进行分析，介绍了设计该模式的必要性和突出优势，并详细介绍该模式的理论依据和可行性方案，提出了详细的学院数据结构SPOC课程的设计，为后续课程的建设打下良好的基础。

参考文献

[1] 付金霞. SPOC背景下农林院校GIS专业实践教学的改革[J]. 中国农业教育，2015（3）：45-48.
[2] 刘合兵. 数据结构课程第一堂课设计[J]. 大学教育，2017（3）：29-30.
[3] 戴成秋. 数据结构课程混合式教学实践与评估[J]. 计算机教育，2019（1）：80-83.
[4] 喻梅. 数据结构课程教学改革探索[J]. 实验室研究与探索，2014（12）：201-204.
[5] 高贤强. “数据结构”课程教学改革思考与探索[J]. 中国电力教育，2014（11）：110-111.
[6] 钟美. 以培养应用型人才为目标的数据结构教学改革[J]. 计算机教育，2014（14）：26-29.
[7] 王泽. 基于SPOC的程序设计基础课程建设[J]. 当代教育实践与教学研究（电子刊），2017（11）：536.

基于 UHF RFID 读写器的自动功率校准方法

林　飞　谢绍斌

（成都东软学院实验实训中心　四川　成都　611844）

摘　要：近年来，UHF RFID 发展迅速，已广泛应用于物流和供应链领域。由于 UHF RFID 读写器的发射功率较大，需要做功率校准。本文从系统设计的角度出发，提出了一种自动功率校准方法，大大提高了生产校准测试效率。本文重点论述了该方法的硬件设计原理、软件算法设计步骤，并通过手动测试的方式，对比验证了此方法在满足性能要求前提下简单而高效。此方法对其他无线大功率的物联网硬件开发有借鉴意义。

关键词：UHF RFID；功率校准

Automatic Power Calibration Method Based on UHF RFID Reader

Lin Fei　Xie Shaobin

(Center of Experiment and Training, Chengdu Neusoft University, Chengdu 611844)

Abstract: In recent years, UHF RFID has developed rapidly and has been widely used in logistics and supply chain. UHF RFID reader needs power calibration because of its high transmitting power. In this paper, an automatic power calibration method is proposed from the point of view of system design, which greatly improves the efficiency of production calibration and testing. This paper focuses on the hardware design principle and software algorithm design steps of the improved method, and verifies that the method is simple and efficient under the premise of meeting the performance requirements by manual testing. It can be used for reference for other wireless high-power hardware development of Internet of Things.

Keywords: UHF RFID; power calibration

1　引　言

RFID 作为当前物联网应用最为成熟的一种技术，已被广泛应用于工业和消费类领域。按工作频段，RFID 系统可分为低频（LF）、高频（HF）、超高频（UHF）和微波等几类。目前大多数 RFID 系统为低频和高频系统，但超高频频段的 RFID 系统具有操作距离远、通信速度快、成本低、尺寸小等优点[1]，更适合未来物流、供应链领域的应用。近年来，基于 UHF RFID 的研究和应用已逐步成为 RFID 领域的热点。

由于无源 UHF RFID 的感应电能来自 UHF RFID 读写器辐射的电磁波能量，因此要实现较远的读取距离，就需要较其他频段 RFID 系统更大的射频发射功率。根据中国无线电管理委员会的法规，UHF RFID 系统最大的发射功率不得超过 2W（33dBm）[2]。要达到如此高的辐射能量，UHF RFID 读写器需要额外的大增益功放（PA），但 PA 器件具有离散性和非线性特性，为了保证不超过法规要求以及足够的功率需求，需要对 PA 的发射

基金项目：都江堰市 2019 年科研项目“基于 RFID 的智能仓储柜”。

作者简介：林飞（1981—），男，汉族，籍贯湖北，助理研究员，硕士，研究方向为嵌入式开发。

功率进行校准。用于实验室研究的读写器硬件可以用频谱仪等仪器辅助人工逐个调整参数，但在批量化设备生产时，设备个体均存在差异，人工校准操作费时费力，需要一种简单可靠的自动化校准方法。

本文将以射频功率反馈为基础，通过射频耦合、功率检波、AD 转换等方式来实现代替频谱仪获取前向发射功率，并通过微控制器（MCU）运行校准算法使 RF 射频端发射功率符合设备指标规格要求。

2 射频功率检测的硬件设计

2.1 射频前端电路

UHF RFID 读写器经过功放 PA 后的射频信号表示为 PA_RFOUT[3]，经过前向通道的耦合器件采用型号为 XC0900P-10S 的 10 dB 定向耦合器，耦合端（4 管脚 CPL）对输入端（1 管脚 INPUT）信号产生 10 dB 衰减，同时能够对隔离端（用于反向通道）呈现较高的隔离度。功率检波器采用 TI 公司的 LMV225 对数检波器，其已被广泛用于 CDMA/WCDMA 等射频功率控制领域。LMV225 能够提供至少 30 dB 的线性功率检测范围，并覆盖整个 UHF 工作频段。

UHF RFID 读写器的 PA_RFOUT 信号最大发射功率可以达到 2W（33 dBm），经过 10 dB 定向耦合器后在耦合端最大耦合功率为 23 dBm，而 LMV225 对数检波器的最大线性输入功率为 0 dBm，因此，需要加入 1.8K 电阻对耦合信号进行衰减约 31 dB 后送入 LMV225 的输入端。

LMV225 对数检波器数据手册显示其输出电压和输入对数功率在-40 dBm ~ 0 dBm 范围内基本满足线性关系，因此读取 LMV225 输出的电压值，就可以通过运算线性转化为 UHF RFID 读写器的输出功率值（以 dBm 为单位）。

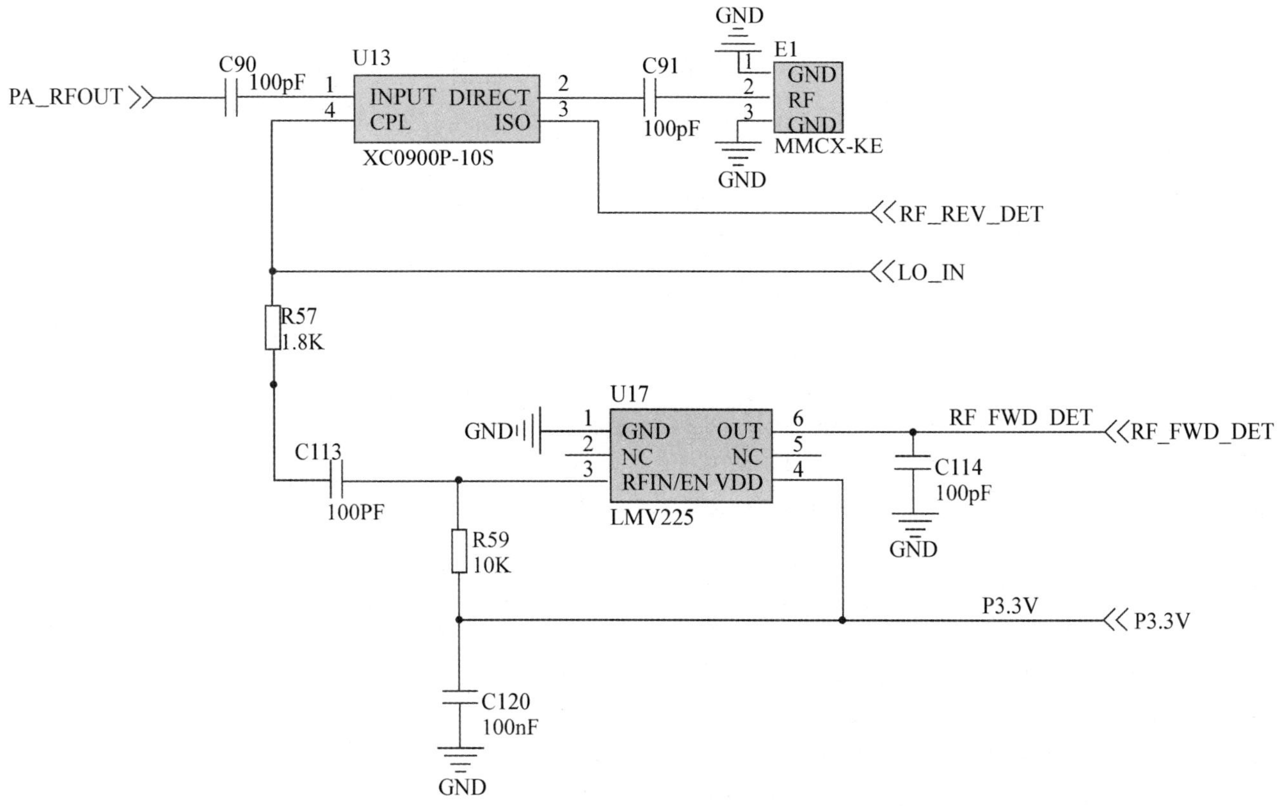

图 1 UHF RFID 读写器射频前端电路

2.2 MCU 检测电路

UHF RFID 读写器的控制核心 MCU 采用 AT91SAM7S256，其内置 8 通道 10bit ADC，最大工作时钟为 5MHz，可以满足前向功率检波后的连续电压值采样要求。

在本设计中，我们将检波后的 RF_FWD_DET 信号送入 MCU 的 4 号 ADC 通道，而 ADC 的 ADVREF 管脚为参考电压输入，也即 ADC 通道最大输入电压值参考值。由于检波器最大可能输出电压不超过 2V，因此可以选择 TI 公司的高精度齐纳并联稳压器 LM431，具有良好的温度稳定性能。通过选取 1%精度并联电阻，可以使得 ADVREF 电压值锚定在 2.75 V 左右（见图 2）。

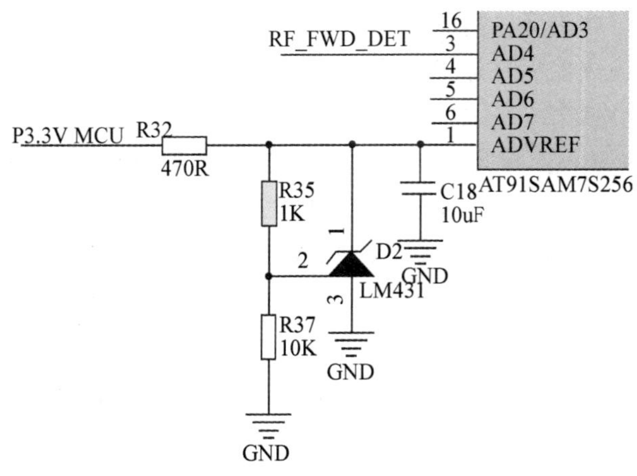

图 2　UHF RFID 读写器的 MCU ADC 外围电路

3　软件算法设计

3.1　功率-电压线性拟合曲线

上述硬件设计在工程上可以认为：输出功率 P 和 ADC 电压映射值之间满足线性关系。通过建立线性拟合曲线公式：Pout=A1*Vadc+A0，其中 A1 和 A0 分别为待求解的线性功率校准系数。

可以由软件设置测试多个点的值作为已知量求解，通常 UHF RFID 读写器的发射功率在 14 ~ 30 dBm 之间，因此可以从 14 dBm 到 30 dBm 每 2dB 间隔取共 9 个功率预算值。在每个预设功率点上，先分别测试前向电压值（FWD ADC 读数）以及实际发射功率值（频谱仪功率读数）。我们选取 9 组测试比较稳定的数据，通过计算机 Excel 软件就能快速获得线性拟合公式以及趋势图。如图 3 所示，我们得到的 A1 和 A0 系数都是保留 4 位有效数字的浮点数，得到曲线后显示其线性回归决定系数 R^2 为 0.9 993。

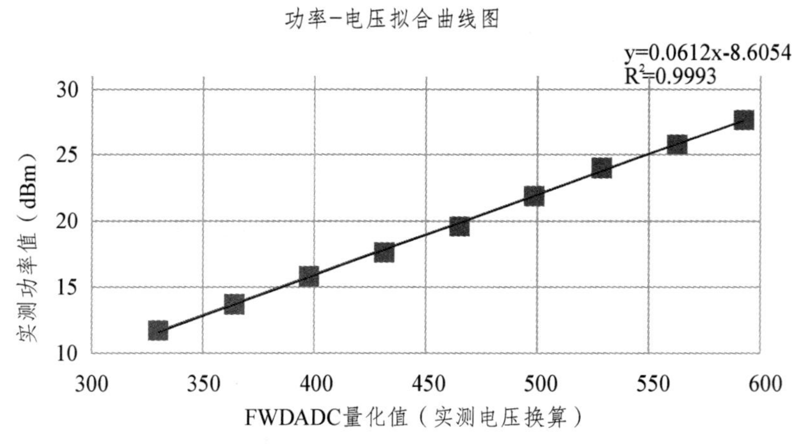

图 3　UHF RFID 读写器的功率-电压线性拟合曲线

3.2　浮点系数转化为定点系数

在 UHF RFID 读写器的部署应用中，低成本 MCU 一般没有浮点计算单元，因此浮点数要转定点数才能进行校准运算。本设计中我们采用 Q7.24 定点格式进行中间换算。我们以 A1 参数为例做伪代码示例，呈现其计算过程。

（1）整数转化，将 A1 小数点左移四位并四舍五入，A1'=ROUND（A1，4）;

（2）Q7.24 定点格式转化，将（1）得到的数乘以 2^24 并取整，得到 A1''=INT（A1'*2^24）;

（3）十六进制转化，将（2;）得到的十进制转为 8 位十六进制数，得到 A1hex=DEC2HEX（A1''，8）。

3.3　控制流程

在 2.2 中求得的 A1 和 A0 参数（均为 8 位 16 进制数），通过上位机写回到 MCU 的内置 Flash 固定区域[4]。这样在 UHF RFID 读写器设定任意发射功率值操作时，均可以使用此参数进行调整，通过自动计算误差，运用 P+I 算法控制最终送到 RF IC 芯片中的功率参数，可以得到符合性能要求的输出功率值，不用再对每个电路板进行逐个功率值的人工校准。

整个过程的软硬件设计框图如图 4 所示，可以看到功率自校准是一个典型的闭环自调节的过程，图中阴影部分为软件操作边界。由于功率参数需要线性功率值计算，因此在上位机给定的目标功率值以及 ADC 转换的对数功率值均要进行对数-线性转换，对于 MCU 而言一般采用快速查表法实现。整个校准过程由 P+I 算法控制得到最后平衡，调整时间需满足 ISO-18000-6C 标准中对发射功率的相关时序要求[5]。

4 测试验证

软硬件设计完成后，我们选取目标发射功率值为 29dBm，通过上位机发命令传递给 UHF RFID 读写器。读写器在调试模式下反馈得到前向输出功率和 ADC 量化值如下：

Forward OutPut Power: 29.0 dBm ADC Value：[568]

接着我们直接测量实际发射功率和 ADC 电压值，在天线口接上 25 dB 衰减器以及 1 dB 插损的连接线后，将信号导入频谱仪，在频谱仪端输出读数为 2.7d Bm。因此可以计算得到最终的读写器天线口输出功率为 2.73+26（衰减器+线损）=28.73 dBm。和目标功率的误差在 1%内（见图 5）。

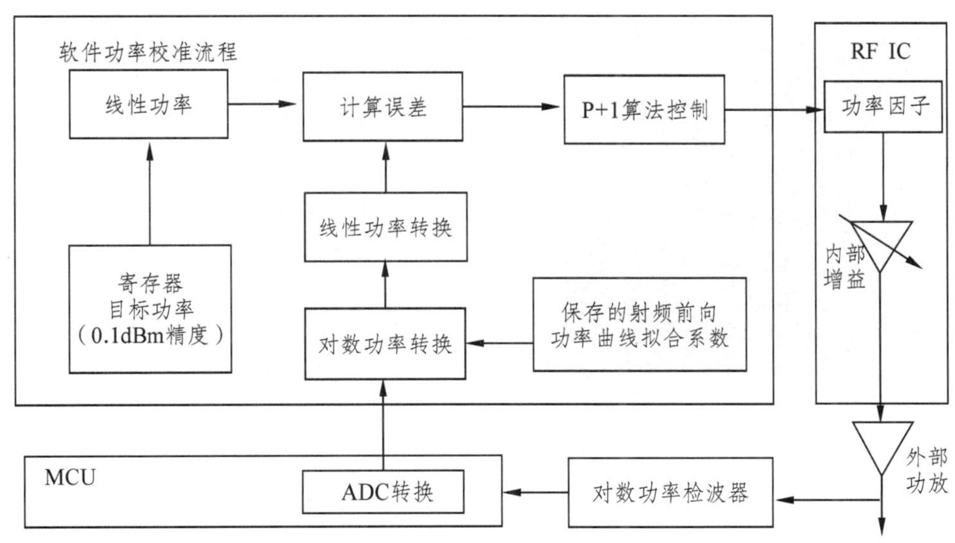

图 4 UHF RFID 读写器的自动功率校准流程图

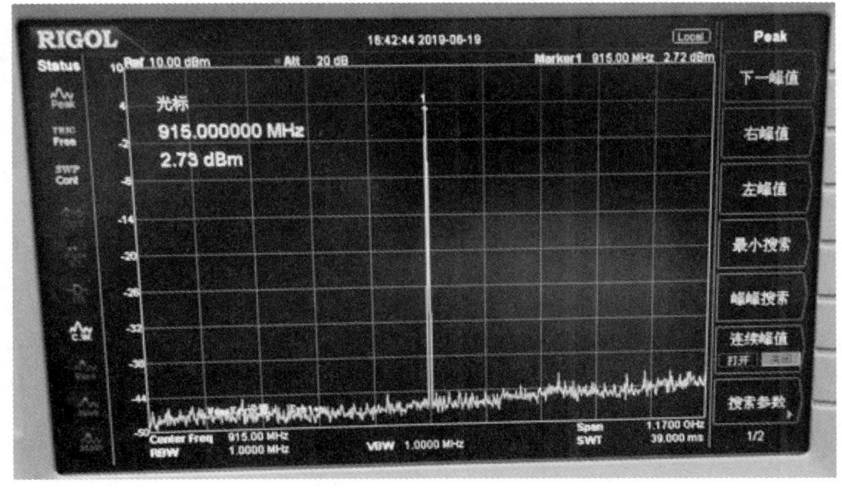

图 5 UHF RFID 读写器的自动功率校准流程图

ADC 的电压值可以通过示波器实时读取，校准完成后电压信号基本表现为直流，在有噪声纹波条件下取平均值 Uavg 作为计算值。测得前向功率检波器 Uavg=1.564 V，对应 LMV225 数据手册换算得到其输入功率为-12 dBm，再加上 10 dB 耦合器以及 31 dB 电阻衰减，可以计算得到功放输出端的输出功率为-12+10+31=29 dBm，和频谱仪测试结果基本一致。

同时，我们通过示波器也可以测试 ADC 的参考电压 ADVref 平均值为 2.757 V，考虑到 ADC 是 10 bit 精度，则把参考电压 2.757 V 分成 2^{10}=1024 等份，可以得到在上述检波器输出电压下的 ADC 量化值为 1.564 V×1024/2.757 V=581，该值和 MCU 内置 ADC 软件读数 568 瞬时误差在 2%左右，也达到了较高的精度（见图 6）。

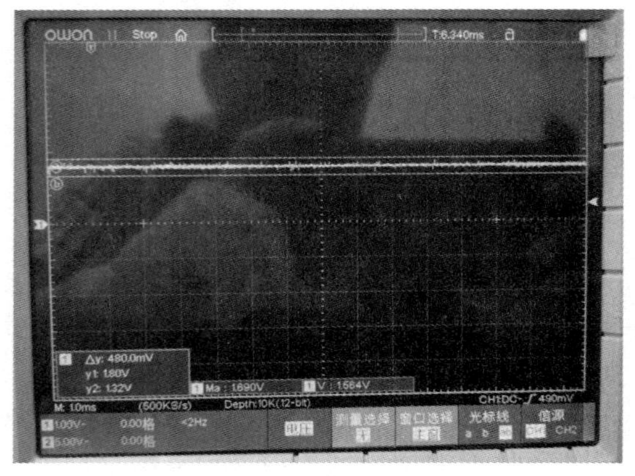

图 6 UHF RFID 读写器的 ADC 电压输入测量值

5 结 语

UHF RFID 技术正在工业和消费类产品领域加速渗透，低成本高效率的部署要求对设备供应商提出了严峻挑战。本文对 UHF RFID 读写器射频功率校准测试设计了一套自动校准的软硬件设计方法。通过该自动校准方法，不仅大大提高了批量模块的生产测试效率，同时还保持了较高的功率校准精度（典型发射功率下约为 1%左右），对其他无线大功率的物联网射频功率校准有一定借鉴意义。

参考文献

[1] 黄玉兰. 物联网 射频识别 RFID 核心技术详解[M]. 3 版. 北京：电子工业出版社，2016.

[2] 信息产业部. 关于发布 800 及 900MHz 频段射频识别技术应用试行规定的通知[Z]. 2007-4-20.

[3] 付丽华，金明涛，李志，等. RFID 技术及产品设计[M]. 北京：电子工业出版社，2016.

[4] Impinj Limited. RF Power Control Loop and Calibration Application Note v2.6.0 [EB/OL]. (2012-05-04)[2018-11-09] https://support. impinj. com/hc/en-us/articles/202755738-Indy-MAC-Firmware.

[5] The International Organization for Standardization. ISO/IEC 18000-6: 2013, Information technology —Radio frequency identification for item management—Part 6: Parameters for air interface communications at 860 MHz to 960 MHz General [S]. Geneva: ISO copyright office, 2013.

基于 Windows 的 FTP 服务用户隔离的应用与实现

李剑勇

（成都东软学院计算机科学与工程系 四川 成都 611844）

摘 要：在企业网络中，FTP 服务是较常用的网络服务之一。有了 FTP 服务，企业网络就可以发布一些文件供员工查阅、下载，也可以提供空间供员工上传文件等。出于信息保密的需要，不同级别的员工只能查阅符合权限的文件，因此对 FTP 用户进行隔离是十分有必要且必须的。本文就如何设计 FTP 服务使得用户之间能够隔离做阐述。

关键词：FTP；用户隔离；实现

Application and Implementation of User Isolation in FTP Service Based on Windows

Li Jianyong

(Department of Computer Science and Engineering, Chengdu Neusoft University, Chengdu 611844)

Abstract: FTP service is one of the most commonly used network services in enterprise networks. With FTP service, the enterprise network can publish some files for staff to read and download, and also provide space for staff to upload files, etc. For the need of information confidentiality, employees at different levels can only access files that meet their permissions, so it is necessary and necessary to isolate FTP users. This paper describes how to design FTP services so that users can be isolated from each other.

Keywords: FTP; user isolation; implement

1 引 言

在信息化应用普及化的今天，企业网络得到了广泛的发展和应用。其中，FTP（File Transfer Protocol，文件传输协议）服务是应用较为普遍的网络服务之一，能够提供文件的上传下载功能。通过 FTP 服务，企业可以在服务器中发布企业文件资料提供给员工下载，也可以为员工提供空间供员工上传文件。

2 FTP 服务简介

FTP 服务是专用于文件传输的服务，它可以方便地实现文件的传输而不受操作系统的限制，实现宽平台文件的传输。在企业网络中，一般而言是实现客户端与服务端之间的文件传输。

在 FTP 服务中，既可以实现匿名用户对服务器的访问，也可以实现认证用户对服务器的访问。通过匿名用户的访问一般是访问公开的文件，通过认证用户的访问则是访问具有一定限制的文件。

3 匿名用户的访问

匿名用户的 FTP 服务实现较为简单，在此不做阐述。

作者简介：李剑勇（1969—），男，汉族，籍贯四川，副教授，研究方向为网络安全与管理。

4 认证用户的访问并隔离

4.1 认证用户的创建

要实现用户的隔离首先需要创建用户。在较大型的网络中，为了更好地实现和利用网络服务以及信息安全的需要，一般需要建立域环境，以下访问过程基于 Windows Server 2012 域已经建设完成的基础上。如图 1 所示在“users”中分别创建“计科系”组和“软件系”组，创建用户“user1”和“user2”并分别加入“计科系”组和“软件系”组。

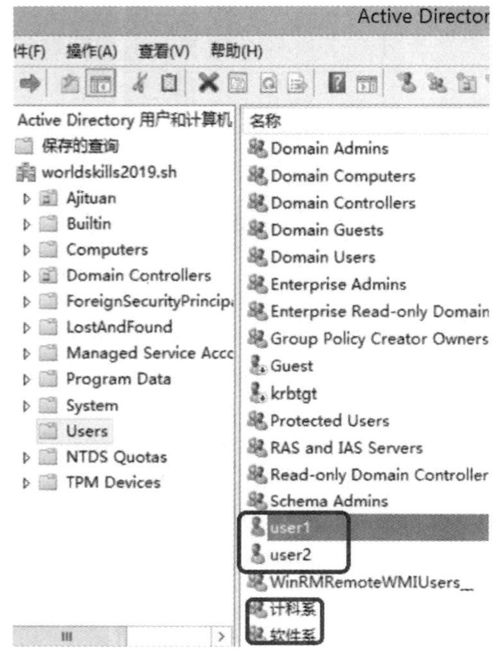

图 1 创建用户和组

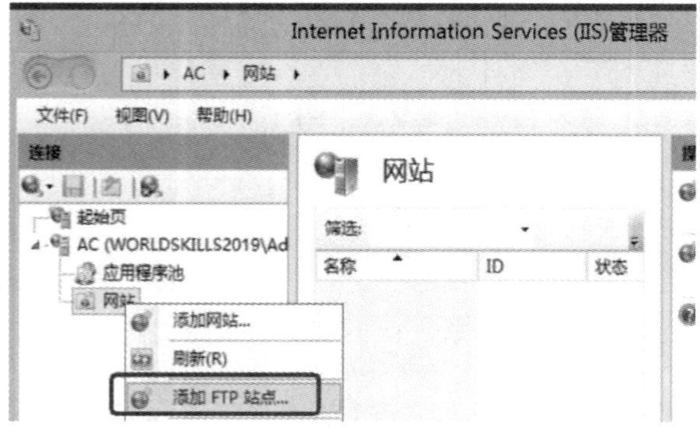

图 2 创建 FTP 站点

4.2 创建 FTP 站点

首先，在 IIS 管理器中“添加 FTP 站点”，如图 2 所示。在“添加 FTP 站点”中设置绑定的 IP 地址（FTP 服务器地址）以及“自动启动 FTP 站点”，如图 3 所示。最后根据系统要求设置“身份验证”“授权”“权限”相关信息，如图 4 所示。

通过客户机访问 FTP 服务器，结果是能够正常访问的，此时用户可以访问所有的 FTP 资源，如图 5 所示。

图 3 设置绑定和 SSL 设置参数

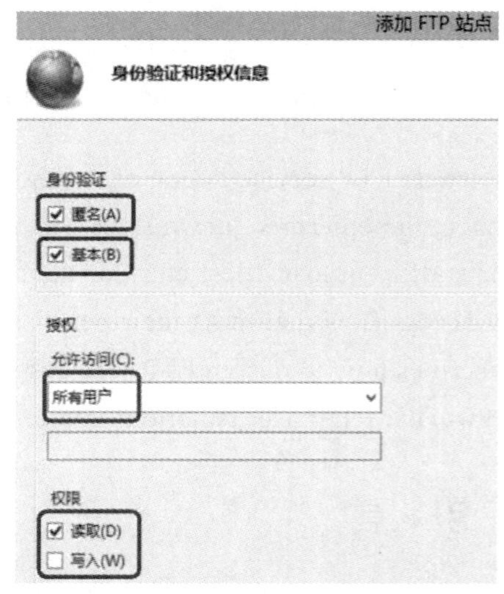

图 4 设置身份验证和授权信息

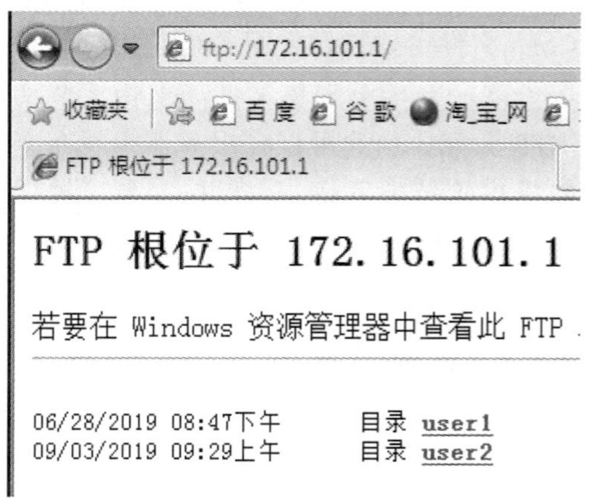

图 5 验证 FTP 匿名访问

4.3 创建 FTP 用户隔离

在如图 5 中客户机访问 FTP 服务器是通过匿名方式访问的，因此不管是 USER1 所创建的文件夹或是 USER2 所创建的文件夹均能够访问，无法对信息进行区别对待。要想使 USER1 用户只能访问 user1 文件夹，使 USER2 用户只能访问 user2 文件夹，以实现保护信息安全的目的，就需要设置用户隔离。

首先，选择“FTP”中的“FTP 用户隔离”项，如图 6 所示。然后再设置“隔离用户。将用户局限于以下目录”中的“在 Active Directory 中配置的 FTP 主目录”，如图 7 所示。需要注意的是，设置 FTP 用户隔离后，匿名用户不能访问 FTP 服务。

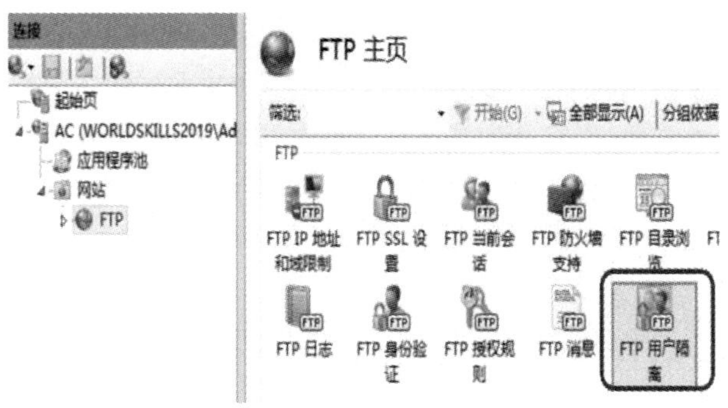

图 6　选择“FTP 用户隔离”

选择“工具”中的“ADSI 编辑器”进行目录参数的设置，如图 8 所示。

设置“ADSI 编辑器”中的“CN=user1”属性，如图 9 所示。

在如图 10 的图中设置“CN=user1”的属性参数，其中“msIIS-FTPDir”是用户 user1 的 FTP 目录，“msIIS-FTPRoot”是用户 user1 的 FTP 根目录。

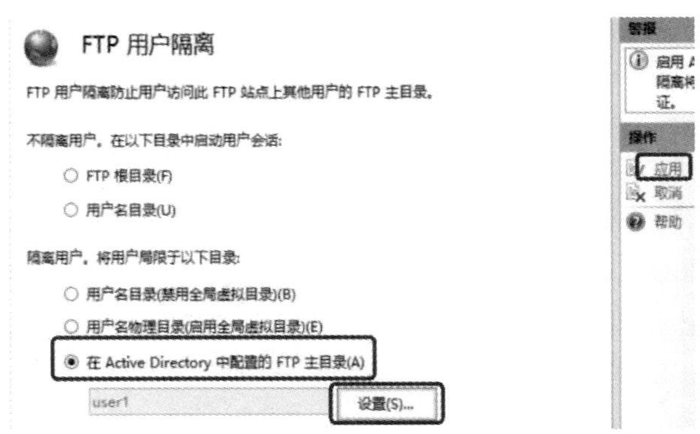

图 7　设置用户隔离的 FTP 主目录

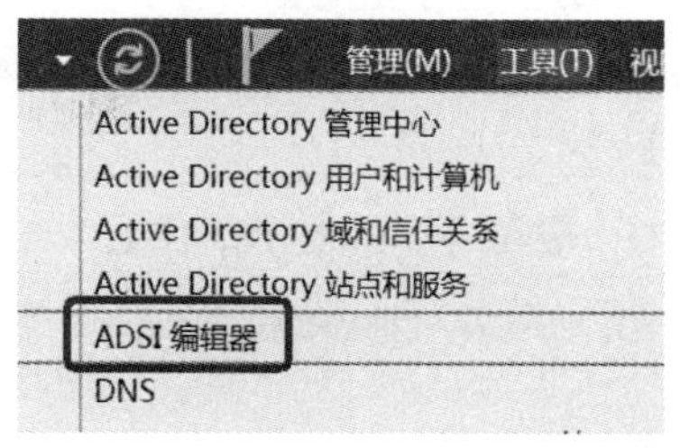

图 8　选择“ADSI 编辑器”

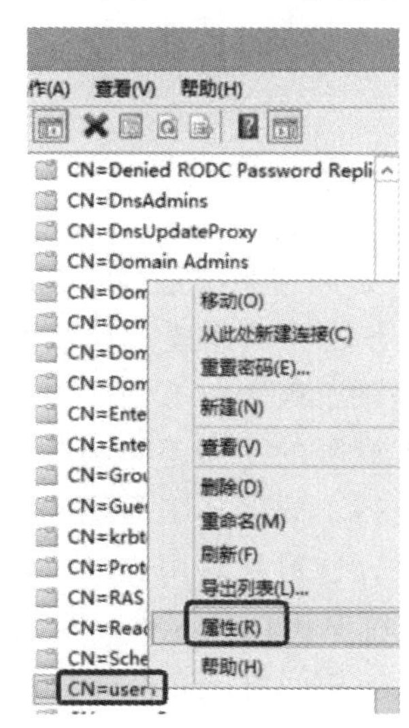

图 9　设置“ADSI 编辑器”中的 user1 属性

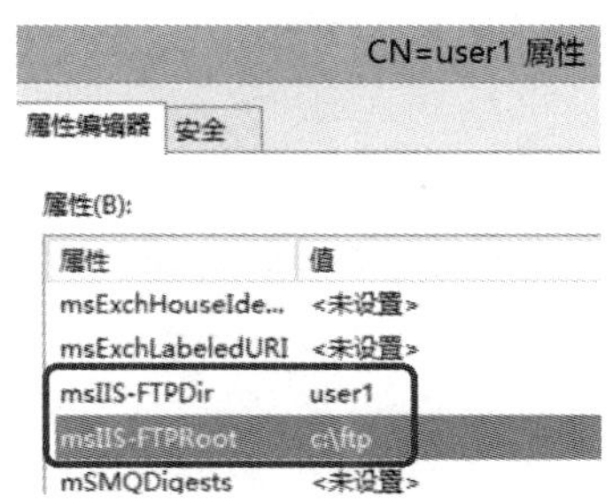

图 10　设置 user1 的属性参数

最后通过客户机访问 FTP 服务器，此时匿名用户不能登录，要求输入用户名及密码，如图 11 所示。在用户名及密码正确的情况下，客户端可以访问 FTP 服务器，但此时只能见到对应的 FTP 目录，如图 12 所示，实现了用户的隔离。

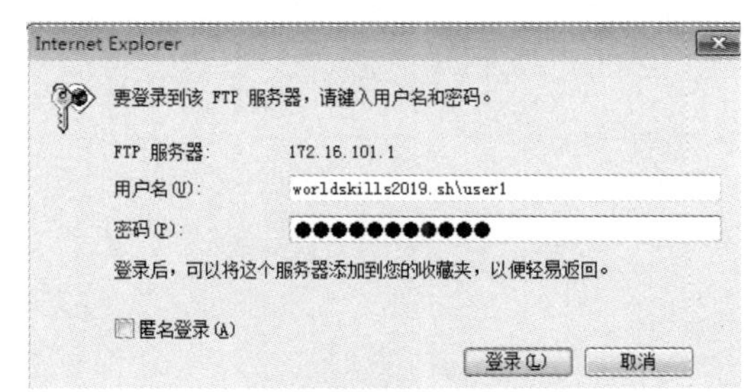

图 11　客户机访问 FTP 服务器

图 12　访问效果

5　结　语

FTP 服务是网络系统最为常用的服务之一，使用 FTP 服务能够快速地实现数据的上传和下载，为工作提供了极大的方便。但是在实际应用中，由于员工权限的不同，势必需要对文件进行分类管理，使得不同的员工只能读取或操作所对应权限的文件，这就是对用户进行隔离的重要意义。本文通过对 Windows Server 系统的 FTP 用户隔离实现了只能访问对应文件的目的。

参考文献

[1] 杨云. Windows Server 2012 网络操作系统企业应用案例详解[M]. 北京：清华大学出版社，2019.

[2] 刘邦桂. 服务器配置与管理：Windows Server 2012[M]. 北京：清华大学出版社，2017.

[3] 陈景亮，钟小平，宋大勇. 网络操作系统：Windows Server 2012 R2 配置与管理[M]. 北京：人民邮电出版社，2017.

[4] 洪新建，洪新华. Windows 2003 下隔离用户的 FTP 服务配置[J]. 网络安全技术与应用，2014（2）：11.

[5] 熊建辉，陈琼亮，余庚. Windows 隔离用户 FTP 技术的应用研究与实现方案[J]. 计算机光盘软件与应用，2011（20）：72-73.

[6] 陈学平. Windows Server 2003 FTP 服务器不同用户的管理[J]. 科技与生活，2010（12）：20.

用大数据构建世界的全景图

李 雪

（大连东软教育科技集团 辽宁 大连 116023）

摘 要：本文阐述了如何用大数据来构建感知世界的全景图像，这有两个层次的含义：从客观上来说，事实分为已知的与未知的；从主观上来说，有些事情是我们知道的，有些事情是我们不知道的。大数据能够帮助我们了解哪些事情是我们所不知道的，并以“从小到大”和“从大到小”两种方式完成。

关键词：大数据；全景图；从小到大；从大到小

How Big Data Is Drawing a Global Picture

Li Xue

(Dalian Neusoft Group of Education and Technology, Dalian, Liaoning, 116023)

Abstract: It is described in this paper how big data is drawing a global picture. This has two levels of meaning. Objectively, there are known facts and unknown facts. Subjectively, there are things we know and things we don’t know. Big data helps us to learn about what we don’t know and is done in two ways: “from small to big” and “from big to small”.

Keywords: Big data; global picture; from small to big; from big to small

大数据为我们提供了一种新的感知世界的方式，即所有事物都是一个对象，每个对象都与其他对象相关联或相互作用，每个对象都可以按照诸如重要性、兴趣、影响、风险等标准或这些标准的组合进行排序。

“大数据研究的主要目的是‘意识到没有意识’。”

这有两个层次的含义：从客观上来说，事实分为已知的与未知的；从主观上来说，有些事情是我们知道的，有些事情是我们不知道的。大数据能够帮助我们了解哪些事情是我们所不知道的，并以“从小到大”和“从大到小”两种方式完成。

在昆士兰大学信息技术和电气工程学院（ITEE），课题组开发了数据融合（从小到大）的方法：将多个数据点和知识点集成到一个精确的表达当中，从而得出事物的全景图。例如，可以使用数据融合技术来全面了解产品和服务的市场反馈、企业的总体表现以及社交网络社区中的意见总趋势。

课题组还开发了分析方法（从大到小），通过检测大量对象中的异常值来识别相关的单个对象，例如安全威胁、社交网络上出现的事件、针

作者简介：李雪，男，汉族，重庆人，教授，博士生导师，博士学位，大连东软教育科技集团副总裁/首席知识官（CKO），澳大利亚昆士兰大学信息技术学院数据科学系终身教授，澳大利亚格里菲斯大学医学院名誉教授，中南大学医学院客座教授。李雪博士的大数据分析工作被《金融评论》2015 年列为 50 位“澳大利亚最有影响力人物”之一，2018 年中澳建交 45 周年被澳洲驻华使馆表彰为“中澳关系发展的杰出贡献 45 人”之一。研究兴趣是数据库管理、数据分析和智能信息系统。他是期刊 *Journal of Internet of Things* 的副主编。他还是国际信息系统与技术管理杂志的编辑之一。发表过 200 篇以上的学术论文，谷歌学者引用率为 5，990 和 H-Index 42。主持过十多项澳大利亚国家自然科学基金项目和重大项目。

对患者的个性化医疗建议以及对特定组织绩效的预测。

大多数大数据应用程序包括三个基本方面：大数据融合、大数据分析和大数据可视化，后者以图形或图形格式表示数据，如 Google 所使用的知识图谱。在昆士兰大学，由周晓芳教授领导的 ITEE 数据和知识工程研究部门，在这三个方面的研究工作一直处于世界一流水平。

改变游戏的大数据研究一直也在进行中，以应对与社会计算相关的挑战。

社交媒体已迅速成为人类生活中根深蒂固的一部分。每分钟，成千上万的信息、照片和视频剪辑被张贴在网上。

人们以共同的兴趣或习惯为基础，在私有群或社交网络社区中相互交流。

不同组织的表现会受到社会舆论的影响。例如，政府选举、本地房价和股市表现都受到人们在线表达的态度、情感和情绪的影响。

社交媒体也与公众福祉密切相关。最近，越来越多的与社交媒体内容相关的侵犯隐私和公共安全威胁的案件被报道，而与网络欺凌相关的青少年死亡数量惊人。

我们需要找到积极利用社交媒体的方法，来消除发生在社会生活中的不幸。

一个名为“超级大数据秀——公共福利社会媒体分析”（健康与安全）的项目正在调查社会媒体对社会各方面的影响。该项目由昆士兰大学副校长战略项目资助，研究使用大数据分析来更多地了解不同社交网络中的社区，并揭示用户的社会结构。

作为该项目的一部分，机器学习和人工智能技术正被用于分析社会对某些问题的看法和情绪，以及正在出现的趋势，如流感爆发和模式、对政府和私营卫生服务的反馈、慢性病管理、政治和安全。

当人们在不同的时间和地点使用社交媒体撰写不同的话题时，我们可以检测和分析与流感等主题相关的词汇频率的突然变化，以便找出早期预防的趋势。

当人们在网上评论或分享意见、转发推文或给其他社交媒体用户贴上标签时，人们就会在网上形成社区，而有影响力的社会观点也会迅速发展。有时，不真实或垃圾信息也会以闪电般的速度广泛传播。因此，了解各种社会观点的传播模式，必要时保护社会价值和国家安全，是我们面临的一个迫在眉睫的挑战。

大数据融合和可视化技术也被用于突出对社会活动的“谁、地点和时间”的看法，并提供对社交网络的整体视角。

研究人员在处理大数据的数量、变化和速度等方面面临着新的挑战。例如：需要多少数据才足以进行大数据分析？我们能设计算法和索引来有效地处理大量的高维而稀疏的数据吗？我们如何设计和实现算法来优化当前云计算平台中 TB 级内存的使用？

我们同时也面临着与数据存储有关的挑战。

大数据分析需要可伸缩计算资源的自动化。公司数据可以存储和管理在一个随机应变的第三方私有数据库，大型计算中心和开放云计算平台也正在成为企业以最小努力开发大数据应用程序的热门选择。

尽管存在这些挑战，大数据研究的好处在于在正确的时间向正确的人提供正确的信息，以便做出正确的决定。

互联网已经将我们的物质世界映射到一个新的世界——网络空间，重要的是，我们要理解我们的前进方向，并利用这些知识来影响未来并创造积极的变化。

人文社科篇

"采购与合同管理"双语课程线上线下混合式教学实践

黄验然

（成都东软学院信息管理系 四川 成都 611844）

摘　要：在教育信息化的时代背景下，本文以"采购与合同管理"双语课程为例，基于超星泛雅在线学习平台构建了该课程线上线下混合式教学模式，并从线上教学内容建设和课程混合式教学实施两个层面进行了具体阐述，最后通过对混合式教学实践效果的总结得出了线上线下混合式教学能扩大学生的学习空间，激发其学习积极性，同时，老师可以真正实现因材施教，教学效果显著提升的结论。

关键词：采购与合同管理；线上线下；混合式教学

Online and Offline Mixed Teaching Practice of Purchasing and Contract Management Bilingual Course

Huang Yanran

(Information Management Department, Chengdu Neusoft University, Chengdu 611844)

Abstract: Under the background of education informatization, this paper takes the Purchasing and Contract Management Bilingual Course as an example, based on Superstar Learning online learning platform, constructs online mixed teaching mode of the course, and then illustrates the construction of online teaching content and mixed teaching practice in detail. Finally, this article points out that online and offline mixed teaching can expand students' learning space, arouse their learning enthusiasm, and at the same time, the teacher can really realize their aptitude, and the teaching effect is significantly increased.

Keywords: purchasing and contract management; online and offline; mixed teaching

1 引　言

近年来，随着"互联网+"的快速发展，在线教育已经备受关注。2018 年，在我国教育部提出的《教育信息化 2.0 行动计划》中明确要求加快教育现代化和教育强国建设，进一步推进了新时代教育信息化的发展[1]。如今，各种在线开放课程和在线学习平台得到了广泛的应用，线上线下混合式教学也受到了越来越多高校的青睐[2]。成都东软学院作为一所 IT 应用型本科院校，也积极投入到线上线下混合式教学的改革浪潮中。为了响应学院的教育教学改革，成都东软学院信息管理系（下文称"我系"）的"采购与合同管理"双语课程也进行了相应的教学改革实践，基于超星泛雅在线学习平台构建了线上线下混合式教学体系，为培养应用创新型物流管理人才做出了创新尝试。

2 "采购与合同管理"双语课程传统教学问题

"采购与合同管理"作为我系物流管理专业的必修课程，实践性较强，内容多，涉及采购管理的内容和目标、采购的流程、供应商的选择与评估、谈判技巧、合同管理、采购方式、采购类型、供应定位模型、供应商感知模型等知识点。而为了提升物流管理专业学生的专业英语水平，本门课程又成功申请了学院的双语课程，在有限的 48

学时内，既要学生完成专业知识点的学习，又要求其掌握相关专业术语的英文表达本身就具有一定的难度。进一步考虑到我系学生的平均英语水平有限且学生的学习能力参差不齐，只利用课堂上的时间很难实现上述两个主要的教学目标，更不要说提升学生的实践能力了。因此，传统的教学模式在我系“采购与合同管理”双语课程的教学中遇到了极大的困境，急需一种新的教学模式来延伸课堂教学时间。

“线上线下混合式”教学能充分利用教学资源来安排教学内容，兼顾多层次学生的需求，有效地延伸课堂，使之不再受课时的约束[3]，这种新型的教学模式正好能有效地解决我系“采购与合同管理”双语课程传统教学的问题，因此，课程组充分利用学院与超星泛雅在线学习平台的合作，经过两个学期的教改实践，构建了本门课程的线上线下混合式教学体系。

3 基于超星泛雅平台的“采购与合同管理”课程的混合式教学实践

3.1 课程线上教学内容建设

详细明确的教学目标是教学设计的前提，因此，根据在我系物流管理专业人才培养目标指导下确定的“采购与合同管理”双语课程的课程大纲，课程组设计了本门课程线上教学内容，具体如下。

（1）在线学习的资源。一方面，为了让学生能够充分利用课后时间进行预习和复习，提前学习和课后复习新的专业英语词汇，课程组首先在超星泛雅学习平台上传了本门课程各章节的英文PPT；同时为了更好地帮助学生理解采购与合同管理的相关专业知识点，在线课程资源还包括了各章节内容的中文讲授视频。另一方面，为了帮助学生更好地理解本课程的实践项目内容及要求，课程组还上传了相关项目要求说明书、招投标书的样本、谈判技巧视频等内容。经过两个学期的建设，目前本门课程在线学习资源统计具体如表1所示。

表1 “采购与合同管理”双语课程在线学习资源统计

数据项		数据
在线课程平台		1
视频资源	总数量/个	24
	总时长/分钟	368
非视频资源	总数量/个	66

（2）在线测验的资源。为了及时跟踪了解学生对本门课程每章节各知识点的掌握程度，课程组充分利用超星泛雅学习平台的在线作业和在线考试功能，分章节建设了在线题库、作业库和试卷库等测验资源。经过两个学期的建设，目前本门课程在线测验的资源统计具体如表2所示。

表2 “采购与合同管理”双语课程在线测验资源统计

数据项		数据
在线题库	习题总数/个	43
在线作业库	作业总数/份	13
在线试卷库	试卷总数/份	6

3.2 课程混合式教学实施

借助于超星泛雅在线学习平台的强大功能，我系“采购与合同管理”双语课程主要从以下两个方面来进行混合式教学实践。

（1）线上教学实践。考虑到本课程的课内学时有限，为了尽可能地做到因材施教，课程组老师均在手机上下载了超星学习通APP，以方便随时通过该APP为学生答疑解惑。同时，老师们也可以利用平台的线上统计功能及时掌握学生的线上学习情况并予以督促。

（2）翻转课堂教学实践。有了线上教学资源的辅助，就可以在有限的课堂教学时间内实施翻转课堂，从而提高学生的参与度。在课堂教学开始之前，课程组的老师会使用超星泛雅的考勤功能快速掌握学生出勤状况。在课堂教学开始之初，老师首先根据平台上的统计功能向学生展示其课前任务完成情况，然后选择做得好、中、差的学生分别回答相关问题，并让其余学生进行点评，指出任务完成的要点及可能出现的错误，最后再由老师进行归纳总结。

解决了上次课留下的问题之后，老师会对本节课的主要知识点进行讲授，同时穿插进行任务发布、现场引导答疑、交流评价等环节激发学生自主学习的积极性。为了督促学生更多地参与，老师会对学生在线讨论的回答、PBL（Problem-Based Learning，问题导向教学）项目中上传的相关资料等进行及时的点评与反馈，同时根据其参与次数和质量为其平时表现加分。这样，同一个项目组的学生也可以通过自身的努力获得不同的项目得分，不仅能充分利用线上教学平台进行互动，还能鞭策学生在压力中自主学习，所以学生们的参与度非常高。

4 混合式教学实践效果

4.1 线上内容学习效果

在线学习资源是为了更好地帮助学生进行预习和复习，为了督促学生进行在线学习，课程组在超星泛雅平台上设置了课件、视频、在线讨论、在线测试等学习任务。通过学习通平台，老师可以方便快捷地掌握学生登陆平台访问学习资源及其参与在线讨论、在线作业及在线测试等情况，具体如图 1 所示。

4.2 线下课堂教学效果

在传统课堂教学中，大部分同学都是被动接受老师在课堂上的知识灌输，有时由于时间的限制而无法完全掌握相关知识点。线上线下混合式教学充分利用线上资源让学生可以提前完成预习，了解基本知识点，对线下课堂内容有初步的认识与思考。因此，在线下课堂教学中老师只需要针对重难点及学生存在疑惑的知识点进行详细的讲解，这解决了传统教学中课时不够的问题，让学生带着问题来上课，提高其参与感，真正做到因材施教，让不同层次的学生都有所收获。

4.3 形成性成绩评定效果

在传统教学模式中我们很难多维度地量化每位学生的学习过程，从而导致形成性成绩评定的构成较为单一，不够全面。而利用超星泛雅学习平台强大的统计功能，我们可以全方位地考核学生的学习效果，从课程视频、章节测验、访问次数、作业完成情况、出勤情况、课堂互动、项目完成情况等维度对学生进行全面的过程性考核，部分学生成绩统计如图 2 所示。

图 1 平台统计维度

序号	学生姓名	学号/账号	学校	课程视频（5%）	章节测绘（5%）	访问次数（20%）	作业（30%）	签到（15%）	课堂互动（5%）	PBL（20%）	综合成绩
1	杨迪	18320320301	成都东软学院	1.79	4.08	20.0	25.2	15.0	0.0	16.01	82.08
2	杨琳	18320320302	成都东软学院	3.57	4.17	20.0	25.6	15.0	2.0	17.4	87.74
3	袁瑞	18320320303	成都东软学院	0.36	0.0	20.0	24.6	15.0	0.0	16.95	76.91
4	罗豪	18320320304	成都东软学院	0.36	0.0	20.0	25.3	15.0	1.0	14.24	75.9
5	刁文龙	18320320305	成都东软学院	2.86	0.25	20.0	24.5	15.0	1.0	13.87	77.48
6	高大刚	18320320306	成都东软学院	0.0	0.0	13.2	22.0	15.0	0.0	14.24	64.44
7	周宇	18320320307	成都东软学院	5.0	4.17	20.0	26.0	15.0	0.0	14.83	85.0

图 2 形成性成绩统计示例

5 结 论

经过两个学期的积极建设，“采购与合同管理”双语课程线上线下混合式教学改革实践取得了较好的成效，截至 2019 年底授课人数为 272 人，人均访问次数达到了 1068 次，在线通知 114 次，在线讨论 854 条，在线项目 2 个，线上教学资源充分服务于本课程的翻转课堂教学活动，期末调研问卷也显示学生的满意度较高。该课程的混合式教学扩大了学生的学习空间，让学生可以利用碎片化的时间随时随地自主学习，有效地激发了其学习积极性，同时，老师可以通过学习通平台及时了解学生的学习情况并给予具体的指导，实现因材施教。

参考文献

[1] 任友群. 我们该怎样研讨“教育信息化 2.0”？[J]. 远程教育杂志，2018，36（4）：3.

[2] 武静，李龙. 基于“互联网+”的电子信息混合式教学模式探究[J]. 通讯世界，2019，26（8）：365-366.

[3] 李婧，申贵男，等. 线上线下混合式教学在《药物化学实验》中的探索与实践[J]. 中国教育信息化，2019（22）：68.

ACCA 在中国的教育模式研究

杨浩磊

（成都东软学院商务管理系 四川 成都 611844）

摘　要：随着经济全球化的深入和国际贸易的频繁，传统会计已不能满足现有的市场需求。目前，我国对职场高级财务管理人才的需求很高，国际注册会计师高级财务人才严重短缺。ACCA 在进入中国后，因其特有的职业教育体系、模式和就业前景受到了中国会计人才的青睐。目前，许多高校积极开展国际协调，形成了多种 ACCA 资格教育会计专业资格培训和专业素质培训、教学模式，培养了一大批具备国内外会计专业知识、精通国际会计准则的国际化会计人才。但是，从国际化人才培养的现状看，ACCA 本科教育仍有一些问题需要解决。本文将从 ACCA 教育模式和培训现状的角度，进一步探讨 ACCA 教育教学实践研究的现状和发展，并提出改进建议。

关键词：ACCA 教育；ACCA 培训；教育模式

Study on ACCA Education Models in China

Yang Haolei

(Department of Business Management, Chengdu Neusoft University, Chengdu 611844)

Abstract: With the deepening of economic globalization and the frequency of international trade, traditional accounting can no longer meet the existing market demand. At present, there is a high demand for senior financial management talents in the workplace in China, and there is a serious shortage of senior financial talents for international certified public accountants. After ACCA entered China, its unique vocational education system, model and employment prospects were favored by Chinese accountants. At present, many colleges and universities have actively carried out international coordination, formed a variety of ACCA qualification education accounting professional qualification training and professional quality training and teaching models, and cultivated a large number of accounting talents with accounting expertise at home and abroad and who are proficient in the international accounting standards. However, judging from the current situation of international talent training, ACCA undergraduate education still has some problems to solve. This article will further discuss the current situation and development of ACCA education and teaching practice from the perspective of ACCA education model and training status, and put forward suggestions for improvement.

Keywords: ACCA education; ACCA training; education model

1　引　言

ACCA（The Association of Chartered Certified Accountants）中文全称是特许公认会计师公会，成立于 1904 年，是目前全球领先的国际会计师组织，也是国际学员最多、学员规模发展最快的专

作者简介：杨浩磊（1979—），男，汉，四川成都人，成都东软学院副教授，主要研究方向为企业管理、商业经济、国际教育。

业会计师组织。ACCA 自 1988 年引入中国以来，一直以培训国际高级财务管理专家而广为人知。ACCA 通过其特有的教育与管理模式为学生提供了良好的平台，让 ACCA 的学员可以一步一步地达到职业生涯的顶峰。学生应该全面了解 ACCA 的学习内容，做好职业规划和继续教育，在实践中不断了解和学习特定业务领域的知识。通过理解 ACCA 的课程设计和组织管理，学生可以更容易实现其在财会领域的职业目标。

2 ACCA 的职业教育模式

从课程设计的角度看，比起常规的会计学专业本科课程，ACCA 更符合职业的要求。ACCA 课程大纲的设计不仅要求学生对学科有深刻的理解，而且要求他们具备融会贯通的能力，形成广泛的知识和专业判断。ACCA 教学大纲在课程体系设计中分为两个阶段：基本科目和专业科目。基本科目涉及的知识不局限于会计专业，而是围绕会计工作的内容和责任，向学生介绍正确的信息传递方法、渠道和观点，使学生更好地了解和掌握会计人员决策辅助功能，帮助他们形成综合系统的思维模式，促进知识的综合应用和信息的高效传递。

专业科目则帮助学生了解公司如何使用会计信息从战略管理的角度做出信息决策。其课程侧重于培养“通用”会计，即会计人员不仅应了解会计专业知识，而且应具有广泛的知识。这样，通过 ACCA 学习，学生不仅可以取得国际会计资格证书，还可以参与审计、税务、会计、管理等领域的进一步实践和深造，从而有效提高学生的就业竞争力、就业范围和社会适应能力。ACCA 灵活、高质量的专业考试为中国学生提供了从事金融生涯的机会，他们的专业资格将在当地和跨国工作环境中派上用场。

在管理模式方面，首先，ACCA 允许部分学生根据背景免修某些课程，从而加快学生完成学习和实践的步伐。此外，ACCA 为成员提供的奖励机制值得赞赏。学生从参加考试那天起就成为 ACCA 会员。ACCA 官方会定期或不定期地组织成员活动，交流经验，为成员的职业发展带来信心和资源。ACCA 还与英国牛津布鲁克斯大学签署协议，允许获得认证的学员申请该校的（荣誉）理学学士学位。

正是由于 ACCA 良好的应用导向课程设计和管理模式，以持续教育为核心的课程设计与管理模式，才给每个人带来了光明，在职业发展道路上受到越来越多的人的青睐。同时，ACCA 的经营模式也可以作为中国职业教育模式进行推广和本地化。

3 ACCA 培训——培训师和学生

3.1 培 训

目前，中国有十余家 ACCA 注册培训机构。其中一些培训机构设在国内大学，部分大学直接将 ACCA 作为本科教育课程。另一些属于社会化培训机构，它们将 ACCA 纳入会计或审计领域，为参与报名的学员提供非全日制培训。有的社会化培训机构将 ACCA 课程进行了高度的商业化。一些培训机构为了追求通过率，要求其学员至少应该是大专生，因为这类学生具有更强的目标意识和独立学习能力。然而，对于越来越多的希望申请 ACCA 的高中毕业生来说，这些社会化培训课程并不能满足他们的需求。

3.2 培训师

目前，ACCA 的培训机构大部分为中文教学，大多数讲师具有出国留学经历，在一定程度上具有良好的双语教学能力。然而，ACCA 教学大纲要求学生在学习过程中参与实践，进行思考和判断，涉及大量的实践案例。这进一步向导师的要求靠了一步：如何正确引导学生阅读和理解教材，如何使学生有目的地将理论与实践融合，如何锻炼学生在学习中分析和思考实践的能力，如何提高学生学习新实践的兴趣。此外，ACCA 培训员参加国际交流活动的机会并不多，这妨碍了他们的专业判断和眼界。

3.3 学 生

在中国，学生从事 ACCA 学习的很大一部分原因是在工作场所对国际会计师的需求很大，学生希望通过 ACCA 学习提高他们的工作竞争力。另一个原因就是刚毕业的高中生在父母的帮助下选择了 ACCA 学习。在做决定之前，这些学生缺乏足够的心理准备，对课程和自身缺乏良好的评价。他们经常放弃学习，因为他们不能很好地安排学习时间和精力，或失去兴趣和信心。

在 ACCA 的学习过程中，高中毕业生逐渐暴露出他们缺乏独立性、主动性和对国际考试的理解的弱点。有些学生仍然完全依赖他们的老师。他们缺乏主动性，不能积极思考，不能很好地融入，不能认识到国际考试和高中学习的真正区别。原版英语教材和灵活、发散的思维方法已成为学生在学习过程中面临的明显障碍。

4 ACCA 教育的意义

第一，学习 ACCA 课程符合中国国家方针和要求，一系列国家和地方的官方文件都反映了促进专业金融人才获得国际认证的要求。响应国家政策的召唤，不仅可以促进我国金融会计改革进程，促进经济发展，培养领军人物，而且有助于提高经济竞争力，适应市场需求。第二，系统学习 ACCA 课程有助于培养战略管理能力，开放国际人才思维，有利于我国企业在贸易中、在“走出去”的过程中语言沟通更加顺畅，减少由于沟通、会计准则和制度决策等差异而造成的综合决策的偏差，也有利于企业在“走出去”过程中规避投资风险。第三，面对科学技术的飞速发展，金融人员必须有危机感。他们不仅要不断学习，接受继续教育，提高政治思维、业务能力和职业道德，而且要进一步拓展自己的视野，提高整体职业定位，向更高水平发展。

ACCA 的课程强调掌握核心技能和战略财务管理思维，培养适应现代经济发展的国际化、复合型会计、审计和财务管理人才，适合有会计基础的人提高自身水平。这一目标符合中国会计改革的方向。总之，在掌握国内会计技能的基础上，学习 ACCA 课程，有助于从业人员提高专业技能，在一定程度上拓宽他们的国际视野和思维方式，有利于中国培养适应国际贸易的高端会计人才。因此，从业者可以根据实际情况做出选择，权衡优缺点。

5 ACCA 教育中存在的问题

5.1 优质人才培养与实践资格教育的矛盾

为了提高知名度和证明实力，一些大学往往以 ACCA 执照考试的通过率作为衡量教学质量的标准。因此，学生和教师都面临着巨大的考试压力，这将导致 ACCA 教育向考试方向发展。教育的目的是培养高素质的专业人员，而不仅仅是提高他们的应试能力。ACCA 的应试教育模式容易导致学生过于注重考试科目的内容，把学习重心完全围绕考试科目，从而忽视综合能力的培养，不利于高质量人才的培养。

5.2 师资力量薄弱

会计学位教育与会计教育相结合的教学模式对教师提出了很高的要求。教师不仅需要对整个 ACCA 考试课程有深刻的理解和把握，对中外会计有扎实的专业知识，而且要有很强的英语理解、表达和应用能力。由于我国 ACCA 职业资格考试的启动时间比发达国家晚 100 多年，能够达到这些要求的教师数量很少。高校开设 ACCA 课程的实际情况，也表明了此类教师的稀缺性。因此，师资力量薄弱不利于我国 ACCA 教育的发展。

6 对 ACCA 教学活动的建议

6.1 培训机构和培训员应明确教学目的

ACCA 的国际化和教育产业化决定了 ACCA 课程的商业化。然而，在商品交易的同时，培训机构和培训师应更加重视商品的价值，即在中国教育领域应用 ACCA 的职业教育模式。在 ACCA 课程教学过程中，要尽可能有效地促进学生综合素质的提高，培养就业范围广、实践能力强、发展潜力大的专业人才。从这个角度看，应该对学生，特别是高中毕业后直接学习的学生进行教育，帮助其申请 ACCA，以便其更好地利用学习时间，为将来的职业发展做好准备。

6.2 帮助学生认识到学习的艰辛和挑战

ACCA 课程包含了 13 门科目，所有这些科目都需要通过全英文的考试才能获得相关证书。对于母语并非英语的中国学生来说，这是比较困难的。此外，ACCA 课程内容广泛、多样化，与实践密切相关。因此，学生需要保持学习热情。在 ACCA 教学过程中，ACCA 培训机构和培训师应加大力度，帮助学生实现艰巨而具有挑战性的学习，并为他们提供持续的学习动力。此外，学生应该对国际考试有认真的态度，不要冒险，因为语言障碍或多或少会影响他们的分数。

6.3 帮助学生改进学习方法，提高学习技能

在教学过程中，应加强培养学生的独立学习能力和高中毕业生的积极学习能力。这样，他们就会在学习过程中逐渐养成积极思考和探索的习惯。开放式教学是主要的教学形式，即组织学生参与教学。具体来说，学生被分成小组，要求小组讨论和解决问题，这不仅能帮助他们消化和理解课堂上所教的东西，而且能使他们够互相帮助、互相学习。一些学生认为，开放式教学对知识的掌握有显著的促进作用。师生在随意交流和讨论的过程中，思维得到锻炼而更加清晰，讨论内容也会更加深刻。

6.4 合理使用双语教学

ACCA 使用原版英语教材，中国学生自然需要适应双语学习。在双语教学中，中英文的使用应适中。对于中国学生来说，中文教学简单直接，更容易理解、思考、分析和总结。然而，用中文解释学生从未听说过的技术术语和内容，但使用英文词汇、术语等则更加有效。在笔者看来，这减少了学生学习过程中的两个步骤：英语到汉语，然后从汉语到英语。

6.5 提高学生英语能力

ACCA 的学习要求学生拥有高水平的英语。他们需要快速阅读和具备较强的理解能力，才能更清楚地表达自己的观点。在提高英语水平方面，尽可能多地与外教交流是一种好的习惯。为了顺利通过考试，应该加强快速阅读和写作常规训练。这不仅可用于考试，而且可用于阅读和撰写其他文本，供将来工作使用。

6.6 培训师沟通

培训师应注重校内和校外沟通，不断总结经验。不同学科教师之间的交流可以更具体地帮助同一班的学生，也可以根据学科之间的相关性开展教学活动。校际交流可以使教师沟通教学经验，探讨教学难关。国际交流可以使教师获得前沿的教学经验和课程信息，这无疑对促进教师职业发展，促进我国教师职业教育的发展具有一定的作用。

7 结　论

本文从 ACCA 职业教育模式、培训现状、ACCA 教育的意义、ACCA 教育存在的问题以及对 ACCA 教育教学活动的一些建议五个方面，对 ACCA 教育教学实践研究的现状和发展进行了详细的探讨。目的是促进我国会计专业教育的发展，更新会计专业教育框架概念。

参考文献

[1] 熊欢欢，张泽伟．“互联网+”时代下 ACCA 教育新模式的构建：基于对江西六所高校的调研[J]．教育现代化，2019（59）：102-106.

[2] 刘秀琴，周映彤，许光远，等．国际化会计人才质量评价体系的构建：以 ACCA 为例[J]．绿色财会，2019（10）：41-43.

[3] 汪泓，谢诗蕾．经济全球化背景下会计教育的实践思考：基于 ACCA 教学的探讨[J]．教育研究前沿（中英文版），2019（3）：228-229.

[4] 陈毓圭．服务我国经济转型 实现注册会计

师行业跨越式发展：在特许公认会计师协会（ACCA）2012 年北京年会上的演讲[J]. 中国注册会计师，2012（6）：13-16.

[5] PETER ELLINGTON, AMANDA WILLIAMS. Accounting academics' perceptions of the effect of accreditation on UK accounting degrees[J]. Accounting education, 2017(26): 5-6, 501-521, DOI: 10.1080/ 09639284. 2017. 1361845

从川剧的现状看川剧变脸艺术的保护与传承

马晓东　胡楚梦

（成都东软学院数字艺术系　四川　成都　611844）

摘　要：戏剧是一种与人的物质、精神生活息息相关的艺术形式，这就决定了各地百花齐放的戏剧演出的民间主导作用。而川剧便是在巴蜀地区丰厚的文化土壤中滋养而生，展现了四川地区民俗民风的各个方面，成为巴蜀人民的精神力量，也是四川人民的民间文化珍宝。在川剧表演艺术中，最具有特色值得探究的便是变脸艺术。本文立足于川剧变脸艺术的传统与现状，思考对其的保护与传承。

关键词：川剧变脸；民间文化；传统与现状；保护与传承

Protection and Inheritance of Face-Changing Art in Sichuan Opera from the Current Situation of Sichuan Opera

Ma Xiaodong　Hu Chumeng

(Digital Art Department, Chengdu Neusoft University, Chengdu 611844)

Abstract: Drama is a kind of art closely related to people's material and spiritual life, which determines the leading role of folk culture in hundred kinds of drama performance in different places. Sichuan opera is nurtured in the rich cultural soil of Bashu area, showing various aspects of folk customs in Sichuan area, becoming the spiritual strength of Bashu people and the folk cultural treasure of Sichuan people. Among the performing arts of Sichuan opera, the most characteristic one that is worth exploring is the face-changing art. Based on the tradition and current situation of face-changing art in Sichuan opera, this paper considers its protection and inheritance.

Keywords: Sichuan opera face change; folk culture; tradition and status quo; protection and inheritance

早在 2006 年 5 月 20 日，川剧便名列于首批国家非物质文化遗产名录之中。川剧作为巴蜀文化的代表与见证，有着丰厚的文化底蕴、高超的表演技艺。杜建华曾认为川剧在中国民间戏剧中的杰出价值不可小觑：“其一，川剧高腔帮、打、唱相结合的音乐结构形式，将中国戏曲曲牌体音乐的发展推向了历史的高峰。其二，川剧丰富而自成体系的表演程式、技艺技法，是中国戏曲表演体系中一个富有光彩的重要组成部分。其三，许多独特的表现手法、特技绝招及其在川剧中的创造性作用，如变脸、藏刀等为川剧所独有。”虽然在飞速发展的现代社会，古老的川剧艺术受到了各方面的冲击，但变脸艺术作为川剧独有的绝活仍然夺得全国乃至全世界戏剧爱好者们的关注，延续着川剧的生命力。

1　川剧传统变脸艺术

1.1　相随心变的变脸术

“变脸”是川剧中的独特技艺之一，用于表现

作者简介：马晓东（1986—），男，汉族，硕士，研究方向为电影学。胡楚梦（1992—），女，汉族，硕士，研究方向为戏剧影视学。

剧中人物情绪的变化。这种技艺通过特殊的技法使角色的面部形成瞬间变化，从而外化表现人物的心理活动。

变脸技艺的承载物便是脸谱。脸谱即运用彩色涂料按照一定的谱式勾画出的多样的面部造型。每一种脸谱都代表着特定的意义：红色代表忠肝义胆，多用于关羽、姜维等一类忠义的英雄形象；绿色和蓝色多用于单雄信等一类草莽英雄、绿林好汉形象；黑色代表着刚正不阿的精神，例如铁面无私的包拯；白色代表着冷酷阴险，多用于曹操；而金、银、灰则多用来表现仙佛或是妖魔鬼怪，传达出神秘虚幻的效果。

变脸术除去技术上的精湛与独特之外，它的精髓便在于相随心变。在四川省川剧院的新编神话剧《火焰山》中，孙悟空为保护师傅过火焰山需扮成牛魔王的样子从铁扇公主处骗取芭蕉扇。在骗取芭蕉扇一戏中，演员戴着牛魔王的面具出场，铁扇公主看到后并未对其产生怀疑便去拿芭蕉扇，孙悟空心中窃喜得意忘形变成了孙悟空本身的脸谱，但在瞬间又重新变回牛魔王脸谱。这两次变脸不仅在技艺上尤为精彩也巧妙地体现了角色的内心活动变化。第一次变脸是因过于开心而得意忘形，第二次变脸则是意识到还未成功需继续伪装。此时变脸艺术在戏剧中的表现极为传神，简单明确且生动精准地表现了角色的内心活动。

1.2 手法多样的变脸术

变脸艺术因其中精湛的技艺被人们关注与津津乐道，变脸手法多样，演员可根据剧情需要以及角色需要灵活运用变脸的方式。变脸术中最主要的一种便是扯脸。扯脸又叫“揭脸子”，借用脸谱的变化而表现。演出前将脸谱画在一张张的绸子上，将每张脸谱都系上丝线，再一张张贴在脸上，丝线则系在衣服隐蔽之处。在剧情的发展变化中，演员借助舞蹈动作的掩护将面具一张张撕下。这就要求演员动作干净利落、掩人耳目。

除却扯脸之外，川剧中还有多种方式的变脸。例如抹脸、吹脸、拭爆眼、气功变脸、面具变脸等。这些奇特的表演技艺在川剧传统戏中运用得较为普遍，在不同剧目中，川剧艺人根据剧情发展、刻画人物的需要，灵活运用、不拘一格，经常能够产生意想不到的舞台效果。抹脸这种变脸方法相对简易，在化妆时将油彩固定于面部的某个部位，变脸时演员做出埋头或用披风遮挡等动作，用手将油彩涂抹开。而吹脸则是将粉末状的色彩装于盒中或碗中，演员表演时将涂抹油的脸靠近容器吹气，粉末便粘在脸上，使面部变成另外的颜色。拭爆眼是局部变脸的一种方法，操作较为简易，演员可在转身或遮挡之时将色彩涂抹在眼圈周围。气功变脸则需要真功夫的积淀，演员运用气功将脸涨红，此种方法表现极难，现已失传。而面具变脸则是一种最简易的变脸方法，演员将纸壳糊成的面具戴在脸上或是套在头上，这种方式的变脸缺乏真实感，只适用于特定的故事情境之中。

2 川剧变脸艺术的现状

2.1 民间化、年轻化发展

由于新兴媒体的大量出现，如今人民大众不常在剧院或戏院内欣赏川剧艺术。从民间来的地方戏剧最终又回归到民间中去，这也不失为一个好的现象。这一方面可以使得民间戏剧得到广泛的普及性传播，另一方面也可以带动当地文化经济的发展。只要是真正认真的戏剧艺术不管是在高雅的剧院还是在热闹的茶馆都值得我们的尊重与鼓励。

笔者在观赏川剧变脸之时，除了惊叹其高超精湛的技艺之外，也感叹表演艺人与观众的年轻化。演出过程中，观众都被表演内容所吸引，而在演出结束之后，表演者将面具拿下露出本来的面目时，观众无不惊叹表演者竟是一位青涩的少年。

与技法精湛、表演活灵活现的老艺术家相比，少年的确缺乏深厚的舞台经验与戏剧掌控力，但从某一层面来看，演出艺人的年轻化也有可贵的一面。民间戏剧的演出使得更多生活在街巷田野中的老百姓们可以感受到民间戏剧的魅力，在欣赏娱乐消遣之余也对地方文化特色有更为深刻的了解。

2.2 旅游化、市场化转变

文化是旅游产业的灵魂与支柱，四川的旅游

资源丰富，而川剧也逐渐实现了从民俗文化到旅游文化的转变。笔者在四川旅游的过程中发现很多景区都会上演川剧，这些旅游景区内演出的戏剧并非专业意义上的剧团所做出的严肃演出，多是为了拉动旅游消费而形成的市场化、商业化的表演。

现在川剧变脸艺术的演出看似火热如荼，但专业性与严肃性早已不及当初。这种商业性的表演极具杂耍性质，只能火热一时却无法长久留存。市场虽大，但观众也会日久生厌。为变脸而变脸，为炫技而炫技，长此以往观众是不会买账的。其实单纯的变脸技术已经不再是秘密，在信息化的今天，任何技巧都会被揭开。有些川剧演员甚至为了名利和钱财私下教授变脸，而变脸大师王道正也对此做出批评，这种现象使得变脸技艺出现了泛滥与遭乱的情况，在市场化的今天是对艺术的不尊重。人们追求的是虚幻的真实，舞台上的假定性在此时愈见可贵，脱离艺术追求的过分市场化不是川剧变脸技艺的长久发展之道。

2.3 泛滥化、娱乐化趋势

川剧作为世界非物质文化遗产是我国的国粹与珍宝，但是在现代社会发展中川剧变脸逐渐泛滥化、娱乐化。各地剧团泛滥演出，并请观众到台上配合互动，使得川剧越来越趋向娱乐化，而削弱了戏剧的严肃性。

在市场化的今天，演出时与观众互动仿佛成为不成文的气氛调动守则，而在这种娱乐至上的环境中，试问又有谁能真正对演出技艺有所感悟与探究呢？片刻的娱乐之后笔者不禁陷入沉思：在泛滥化、娱乐化的生存背景下，民间戏剧是否依旧能够茁壮成长呢？也正是因为这种娱乐至上的态度，越来越多的川剧变脸已脱离了川剧，没有故事情节的表现，没有人物形象的塑造，只是单一的变脸技艺展示。这种脱离了川剧情境的舞台表演会带给观众多少的感动，又会承载着多少的文化传递呢？

3 川剧变脸艺术的保护与传承

3.1 改进演出技术

在快速发展的当今社会传统川剧的声势总归略有减弱，而变脸技艺也已经不再是少数人掌握的独门秘籍，所以在保护传统川剧变脸留存的基础上，我们也应尝试技术上的改进与革新。一些新型材料的使用和新兴工艺的探索是不可避免的，我们可以将现代科技与现代技术运用到传统川剧变脸技艺中去，使变脸更快、更多、更为精彩。

只要艺术的本质不变，演出形式的多样化也是我们可以尝试的，一些新的故事情节、新的声画表现都是可以考虑的。我们可以编构新的川剧剧本，将戏剧冲突扩大化、将人物形象多重化，用曲折新颖的故事打动观众。艺术创造者甚至可以适当地将影视元素加入传统的川剧中去，让川剧变脸的技艺更加多彩、更加灵活地展现在观众面前。

3.2 规范演出市场

面对川剧变脸技艺泛滥、杂乱的情况，想要更好地实现川剧变脸的保护与传承，演出市场的规范也是必不可少的。首先，表演艺术家们应该自觉尊重职业道德，严禁因为商业经济利益将变脸技艺批量贩卖。其次，川剧变脸技艺的行业协会也应该成立起来，发挥自律作用的同时也加大监管的力度。最后，最为重要的一点便是，一定要树立正确的认知态度。川剧变脸不仅仅是一项技术，更是一种富有文化内涵底蕴的艺术，它具有浓郁的艺术感染力与文化传承性，不能只是毫无意义的技术传播。

4 结　论

文化是条长河，不变是偶然，而变是必然。任何一种民间戏剧都会随着时代的洪流不断变化，但根本的源头也急需我们去保护。川剧变脸承载着几千年来巴蜀文化的内涵底蕴，在当今社会形成了回归与发展。而我们对待川剧变脸技艺的态度不应是故步自封，而要在保证传统技艺、尊重传统艺术的前提下，开阔心态尝试加入新元素，让川剧变脸这束花朵在科技进步的新时代中绽放得更加娇艳，使川剧在开放包容的新文化浪潮中激起更为猛烈的浪花。

参考文献

[1] 杜建华. 川剧[M]. 成都：四川人民出版社，2007.

[2] 王定欧，杜建华，刘昌锦. 川剧绝活[M]. 成都：四川美术出版社，2007.

[3] 邓运佳. 中华梨园一枝花：川剧艺术[M]. 成都：四川人民出版社，2001.

[4] 付令. 谈川剧变脸艺术的传承与发展[J]. 职大学报，2013（3）：108-109.

非日语专业日语教学之所见
——以成都东软学院软件工程专业为例

严晓璧　于　洁

（成都东软学院应用外语系　四川　成都　611844）

摘　要：本文以成都东软学院软件工程（日语强化）专业为探讨研究对象，从分析现阶段的日语课堂教学入手，对非专业日语课堂的教学对象、教学内容、教学方法以及学生在日语学习中表现出来的比较典型的问题进行探讨，研究其形成的根本原因，进而摸索出缓解策略，就改善非专业日语课堂教学模式和提高学生的学习主动性、积极性，提出自己之所见。

关键词：非日语专业课堂教学；学习动机；语言交际；第二课堂

Views on Japanese Teaching in None-Japanese Majors
—Take Software Engineering Major of Chengdu Neusoft University as an Example

Yan Xiaobi　Yu Jie

(Applied Foreign Language Department, Chengdu Neusoft University, Chengdu 611844)

Abstract: This article takes Software Engineering (Japanese Intensive Training) major of Chengdu Neusoft University as the research object. Starting from analysis of current Japanese classroom teaching, it discusses the teaching objects, content, methods and also the typical problems that come out of the students' performance of Japanese learning in non-professional Japanese classrooms. Meanwhile, the root causes of their formation are studied. Then mitigation strategies are found out to improve the non-professional Japanese classroom teaching mode, to boost students' learning initiative and enthusiasm, and to help students put forward their own opinions.

Keywords: non-Japanese major classroom teaching; learning motivation; language communication; second class

中日两国乃一衣带水的邻邦，随着两国人民的友好往来，两国的在各个领域的友好合作日益加深。社会上也掀起了日语学习的热潮，大批的学生加入了日语学习的行列。各高校对日语专业和非日语专业的日语学习人才的培养方案不断做出调整和创新，以改变以往日语教育局限在纯粹的语言文字教学中的单一性语言人才的局面，向着既会日语，又有一定其他技能的具有较强综合性应用能力的复合型人才的方向转变。

成都东软学院乃一所以计算机软件为特色的大学，在 2005 年学院建院不久就开始实施了计算机+日语的人才培养模式，让具有专业技能和日语能力的学生在就业的路上如虎添翼，具有更强的就业竞争优势，为企业的发展添砖加瓦。

作者简介：严晓璧（1969—），女，汉族，籍贯四川，副教授，学士，研究方向为日语教育。于洁（1977—），男，汉族，副教授，工程硕士，主要研究方向为日语教育、日本社会文化。

笔者将在多年的非日语专业的日语教学中领悟到的一些比较典型的问题整理如下：

1 非日语专业的学生的学习动机

学院为软件工程专业的学生提供了英语和日语二选一的公共外语课程。对选择日语为公共外语的同学的学习动机的调查在今后的日语教学中有着举足轻重的作用和意义，正所谓知己知彼，百战不殆。笔者通过多年的教学调查，发现娱乐型、被逼无奈型、自身提高型、学习工作型、文化型等学习动机为非日语专业学生的主要学习动机。其中被逼无奈型是由于自身对语言学习不感兴趣，学不好英语，所以抱着侥幸的心理选择了日语学习。从动机类型与动机强度的关系看，自身提高型、学习工作型、文化型的动机对动机强度影响较大，由此反映出学习者对日语语言本身、日本社会、日本文化以及通过日语学习提高自身的关注和学习的积极主动性也相对比较高。而娱乐型和被逼无奈型则学习动力波动很大，学习积极性和效果有很大的不确定性。故在教学中对所有学生因材施教，提高整体教学质量就显得尤其重要和困难。

2 非日语专业学生在日语学习中存在的典型问题

笔者自 2005 年以来长期从事软件工程专业的日语教学。在教学相长的讲台生涯中，常常因学生的些许进步而欣喜，也常常因学生的屡教不改而感到疲惫不堪。非日语专业学生最典型的几个问题是：

2.1 学习动机单一

如上所述，选择日语为公共外语的学生中有娱乐型、被逼无奈型、自身提高型、学习工作型、文化型等。最令人头疼的就是娱乐型和被逼无奈型了。这部分学生基本占三分之一，展现出来的状况就是只有三分钟热情。众所周知，日语进门容易出门难。对中国人而言，日语的发音、书写都容易掌握，因此在入门阶段整体学习状况都比较平衡，差距不大。随着进一步深入学习，这部分娱乐型、被逼无奈型的学生就很快显现出单一动机带来的负面效果了，两极分化很快体现出来。

2.2 自律性欠佳

日语中有很多的汉字看得懂，学习者就误认为十之八九读懂日语了。其实不然，日语中中日同形异义的文字比比皆是。而且日语里的每一个汉字基本都有两种，甚至两种以上的读音，语法学习也是非常的复杂。选择学习日语的同学是选择了另一种语言挑战，而且是在短短的大学四年里就要达到我们用了 10 多年学习的英语的同等要求，与选择英语为公共外语的同学相比需要付出超出想象的努力，因此需要很强的自律性约束自己。而部分学生进入大学后思想上完全放松，对自己没有更高更严的要求了。大学是梦开始的地方，但是这个梦是艰苦的，是靠奋斗得来的。

2.3 学习目标不明确

软件工程专业+日语，是培养既有计算机能力又有日语交际能力的复合型人才的专业。日语能力能达到国际日语能力 2 级水平就能为自己今后的就业增加很强的竞争优势。但是仍然有同学目标不明确，没有做好自己的职业生涯规划。一个没有目标的人，犹如茫茫大海中一艘迷失了方向的小船，难以找到自己停泊的港湾。

2.4 培养方案有待完善

日语是一门全新的语言，在大学三年内要达到日语能力 1 级要求，对课时量的总体需求较高，而非日语专业的人才培养方案中对日语课时量的设置还不足。应基本满足每周 8 学时，从课时量上体现出日语课的含金量，量变才能引起质变。

2.5 教学方式需多样化

非日语专业学生的学习动力和动量的不同，对教师的教学方式有更高的要求。传统的单词、语法、课文、练习的四步法不利于调动学生学习热情，激发学习主动性。

3 缓解策略

要实现日语复合型人才的培养目标，教学过程很关键。作为非日语专业的日语教师，则更需正确引导学生们完成角色的转变，尽快让他们形成自主自觉学习的习惯，使培养出来的学生能够尽快地适应岗位职业环境，毕业就能独当一面。笔者认为，应采取以下缓解策略：

3.1 积极采取学生为主，老师为辅的教学方式

在课堂上力争让每一位学生都有单独发言，或者单独与教师交流的机会，将教师的重视信号不遗余力地传递给他。提高学生思想上的重视是第一步。

3.2 严格监督作业的完成

语言的学习最关键的一步就是朗读，因此每一课的朗读作业必须保质保量完成。课堂上的朗读人数极其有限，学生参与有限。把每一课的课文朗读都布置成音频录制让学生在规定的时间内提交，并认真做好点评记录回馈给学生，会收到良好的效果。很多平时不够自律的学生都反映通过一学期的朗读作业提交，感觉自己的日语有很大长进，敢开口了，而且看动漫都慢慢听得懂了。

3.3 贴近社会实际开展实践教学

非日语专业的学生们毕业后大多就职于日资企业，这就要求他们对日企文化也要有所了解。因此，在平常的课堂教学中，要多向学生们传授有关日本企业基本礼仪的知识，提高学生的综合能力。同时要组织学生参观一些日资企业，亲身感受日企的企业文化和工作氛围，提高语言的运用能力和交际能力。另外，要和国际合作部配合，多为学生提供实习出国的机会。

3.4 第二课堂营造日语环境

建设第二课堂，让学生以小组为单位，组成单词听写组、背诵组等。让学生自行组织背诵组，然后在每周末，将学生的背诵情况进行统计，督促监督到位。同时，定期举办日语沙龙、日语角等活动，让学生把课堂上学到的知识应用到实际中去，并定期邀请日企人员参加，让学生和第一线的工作人员进行交流，最直接地了解日企文化和信息。

4 结 语

学无定法，教无定规。对非专业学生的日语教学而言，只有针对学生的学习动力和动量，改变枯燥乏味的学习模式和死记硬背的习惯，增加知识的运用，才能切实提高学生的综合素质，让学生轻松走出校园，并能游刃有余地投身于工作之中。

参考文献

[1] 卢学梅. 从日语人才市场需求谈高校的日语教学改革[J]. 新余高专学报，2006（11）：92-94.

[2] 横山纪子. 日本语教育法[M]. 名古屋：日本爱知会馆，2008.

初中 Python 教学研究与实践

莫茂林　陈双凤　王　斌

（都江堰七一青城山学校 四川 成都 61184）

摘　要：目前，国内已有不少中学开设了各种编程课程，意在培养学生的创新思维能力，提高学生的信息素养。然而，计算机语言编程学习难度大，初中学生的现有认知水平难以接收复杂的程序设计知识，学习效果不佳。本文针对农村学生学习积极性相对较差、信息技术基础相对薄弱等不足，经过研究与实践，提出了七点教学建议与经验。

关键词：初中；Python；实践

Research and Practice of Python Teaching in Junior High School

Mo Maolin　Chen Shuangfeng　Wang Bin

(Dujiangyan Qiyi Qingchengshan School, Sichuang, Chengdu, 611844)

Abstract: Many middle schools have set up various programming courses to cultivate students' innovative thinking ability and improve their information literacy. However, based on current cognitive level, middle school students is difficult to acquire complex programming knowledge, so the learning effect is not good. This paper puts forward seven points of teaching experience and practice in view of the relatively poor learning enthusiasm and weak information technology foundation of rural students.

Keywords: junior middle school; Python; teaching; practice

1　初中信息技术课程现状

随着社会对人工智能、大数据、物联网、云计算等创新人才需求的迅速提升，计算思维及程序设计课程日益受到广泛关注。在《教育部办公厅关于印发〈2019 年教育信息化和网络安全工作要点〉的通知》中，国家明确提出在中小学阶段逐步推广编程教育，培养、提升学生的信息素养。根据文件精神，国内目前已有不少中学开设了各种编程课程，意在培养学生的创新思维能力，提高学生信息素养，提升其社会竞争力。然而，计算机语言编程学习难度大，中学生的现有认知水平难以接收复杂的程序设计知识，学习效果不佳。

2　Python 语言的优势

2.1　易学易用

Python 语言本身的功能数量少，只需要相对较少的时间或精力来学习制作入门程序。Python 语言的语法相对于传统的 C 语言等可读性强、比较直接，这种简单性使 Python 语言成为一种理想的教学语言。学习者可以花费更多时间思考他们试图解决的问题，而花更少的时间考虑语言复杂

作者简介：莫茂林（1962—），男，汉族，四川阆中人，高级教师，硕士，研究方向为数学教学；陈双凤（1982—），女，汉族，四川成都人，本科，研究方向为本科计算机科学应用；王斌（1975—），男，汉族，四川成都人，专科，研究方向为计算机教育用。

性或破译他人留下的代码。

2.2 用法灵活

作为一种动态类型语言，Python 语言非常灵活。这意味着没有关于如何构建功能的硬性规则，学习者可以使用不同的方法灵活地解决问题。此外，Python 语言的错误也更容易理解，学习者可以编译和运行程序，直到遇到问题部分。

2.3 广受支持

Python 语言是一种通用语言，在不同领域受到广泛的使用，只要选择使用正确的工具/库，它就可以构建几乎任何功能的软件。Python 语言可以在每个主要的操作系统和平台上运行。许多主要的库和 API 服务都有 Python 绑定或接口，允许 Python 语言自由地调用这些服务或直接使用这些库。

基于 Python 语言的诸多优势以及在云大物智等领域的广泛应用，四川省也已将 Python 语言列入了初中信息技术课程中作为必修内容进行教学。

3 Python 语言教学中面临的问题

3.1 学习的积极性相对较差

程序设计课程本身相比于调用较多媒体的其他信息技术课程枯燥，且需要严密的逻辑性和周密的设计，这让许多学生望而止步，学习语言积极性和主动性较差。同时，不少老师也不愿意开设这门课程，原因是在教学过程中与学生互动少，不能及时反馈学习情况。

3.2 教学内容多，课时量少

课时量少是开展 Python 程序设计课程面临的难题，每周一课时对于程序设计课程来说是远远不够的。Python 程序设计课程主要在初二年级开展，经过一学期的教学，老师们感到学生的基础参差不齐，对课程兴趣不高。与此同时，教学内容多，而课时量少，完成教学任务都很难，真正要培养学生的思维能力更是难上加难。

3.3 农村学生的信息技术基础相对薄弱

农村学生相对城市学生来说信息技术基础更薄弱一些，在初中之前大多数学生没有接触过信息技术学习的内容，他们容易对 Python 语言编程抱有恐惧心理,对于学习 Python 语言的兴趣不大。

4 初中 Python 语言教学实践与体会

作为一名初中信息技术教师，怎样让农村学生学好 Python 语言编程，在学习编程的过程中实现自己的意图，同时感到有趣，获得成就感，这是信息技术教师在教育教学过程中所要研究的重要课题。

根据大纲，初中生学习 Python 语言编程的内容主要包括：基本语句的使用，Turtle 绘图模块的使用。

5 总 结

在开展初中 Python 语言编程教学的过程中，我们总结了以下几点经验：

5.1 思政入课程

习近平总书记在全国组织工作会议上强调：“加快实施人才强国战略，确立人才引领发展的战略地位，努力建设一支矢志爱国奉献、勇于创新创造的优秀人才队伍。”在 Python 语言编程教学过程中，我们认真学习贯彻了这一要求，坚持为党育人、为国选材的原则，持续深化教育教学改革，将思想政治教育融入 Python 语言编程教学的全过程。

5.2 教学目标

由于初中生的逻辑思维和认知水平有限，本

课程将“培养算法思想，理解程序设计”作为主要目标。学生要掌握算法是什么、程序设计是什么，了解算法的三种结构，学会流程图的运用，掌握程序设计的基础知识。在此基础上，学生要应用 Python 程序设计解决生活中简单的实际问题，例如设计简单的密码锁程序等。

5.3 课前预习

Python 语言编程教学是一门比较抽象的科目，教师在上课之前须要求学生做好课前预习。假如学生上课前对所学的内容没有准备，那么课堂上就会被动地等待教师灌输知识，教师对学生掌握知识的情况也不了解。因此，教师必须要求学生在上课之前要进行知识点的预习，在预习中培养学生的自学能力，例如划出重点、难点，预习过程中提出问题并做好记录，在课堂上积极发问。上课时，教师通过提问来掌握学生的预习情况，有的放矢地进行教学。这样做提高了学生的学习能力，提升了课堂教学效率。

5.4 情景课堂

教师在教学中的主要工作是根据教学内容创设情景，有针对性地设计课堂引入、精讲典型案例、提供教学资源、解答学生疑问、组织作品展示等环节，从而调动学生的学习热情，并对完成较好的同学给予表扬和奖励。

例如，在上课的过程中先让学生观看一段视频，设置一个实际生活场景：“小明一家人旅游回来，发现家里被盗了，值钱的东西都被洗劫一空了，爸爸妈妈都很难过，小明就决定自己设计一个密码锁来加强防护。”在教师的带领下，学生们分成多个编程小组，合作完成密码程序的编写。完成的小组由教师给予表扬，学生的自信心有了，有了学习的积极性，编程兴趣也更高了。教师通过不同例子的引入，创设不同的教学情境，使学生更易于接受新的教学内容，提升了学生学习的兴趣。

5.5 课后任务

为了检验课程的教学效果，我们通常采用下发课后任务的方式，通过学生对编程任务的完成情况，来检验学生对知识的掌握，以及教师的教学效果。教师在教学中还在校内组建了一个编程社团，让有兴趣的学生和教师进行交流和主动学习。学校还积极引导学生参加各级各类编程竞赛，让有编程特长的学生得到进一步的锻炼。

5.6 第二课堂

为了更好地激发学生学习兴趣，我们在学校组建了 Python 编程社团、编程竞赛队伍，在学校科技节展示社团的活动成效，方便有兴趣、有志向的师生交流学习，并积极引导学生参加各级各类编程竞赛，让特长生得到进一步锻炼。

5.7 图形包辅助

为了让学生在学习的过程中更有兴趣和成就感，教师可以使用 Python 语言自带的 Turtle 绘图包来激发学生学习的兴趣。该绘图包具有 logo 语言的特征，只需要少量函数就可以完整实现在平面上绘图的所有功能。它虽然只提供了少量的基本绘图函数，一些高级的功能和函数没有提供，但是也为学生提供了自由发挥的巨大空间，有利于他们创造性地解决问题。虽然 Turtle 的基本功能简单，但它和 Python 语言结合紧密，二者结合起来后表达能力很强，可以实现很好的绘图效果。学生只需要把课程重点放在创作作品和创意编程上。

参考文献

[1] 教育部办公厅关于印发《2019 年教育信息化和网络安全工作要点》的通知[EB/OL]. 2019-03-01.

[2] 邹正丽. 如何激发学生学习程序设计的兴趣[J]. 新锐讲坛，2015（9）：75.

工业设计与环境之间融合思考

李　潇

（成都东软学院数字艺术系 四川 成都 611844）

摘　要：工业革命以后，世界经济得到了快速发展，但在物质文明的迅速崛起过程中人类对生存环境造成了不可挽回的损失。当人们意识到自己行为的过失时，地球已经是千疮百孔。当前，人们迫切要求实现经济发展与保护环境的协调运行，只有采取最为适宜的做法才能保证经济的良性循环，才能有效保护人类生存环境，才能实现人类社会的可持续发展。

关键词：工业设计；可持续发展；环境；生态

The Integration of Industrial Design and Environment

Li Xiao

(Department of digital arts, Chengdu Neusoft University, Chengdu 611844)

Abstract: After the industrial revolution, the world economy developed rapidly, but the rapid rise of material civilization caused irreparable damage to human living environment. When people realize the fault of their actions, the earth is already full of holes. At present, there is an urgent requirement to realize economic development and environmental protection coordination operation. Only to take the most appropriate approach to guarantee the virtuous cycle economy, to effectively protect human survival environment, can the sustainable development of human society realize.

Keywords: industrial design; sustainable development; environment; ecological

在过去较长时期内，人们没有意识到保护自然环境的重要性，一味强调经济发展，在生产大量工业产品的过程中引发了严重的环境问题。而生产环保产品可以达到保护自然环境的目的，创造较高的产品价值，因此其在工业设计中必将得到健康发展。当前，世界发达国家重视宣传环境保护知识，自立法、教育、资金等方面不断加大投入力度，环保消费得到了人们的普遍认可，建设了大量环保设施。在环保消费的发展过程中，工业设计承担着最为重要的角色，为了有效保护自然环境，设计师开展了各种工业设计研究，争取在创造较高经济价值的同时实现人与自然的和谐相处。

1　工业设计的标准

在设计产品过程中要思考下面内容：第一，产品本身的特点，即产品的结构、造型及应用的材料；第二，产品的内在特点，其在产品设计中具有核心地位，是人们需求产品的主要表现。在设计产品结构、造型、应用材料过程中，将减少成本投入、实现健康舒适作为主要目标，产品内在特点设计则重视与人们的生理需求、心理需求等一致。人们在满足自身需求过程中，较多忽略了环境保护工作。在过去较长时期内，工业设计过多考虑人的需求，认为只要产品得到消费者的认可则可以实现畅销。而进入个性化时代以来，

作者简介：李潇（1990—），女，汉族，四川成都，讲师，硕士，研究方向为工业设计。

公众日益意识到保护自然环境的重要性，尝试采取各种行动实现人与自然的和谐相处。在实际设计活动中，要从以下三个方面研究产品的价值：第一，设计过程中是否考虑到保护环境；第二，工业设计是否推动了文化环境的健康发展；第三，工业设计是否满足了公众的需求。

2 工业设计与环境的关系

人类赖以生存的环境主要包括两个内容：一为物质环境，一为社会环境。当前，科学技术与生产力均得到了快速发展，人在征服自然界方面取得了前所未有的成就，要求及时转变环境理念。如果一味强调改造自然，则会引起自然界的损坏，不利于保护自然环境，会进一步影响到自然平衡。工业设计要考虑对自然环境的影响，一个成功的工业设计要同时兼顾社会环境效益与物质环境效益。利用工业设计提高产品的效能，引入最为合理的机械设备与生产工艺，可以有效节约能源资源，减少成本投入，实现保护人类生存环境的目标。

3 工业生态设计的重要性

（1）防治污染的主要做法。防止发生各种污染可以使治理污染投入不断减少。产品设计决定能源资源的消耗情况与其对环境的影响情况。因此在设计过程中，充分利用当前技术手段与原材料，防止出现大量环境污染现象，可以使资源能源发挥最大的作用。

（2）将生产者责任延伸制度落到实处。一个成功的工业生态设计在设计时期则考虑到了污染预防措施，采取合理的结构设计，使用环保材料进行生产，提高产品的利用率，达到产品的二次回收再利用，可以将责任延伸制度落到实处，实现经济发展、环境治理、社会效益的协调发展。

（3）可以创新绿色生产技术。开展生态设计可以有效节约现代资源能源；积极保护当前环境，应用最新技术手段，达到节能减排的效果，可以使当前材料资源发挥最大的功能；推出无毒无害的绿色材料，可以防止对环境产生较大的影响，不会出现任何污染环境的现象。因此绿色制造技术必将得到人们的普遍认可。

（4）实现人与环境的和谐相处。开展生态设计的重点内容是实现人与环境的和谐相处，而这一理念恰好契合了中国传统儒家思想。中国人民自古以来则提倡“天人合一”的思想。这种思想与开展生态设计是相通的。人是自然界的重要组成部分，人类开展的各种活动不得与自然界的发展产生冲突，才能为人类创造更为适宜的生存环境。

4 结　论

总之，随着科学技术的快速发展，我国不断涌现出新产品，有效改善着人们的生活环境。但同时人们为之也付出了惨重的环境代价，产生了严重的环境污染问题，当前人们日益意识到保护资源能源与自然环境的重要性。而开展生态设计正好可以迎合人们的愿望，防止产生环境污染现象、减少能源资源投入是开展生态设计的目的。当前，工业设计是工业社会发展的关键内容，与社会公众追求产品价值的心情相一致，同时紧密联系着人类的生产生活，其在提高公众生活质量、创建良好生态环境中发挥着举足轻重的作用。

参考文献

[1] 秦方. 浅谈对现代工业设计发展趋势的思考[J]. 魅力中国，2010（19）：19-20.

[2] 权华. 工业设计与环境保护的若干思考[J]. 河南社会科学，2004，12（5）：153-154.

[3] 闫莉. 关于工业设计与环境之间融合的若干思考[J]. 中国包装工业，2015（21）：109-109.

关于应用型课程思政的探索
——以“销售管理”为例

孔晶晶

（成都东软学院商务管理系 四川 成都 611844）

摘 要：课程思政是高校培养学生正确的价值观、立德树人的关键性渠道。在经济飞速发展和消费日益升级的商业环境下，新型的商业形态与销售管理模式应运而生，社会经济的变化促使高校对于应用型人才的培养方向和塑造要求也发生了转变。本文首先对应用型专业课程思政教学的重要性进行分析，继而对其实施的可行性路径和构建思路进行了探索，旨在为应用型专业课程思政教育教学的实践进行反思与总结，以更好地持续不断地开展应用型专业课程实践，真正做到其协同效能的发挥。

关键词：课程思政；应用型；销售管理

An Approach of Ideological and Political Education on Application-Oriented Course
—Illustrated by the Example of “Sales Management” Course

Kong Jingjing

(Business Management Department, Chengdu Neusoft University, Chengdu 611844)

Abstract: Ideological and political education is a key channel for universities to cultivate students' values and enhance morality. Under the business environment of rapid economic development and increasingly upgraded consumption, new business model and sales management mode emerges and the change of social and economy makes the corresponding changes of cultivating application-oriented talents. This paper analyzes the importance of ideological and political education of application-oriented professional courses, and then explores the feasible path and construction idea of its implementation. The purpose of this paper is to reflect and summarize the practice of ideological and political education in application-oriented professional courses, so as to carry out the practice of application-oriented professional courses in a better and continuous manner and finally realize its collaborative effectiveness.

Keywords: Ideological and Political Education, Application Course, Sales Management

1 引 言

随着社会经济的高速发展，我国已进入全面建设中国特色社会主义现代化强国的新时代，社会的主要矛盾也随之发生转变。在新时代的历史大背景下，坚持开展与实施以“立德树人”为根本任务的课程思政教学对于应用型专业课程的建设与高校关于应用型专业人才的正确培养愈加重要。而就目前国内高等院校思政进课堂的融入度及最终践诺效果而言，思政育人尚未能真正与专

作者简介：孔晶晶（1987—），女，汉族，四川，高级工程师，硕士，研究方向为市场营销、项目管理。

业课程，尤其未能与以应用为导向的专业课程构建起内在的核心联系。本文将从思政教学与应用型专业课程结合的重要性角度着手分析，以“销售管理”课程为例探索实行应用型专业课程思政的可行性路径，提出关于怎样更好发挥高校思政教育与专业应用型课程教学之协同作用的建设性思路。以此，构建更加完善高效能的高校应用型专业课程思政教学体系，培养正确价值观导向的且具备应用实践能力的中国特色的社会主义建设者、接班人。

2 应用型专业课程融入思政教学的必要性

“销售管理”课程是市场营销专业的专业必修课程，也是以塑造和培育应用型人才为目标的核心课程。高校学生在未来职业技能方面的提升和商业价值观的构建均寄望于此类课程。

2.1 “立德树人”的重要性

习总书记曾在全国高校思想政治工作会议上指出高校思想政治工作关系高校培养什么样的人、如何培养人以及为谁培养人这个根本问题。要坚持把立德树人作为中心环节，把思想政治工作贯穿教育教学全过程。高等学府之人才培养方向，如若仅仅局限于理论知识的传授和专业技能的学习，抑或将思政基础类课程与应用型专业课程相互分离，忽视德育之于大学生人生成长阶段价值观导向以及将来职业发展的重要性是非常片面的。每一位大学生的大学受教育阶段都是其人生观、社会观、价值观逐步趋于成熟和完整的关键节点，将正确积极的思想政治教育有机融于专业课程的教学中，能为大学生们将来进入瞬息万变的真实商业世界做好价值引领，树立正确的思政意识。

2.2 新兴营销模式的发展

行业市场与消费需求形态瞬息万变的商业环境，催生出了以“网络直播营销”“跨界整合营销”等为典型性代表的新兴营销管理模式。其往往以关键意见领袖（KOL，Key Opinion Leader）引流，通过购物平台、微信、微博、直播平台等网络渠道，刺激和强化与消费者的交互式沟通，形成热门的公众话题、打造品牌爆款单品，整合多种促销管理决策方式，为商家在非常短的时间内获取体量可观的销售业绩。较之传统的营销管理模式，新的营销传播方式与管理模式具有服务个性化、产品品牌化、渠道多元化、消费者流量化、销量集中化、广告移动化、沟通交互化等显著特征。在迅猛发展的时代脉络中，结合上述新型商业模式的特点，将以销售管理为代表的应用型专业课程建设与思政教育相融合也必定成为新的教改方向。

2.3 企业社会责任与销售人员职业道德的要求

不同的历史发展阶段，社会文明程度、经济发展需求和人们的认知都有所不同，企业的社会责任（corporate social responsibility）也是逐步演进而来的。20 世纪 50 至 60 年代，企业社会责任等同于企业主个人的价值观和社会观；到 70 年代，企业社会责任初步形成，这个时期部分企业可以在实现自身发展的同时做一些公益，创造社会价值。而时至今日，市场中的大多数企业均将自身发展与正在变化的外部价值观结合，以市场导向为应变，随着新出现的社会责任，企业会主动地去做关于社会责任的思考和行为。按照社会经济学观点的论断，当代企业已经不将实现股东利益的最大化作为企业价值判断的唯一和最终目标，而是更多地强调企业价值的创造，这促使企业承担更多的外界义务，让利于社会，让利于消费者。优秀的当代企业不会只注重短期盈利，而是着眼长期规划，因而也会在市场上中获得更长的生命周期价值。当然，企业社会价值的实现离不开市场销售人员职业道德的意识树立与行为要求，这就对高校应用型专业课程与思政教育的有机融合提出了更为迫切的要求。

3 “销售管理”课程思政践行思路与实施路径探索

“销售管理”课程思政的践行思路与实施路径

将以正确价值观的构建为导向，以创新性“情景式”教学方式的运用为实行方式，以搭建一个高素质的知法懂法的专业教师团队为资源保障，辅以过程性考核与目标性考试的有机结合，最终实现应用型专业课程思想政治教育协同发展。

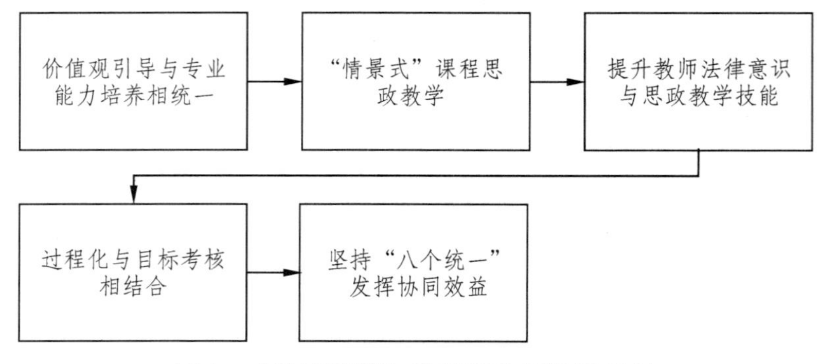

图 1 “销售管理”课程思政实施路径图

3.1 价值观引导与专业能力培养相统一

依托于“销售管理”专业课程知识体系的课程思政教学，要求教师在教学目标制定、课程设计、课堂教学实践、课后总结的全过程各个环节中对学生进行正面积极的正确价值观引导。培养学生在面对竞争激烈及纷繁复杂的商业环境时，在职业能力持续提升、专业经验不断积累的基础上，能够秉持热诚的初心，懂得何为职业道德，坚守职业伦理，坚持职业操守。

3.2 “情景式”课程思政教学，产教融合

灵活创新地运用“情景式”的教学方法，以学生为中心，产教相融合将实际商业案例赋予真实情景。例如在“销售管理”第一章“销售规划”与第二章“客户关系管理”的教学内容中可以通过“销售小剧场表演”“销售猜词小游戏”“销售小课堂”以及专业课程综合实训等各种灵活多样的方式强化学生的参与度、体验感，将课堂思政更为自然、更为有趣地融入专业课程的教学中，以此激发学生树立思政观念的主观能动性。

3.3 提升教师法律法规意识与思政教学技能

专业教师对相关思想政策、法律法规的学习，以及思政教学技能的提升均对应用型专业课程思政的践行起着关键性作用。加强专业教师队伍的建设，搭建一个拥有正确价值导向的、学习型的、专职兼职相结合的高素质教师团队势在必行。

3.4 以过程化考核与目标考核相结合的方式推行课程思政的开展

以“销售管理”专业课程为例，可以采用由出勤率、课堂表现、平时成绩与期中期末成绩相结合的考核方式，对学生进行全过程、全方位的考核。旨在培养“德”“才”“能”兼备的，能够适应新常态下新时代发展的管理类应用型专业人才。

3.5 坚持“八个统一”，发挥协同效益

坚持做到习总书记提出的“八个统一”创新性思政教学指导思想，在应用型专业课程思政实施中首先做到统筹设计，其次将“思政资源”与“专业优势”充分融合，紧紧围绕“树德育人”的核心任务，以此为人才培养指导方向，建立健全各项教学体制保障措施，真正做到应用型专业课程与思想政治教育教学工作的相得益彰、协同发力。

4 总 结

本文以“销售管理”专业课程为例，关注于

应用型专业课程思政教学研究。总结与分析了课程思政之于应用型专业课程的重要性和必要性，并进一步探索了如何实现“销售管理”课程思政的践行思路与实施路径，为持续做好应用型专业课程思政建设和构建大格局的高校育人体系提供了可参考的建设性资料。

参考文献

[1] 邵将，伍婵娟. 高校专业课程思政的探索与实践——以《经济法》课程为例[J]. 教育现代化，2019（4）：145-151.

[2] 马妍. 基于翻转课堂的课程思政教学——以《市场营销学》课堂教学为例[J]. 现代营销（信息版），2019（10）：113.

[3] 余文涛，王文起，徐晏清. 专业教师实践“课程思政”的逻辑及其要领——以理工科课程为例[J]. 学校党建与思想教育，2018（568）：64-66.

[4] 许涛. 构建课程思政的育人大格局[EB/OL].（2019-10-18）[2019-11-26]. http://theory. people.com.cn/n1/2019/1018/c40531-31406699.html.

[5] 新华网. 新华社评论员：坚持“八个统一”创新思政教学——论学习贯彻习近平在那个书记在学校思政课教师座谈会重要讲话[EB/OL].（2019-03-20）[2019-11-22]. http：//www.xinhuanet.com//2019-03/20/c_1124261115.htm.

互联网+背景下大学英语课程思政教学探索与实践
——以成都东软学院为例

陈 鸥

（成都东软学院应用外语系 四川 成都 611844）

摘　要：本研究以成都东软学院大学英语课程为例，探讨互联网+背景下大学英语课程思政的现状，旨在挖掘大学英语课程思政元素，积极探索将微课等网络资源和云班课、U 校园等各类学习平台与大学英语课程思政有机融合的方法，并以《新视野大学英语》教材中的某单元为例进行教学实践，希望能够为互联网背景下的大学英语思政课程教学提供参考。

关键词：互联网+；大学英语课程思政；网络资源

Exploration and Practice of Ideological and Political Education in College English Curriculum under the Internet Plus Background
—A Case Study of Chengdu Neusoft University

Chen Ou

(Department of Applied Foreign Language, Chengdu Neusoft University, Chengdu 611844)

Abstract: Taking the college English curriculum of Chengdu Neusoft University as an example, this study aims to explore the current situation of ideological and political education in college English curriculum, explores the ideological and political elements of college English curriculum, and actively studies the methods of integrating micro class network resources and various learning platforms like Moso Tech and U campus with the ideological and political college English curriculum. It aims to provide reference to the ideological and political college English curriculum under the background of Internet through the teaching practice on the unit of *New Horizon College English*.

Keywords: Internet Plus; College English Curriculum; cyber source

1 引　言

党的十八大以来，以习近平同志为核心的党中央把高校思想政治工作摆在突出位置，各地高校也纷纷采取了各种有力且有效的措施，不断加强各类思想文化阵地建设和管理，积累了许多大学生思想政治教育方面的宝贵经验。习主席在全国高校思想政治工作会议上指出：“要坚持把立德树人作为中心环节，把思想政治工作贯穿教学全过程，实现全程育人、全方位育人，努力开创我国高等教育事业发展新局面。”教育部 2020 年 5 月印发《高等学校课程思政建设指导纲要》，也是在当前形势下深入贯彻落实习近平总书记关于教育重要论述的关键举措。课程思政是新时代深化

基金项目：成都东软学院 2019 年度校级教研教改课题“互联网+背景下大学英语课程思政教学探索与实践——以成都东软学院为例”(NSUJG2019-022)。

作者简介：陈鸥（1983—），女，汉族，籍贯四川，副教授，硕士，研究方向为大学英语教育。

思想政治教育改革和创新的产物，高校教师要在教学中潜移默化地融入思想政治教育，在传授知识的同时引领学生的主流价值观，创造性地将“思政课程”转化为“课程思政”。

2 互联网+背景下大学英语课程思政的必要性

首先，“互联网+”是创新 2.0 下的互联网发展的新业态，是互联网思维的进一步实践成果。它的发展给人们的学习生活带来了各种变化与影响，对于传统教学模式也产生了一定的冲击，使得其学习时间及地点受到限制、学习资源局限于课本本身、教学效率低下等弊端日渐明显。相应地，互联网+背景下的教学模式则能有效地解决这些传统教学模式的弊端。学生在教师的引导和启发下，逐渐成为教学的主体，并通过互联网获取大量的学习资源和信息，化被动为主动。对于教师而言，互联网使他们能够更有效地挖掘大学英语课程教学中的思想政治教育资源，促进思想政治教育有效地开展。但是互联网上同时也存在很多良莠不齐且未经整合的信息，可能会对正处于人生观价值观形成期的大学生造成一些负面影响。所以高校教师在充分利用互联网提高教学质量的同时，更要优化互联网教学资源和信息，努力降低教学过程中的互联网的负面影响，促进“互联网+大学英语课程思政”的有效机制的形成。

其次，大学英语作为高等院校一门重要的语言教育学科，是高校的公共基础必修课程，其覆盖面广，课程学分多，学时长。教师可以充分利用这个优势，将外语教学与思政教育在课内外有机融合在一起，提高大学生的理性思考能力和爱国情怀，培养出既具有全球视野又充满中国情怀的复合型创新人才。同时，大学英语教材中本身就有很多知识性与思想政治性兼备的好文章，为课程思政提供了丰富的素材和资源。另外，学生通过学习和对比教材文章中所包含的中西方文化核心差异和价值观，也能提高自身的辩证思维能力和思想品质。

3 大学英语课程思政现状分析

为了更好地了解大学英语课程思政的现状，笔者对四川省内几所高校英语教师进行在线访谈调查，就目前英语教学中如何开展课程思政进行了深入了解，发现存在以下情况：首先，虽然有新政新形势作为背景，但仍有部分大学英语教师没有将课程思政融入大学英语的实践中，并且对此持反对意见。这部分教师认为，语言教学就应该是单纯地以语言内容的输入和输出为主，不应该掺杂具有政治色彩的内容。其次，大部分教师虽然接受课程思政的理念和想法，但对于如何真正将课程思政的渗入英语教学中却缺乏实操经验，只是在表面浅尝辄止，或者生硬地植入。最后，很多教师在课程思政方式上不够与时俱进，还停留在传统教学模式的灌输式讲解中。在互联网背景下，课程思政完全可以更加地多元化，大学英语教师可以充分利用微课、慕课和各类学习平台，更有效地展开师生间、生生间的深度学习和探索，提升课堂的吸引力和创造力。

4 互联网+背景下大学英语课程思政的实施

本次研究以成都东软学院的大学英语课程为例，一个主要原因是该校有着区别于其他传统高校的教学理念——TOPCARES 一体化应用型人才培养模式。学校按照“朝什么方向教、教什么、谁来教、怎么教、用什么教、教得怎么样”的思路，明确了人才培养“TOPCARES”八大能力指标体系。这八大能力指标除专业能力培养外，特别强调德育为先，明确对学生思想道德品质、社会责任感、创新能力、个人职业能力、沟通表达及团队合作能力等的培养，本研究也正是基于以上人才培养模式理念而进行的探索。

本研究中的教学实践部分是根据《新视野大学英语：读写教程》中某单元关于可持续环保的内容设计出的具体教学活动，并结合“云班课”教学平台、微课视频、网络资源等，让学生在提升语言水平的同时提升人文素养，建立正确的价值观，并在潜移默化中进行课程思政。以《新视野大学英语（第三版）：读写教程 4》Unit 4 Text A：Achieving sustainable environmentalism 为例，具体步骤如下：

（1）教师根据课文内容设计有关低碳环保方

面的问题，如 Do you know the World Environment Day? Have you ever participated in any environmental events? 并将问题发布在线上学习平台“云班课”上，要求每个学生利用网络平台查阅资料后做出回答。该任务主要是以提问的形式进行 brain storm，引发学生对于该主题的思考，并能主动查阅相关资料。学生发布其个人回答后，可相互查看彼此的内容，这也为接下来的思想碰撞和交流打下了基础。

（2）教师在云班课发布微视频“Protect the Environment”，要求学生观看并搜集相关可持续环保主题的英文图文资料，以小组为单位制作相关 PPT 上传至云班课，并在课堂上进行陈述和展示活动。教师在课堂上对每个小组的展示和陈述进行评价，每个小组的同学也都可以在平台留言对其他小组的展示和陈述进行评论。该任务从教师发布到学生提交，大部分都是在网络平台上完成的，且整个学习过程学生是以小组合作的形式展开的，教师能够同时通过线上线下对其学习效果进行后台查看、监督和评价，确保其树立正确的价值观和主流意识。

（3）通过以上两个线上学习任务后，教师开展线下教学。以小组合作的形式进行课堂讨论，设计若干与文章内容密切相关的问题和测试小点，考核对课文的学习和穿插思考，促使学生积极主动地深入理解文章，活跃课堂气氛，降低学生学习英语的焦虑，提高学生学习英语的兴趣。同时，课程思政也在此环节进入高潮阶段，学生通过前期两个线上任务的热身，已经在不知不觉中加强了环保的意识，树立了正确的人生观、价值观与道德观。教师在课堂教学环节，可以有意识地邀请一部分同学进行观点阐述和辩论，激发学生的表达热情与促进学生思维的发展，使环保的意识和观点能得以深入和巩固。

（4）为了进一步加强学生对环境恶化的理解，激发他们的社会责任感，教师将 BBC（英国广播公司）纪录片中的精彩片段上传至云班课平台，要求学生观看学习后以小组为单位模仿该纪录片制作环保主题的微视频，并将微视频上传至云班课平台共享，结合教师评价和平台互动评论，培养学生的社会责任感。

（5）学生在线学习中遇到的各种问题，可以通过课后以及线下答疑环节来解决，教师在此过程中应鼓励学生积极与老师和同学沟通，培养独立思考和协同合作的能力。

5 结 论

大学英语课程思政教学对于学生综合素养的培育具有极为重要的意义和价值。它不是将思想政治内容照本宣科搬到大学英语课堂上，而是一种创新的教学模式，值得每一位高校教师积极地进行探索和研究。教师在教学过程中不仅要将互联网与大学英语课程思政有机融合与衔接，更要加强学生在思想政治方面的教学要求，提高学生的综合素养，尤其是在互联网+的背景下，高校更应该充分利用各类网络资源和学习平台的教学优势，对教学内容进行优化，进一步激发学生的学习兴趣。笔者希望通过本次研究，能够进一步拓展大学英语课程思政的探索与实践，培养出既具有全球视野又充满中国情怀的复合型创新人才，实现“教书育人”的目的，最终实现师生的共同发展，实现大学英语与其他学科的真正融合。

参考文献

[1] 甄桂春. 互联网背景下大学英语课程思政路径研究[J]. 智库时代，2019（26）：88.

[2] 李静，于素平，郭晋晖. 大数据时代大学英语课堂中思政教育的渗透[J]. 课程教育研究，2019（10）：67-69.

[3] 熊智胜. “互联网+”背景下高校思政教育工作的现状及对策[J]. 神州·下旬刊，2017（11）：99-101.

欧姬芙花卉作品的视觉传达

宗思嘉

（成都东软学院数字艺术系 四川 成都 611844）

摘 要：自 1924 年夏天开始，欧姬芙就对“一花一世界“感到着迷。她从湖边的花园里采了花，在画布上，仿佛显微镜下放大无数倍，就像从照相机的特写镜头里看出去。一幅幅巨大的牵牛花、马蹄莲、百日草夸大的绽放，于是画布上有了缠绵细腻，空灵却又饱满。这变成了她最具代表性的作品。

关键字：花卉作品；视觉传达；欧姬芙

Visual Communication of Georgia O’keeffe Flower Painting

Zong Sijia

(Department of Digital Art, Chengdu Neusoft University, Chengdu 611844)

Abstract: Since the summer of 1924, Georgia O’Keeffe was fascinated by “one flower and one world”. She picked flowers in the garden beside the lake. It seemed to be zoomed in countless times under a microscope, as if it was seen in a close-up of the camera. Huge morning glory, calla, Zinnia blossomed, so the canvas was delicate, empty and full. This became her most representative work.

Keywords: flower painting; visual communication

1 引 言

在欧姬芙一生的作品中，她本人最喜欢的一个阶段题材就是花卉绘画。当然史论家们对她这一时期的绘画作品也是评论不一。以此兴趣点着手，本文开始针对这一时期的绘画作品展开浅度的剖析。

基于一个转折点，花卉作为主题的视觉艺术在欧姬芙成长的过程中起到了重要的推动作用，她并没有完全按照传统的现实主义形式表现花卉，而是在外观上超越了视觉感受，给我们一个巨大的感官震撼和冲击，使我们对生活产生一种强烈的意识。

接触欧姬芙的作品后，其简单的形象，尤其是那被放大的鲜花，花瓣极限的转折，姿态又曼妙的花朵，整个形状赋予了柔软的特性，深深地吸引着我。此外，欧姬芙她那独特的用色和线条，将安静的花朵，模糊覆盖。因此，我希望通过本文对欧姬芙的绘画理念以及艺术探索的审美经验，探索她在表现花卉手法的形式上某些区别于其他艺术家的特质。

2 花卉作品分析

这朵花征服了我们，一朵静谧的罂粟花，如照片般光滑、平整。一种纯净、绝对的红色，在画布上几乎没有留下任何自由空间。花瓣开到边缘。似乎画家完全被罂粟花迷醉，她靠得太近，几乎要融入花中。

赏花者难以保持距离。过去，他们在欣赏静物画时，能保持舒舒服服的角度和距离，欣赏画

作者简介：宗思嘉（1993—），女，汉族，籍贯上海，助教，硕士，研究领域为艺术管理、综合材料绘画。

家对花朵和物品的巧妙安排，画家用它们来启发赏画者思考生命的本质，同时还要让赏画者惊叹于这些静物之美。而现在，赏画者的这些权利被剥夺了。

紧张的距离改变了画作展示的内容。它在植物学层面展现出精确和客观，这可以令人沉浸其中；但是在这幅画中，花朵失去了原有的意义和重要性，并且因此发生转变。细节接管了全部，人们会忘记整体；细节就是一切。就像是使用了显微镜洞察一切，并小心地研究对象的每个细节。在这里，注意力被分散了，眼睛满足于某些可能无法真正看到的细节。赏画者失去了判断的理智：花在这么近的距离上看，已经不再像花了，而是某个空间，而且是大得出奇的空间，吸引目光，并任由眼睛在画面上自由游走。

欧姬芙的画中没有偶然，而是对于对象的冷静叙述，有饱和的颜色、饱满的构图以及鲜明的对比。花看起来毫无秘密。就比如这幅罂粟花，看起来毫不多愁善感，可事实上一朵花一旦被摘下，它的命运也就毫无诗意可言了。让罂粟花闻名的蝴蝶外形的美和脆弱，在画中也完全没有体现。它完全开放的时刻被捕捉下来，花的未来无人担心。看到这么稳定而强烈的画面，我们怎么会去想起衰败呢？欧姬芙拒绝自然的无常，罂粟花的超凡脱俗，消除了所有焦虑。

人们会突然意识到：以前的画从未考虑过这个自然的事实，所有的古老传统会因此而紧张。田野中的罂粟花图像，一大捧一大捧的野花，从未令人感到不安，只会让人回想起在田野行走的美好回忆。

《罂粟花》1927 年，布面油画，76.2cm x 91.4cm

<*Poppy*>, *1927, canvas oil painting*, 76.2cm x 91.4cm

3 花卉的抽象意念展现

以花为主题的抽象画，依照欧姬芙自己的说法，她画的是“花的精神”。可在其他人眼里，或者说以弗洛伊德的学说来解释，便是女人的生殖器。她的典型代表作，1928 年的《两朵海芋在粉色底上》(*Two Calls Lilies on Pink*) 与《黑色鸢尾花》(*Black lris*)，整个画布上只充满一朵或两朵花，而且是极度的特写，花瓣的边缘和花茎都被切掉了。海芋的蜡样质感与鸢尾花的天鹅绒般纤维，加上特殊的底漆，以便创造平滑的背景。透过放大，花朵被带离了自然的脉络，取得了特殊的、特大的意义。

1928 年的《两朵海芋在粉色底上》

Two Calls Lilies on Pink，1928

《黑色鸢尾花》

Black Iris

再比如“天南星”系列是采用极其简化的形式呈现了天南星的花蕊部位，甚至精简到只剩下它的花蕊特征。当观者用眼睛感知欧姬芙的花卉作品时，也许欧姬芙的花因其外在形式上具有了性器官外形轮廓的某些特征，让观者很自然地就联想到了“性”。

《天南星 II》
Jack in the Pulpit II

《天南星 III》
Jack in the Pulpit III

4　作品的意念联想

由于 20 年代的纽约大众深受弗洛伊德学说的影响，以及史蒂格利兹摄影作品的引导，欧姬芙特写花卉细节，被归纳为纯粹的性暗示。很多艺术家，都把她的画当成异色画来看。“男人想看到的，女人想隐藏的，都可以在欧姬芙的画中找到答案。”有篇报道如此写道。“连许多前卫的艺术爱好者，都能在欧姬芙的画中感受到独特的道德悸动”评论家麦布莱德写道。极具影响力的《布鲁克林鹰报》(*Brooklyn Daily Eagle*)专任艺评家Helen Appleton Read，也是欧姬芙的老同学，在观看完作品后，心情也有些沮丧说：“这些画，带有弗洛依德学说提到的性压抑成分。”

将欧姬芙的花卉作品局限在性的方面，是男性优越感对女性艺术家创造力的一种不信任和贬低，从佛洛伊德的观点来看，性对人的影响是无时不在的，艺术是“性欲的升华”。但另外有些艺评家的看法，倒是抓住了欧姬芙的本意。他们指出，那些画里的圆形及突出的图案，充分流露着音乐与舞蹈的元素，可以在康丁斯基的《艺术的精神性》中得到印证。的确如此，这本书欧姬芙几乎每天都带在身边，没事时就翻开读上几段。在欧姬芙的绘画中我们可以感受到音乐旋律的奥妙。

《音乐中的粉色与蓝色 II》
Music Pink and Blue II

《蓝-绿》
Blue-Green

欧姬芙一直希望有一个不同于男性评论角度的女评论家能理解她的作品，她曾写信给一位女作家："一个体验过很多东西，并以线条和色彩来表现生活的女人可能会说出一些男人不能体会的东西。我觉得女人有些尚未被了解的东西只有女人才能了解，男人已为此做完了他们能做的一切。""女人有些尚未被了解的东西"也许指的就是那种特定的历史环境下女性特有的审美，对自我本质、生命意义及自身价值的思考。所以欧姬芙自己如此诠释："看画的人有各种联想，其实那是你们所想所见的样子，我并不是这么想的。我也画摩天大楼，你们都在臆测为什么我要把花放大，可是怎么没人问我，为什么要把摩天大楼缩小在画布上？"

直到 1925 年 3 月 5 日，欧姬芙的"花"终于获得了好评。Edmund Wilson 在《新共和报》上写道：欧姬芙在画坛的地位，可以与当代最优秀的女诗人和女小说家媲美。他还特别指出其中一幅画："她所画的玉米叶，充满了丰沛的感情，仿佛热力全部投注于上，使画面发光。"

《纽约的街道 II》
Street of New-York II

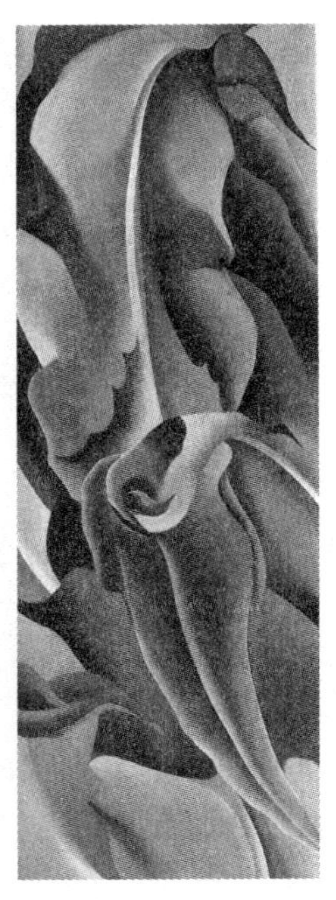

《玉米 2 号》
Corn No. 2

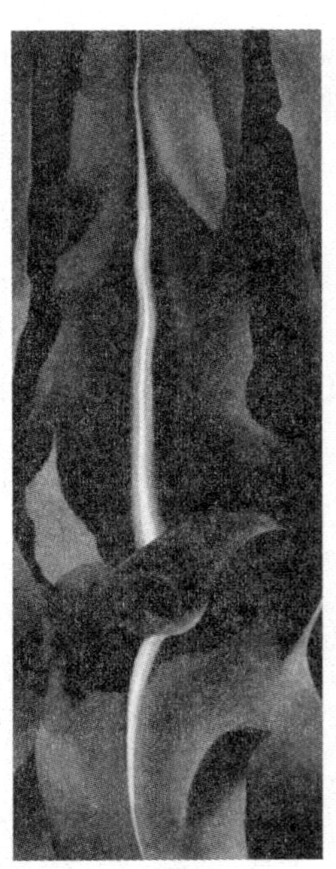

《玉米，深色 1 号》
Corn，Dark I

5 欧姬芙的花对同一时期及后人的影响

以往，美国艺术文化受到欧洲的影响深远，欧姬芙的纯美国风格像异军突起，立刻引起各界的讨论，扬弃了旧大陆的阴影，开创出新风格。而欧姬芙的画，除了代表美国文化外，其实也体现了现代主义者所重视的概念——缩小了的宇宙。

"若将一朵花拿在手里，认真瞧着它，你会发现，在片刻之间，整个世界完全属于你。"欧姬芙如是说。

欧姬芙的作品问世后，在引起轰动的同时，

也引起无数的猜测，尤其在世纪之初的那个传统势力仍十分强大而又躁动的现代主义时代。欧姬芙的艺术是需要解读的，尽管关于她的评论不计其数，但她从不对自己的艺术做出解释，就像她的生活一样，仿佛有一股神秘的力量在召唤，总是使她不停地出走，远离人群，只有在孤独与寂静中她才能与心灵对话。欧姬芙被尊奉为女性主义的斗士，不仅是她突破了男性社会的壁垒，为女性争得了艺术上的盛名，也在于她的艺术表现了强烈的女性意识。她的裸体摄影写真，她那暗示着性器官的妖艳的花卉静物，都被打上了女性主义的标记。

欧姬芙成名之际，正是女性开始自我觉醒的时代。像她这样举足轻重的女人受到女性的崇拜是理所当然的。她们将她奉为偶像级人物。渐渐地，欧姬芙发现竟有不少女人想听听她的意见和看法。那些以艺术为职志的人，更以欧姬芙为一生的效仿对象。一时之间，她好像成了具有影响力的女人。“人们崇拜她、仰慕她如宗教般的狂热。”这话出于史蒂格里兹（Alfred Stieglitz）。

6 欧姬芙的花卉对自我创作的启示

创作是把生活的体验和生活中的素材选择提炼出来进行表达。艺术是有感而发的，所以作为一个绘画艺术从业者，不仅需要有绘画技巧，更该创作出一个精神世界，在心灵上与观看者引起共鸣。就比如花卉作品，花卉和女性自古就被文人、艺术家们用来对比。在我看来，花朵与女性有着极大的共同感：美、脆弱又捉摸不透。本着“一花一世界”的说法，两者可以融合在画里，不分彼此，相互依靠。像欧姬芙一样，可以线条简洁，注重线与线之间的交错和疏密感，构图上保持“满”与“不完整性”，在颜色上运用饱和度高，却偏冷的色调；可以在视觉上给人冲击感，体现了生命力的神秘。将女性人体融入花中，因为花朵本身代表了自然界的一种生命体，而人存在于自然界，是一种独特的、带有思维的生命体。女性延续世界，花朵点缀世界，从而强调生命这个主题。

参考文献

[1] 陈玲洁. 一花一世界：美国女画家欧姬芙的花卉艺术[J]. 美术大观，2010（12）：205.

[2] 谢培培. 乔治亚·欧姬芙花卉图像艺术研究[D]. 上海：华东师范大学，2014.

[3] 刘冲. 生命之华，艺术之花：浅谈大师欧姬芙的绘画[J]. 甘肃广播电视大学学报，2002（3）：42-43.

基于产教融合协同育人的英语专业应用型人才培养模式的探索与研究

——以成都东软学院应用外语系“英语教育实践”项目为例

杨梓英

（成都东软学院应用外语系 四川 成都 611844）

摘 要： 产教融合、校企协同育人是推进应用型本科高校发展的重要途径，也是提高应用型人才培养质量的必要手段。本文以“英语教育实践”项目为例，从项目发展现状、存在的问题、未来的改进与发展三个方面进行了产教融合协同育人机制下应用型人才培养模式的研究与探讨。

关键词： 产教融合；协同育人；英语教育实践

Exploration and Research on the Training mode of Applied Talents for English Majors

—Based on the Integration of Production and Education and Collaborative Education

Yang Ziying

(Applied Foreign Language Department, Chengdu Neusoft University, Chengdu 611844)

Abstract: Integration of production and education and collaborative education is an important way for promoting the development of the applied undergraduate colleges and universities, and it is also a necessary means to improve the quality of applied talents training. Taking the Practice of English Education Project as an example, the paper researched and discussed the three aspects of the project, present situation, existing problems and its improvement and development in the future.

Keywords: integration of production and education; collaborative education; the Practice of English Education Project

1 引 言

产教融合、校企协同育人是推进应用型本科高校发展的重要途径，也是提高应用型人才培养质量的必要手段。产教融合是当前我国高等教育转型发展的特色之一。高等教育主动适应经济发展形势，融入产业特色和创新思维。2017年国务院办公厅印发了《关于深化产教融合的若干意见》，明确指出深化产教融合，促进高校与企业合作，校企协同育人。温家宝总理也指出我国教育出现两个“不适应”，一是教育不适应社会经济发展的要求，大家都走精英教育的道路就不能适应经济社会的发展需求；二是教育不适应国家对人才培养的需求。本科应用型人才培养是高等教育发展的大趋势，应用型人才也是当今社会需要的人才，是国家建设发展必备的人才。

作者简介： 杨梓英（1982—），女，汉族，籍贯山西运城，副教授，硕士，研究领域为应用语言学、英语教育、英语语音。

因此，在遵循教育发展规律的基础上，实施切实可行的产教融合协同育人的培养模式，探索应用型人才及适应社会经济发展需求的人才的培养模式，也是我们英语专业人才培养的必要工作。

2 产教融合协同育人模式下“英语教育实践”项目特色与现状

校企合作是高校与企业为实现资源共享、培养应用型人才而建立的一种双赢的合作模式，也是高校和企业通过互动，更好地发挥二者各自优势的过程。我国在创新驱动经济、一带一路倡议等的带动下，迫切需要校企双方发挥科学研究、人才培养、社会服务的优势与作用。因此，深入了解我国校企合作发展现状，发展成都东软学院应用外语系“英语教育实践”校企合作项目，对促进校企双方协同发展、提高高等教育人才培养质量具有重要意义。

成都东软学院应用外语系秉持学校应用型大学的办学理念，在过去五年中，一直以市场为导向，以学生就业为基础开展“英语教育实践”项目。在此过程中，逐渐与相关教育行业和企业建立了一系列的校企合作、产教融合、协同育人培养模式的共同研究和合作。

“英语教育实践”项目产教融合协同育人进程的三个阶段：

第一阶段学生通过在校期间学习“英语教学法”“英语语音”“语言学概论”等语言教育类课程，从理论的角度认识英语教育教学。“英语教育实践”项目初期在校内通过促进学生自己参与教学环节的模拟演练、进行教学教具制作，模拟教学等活动让英语专业参与了该项目的学生能对英语教育和英语教学有初步了解。

第二阶段我系秉持学校应用型大学的办学特色，积极促进产教融合人才培养模式的探索，推动该项目与教育行业企业合作，首先邀请企业导师进课堂为同学们上课讲解行业特点，使学生对英语教育行业现状有所了解，并对未来的职业和就业前景有所认识。

第三阶段是项目实施阶段，企业和学校共同参与项目进程。英语教育培训行业中很多企业对优秀的英语教师的需求很大，一个好的英语教师苗子从选拔到培养耗时较长。而通过“英语教育实践”这个项目，减少了企业初期筛选有意向的专业英语教师后备力量的过程，通过学生和企业双向选择，使得适合企业需求的学生有机会进入企业进行真实教学的演练和实习实践活动，进行英语教学授课工作。在此过程中，学校教师和企业导师根据各自的特点，对学生进行英语教学理论与英语教学实践需求的双重指导。

通过以上三个阶段不同层次的理论与实践交替进行，校方与企业开展共建，依托企业、立足行业、合作发展，共同推进产教融合协同育人。尤其在第三阶段中，学校与企业之间共同协作培育符合行业需求和企业需求的应用型人才。学生在学校老师的理论指导下，把所学的理论知识在企业日常的教学活动中进行实践和尝试,学以致用。

3 产教融合协同育人模式下“英语教育实践”项目在校企合作中遇到的问题

3.1 学生实践能力弱，就业环境不理想

对于大多数学生而言，在实践中发现自己实践能力较弱，主要是在学习中没有做好知识与能力的转化准备，在日常的理论学习中降低了对自身的要求，从而造成知识能力不足，无法发挥自身的优势，发展失衡。同时，当代大学生对社会现状和就业环境了解不足，对就业环境和企业标准的期望值过高，在实际企业实践中容易产生负面情绪，甚至消极对待实践实习工作。当然要解决这一问题不仅要依靠学生自身，也需要老师的引导，同时提升合作企业层次，为学生提供更好的实践平台。

3.2 学生知识能力不足导致畏难情绪

扎实的英语语言知识和英语教学技能知识是学生就业和发展的根基，也是其价值的体现。专业知识和技能不足、能力缺失都让大学生就业成

为一大难题，也使学生在实际工作中无法完成预期工作效果目标时，心理上产生消极情绪或畏难情绪。因此，应利用产教融合协同育人的校企合作人才培养模式提高学生接受知识的能力和深度，让学生获得更好的发展，使学生在就业时具备更强的自信心。

4 “英语教育实践”项目的改进与发展

成都东软学院基于“八协同”产教融合育人机制，开展协同确定培养目标、协同制（修）定人才方案、协同设计课程、协同设计项目、协同开发教材、协同实施教学、协同指导实践实训、协同促进学生就业等一系列的产教融合协同育人人才培养模式的研究。

4.1 校企共同培养英语专业教育人才

学校与企业建立长效合作机制，共同培养应用型人才，不断提高学生专业水准与企业、行业的贴切度，提高学生的实践应用能力和综合职业素质，提升学生就业竞争力和用人单位对学校和学生的满意度。

4.2 校企共同组建教师队伍

学校重点培养具有应用型人才培养能力和产教合作开发能力的教师，送教师到企业中去学习，了解行业动态，更好地把握实际市场就业需求，提升教学指导水平；鼓励青年教师到企业中进行实践锻炼，加强教师的社会实践能力。

4.3 校企共同搭建实践实训基地和平台

校企共建实践实训基地和平台是实现产教融合协同育人的有效途径。在校内，学校继续实行“123”学期制，在第三学期中增加学生理论联系实际的机会，夯实实践平台。在校外，与知名企业进行实训基地共建，同时，鼓励企业入校，让企业可以优先选用优秀毕业生，允许学生提前进入企业实习。

5 小 结

基于以上探索与思考，结合实际产教融合工作中的问题，本文进一步阐述了产教融合、协同育人对应用型教学的意义和英语教育方向的发展。作为教育行业的一线从业人员，我们在教学上的发展与开拓，既是自我价值的实现，同时也是对教学发展责任的承担。现阶段我国产教融合的开展还处在初级阶段，学校与企业的合作还有很大的发展前景，等待着我们去开拓。

参考文献

[1] 李文国. 本科工程类专业“2.5+0.5+1”校企合作人才培养模式的探索与实践[J]. 艺术科技，2016（1）：38.

[2] 石竹青，焦琨. 动画专业“产教融合、协同育人”的应用型人才培养模式的研究与实践[J]. 戏剧之家，2018（1）：144-45.

[3] 王辉，杨颖. 基于校企合作利益共同体的应用型高校校企合作人才培养模式研究[J]. 德州学院学报，2018，34（5）：103-104.

[4] 赵军红，徐畅. 校企一体化协同育人模式创新与实践[J]. 中国冶金教育，2018（2）：75-77.

基于多模态理论的高校英语教学思辨能力培养研究

杨 驰

（成都东软学院应用外语系 四川 成都 611844）

摘 要： 高校对学生的培养需要让学生有意识地去服务国家和社会，要全面发展学生的创新精神和解决问题的能力。教师的教学要倡导参与式、探究式、讨论式、启发式教学，这样学生才能逐渐有独立思考、敢于探索、勇于创新的精神。如何培养学生的思辨能力，这是广大教师需要思考的问题。培养学生的思辨能力也是教师应有的职责和国家要求教师长期去实现的战略任务。目前，我国英语专业的学生在思辨能力培养上有待提高，特别是他们的推理、评价、分析等能力较为缺乏。我国大学英语教学对学生思辨能力关注和培养还远远不够。我国大学英语教学应以思辨能力培养为导向，形成一套英语专业人才思辨能力的培养模式。这样我们高等教育才能培养出英语专业能力和思辨能力俱佳的有用人才。

关键词： 多模态；高校英语教学；思辨能力

Research on the Cultivation of Critical Thinking Ability in College English Teaching Based on Multimodal Theory

Yang Chi

(Department of Applied Foreign Languages, Chengdu Neusoft University, Chengdu 611844)

Abstract: The long-term development of education requires promoting students' all-round development, focusing on improving students' sense of social responsibility to serve the country and the people and their innovative spirit to explore and their practical ability to solve problems. In college English teaching, the teachers should help students to learn creating independent thinking, free exploration and innovation. It can be seen that cultivating and developing students' critical thinking ability is not only the bounden duty of educators, but also the long-term strategic task of the country. However, for a long time, Chinese students' performance in analysis, reasoning, evaluation, synthesis and discrimination is not satisfactory. This lack of ability can be described as speculative absence. There are many reasons for speculative absence. One of the reasons is that college English teaching, which is an important part of China's higher education, pays insufficient attention to students' critical thinking ability. Guided by the cultivation of critical thinking ability, we should construct a mode of cultivating critical thinking ability in college English teaching, push forward the reform of college English teaching in China, and cultivate useful talents with excellent English skills and critical thinking ability.

Keywords: Multimodal Theory; college English teaching; critical thinking

作者简介：杨驰（1987—），女，四川成都人，成都东软学院，讲师，研究方向为英美社会与文化、管理学。

1 国内外思辨能力研究简述

当前国内思辨能力研究很多都缺乏关于教学实践方面的探索。现阶段的研究主要是揭示了英语教学中如何缺乏思辨能力，但是并没有过多地去解答如何提升思辨能力。另外目前国内英语教学思辨能力的研究针对的对象多数是非英语专业学生，而针对英语专业学生的思辨能力研究比较匮乏。思辨能力的英文是“critical thinking”，主要是一种认知和情感的统一能力，包含评价、分析、推理三大技能。对英语专业的学生而言，思辨能力培养可以帮助提高批判性写作能力、阅读能力、演讲能力、辩论能力等；思辨能力的培养可以帮助改进被动学习、消极思考、学习效率低下等问题；思辨能力的培养可以全方面提高学生的综合英语运用能力。国外思辨能力的研究较多，普遍具有建设性和创新性。这可能跟国外的教学对思辨能力的培养和训练十分重视有关。首先国外研究中明确了思辨能力的定义，其次在这些研究中有说明如何去衡量思辨能力，再次这些研究中有很多介绍思辨能力培养方法和路径。

2 英语思辨教学现状

我国高等教育中的一个重要组成部分就是英语教学。我们现在英语专业教育比较侧重考试的重要性，实际英语应用的能力却一直较被忽视，随着国家注重素质教育的发展，思辨能力的教育也备受关注，但是很多问题依旧存在。目前英语专业教学对学生思辨能力培养还有很多不足。英语专业教学主要还是着力提高学生参加英语等级考试的能力，学习目标往往是让学生通过各种训练提高英语的听说读写译等技能。英语专业的学生很重视英语等级考试，例如大学英语四六级、英语专业四八级。因此很多学生非常刻苦地训练语言技能，习惯于单词记忆、语法练习和句型练习等，但是在语言学习过程中很少注意思辨能力的训练，因此很难掌握英语这门语言的综合应用能力。学生很多情况下英语阅读分析能力不强，口语交际能力不强，写作和演讲中逻辑思考能力不强。很常见的一种情况是在口语表达中，很多学英语专业的学生基本口语表达和生活中的简单对话都能应对自如，但是一遇到某个议题的讨论和演讲等情况就很难进行流利地表达，因为缺乏条理性和逻辑性。因此在英语教学中，英语教师应该要进一步提高对学生思辨能力的培养。在教学目标设置中既要充分考查学生的综合语言能力，也要考查和评估学生的思辨能力。在一门课的考试设置中，除了需要考查学生语言技能还应该要设置相关考查学生思辨能力的环节。

3 英语教学思辨能力培养模式构建

如何在英语教学中培养学生的思辨能力？教师应该在课程目标、教学方法、教学内容和评估考核等方面进行深层次的探索。教师努力在教学活动中为学生的思辨能力培养创造条件，学生努力在学习过程中提高语言能力和思辨能力。

3.1 课堂避免标准化

课堂教学不应该是一个标准化产品，即老师上课，学生听课，甚至是老师满堂灌。教师应该要让上课方式更加灵活：可以是翻转课堂，学生扮演老师的角色，充分理解学习内容并能表达观点；可以是讨论式教学，学生分组进行充分讨论。教室的布置也不是死板的，可以灵活移动位置，学生可以很方便地开展团队活动。学生跟老师之间可以随时随地进行交流，上课时间可以进行充分提问。教师创造条件，鼓励学生进行思考，鼓励学生勇于提问，鼓励学生发表自己的观点。另外教师应该多多听取学生对教师课堂教学的反馈和评价，同时进行相应的调整。学生在这样一个非标准化的课堂教学中能够有很多机会去独立思考，能够逐渐培养思辨能力。

3.2 课堂增加思辨能力训练

学生在课堂上要不断通过训练去提升思辨能力，学生逐渐掌握计划、分析、推断、评估等能力。另外教师应该要让学生充分发挥主观能动性，从情感上愿意接受思辨能力训练，而不是“被逼”训练。英语专业的学生应将英语作为一门语言和工具，帮助自身提高思辨能力。思辨能力可以作为一门逻辑课程，学生在语言学习中要逐渐培养这种能力。课堂教学要避免走入“重语言能力的训练、轻思维能力的培养”之误区。以英语专业的主干课程“综合英语”为例，课文所涉及的社会热点问题（如隐形贫困、天才教育等社会现象）应该让学生在课堂进行充分讨论，再结合自己的亲身经历，加强对文章主题的理解。该方法能有效改善学生在传统教学模式中的被动地位，让学生积极参与到课堂学习活动中，充分调动学生的学习积极性，以培养学生终身学习的能力。

3.3 课堂鼓励自主学习

以往教师在课堂上总是以知识的权威的身份出现，这样很多学生很难做到自愿、自主、独立学习。这种课堂与思辨能力的培养是格格不入的。课堂中教师应该充分调动学生自主学习的积极性，激发其学习动力。学生在学习的过程中要避免产生对教师授课的依赖性，真正自主思考问题。关于教学中的自主学习“授之以鱼，不如授之以渔”道出了传授知识与培养能力的方法。教师在教授学生知识的同时还要教授学生学习的方法，让学生能够在接下来的学习过程中做到自主学习。另外教师还要在课堂中为学生营造自主学习的环境。例如现在除了有很多网络学习平台，还有很多慕课、微课都是可以供学生去自主学习和参考的。学生还可以充分运用书籍、音视频等各种教学资源自主学习。例如很多课程都会设置读书报告，学生可以在教师引导下自主选择阅读某本书籍，阅读后撰写读书心得，还可以根据阅读的内容对故事结尾进行改写，充分发挥自己的想象力和创造力。教师作为引导者，在课前还要指导学生自主预习，设计几个问题让学生去查资料，然后要求学生列出回答问题的发言提纲，让学生多视角、多方位地思考问题，提高问题解决能力。

参考文献

[1] 程金贵. MOOC 背景下的高校英语教学发展对策研究 [D]. 北京：北京外国语大学，2017.

[2] 刘娟. 多模态话语分析与大学英语精读教学[J]. 才智，2011（8）：49-52.

[3] 隋晓冰. 网络环境下大雪英语课堂教学优化研究[D]. 上海：上海外国语大学，2013.

[4] 张苗苗. 多模态在大学英语教学中的应用调查[D]. 临汾：山西师范大学，2014.

[5] 张晓曼. 多元智能理论对高等学校教学改革的启示[J]. 世界华商经济年鉴 · 科学教育家，2008（8）：64-65.

基于网络直播的大学英语混合教学模式研究

杨云庆

（成都东软学院应用外语系 四川 成都 611844）

摘 要：由于新冠肺炎疫情的影响，全国很多高校选择了利用网络直播平台授课。如何在大学英语教学混合教学模式的基础上，充分发挥在线直播教学平台的优势，构建大学英语教学新模式，是现阶段大学英语教学需要探索和实践的。将在线直播与网上教学平台的海量资源相结合，构建新型大学英语混合教学模式，能为大学英语教学提供较为完善的解决方案，从而更好地促进疫情后大学英语线上线下教学发展。

关键词：网络直播；大学英语；混合教学模式

A Study of the Blended Teaching Pattern of College English Based on Webcast

Yang Yunqing

(Department of Applied Foreign Languages, Chengdu Neusoft University, Chengdu 611844)

Abstract: Many universities are adopting webcast to give lectures to students due to the epidemic of COVID-19. It should be explored and practised how the advantages of online teaching platform can be used to establish the newest teaching mode of college English teaching based on the blended teaching pattern. The combination of lives tream and the abundant resources of online teaching platforms will make it feasible to establish the newest blended teaching mode of college English, accordingly, offering impeccable solution to teaching of college English. Consequently, the online and classroom college English teaching will be developed better.

Keywords: webcast; college English; Blended Teaching Mode

1 引 言

2020年初，受新冠肺炎疫情影响，教育部发出“停课不停学”的号召，国内各大高校积极响应，部署开展线上教学，对于大学英语教学而言，为确保大学英语线上教学的正常开展，国内各高校充分利用线上海量的慕课资源以及在线课程教学资源，依托各级各类在线课程平台开展线上授课和线上学习等在线教学活动。借助各种平台打造一个行之有效的大学英语混合教学模式对于大学英语教师而言是非常重要的。

2 大学英语混合教学模式的可行性研究

混合式教学模式是将线上教学与传统课堂教学有机结合起来的一种新的教学模式，教师由教的角色变为指导，学生由被动变主动，学习活动更加丰富灵活，教学效果提升。传统课堂实践和

作者简介：杨云庆（1979—），女，汉族，籍贯重庆，副教授，硕士，研究方向为大学英语教学、语用学。

信息资源的限制严重影响了学生英语学习能力和应用能力的发展。而随着移动通信设备和互联网的普及，混合式教学以其效率高、时间与空间灵活度高等优点逐渐成为各大高校开展英语教学活动所运用的重要模式。混合教学模式源于20世纪八九十年代，它将传统教学模式与网络化教学结合起来，既发挥了教师的课堂组织、知识启发、纪律监督等作用，也集成了网络教学资源，发挥了学生的主观能动性和创造性，同时可以鼓励学习者开展自主学习。混合教学将面对面授课学习和网络学习有机结合起来。随着我国高校信息化建设的不断深入和完善，基于互联网的远程教育在各个大学也逐渐兴起。其在长期的运用过程中，进一步深化了以学生为本的素质教育改革理念，为推动现代教育的前进而做出贡献。混合式教学模式是课堂教学与网络教学的碰撞，是一种教学理念的深化和提升，有利于学生个性特点和自主学习能力的培养。

3 基于网络直播平台新型大学英语混合教学模式

网络直播平台众多，优势明显，大学英语教师可以根据自己教学需要从中选取适合本门课程的直播教学平台。

3.1 直播平台选择多样化

在当前阶段，直播平台众多，像腾讯课堂、腾讯会议、钉钉等多个平台都可以选择。他们都能提供较完善的在线直播服务，基于移动网络的在线直播已经成为现实。多数直播平台均提供了免费服务，大学英语教师可以按照教学计划有条不紊地进行教学，并通过网络直播进行授课和指导，学生也能够通过平台即时得到教师教学活动的安排等信息和获得指导、答疑等帮助。

3.2 直播授课帮助师生实现多种互动形式

直播课程中，教师可以通过直播平台的群点名、群签到、视频会议、邀请连麦等形式与学生进行交流，即时了解学生学习过程中的难点、需要获得的帮助和学习感悟。同时，教师在授课中可以运用公屏、弹幕，或者借助云班课、QQ群等平台组织学生讨论，形式丰富，能极大提高学生学习的积极性和参与活动的兴趣，教师也能同步进行讲解、指导和点评，提高学生学习效率。在传统的混合教学中，面授课堂包含了师生语言交互、肢体语言的交互和情感的交流，这些交互是现场的、实时的，教师可以根据学生的反馈及时调整教学。在直播授课的过程中，加强学习过程中的临场感和交互性，从而起到和课堂教学同样甚至是更好的效果。

3.3 在线课程“回放功能”赋予学生多次学习的机会

在线直播授课结束后，直播平台将教师授课内容保存在服务器上，错过直播的学生可以在任意时间重新观看视频进行复习，学生也可以对不清楚的知识点通过重复播放进行反复学习。教师可以通过回顾视频对在线授课的内容、授课方法不断进行改进，从而提高在线授课效率。学院可以有针对性汇总授课课程资源，对优秀课程建设内容进行储备。同时通过在教学中不断的征求学生的意见和建议，及时调整教学的内容和节奏，可以促进教学向更好的方向发展。

4 利用高校自身资源优势，创建基于网络直播的大学英语混合教学模式

以成都东软学院为例，我校大学英语教学一直有效运用外研社 Unipus 平台和云班课，学生可以利用网页端和手机端学习。以大学英语读写教程为例，在该平台中，有单词表、课文音频、背景信息等课前预习资源，也有详尽的课文解析、语法讲解和课后练习，与课本教学内容完全同步。视听说教程中也含有丰富的音频、视频资源，课程设计也与听说课本高度同步。教师通过钉钉平台直播，学生通过U校园完成预习和自主学习，云班课实现对学生考勤、布置作业和测试。因此，在疫情这样的特殊时期，无论学生是否返校上课，

大学英语教师们都可以高效地开展教学活动，学生也都能很好地进行学习。

在教学过程中，教学设计以任务为导向，以学生自主学习为主，教师的讲解为辅。教师将在线学习任务细化，把自学任务单提前发放给学生，让学生利用 Unipus 平台对单元背景知识、生词、课文解析等要点进行预习和理解。学生则需要按照教师教学任务安排和设置好的时间节点完成 U 校园和云班课上的自主学习、作业和测试。借助钉钉、腾讯会议等直播平台以及学校完善的 UNIPUS 平台，教师开展直播授课，通过在线讲解、互动讨论、连麦、微信语音等多种方式与学生互动、检测学生学习情况，对薄弱知识点进行及时巩固。同时，教师还通过 UNIPUS 对学生学习的后台数据有详细的分析和监控，对数据呈现出的重点和难点进行重点讲授，确保学生能够牢固掌握知识。大学英语教学还可以结合各个专业的需求，指导学生在国内众多的慕课资源中学习自己感兴趣的课程，将专业学习与英语课程进行有机结合，教师可以利用直播平台组织学生学习和分享。

通过实践，上述基于直播的混合教学模式对大学英语教学起到了积极作用，确保了学生通过网络也可以开展有效学习活动，这为后续的线上线下教学打下了坚实的基础。

5 结 语

“教学有法，教无定法，重在得法，贵创新法”，借助网络直播平台并依托优质在线教学资源，是高校开展大学英语教学活动的一个有效途径，这是对高校大学英语教师综合教学能力的一个考验。我们应当在前期大学英语教学改革的基础之上，充分发挥基于网络直播平台的混合教学模式的优势，不断探索网络直播平台的新型混合教学模式。在大学英语的教与学过程中将传统课堂结合在线课程，通过适合于现实的教育模式来促进英语学习，在新的教学模式下实现学生综合发展的目标。

参考文献

[1] 黄德群. 基于高校网络教学平台的混合学习模式应用研究[J]. 远程教育杂志，2013，31（3）：64-70.

[2] 赖春彩. 基于微信平台的大学英语教学模式研究[J]. 淮南职业技术学院学报，2020，20（2）：85-86.

[3] 刘思思. 基于慕课的专门用途英语混合式教学模式研究[J]. 海外英语. 2020（9）：50-51.

[4] 王琳. 基于课堂派网络教学平台的大学英语混合式教学模式探究[J]. 英语教师，2019（19）：72-75.

[5] 吴君. 基于微信的交互式大学英语混合学习模式构建与应用[J]. 教学研究，2019（6）：16-21.

[6] 许利平. 高校英语教学中翻转课堂教学模式研究[J]. 智库时代，2019（50）：210-211.

[7] 杨娜. 基于多媒体和网络环境下大学英语教学模式研究[J]. 校园英语，2017（33）：41.

[8] 于歆杰. 论混合式教学的六大关系[J]. 中国大学教学，2019（5）：14-18.

都江堰智慧旅游产业建设实施策略研究

孟 雯

（成都东软学院应用外语系 四川 成都 611844）

摘 要： 都江堰立足本地资源优势，借助大数据、云计算、物联网等新兴技术，重点推进智慧旅游发展，全力构建智慧旅游城市，未来将围绕成都市建设世界文化名城的目标，落实全域旅游发展理念，利用智慧旅游技术加强旅游产业的带动效应，努力把成都建成具有国际影响力的旅游目的地城市。

关键词： 智慧旅游；旅游产业；文化名城

The Study on Construction and Implementation Strategy of DuJiangYan's Smart Tourism Industry

Meng Wen

(Department of Applied Foreign Languages, Chengdu Neusoft University, Chengdu 611844)

Abstract: Based on the advantages of local resources, Dujiangyan focuses on promoting the development of smart tourism with the help of emerging technologies such as big data, cloud computing, and the Internet of things, and strive to build a smart tourism city. In the future, Dujiangyan will focus on Chengdu's goal of building a world-renowned cultural city and implement the concept of all-for-one tourism development. Dujiangyan will use smart tourism technology to strengthen the driving effect of tourism industry and strive to build Chengdu into a tourist destination city with international influence.

Keywords: smart tourism; tourism industry; world-renowned cultural city

1 引 言

目前是成都加快建设国家创新型城市的关键时期，作为国际知名的旅游城市和三圈层区域的重要组成部分，都江堰产业发展必须紧紧把握国际国内经济发展形势，牢牢抓住战略机遇和重要契机，立足现有基础，将本区域的比较优势切实转化为产业发展的竞争优势，实现跨越发展。

当前国际经济和产业发展环境发生了深刻变化，科学技术迅猛发展，以云计算、大数据、移动互联网、3D 打印等为代表的新兴产业发展不断加快，快速向传统产业渗透，不断优化知识、信息与管理等生产要素的资源配置，从技术层面助推其他产业劳动生产率及资本应用效率的提高，加快区域产业融合式发展。新兴技术的蓬勃涌现，为都江堰产业转型升级、壮大现代服务业支撑智慧旅游产业，提供了难得的市场机遇与强大的技术支撑。金融危机刺激了新一轮科技变革，促进了国际产业分工新变化，导致后危机时代全球产业结构快速重组。

在此情况下，创新型国家建设全面推进，积极促进发展方式转型日益成为推动产业发展的重要内容。都江堰依托丰富的旅游资源，逐步利用现代的创新技术可以吸纳创新资源不断聚集，同时现代服务业的广泛辐射也为市域区县联动共赢发展创造了合作基础。

作者简介： 孟雯（1985—），硕士，讲师，主要研究方向为对外汉语教育、旅游管理。

都江堰依托丰富的旅游资源、文化资源，不断整合创新要素，长期关注现代服务业，将区域发展规划布局与产业布局相结合，稳步推进区域交通基础设施建设和商务配套工作，为区域产业发展提供布局合理、发展广阔的物理空间；加大力度发展电子商务和软件信息产业，通过建立一批更有示范性、创新性的载体和平台，成为支撑现代服务业，尤其是促进智慧旅游产业发展的核心共性技术研发和转移的重要基地，加快文化、旅游、科技与经济的深度融合，成为促进区域创新发展的引领阵地。

2 都江堰智慧旅游产业建设的意义

目前，成都市委市政府将调整产业结构和转变经济发展方式作为实现西部经济发展核心增长极的重要途径，特别强调区域产业化发展与竞合发展态势。都江堰市以打造成都市高端人群聚居地、四川高端产业汇聚地和西部高端旅游集中地为目标，坚持以全球化视野、国际化水准，实施以大力发展现代服务业和国际特色旅游产业为核心的产业结构调整战略，以创新服务旅游经济作为大力推动产业集约化、集聚化、高端化的重要发展模式，优先发展服务业带动经济转型发展。针对三圈层产业转型升级发展的要求，需要充分发挥科技创新引领作用，通过建设创新智慧旅游产业示范区，加快整合科技资源要素向都江堰聚集，全面提升自主创新能力，促进旅游、文化、科技和经济融合创新，加快促进经济发展方式转变，进一步提升旅游产业的集约化、规模化和高端化发展。

党的十八大明确提出要实施创新驱动发展战略，从发达国家和我国沿海发达地区的发展经验来看，利用科技创新支撑引领区域经济发展已经是一个趋势。要实现都江堰旅游核心产业的发展壮大，经济持续健康发展，必须依靠科技创新来提高现代服务业的核心竞争力，而科技创新服务平台建设是创新驱动发展战略的重要实践手段。创新智慧旅游产业示范区将当代先进技术作为核心，围绕旅游涉及现代服务业各相关领域，依托科技创新服务载体建设，努力打造以电子商务和现代服务业支撑的创新发展的示范区，主要承担旅游、文化、科技和经济融合发展、资源信息汇聚、产业提档升级等若干方面的功能，依托科技创新不断助推产业高端化发展，有效整合聚集高端产业，全面落实、实践创新驱动发展战略。

3 都江堰智慧旅游产业建设的基础条件

都江堰市围绕大青城旅游核心区和龙门山旅游综合枢纽，全力推进景区精品化、品牌聚集化和管理现代化，加快建设国际旅游城市。初步完成青城山、龙池、虹口游客中心等旅游服务体系和旅游基础设施建设，打造了青城泰安、紫坪铺沙湾等旅游特色村，荣获四川省乡村旅游示范市。连续五年成功举办中国道教文化节等国际节庆活动，成功推出大型实景演出《道解都江堰》和大型原创多媒体音乐剧《青城》，以青城山-都江堰景区为背景的网络游戏《青城》已完成封测。建成“天和盛世”“中国水街”“壹街区”等特色街区，以及青城豪生国际五星级酒店，国际旅游发展水平进一步提升。

都江堰长期致力于支撑旅游产业的现代服务业的发展，尤其注重以电子信息为主的电子商务和信息服务发展。都江堰已初步形成了“青城山软件产业基地”的品牌优势，具有国内外影响力的大型软件及服务外包企业不断入驻，成都动漫乐园、青城山软件园、南京新城泰达青城研发社区、青城山-都江堰旅游电子商务平台等重点载体逐步推进，重点发展服务外包、信息安全和以动漫、游戏为主的数字内容、文化创意等信息服务业，文化创意、电子信息、服务外包等现代服务业加快发展，被确定为“成都市重点服务外包示范区”，科技创新支撑智慧旅游产业发展基础日益牢固。

都江堰围绕旅游产业重点发展会展业、总部经济和运动健康产业。都江堰立足传统文化与旅游资源优势，积极申办、承办国际性、国家级高端会议，策划和打造各类高峰论坛，提升都江堰清明放水节、青城山道教文化节等国际化品牌节庆影响力；充分发挥生态环境的优势和世界遗产地的品牌优势，借助成都中心城区辐射，积极培育发展总部经济，培植和引进国内外现代集约环保型产业、高新技术产业、现代服务业等类型企业；紧密结合旅游度假产业的蓬勃发展，着力发展生态养生、康复疗养、体育健身等运动健康产业，将都江堰打造成为国内知名的运动健康产业基地。

4 都江堰智慧旅游产业的发展思路

创新智慧旅游产业建设将促进都江堰进一步坚持以全球化视野、国际化水准，修订完善城市总体规划和编制与国际旅游城市相匹配的现代产业发展规划，加快形成以创新发展、转型升级为核心的旅游业、服务业、农业等系列产业规划政策，构建并完善具有都江堰特色的产业体系，以科学的区划管理，形成资源要素的统一配置，激发聚集效应产生的城市发展活力，为打造“好山好水好风景，宜居宜业宜休憩”的国际旅游城市提供保障。

促进传统服务业向现代服务业转型，着力打造一批中心商务、特色街区，着力构建品质化现代商业网络。大力发展以商业演艺、文化传播、影视后期制作、婚纱摄影、动漫设计等为主体的文化创意业。积极扶持软件业，鼓励企业自主创新、自主研发，开发一批具有自主知识产权的嵌入式软件产品和行业应用软件精品。培育壮大总部经济，尽快打造良好的发展环境、配套完善的政策框架、提供优质的服务配套，集中引进和培育资本运营型、文化创意型、科技导向型、现代商贸型、注册经济等总部企业和企业总部，造就推动市域经济跃升的核心动力源。

突破圈层思维，抢抓成都打造“七大卫星城”的重大机遇，充分发挥本市优越生态本底，引进一批、培育一批、壮大一批有利于经济提振，城市品质提升的产业化项目。变被动接受中心城区淘汰低端项目为主动招引优质高端项目，形成项目优化、产业优质的格局。加强国际城市合作，努力引进国际机构入驻。积极引进国外资本管理与国际旅游知名企业，积极开拓国际旅游市场，打造旅游国际化品牌。

参考文献

[1] 张秀英. 信息生态视角下智慧旅游构建与发展路径研究[J]. 经济问题，2018(5)：76-79.
[2] 张凌云，黎巎，刘敏. 智慧旅游的基本概念与理论体系[J]. 旅游学刊，2015(4)：63-66.
[3] 金卫东，智慧旅游与旅游公共服务体系建设[J]. 旅游学刊，2016（7）：101-103.

基于专业统一化建设的市场营销专业课程体系设计

赵　鑫

（成都东软学院商务管理系　四川　成都　611844）

摘　要：东软教育科技集团为实现旗下三所大学在中国应用型大学中的领先地位，于 2020 年开始推进旗下三所高校的专业统一化建设。在此背景下，本文通过比较成都东软学院与广州东软学院市场营销专业的异同，经过与集团另外两所高校市场营销专业老师的沟通，从学科及专业基础课、专业必修课、专业选修课、专业项目四个方面对 2020 级市场营销专业课程体系进行设计，并对统一化建设提出初步构想。

关键词：一体化建设；市场营销专业；课程体系

Curriculum System Design of Marketing Major Based on Unified Construction

Zhao Xin

(Department of Business Management, Chengdu Neusoft University, Chengdu 611844)

Abstract: In order to realize the leading position of the three universities in China's application-oriented universities, Neusoft Education Technology Group began to promote the professional unified construction of its universities in 2020. Under this background, this paper compares the similarities and differences of marketing major between Chengdu Neusoft University and Guangzhou Neusoft University. Through the communication with marketing teachers of the other two universities of Neusoft, this paper designs the curriculum system of 2020 marketing major from four aspects: discipline and major basic courses, compulsory courses, elective courses, marketing major projects, and puts forward preliminary ideas for the unified construction.

Keywords: unified construction; marketing major; curriculum system design

1　引　言

东软教育科技集团依托东软雄厚的产业基因和技术资源优势，在大连、成都、佛山三地以全新的体制机制，建立了大连东软信息学院、成都东软学院、广东东软学院三所应用型本科高校（下文简称为大连东软、成都东软及广东东软）。

东软以“教育创造学生价值”为使命，创造性地提出并实施了 TOPCARES 一体化人才培养模式，在三校中实施统一的教育教学理念、方法、模式、体系、标准。为进一步推进三校专业建设，实现三所大学在中国应用型大学中的领先地位，2020 年东软成立了计算机与软件类专业委员会、信息与商务管理类专业委员会等 6 个专业委员会，着力进行三校专业统一化建设。本文在此背景下对信息与商务管理类专业委员会市场营销专业统一化建设进行探讨与研究。因大连东软市场营销专业目前已停招，因此本文着重对成都东软

作者简介：赵鑫（1984—），女，汉族，籍贯山东，副教授，硕士，研究方向为市场营销、电子商务。

及广东东软市场营销专业统一化建设中的课程体系建设进行分析。

2 两校市场营销专业比较

2.1 两校市场营销专业的共性

在办学基础方面，成都东软及广东东软均是在多年专科办学基础上成功申报市场营销本科专业，开展本科教学工作的。在专业特色方面，两校均以集团信息院校为依托，以“大数据精准营销”专业特色为建设方向和目标。在师资配备方面，目前广东东软市场营销专业教师为 8 人，成都东软为 9 人，副高级职称或博士教师都为 3 人，职称结构相近，目前均无正高级职称教师。

2.2 两校市场营销专业的差异

在办学时间及招生规模方面，成都东软市场营销专业本科从 2018 年开始招生，当前还未有毕业生，在校生人数为本科 2018 级 60 人，2019 级 62 人，2020 级正在报到入学手续办理中。广东东软本科则从 2016 年开始招生，2020 年第一批毕业生就业率在管理类专业中名列前茅，目前每年招生人数为 120 ~ 140 人。

在专业特色方面，双方分别结合当地市场需求，发展各自的独有的专业特色，广东东软为国际贸易与国际市场开发的专业特色，成都东软为网络营销的专业特色。

在学分设置及课程体系方面，成都东软 2018 级学分为 175.5，2019 级为 178.5；广东东软 2016 级和 2017 级学分为 173，2018、2019 级修改为 160 学分。由于所采用的模板不一，课程体系模块设置存在一定的差异性。

3 市场营销专业统一化建设基本思路

市场营销专业统一化建设当前正在实施过程当中，整个建设过程首先是对三校办学条件及人才培养方案进行对比找出异同，通过专业建设委员会召开研讨会等方式对专业统一化建设进行探讨并提出统一建设计划，按照计划在人才培养方案、课程体系建设、教材建设、师资队伍建设、专业建设、实验室建设等方面逐步实现统一化，并从 2020 级开始实施执行专业统一化建设实施方案，通过教学过程中的反馈及信息收集，对专业统一化建设方案进行检查，总结成果及需要改进的地方形成书面报告，在下一个阶段如 2021 级的专业统一化建设中做进一步的调整，如此形成一个逐渐提升的循环式改革。详见图 1。

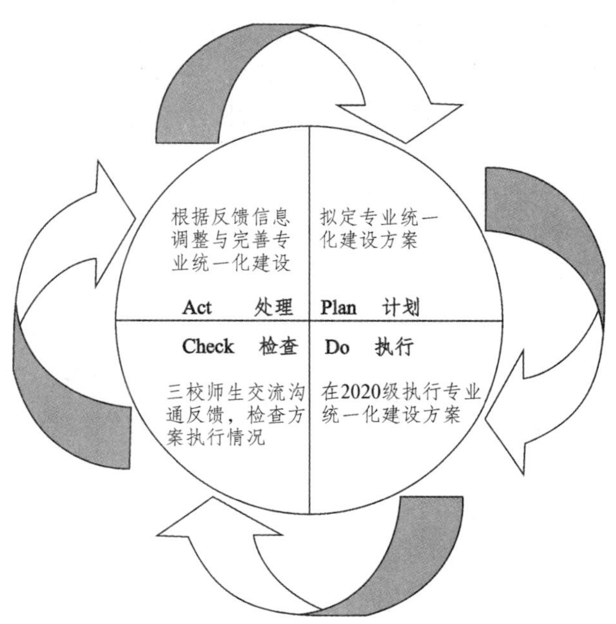

图 1 市场营销专业统一化建设思路

4 基于专业统一化建设的市场营销专业课程体系设计

当前市场营销专业统一化建设正处于第一个计划阶段，经过三校市场营销专业建设委员会的研讨，通过对三校市场营销专业 2019 级人才培养方案进行对比与讨论，决定从学科及专业基础课、专业必修课、专业选修课、专业项目四个方面对 2020 级市场营销专业课程体系进行统一化建设，在保证专业特色的前提下，尽最大可能实现统一，具体如下：

4.1 学科及专业基础课统一化建设

对比三校的 2019 级市场营销专业人才培养

方案，在学科及专业基础课版块，大连东软有 7 门学科基础课、3 门专业基础课，共计 21 学分、336 学时；成都东软有 7 门学科基础课、4 门学科拓展课，共计 28 学分、448 学时；广东东软仅有 5 门学科基础课，共计 12 学分、192 学时。三校在学科及专业基础课方面差异较大，三校在学科及专业基础课方面异同如下：大连东软将课程分为学科基础课和专业基础课，成都东软将课程分为学科基础课和学科拓展课，广东东软仅有学科基础课；三校均开设经济学、管理学、统计学、会计学，但在课程名称、学时、学分上有差异；大连东软及成都东软均开设专业导引课程；大连东软及广东东软开设有市场营销学，该课程成都东软开设为专业必修课；大连东软的数据库原理与应用、平面设计基础其他两校未开设；成都东软的数据分析与处理、商务英语其他两校未开设；成都东软的国际贸易实务、商务礼仪与谈判、经济法其他两校在名称学时学分上有差异且未开设在学科基础课及专业基础课版块。

经过三校沟通协商，结合专业调研及各校当地经济发展状况，初步拟定将 2020 级市场营销专业学科及专业基础课进行统一协调，除了成都东软学院多出全校统一开设的大学生计算机基础课程外，其余所有课程两校实现了课程名称、学时、学分统一，开课学期有个别差异，具体见表 1。

表 1　市场营销专业学科及专业基础课课程体系

序号	成都东软学院							广东东软学院						
	课程名称	学分	总学时	理论学时	实践学时	实验学时	开课学期	课程名称	学分	总学时	理论学时	实践学时	实验学时	开课学期
1	管理学	2	32	28	4		1	管理学	2	32	28	4		1
2	会计学基础	2	32	32			2	会计学基础	2	32	32			2
3	经济学基础	2	32	32			2	经济学基础	2	32	32			1
4	市场营销学	2	32	32			2	市场营销学	2	32	32			1
5	数据库原理与应用	2	32	32			4	数据库原理与应用	2	32	32			4
6	管理统计学	3	48	40	8		4	管理统计学	3	48	40	8		4
7	消费者行为学	2	32	32			2	消费者行为学	2	32	32			2
8	专业导引与职涯规划（市场营销专业）	1	16		16		1	专业导引与职涯规划（市场营销专业）	1	16		16		1
9	大学生计算机基础	2	32	26	6		1	-	-	-	-	-	-	-
合计	-	18	288	254	34	-	-	-	16	256	228	28	-	-

4.2　专业必修课统一化建设

通过沟通总结，三校 2019 级市场营销专业必修课程均为 11 门，数量上三校一致，但在学时学分及个别课程上存在差异，其中大连东软共计 29 学分、464 学时，成都东软共计 32 学分、512 学时，广东东软共计 25 学分、400 学时。在课程开设方面，大部分课程三校均有开设只是课程名称、学时学分有一定的差异，但各校均有一门根据本校特色所开设的课程，大连东软为网页设计与制作，成都东软为企业经营模拟沙盘实训，广东东软为营销管理决策模拟、商务谈判与推销技巧。

经过调查与沟通，初步拟定国际营销、大数据营销等10门课程完全一致；销售管理课程开课学期一致，成都东软与大连东软保持学时学分一致，广东东软则降至2学分、32学时；成都东软保留特色课程企业经营模拟沙盘实训，广东东软保留营销管理决策模拟、商务谈判与推销技巧，两校将大连东软的网页设计与制作调整至专业选修课中。具体见表2。

表2 市场营销专业必修课课程体系

序号	成都东软学院							广东东软学院						
	课程名称	学分	总学时	理论学时	实践学时	实验学时	开课学期	课程名称	学分	总学时	理论学时	实践学时	实验学时	开课学期
1	国际营销	2	32	32			7	国际营销	2	32	32			7
2	广告理论与实务	3	48	40	8		7	广告理论与实务	3	48	40	8		7
3	客户关系管理	3	48	40	8		8	客户关系管理	3	48	40	8		8
4	品牌管理	2	32	32			4	品牌管理	2	32	32			4
5	营销渠道管理	2	32	32			7	营销渠道管理	2	32	32			7
6	市场调查	2	32	32			4	市场调查	2	32	32			4
7	网络营销	3	48	36	12		5	网络营销	3	48	36	12		5
8	国际贸易理论与实务	3	48	32		16	7	国际贸易理论与实务	3	48	32		16	7
9	营销策划	2	32	16	16		8	营销策划	2	32	16	16		8
10	大数据营销	3	48	48			5	大数据营销	3	48	48			5
11	销售管理	3	48	32	16		8	销售管理	2	32	26	6		8
12	企业经营模拟沙盘实训	2	32			32	5	营销管理决策模拟	2	32			32	7
13	-	-	-	-	-	-	-	商务谈判与推销技巧	2	32	26	6		5
合计	-	30	480	372	60	48	-	-	31	496	392	56	48	-

4.3 专业选修课统一化建设

在专业选修课方面，成都东软和广东东软基本上保持一致，均要修到24学分、384学时，两校一致的专业选修课主要有市场营销专业英语、行为经济学、新媒体营销、大数据采集、移动电子商务、商业数据分析、连锁经营管理、公共关系管理、人力资源管理、组织行为学、知识产权保护、经济法、服务营销、平面设计基础、网页设计与制作、跨境电子商务、商务礼仪等。

两校将大连东软的平面设计基础、网页设计与制作调整至选修课模块，同时广东为了突出国际贸易与国际市场开发特色，比成都东软多开设了外贸单证及国际支付与结算两门课程，成都东软则是鉴于学科基础课中经济学基础课时较少，为提升学生考研及公务员公招考试的理论基础知识量增设了宏观经济学作为专业选修课。

4.4 专业项目统一化建设

成都东软与广东东软 2019 级市场营销专业在小学期和综合实训的设置上比较类似。因此经过沟通双方就专业项目名称及细节进行统一。具体见表 3。

表 3 市场营销专业项目课程体系

序号	课程名称	学分	总学时	理论学时	实践学时	实验学时	开课学期
1	营销员认知项目实训	4	80	-	80		3
2	市场调研项目实训	4	80	-	80		6
3	营销策划项目实训	4	80	-	80		9
4	营销管理综合实训	10	200	-	200		11
合计	-	22	440	-	440		-

5 结束语

东软三校专业统一化建设目前处于 PDCA（Plan 计划、Do 实施、Check 检查、Action 实施）环节的计划与实施阶段，当前 2020 级市场营销专业第 1 学期教学计划已按照统一化建设方案开始实施与执行，在后续的统一化建设中，还需要注意以下几点：

（1）在 2020 级市场营销专业课程体系统一化建设的实施过程中，要加强与学生、授课教师的沟通，及时获取反馈信息；

（2）加强三校的专业建设委员会成员之间的沟通，根据获取的反馈信息，及时在下一届专业一体化建设的人才培养方案中对课程体系进行修订与完善；

（3）将课程体系统一化建设的经验，逐步推广到教材、师资队伍、专业、实验室等方面的统一化建设。

参考文献

[1] 李文涛，孙雨耕. 实践育人：应用型本科院校电子商务专业实践课程体系构建策略的再思考[J]. 中国职业技术教育，2020（2）：38-48.

[2] 刘晓芬，陈法杰. “互联网+”背景下市场营销专业人才培养课程体系创新研究[J]. 中国多媒体与网络教学学报，2019（11）：121-122.

[3] 毕再丽，孟艳辉. 应用型本科市场营销专业课程体系构建研究[J]. 现代营销（经营版），2019（4）：233.

[4] 郭玉冰，李敏. 高校市场营销专业实践教学课程体系改革与探索——以太原科技大学实践教学改革为例[J]. 教育观察，2019（4）：92-94.

[5] 刘新颖. 应用型本科财务管理专业课程体系之建设——基于 AOL 视角[J]. 财会月刊，2016（24）：124-125.

面向留学生的市场营销学线上教学初探

杨航月

（成都东软学院商务管理系 四川 成都 611844）

摘　要： 随着受新冠疫情的影响，全球高校的课堂教学经受了严峻的考验。传统的线下教学在封闭的课堂中进行，师生之间密切接触，面对面和多人聚集的教学方式不利于疫情的防控。因此，国家鼓励倡导高校进行线上教学。这篇文章旨在初步探索针对留学生的市场营销学在疫情期间的首次线上教学中的经验与不足之处。文章的研究内容包括留学生市场营销学线上课程与线下课程的内容比较，留学生对线上教学的接受程度，以及线上教学的实施效果等方面。

关键词： 留学生课程；线上教学；市场营销学

A Primary Exploration of Online teaching of Marketing for International Students

Yang Hangyue

(Department of Business Management, Chengdu Neusoft University, Chengdu 611844)

Abstract: Due to the epidemic of COVID-19, classroom teaching in global universities has been severely tested. Traditional offline teaching in the class is carried out in a closed classroom, with people gathering and face-to-face contact between teachers and students, which is bad for epidemic prevention and control. Therefore, the State encourages and advocates online teaching in colleges and universities. The purpose of this paper is to explore the good experience and shortcomings of online teaching of marketing for foreign students during the epidemic period. The research content of this paper includes the content comparison between online and offline courses of marketing, the acceptance of online teaching by foreign students, and the implementation effect of online teaching.

Keywords: course for international students; online studying; marketing

1　引　言

新冠病毒正在人类文明中留下它的印记，随着 2019 年新型冠状病毒首次被发现，到 2020 年春季的爆发蔓延，人类生活在方方面面都经受着一定的影响。就国内教育而言，疫情的出现客观上促进了基于互联网的线上教育的飞跃发展。高等教育作为教育行业中的重要一环，也在疫情影响下遽然改变。

教育部在 2020 年 2 月 5 日印发了《关于在疫情防控期间做好普通高等学校在线教学组织与管理工作的指导意见》，要求采取政府主导、高校主体、社会参与的方式，共同实施并保障高校在疫情防控期间的在线教学。全国高校在国家的倡导下，开展了“停课不停教、停课不停学”的活动，既保证了师生在家隔离，避免被病毒感染，又让教学得以顺利进行。此次线上教学的实施规模是空前的，全国各大高校以及各个专业、各门学科、各个教师都参与了线上教学。成都东软学院的留学生课程也在此行列。

作者简介： 杨航月（1993—），女，汉族，籍贯四川，硕士，研究方向为市场营销。

本文在已有的较为缺乏的针对留学生在中国高校的市场营销学学科教学研究基础上，利用实际的成都东软学院留学生市场营销学的教学案例，对留学生线上教学的教学方法、教学效果、学生接受程度等进行了探索与思考。

2 文献综述

国外关于留学生教学的研究以文化研究为主，观照了留学生的心理健康、跨文化教学和文化冲突等方面。除此之外，英国牛津布鲁克斯大学的裴德·瑞安（Jude Ryan）和澳大利亚莫纳什大学的珍妮特·卡罗尔（Janette Carroll）对留学生课堂教学方法的探讨影响较为深远，为国际留学生教学提供了多种可实践性教学方法，也为该领域后来的研究者提供了思路。其他相关研究有聚焦于留学生“教室”的场景教学研究、有具体的国别教学方法研究，更有针对留学生的语言掌握程度与学习情况相关性的研究。国内面向留学生的课堂教学方法研究也有了一定发展。如 PBL 教学法在人体解剖学等学科中的应用、“新生研讨课”教学方法的构建，全英文教学方法探讨，以及“趋同教学管理”等教学方法的改革研究等。但国内留学生教学多集中在医学领域，相关研究也以医学学科为主。

尽管国内外的学者对留学生教学方法的研究已走出了一段路途，然而具体到来华留学生、市场营销学留学生的教学方法探讨却依然处于匮乏状态。查冬兰的《多元文化背景下市场营销留学生教学的实践与探索》从多元文化背景出发，分析了面向留学生的市场营销学教学特点和存在的困难，提出了多种提高留学生教学质量的思路，是此方向研究的先行者。总体而言，针对留学生市场营销学教学方面的相关研究较为缺乏。

3 成都东软学院留学生教学现状

成都东软学院是经教育部批准设立的一所民办普通高等院校，为社会培养应用型技术人才。随着办学实力的增强，成都东软学院留学生数量逐年增加，留学生课程的开设也已有了一段历程，但还处于探索阶段。随着留学生的增多，学生对教学质量的满意度，尤其是对课程学习的获得感和课堂参与的满意度却并不高。在留学生教学方面，由于来自各个国家的留学生有着不同的文化背景和习惯，教学不可避免存在一定的问题，包括师生沟通、课堂纪律、作业习惯、考核方式等。对留学生的培养目标最终是落实在课程教学上，要提升东软学院留学生的教育质量，增强学院国际化教学水平，合适的教学内容、国际化的课程设置和可实践的教学手段是关键。

针对留学生开设的市场营销学课程在新冠肺炎疫情爆发之前为传统的单一的线下教学，采取以老师小班教学全英文讲授为主，学生听课并进行课后作业的教学模式，课程考核分为平时成绩和期末闭卷考试成绩。总体而言，相较国际留学生教学，此种教学模式较为传统和保守，对提高学生学习主动性和积极性帮助不大。

4 留学生市场营销学线上教学特点

4.1 教学内容

由于新冠肺炎疫情的影响，成都东软学院留学生 2019—2020 学年第二学期的市场营销学课程采取了线上教学的创新模式。该课程的线上教学主要内容分为基础知识与技能提升两部分。在基础知识的讲授部分，主要选用菲利普·科特勒的《市场营销原理》为基础教材，向学生讲授市场营销学的基本理论和原理，以及基础技巧。基础知识的讲授是理论为主，实践为辅。首先让学生掌握该门学科的必备知识，并了解大量经典市场营销案例。其次，让学生在课下完成文献阅读和课后作业，将理论知识化为己用。

在技能提升部分，学生需独立完成属于自己的市场营销实践。该实践分为市场营销项目策划与实施。学生在课程学习期间，根据所学基础理论知识，完成一份营销策划，并以策划书的形式呈现。通过撰写营销策划方案，学生的逻辑能力与规划能力得到了很好的锻炼。为了提升学生的专业技能，对留学生营销策划的引导注重可行性，要求学生落实营销方案。

4.2 教学手段

传统的教学手段主要为口头传授、板书、教

材和多媒体网络技术等，留学生的线上教学因远离教室环境，故抛弃了传统板书和多媒体教室，转为引入基于互联网的线上录播慕课、网络直播交流讨论、社交网络平台答疑研讨等形式，全方位地为学生营造沉浸式、自助式的学习环境。

线上录播的慕课形式以学生自学为主，教师更多的是起到组织、监督和课后辅导的作用。以教师讲授为主的传统线下授课形式无法满足来自不同文化背景和不同语言水平的学生的需要。因此，经过教师精心准备的录播课为学生提供了新的可能。语言水平较低的学生可以通过反复播放教学视频进行复习，而对知识容量需求更高的学生可以快速学习教师精心准备的课堂内容后更多地进行课后实践。网络直播交流讨论和社交网络平台的辅助教学也是线上教学的创新之举。线上交流打破了时空局限，使得处于不同时区的学生都可以与老师进行交流，随时进行答疑和讨论。多种网络教学形式的结合使得教师与学生的互动性提高，学生的参与感增强。

4.3 考核方式

面向留学生的市场营销学课程采取项目考核的方式，替代了传统的闭卷考试。项目考核的内容为市场营销策划与实施，主要考验学生的实践能力与应用能力，给予学生充分的自主空间，让学生得以以各自知识背景和文化背景为基础进行实践，在不断帮助学生修改营销策划方案、改进营销模式的过程中提升能力，避免了一刀切、一次定成绩的考试弊端。

5 教学效果与留学生对线上教学的接受程度

尽管线上教学有诸多好处，但学生依然对线上授课提出了许多问题。根据问卷调查统计显示，54.5%的学生认为线上教学的有效性低于线下教学，更倾向于恢复线下教学；仅 18.2%的学生认为线上教学为其提供更便捷的学习渠道。值得一提的是，也有 18.2%的学生认为线上与线下结合的学习形式更为有效。

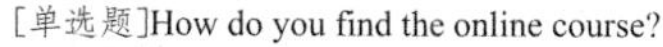

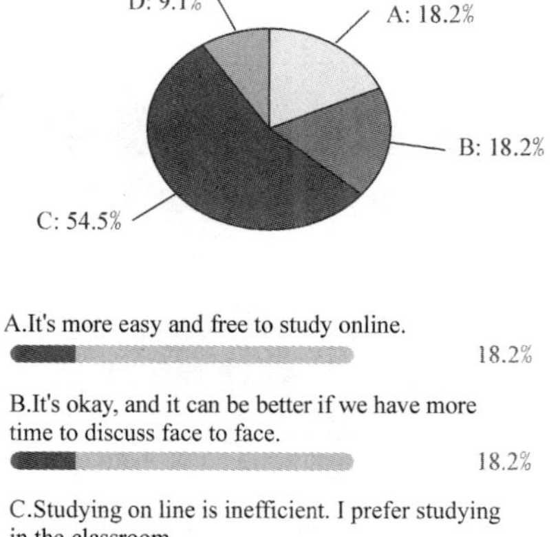

图 1 留学生对线上教学的接受程度

6 结 语

综上所述，线上教学对于留学生的市场营销课程来说是疫情期间的一次勇敢尝试。它为实现“停课不停学”的目标提供了坚实的保障，让全国师生在疫情期间得以继续正常教学。而针对留学生的市场营销学科教学，在将来的正常教学过程中，或可采用线上与线下相结合的形式，既保证了学生线下学习与老师的面对面有效互动，也能兼顾线上教学的自由和高效。

参考文献

[1] CARROLL JUDE, RYAN JANETTE. Teaching international students[J]. British journal of educational technology, 2006(6): 973-990.

[2] 李艳红，宁聪华，孟存仁，胡振飞，朱有森. 以微信结合 PBL 教学法提高来华留学生教学质量的探讨[J]. 中国继续医学教育，2020（22）：15-17.

[3] 查冬兰. 多元文化背景下市场营销留学生教学的实践与探索[J]. 科教导刊（中旬刊），2012（3）：94-96.

[4] 杨海军，张惠萍，程鹏. 新冠肺炎疫情期间高校在线教学探析[J]. 中国多媒体与网络教学学报，2020（4）：194-196.

[5] 付卫东，周洪宇. 新冠肺炎疫情给我国在线教育带来的挑战及应对策略[J]. 河北师范大学学报（教育科学版），2020（2）：14-18.

民办高校贫困新生心理健康状况调研及对策

肖 俏 杨 俊

（成都东软学院心理中心 四川 成都 611844）

摘 要：为探究民办高校贫困新生的心理健康状况，为提高其心理健康水平提供科学依据，笔者以成都东软学院为例，采用症状自评量表（SCL-90）对该校 2019 级新生进行问卷调查。研究结果显示，贫困新生的心理健康状况劣于非贫困新生，且贫困新生的心理健康状况存在性别、家庭气氛、父母教养方式和专业满意度差异。因此，提高民办高校贫困新生心理健康水平可以从学校和家庭两方面入手，以达到事半功倍的效果。

关键词：民办高校；贫困新生；心理健康状况

Investigation and Countermeasures of Psychological Health of Poor Freshmen in Private Universities

Xiao Qiao Yang Jun

(Mental Health Center, Chengdu Neusoft University, Chengdu 611844)

Abstract: To provide a scientific basis for exploring the mental health status of poor freshmen in private colleges and universities and improving their mental health, taking Chengdu Neusoft University as an example, a questionnaire survey was conducted on 2019 freshmen of the school using the Symptom Checklist (SCL-90).The results of the study found that the mental health status of poor freshmen was worse than that of non-poor freshmen, and the mental health status of poor freshmen had differences in gender, family atmosphere, parenting styles and professional satisfaction.Therefore, improving the mental health of poor freshmen in private colleges and universities can start from both the school and the family, and achieve twice the result with half the effort.

Keywords: private colleges; poor freshmen; mental health

贫困大学生是高校中一个较为特殊的学生群体，他们身上有着诸如坚韧、勤奋等许多优秀的品质，但同时家庭经济困难也造成了部分贫困大学生心理失衡，使他们在心理上成了一个不容忽视的弱势群体。如何帮助经济处境不利的贫困大学生身心健康地成长与发展，一直是高校教育工作者非常关心的问题。本文探讨民办高校贫困新生的心理健康状况，以期为贫困新生的心理健康状况提供基础性数据，为民办高校制定针对贫困大学生心理健康问题的预防措施提供依据，提高贫困新生整体心理健康水平。

1 对象与方法

1.1 研究对象

选取成都东软学院 2019 级新生为研究对象，其中贫困新生 2522 名，非贫困新生 681 名。

作者简介：肖俏（1993—），女，四川内江人，成都东软学院心理中心专职教师，硕士，研究方向为青少年心理发展与咨询。

1.2 研究工具

采用症状自评量表（SCL-90），该量表由德诺伽提斯（L. R. Derogatis）于1975年编制，包括90个项目，采用5级计分，分为躯体化、强迫症状等10个维度，包含了比较广泛的精神病症状学内容，可测量一段时间内的心理健康状况，具有较好的信度和效度，被广泛应用于心理健康问题的筛选[2]。

1.3 施测过程

通过学校的线上心理测试平台，以网上填写问卷的方法以班级为单位在计算机教室进行施测，由心理老师担任主试，操作过程及注意事项用PPT呈现。

1.4 数据分析

采用spss22.0软件进行数据的统计分析与处理。

2 结 果

2.1 贫困新生与非贫困新生心理问题调查统计

由表1可知，贫困新生与非贫困新生的检出中度心理问题人数比例都是10%左右，中度心理问题人数分布情况在贫困新生与非贫困新生中基本相同。

表1 贫困新生与非贫困新生检出中度心理问题人数分布表

	总人数	中度心理问题人数	中度心理问题人数比例（%）
贫困新生	2522	251	10.0
非贫困新生	681	65	9.5

注：中度心理问题是以某单一SCL-90量表因子得分大于或等于3分为标准。

2.2 贫困新生与非贫困新生心理健康状况的差异比较

由表2可知，除了敌对因子，其余SCL-90量表因子得分在贫困新生与非贫困新生上均存在着显著的差异，具体表现为贫困新生的得分显著高于非贫困新生。

2.3 贫困新生心理健康状况在各人口学变量上的差异比较

对不同性别贫困新生SCL-90量表各因子得分进行独立样本t检验，结果如表3所示。SCL-90量表各因子得分均存在显著的性别差异，具体表现为贫困女大学生的得分显著高于贫困男大学生。

表2 大学生SCL-90量表各因子得分在贫困新生与非贫困新生上的差异比较（M±SD）

	贫困新生（N=2522）	非贫困新生（N=681）	t
躯体化	1.46±0.43	1.40±0.42	3.168**
强迫症状	1.97±0.56	1.90±0.56	3.472**
人际关系敏感	1.80±0.57	1.70±0.59	3.919***
抑郁	1.63±0.55	1.53±0.54	4.240***
焦虑	1.65±0.51	1.58±0.51	3.265**
敌对	1.54±0.54	1.52±0.56	0.852
恐怖	1.45±0.49	1.40±0.49	2.300*
偏执	1.59±0.51	1.54±0.50	2.294*
精神病性	1.57±0.48	1.50±0.48	3.340**
其他	1.55±0.49	1.49±0.48	2.862**

注：*p<0.05，**p<0.01，***p<0.001（下同）

表 3　贫困新生 SCL-90 量表各因子得分在性别上的差异比较（M±SD）

	男（N=1272）	女（N=1250）	t
躯体化	1.42±0.43	1.51±0.43	−5.122***
强迫症状	1.92±0.56	2.03±0.55	−4.787***
人际关系敏感	1.75±0.57	1.85±0.58	−4.378***
抑郁	1.54±0.51	1.73±0.52	−8.340***
焦虑	1.56±0.49	1.73±0.52	−8.569***
敌对	1.48±0.51	1.60±0.55	−5.619***
恐怖	1.34±0.42	1.56±0.53	−11.744***
偏执	1.56±0.50	1.62±0.53	−3.026**
精神病性	1.52±0.47	1.61±0.49	−4.608***
其他	1.51±0.48	1.59±0.49	−4.287***

由表 4 可知，贫困新生 SCL-90 量表各因子得分在不同家庭气氛上均存在着显著的差异。经 LSD 事后检验发现，和谐家庭气氛的贫困新生各因子得分显著低于其他类型家庭气氛的贫困新生，很不和谐家庭气氛的贫困新生各因子得分显著高于其他类型家庭气氛的贫困新生。

由表 5 可知，贫困新生 SCL-90 量表各因子得分在不同父母教养方式上均存在着显著的差异。经 LSD 事后检验发现，民主型父母教养方式的贫困新生各因子得分均显著低于其他类型父母教养方式的贫困新生。

由表 6 可知，贫困新生 SCL-90 量表各因子得分在不同专业满意度上均存在着显著的差异。经 LSD 事后检验发现，对专业满意的贫困新生各因子得分均显著低于其他专业满意度的贫困新生。

表 4　贫困新生 SCL-90 量表各因子得分在家庭气氛上的差异比较（M±SD）

	和谐（N=1540）	一般（N=840）	不和谐（N=118）	很不和谐（N=24）	F	LSD
躯体化	1.41±0.40	1.52±0.44	1.69±0.49	1.78±0.65	28.715***	1<2、1<3、1<4、2<3、2<4、3<4
强迫症状	1.89±0.53	2.06±0.56	2.28±0.62	2.62±0.57	43.004***	1<2、1<3、1<4、2<3、2<4、3<4
人际关系敏感	1.69±0.52	1.92±0.59	2.16±0.67	2.35±0.54	58.255***	1<2、1<3、1<4、2<3、2<4
抑郁	1.53±0.50	1.74±0.55	2.02±0.66	2.40±0.77	66.841***	1<2、1<3、1<4、2<3、2<4、3<4
焦虑	1.57±0.47	1.73±0.52	1.98±0.64	2.14±0.61	46.902***	1<2、1<3、1<4、2<3、2<4
敌对	1.46±0.47	1.63±0.56	1.88±0.69	2.38±0.97	58.675***	1<2、1<3、1<4、2<3、2<4、3<4
恐怖	1.40±0.46	1.52±0.52	1.60±0.52	1.72±0.46	17.101***	1<2、1<3、1<4、2<4
偏执	1.51±0.46	1.69±0.53	1.88±0.67	2.12±0.71	49.019***	1<2、1<3、1<4、2<3、2<4、3<4
精神病性	1.49±0.44	1.65±0.49	1.92±0.62	2.05±0.60	56.004***	1<2、1<3、1<4、2<3、2<4
其他	1.47±0.43	1.63±0.51	1.86±0.66	2.05±0.62	47.620***	1<2、1<3、1<4、2<3、2<4

注：表中“LSD”栏，1 代表和谐家庭气氛，2 代表一般家庭气氛，3 代表不和谐家庭气氛，4 代表很不和谐家庭气氛。

表 5　贫困新生 SCL-90 量表各因子得分在父母教养方式上的差异比较（M±SD）

	民主（N=2063）	专制（N=233）	溺爱（N=42）	忽视（N=184）	F	LSD
躯体化	1.43±0.40	1.60±0.50	1.62±0.59	1.60±0.51	20.721***	
强迫症状	1.92±0.53	2.17±0.63	2.26±0.63	2.21±0.63	30.687***	
人际关系敏感	1.73±0.53	2.06±0.65	2.19±0.72	2.08±0.66	49.147***	
抑郁	1.57±0.51	1.87±0.62	1.95±0.69	1.92±0.68	45.770***	
焦虑	1.60±0.47	1.86±0.60	1.85±0.57	1.89±0.63	36.767***	1<2、1<3、1<4
敌对	1.49±0.48	1.75±0.66	1.84±0.71	1.77±0.73	33.832***	
恐怖	1.42±0.46	1.62±0.58	1.68±0.65	1.57±0.53	19.720***	
偏执	1.54±0.47	1.78±0.57	1.90±0.68	1.86±0.66	39.881***	
精神病性	1.52±0.44	1.77±0.57	1.85±0.63	1.80±0.62	42.558***	
其他	1.50±0.44	1.73±0.59	1.75±0.61	1.80±0.61	38.207***	

注：表中“LSD”栏，1 代表民主型教养方式，2 代表专制型教养方式，3 代表溺爱型教养方式，4 代表忽视型教养方式。

表 6　贫困新生 SCL-90 量表各因子得分在专业满意度上的差异比较（M±SD）

	满意（N=1607）	一般（N=894）	不满意（N=21）	F	LSD
躯体化	1.43±0.42	1.52±0.44	1.47±0.39	12.675***	1<2
强迫症状	1.93±0.55	2.05±0.56	2.19±0.58	15.109***	1<2、1<3
人际关系敏感	1.75±0.56	1.88±0.58	2.02±0.74	16.825***	1<2、1<3
抑郁	1.58±0.53	1.73±0.57	1.93±0.72	25.556***	1<2、1<3
焦虑	1.60±0.49	1.72±0.53	1.85±0.71	16.744***	1<2、1<3
敌对	1.50±0.51	1.62±0.56	1.58±0.69	15.480***	1<2
恐怖	1.42±0.47	1.51±0.52	1.58±0.51	12.294***	1<2
偏执	1.55±0.50	1.66±0.53	1.63±0.49	13.561***	1<2
精神病性	1.53±0.47	1.63±0.49	1.87±0.61	17.557***	1<2、1<3、2<3
其他	1.51±0.46	1.62±0.52	1.76±0.60	16.275***	1<2、1<3

注：表中“LSD”栏，1 代表专业满意度满意，2 代表专业满意度一般，3 代表专业满意度不满意。

3　讨　论

本次研究结果显示，贫困新生在量表所有因子上的得分均显著高于非贫困新生，表明贫困新生的心理健康状况劣于非贫困新生，这与前人的研究基本一致。贫困新生处于经济条件不利的处境，容易在学习、生活上自我否定，将自己归为弱势群体而更加自卑和敏感，从而影响其心理健康状况。

贫困新生心理健康状况存在着性别差异，具体表现为女生的量表各因子得分均显著高于男生，表明女生的心理健康状况相比男生更差一些。究其原因，可能在于女生大多感情细腻且较为敏感，对自身心理状态较为关注，内心冲突往往比男生多，而男生大多更加自信、乐观，对生活充满希望，做事更加有韧性，这与进化心理学中关于性别差异的解释也是一致的。

贫困新生心理健康状况在家庭气氛和父母教养方式上也存在显著差异。研究结果显示，家庭气氛和谐的贫困新生各因子得分显著低于其他类型家庭气氛的贫困新生，即家庭气氛越和谐的贫困新生，其心理健康状况越好。因此营造和谐的家庭气氛对孩子保持良好的心理健康状况有很重要的作用。另外，本研究还发现民主型家庭教养方式的贫困新生量表各因子得分均显著低于其他类型家庭教养方式的贫困新生，民主型的父母与孩子之间是平等的关系，沟通也是双向的，父母理解孩子并且给予孩子鼓励与引导，这样的家庭教养方式最有利于孩子心理健康发展。

贫困新生心理健康状况在专业满意度上也存在着显著差异，对专业满意的贫困新生量表各因子得分均显著低于其他专业满意度的贫困新生，即专业满意度越高的贫困新生，其心理健康状况越好。因此，学校应加强贫困新生对所学专业的了解与认同，可以开展讲座、学长学姐们的现身说法、校友的经验分享等途径，帮助新生尽快了解本专业的培养目标、专业特色、课程设置、就业方向等，当他们熟悉专业、明确目标后，自然就减少了茫然所带来的恐惧与不安。

4 对 策

民办高校贫困新生的心理健康水平亟待提高，学校和家庭要从不同方面入手，采取必要而切实的措施，落实好与贫困大学生心理健康的相关内容，及时有效地规避或消除贫困大学生心理健康发展的不利因素，帮助贫困大学生这个特殊学生群体积极健康地成长与发展。

首先，学校应该营造有利于贫困大学生心理健康的校园文化氛围。学校可以借助校园网站、心理健康中心网站、校园广播、宣传栏、横幅等各种宣传途径普及大学生心理健康教育知识，营造积极、健康、文明的校园文化氛围，使贫困大学生在这种健康的校园文化氛围中，提升对自己的认识，培养自信、自尊、自立的心态，树立正确的人生观、价值观和世界观，得到全面发展。

其次，学校要把对贫困大学生的关爱、教育和预防列为重点工作。学校不仅要按照要求配备一定比例的心理老师和心理咨询员，还要建立健全心理健康工作体系，开展丰富多样的心理健康教育活动和系列讲座，保障贫困大学生的心理健康。有研究显示学校积极的心理健康教育和贫困生自身积极的心态调适将有利于提升贫困生的心理免疫力和抵抗力，促进其身心健康发展。另外，女生的心理状况与男生相比较差，因此学校还要着重加强贫困女大学生心理健康的引导工作，预防或调适可能出现的心理问题。

最后，父母要营造良好家庭气氛和适合孩子的教养方式，给予孩子充分的关爱和足够的支持。家庭不仅是孩子的第一所学校，对孩子的影响更是终生的。在和谐家庭气氛成长的孩子，更加肯定自己、相信自己，也更懂得考虑他人的情绪与感受，建立良好的人际关系。所以家长也要保持积极主动的学习态度，不断提高自身素质与修养，努力营造良好的家庭气氛和建立适合孩子的教养方式，并且以实际行动践行“人穷志不穷”，给孩子树立良好的榜样。

参考文献

[1] 黄晶莹，凌文宁，周愈林，等. 贫困大学生和非贫困大学生心理健康现状调查研究[J]. 微量元素与健康研究，2016，33（6）：52-53.

[2] 李锐，刘莉湘君，徐洁玉. 大学贫困新生心理健康状况调查分析——以广西某高校为例[J]. 桂林航天工业学院学报，2014，19（3）：253-258.

[3] 蒲清平，高微，王会丽，等. 贫困大学生心理健康实证研究[J]. 重庆大学学报（社会科学版），2010，16（1）：158-162.

[4] 邱小艳，唐君. 贫困大学生心理健康状况比较研究[J]. 求索，2011（2）：175-176.

[5] 胡丹萍. 独立学院贫困大学生心理健康状况及应对策略研究[D]. 重庆：西南大学，2018.

[6] 沈成平，叶一舵，丘文福. 近十年贫困大学生心理健康状况的元分析[J]. 集美大学学报（教育科学版），2017，18（2）：23-29.

[7] 李伟明. “90 后”大学生心理健康状况调查及对策[J]. 学校党建与思想教育，2011（34）：83-85.

[8] 国力心. 高校贫困女大学生人际交往心理问题研究[D]. 长春：长春师范大学，2013.

[9] 贺斌. 高职高专贫困生心理资本、应对方式与心理健康的关系研究[J]. 现代预防医学，2014，41（4）：672-675.

[10] 周正红，周生江，张桂青. 贫困大学生心理压力、心理适应及心理健康的相关分析[J]. 石河子大学学报（自然科学版），2010，28（2）：202-206.

[11] 孔宪福. 贫困大学生的心理困惑与心理援助策略——孟万金教授“积极心理健康教育”实践价值新探[J]. 中国特殊教育，2010（9）：74-77.

拼木工艺在茶几设计中的应用探索

张　钰

（成都东软学院数字艺术系　四川　成都　611844）

摘　要： 拼木工艺作为传统工艺的一种，有其独特的艺术观赏性及魅力。不同色泽纹理的木料，可组成形式多样、千变万化的美丽花纹。这项传统手工艺的传承与发展依赖千千万万手工艺者们的热爱与坚持。一直以来，拼木工艺多应用于小型的手工艺品，如何让这项传统工艺与现代设计相结合，与人们的生活息息相关，值得我们探讨。将拼木工艺应用在家具上是一个不错的选择，本文以拼木工艺茶几设计为例，探讨了拼木工艺与家具结合的可能性。赋予工艺良好的商业价值，才是古老工艺发展壮大的出路。

关键词： 拼木工艺；茶几；发展

Exploration of the Application of Wood Parquet in Tea Table Design

Zhang Yu

(Department of Digital Art, Chengdu Neusoft University, Chengdu 611844)

Abstract: As one of the traditional crafts, patchwork wood has its unique artistic charm. Through the combination of different color and texture, a variety beautiful patterns can be created. The inheritance and development of this traditional handicraft depends on the love and persistence of thousands of handcraft workers. It is worth discussing on how to combine this traditional craft with modern design and how can it affect people's life. It is a good choice to apply patchwork wood craft to furniture. This paper takes patchwork wood craft tea table design as an example, discusses the possibility of combining patchwork wood craft with furniture and endowing good commercial value to the craft, which is the way out for the development and expansion of ancient craft.

Keywords: wood-splicing craft; tea table; develop

1　拼木工艺的艺术性

拼木工艺即用不同色泽纹理的木料组合拼成花纹和图案，再用刨刀削薄后贴在木制品的表面，也可以贴在木材的边缘作为组合木使用，是一种非常美观的木艺加工形式。拼木工艺的特征在于灵活运用木料本身的颜色，最终搭配出的图案呈现自然的配色与细致的外观，做工精致，可以长期保存。这类工艺通常用于木盒、木盘等工艺品，在家具设计行业应用尚不广泛。查阅资料不难发现，这项工艺在各国的民间木工手艺中都有一定的体现。

在西方国家，拼木工艺最早可以追溯到16—17世纪，当时的西方贵族为了攀比享乐，命工匠用上千种名贵木材制成薄木片在木门上拼成画作，呈现的效果有极高的审美价值，其工艺的复杂性令人惊叹。

在日本拼木工艺被称为“寄木细工”，寄木细

作者简介： 张钰（1983—），女，汉族，四川成都，讲师，硕士，研究方向为工业设计、文创产品设计、陶艺设计。

工工艺品是日本神奈川县的一项手工特产，距今已有约两百年的历史。日本的木艺匠人将木块有序地牢牢粘贴在一起，组成各种可延续性的图案和纹理，然后用木工刨子将拼好的木块图案刨成薄片，最后附在木制品的表面，为木制品的外观增添艺术观赏性。

在我国从事拼木工艺的工匠将这项技艺称之为“木料镶嵌”，工匠们将不同颜色的木块按照自己设计构想拼成一个整体，然后通过车削、压刨加工等形式制成花瓶、饰品盒等工艺品。

由于拼木工艺独特的几何构成感及不同实木纹理颜色的交融碰撞所带来的独特美感，这项工艺技术拥有一批忠实的拥趸，不少民间艺人在坚持延续它，并渴求突破创新。

2 拼木工艺的制作流程

拼木工艺的制作流程不算复杂，主要是要控制好木材的含水率。首先，要把拼木工艺所需的实木木料放在 60 °C ~ 80 °C 的恒温调湿仓内，进行为期 10 ~ 20 天的恒温调湿步骤，目的是将木头的含水率降到 6% ~ 12%，含水率达标后将木材取出静置 30 天以上，这一步是为了释放实木木料的内应力。

静置完成之后，就可以将木头取出，按照提前设计好的尺寸进行下料。下料应尽量将木头裁切得平直，尽可能减少木材的浪费。在裁切时应该留出适当的加工余量，之后将裁切下来的木头初步打磨到接近所需的尺寸，然后将初磨好的木材在恒温恒湿的环境中静置 5 天左右，将含水率控制在正负 2%。静置好了之后进行精磨工作，木材用目数较高的砂纸尽可能地打磨光滑，粗糙度要小于或等于 Ra12.5。只有将木材打磨得尽可能光滑，拼好的图案才不会有缝隙。打磨好了之后就可以按照设计好的图案拼贴在家具的表面，拼贴好之后注意检查缝隙，如果缝隙超过 1 mm 则需要填入胶水，最后整体打磨一遍，用木蜡油抛光即可。

3 拼木图案构成法则

主流的拼木工艺图案构成法则主要分为以下两种：

3.1 自然景物拼木

自然景物拼木拼木所表现的内容是取景于自然花草鸟兽，将颜色稍加抽离用木头表现出来。

3.2 几何元素拼木

几何元素拼木是将规则的几何木块按照一定的规律拼接起来，构成一些抽象或规律的图案。

木料拼花工艺其实在不同的国家构成方式有所不同，西方国家最开始是用薄木片拼出自然界中的花草图案，如今则流行拼接几何图案。

4 茶几适用环境及人机尺寸分析

茶几作为客厅必不可少的家具，同时具备置物和装饰空间的作用，通常用于放置茶具或零食器皿，偶尔放置报纸杂志。由于茶几通常放在电视机和沙发之间，因此尺寸比较低矮。

为满足不同的客厅尺寸和住户的个人喜好，茶几的形状较为繁多。主要分为方几、长几、圆几、组合几和异形几。

方几的尺寸一般为：800 mm×800 mm；1 000 mm×1 000 mm；1 050 mm×1 050 mm；1 200 mm×1 200 mm；1 300 mm×1 300 mm。

长几的尺寸一般为：1 000 mm×600 mm；1 100 mm×650 mm；1 200 mm×700 mm；1 200 mm×750 mm；1 300 mm×800 mm；1 350 mm×850 mm；1 400 mm×850 mm；1 600 mm×850 mm。

圆几尺寸一般为：800 mm×800 mm；1 000 mm×1 000 mm；1 200 mm×1 200 mm。

茶几的高度则要考虑跟沙发坐垫的高度配合，一般是 400 mm ~ 500 mm。组合几和异形几尺寸要根据用户的实际需求定制。本文探讨的茶几设计采用了常规的 600 mm×1 000 mm 长几尺寸。

5 设计方案的结构分析

一般的茶几主要由台面、茶几腿、置物抽屉、置物架组成，最上面的是茶几的桌面，抽屉和置物架一般在桌面下，部分茶几还会在下部设计置物架，方便放置更多的东西。

而拼木工艺需要提供一个平面作为拼木的承载面，茶几面作为直接展现在人们眼前的一个主要平面，是本设计的重点。在前期调查中显示，不少人认为茶几的收纳功能还是相当重要的，所以在设计茶几时需考虑到茶几的储物收纳功能，这里运用抽屉来实现收纳功能，抽屉的面较为明显，所以抽屉面也可以加入拼木设计，这样一来整个茶几的风格更加整体。

在茶几的结构方面采用传统的榫卯结构，榫卯结构是实木家具常用的连接方式，它包含了古人的智慧，是先辈工匠遗留下的宝贵财富。当然，在继承传统的同时，也需要考虑到实用性，因此抽屉可安装按弹式滑轨，这样避免增加抽屉把手，使抽屉面保持整体协调。

6　设计方案的外观分析

茶几通常具备摆放物品和收纳物品的功能，所以茶几设计包含了好几个部分的设计。整个茶几的设计理念融入了很多中国传统文化，茶几的外边线全部做成圆角，而内部依然方方正正，棱角分明。一方面圆角的安全性比较高，另一方面则是体现了中国人的处事原则——“外圆内方”。

茶几的拼接面嵌于边框内，这样做的目的是为了让拼木在框架内更加稳固，另一方面则有“克己复礼”的寓意。茶几腿的设计分为两种不同尺寸的圆角，桌腿外侧棱的圆角和桌面脚的圆角保持一致，均为 2 cm，腿的内侧其他棱为 1 cm，让桌腿呈现一定的流线型美感。

将抽屉放置在几面下，为了使设计看上去灵活不呆板，抽屉采用一大一小的布局，两个抽屉相邻的棱线处于整体黄金分割线的位置，大的抽屉可以放一些书籍杂志，小的抽屉则可以收纳一些遥控器之类的小物件。

该设计从目前的形式来看样式比较大众化，目的是为了烘托出拼木工艺的复杂性及美感。本设计拼木图案将平面构成技法和拼木工艺相结合，分别选用榉木（白色）、黑胡桃（黑色）、红椿木（红色）三种颜色的木料制作 3 种 120 度的钝角三角形，用这三个钝角三角形拼接成一个单元图形，并将拼接好的这个单元图形按照一定的顺序排列出来，使整个图像在视觉上呈现多变性，有一定的视错觉效果。

值得注意的是，由这三个钝角三角形组成的单元图形不止一种排列组合方式，图案形式多变，可以演变成系列产品。

7　结　语

这款茶几在结构工艺上采用了中国传统的榫卯技艺，其饰面拼木工艺则是采用的木料镶嵌技艺，图案的构成又和平面构成的视错觉手法相结合，茶几的风格趋向于现代的中式风格。拼木图案的可变性和图案构成的立体效果，给茶几增添了不少趣味性，而茶几结构设计中又蕴含了很多中国的传统理念。

通过此次设计方案可以发现拼木工艺与茶几结合具备一定的新颖性及艺术审美价值，茶几仅是家具设计中的一部分，拼木工艺在茶几上的应用对于书桌设计、衣柜设计、橱柜设计等亦有一定的启发作用。

参考文献

[1] 王晓棠，吴智慧. 多功能茶几的人体工程学研究[J]. 家具，2018（1）：41-46.
[2] 王小凤. 茶几演变折射出的造物伦理观[J]. 长治学院学报，2018（3）：62-65.
[3] 袁园. 茶元素在传统民间家具设计中的应用[J]. 福建茶叶，2016（5）：298-299.
[4] 符晗，曹令杰. 创意设计在现代家具中的应用研究[J]. 轻工科技，2018（9）：109-110.
[5] 钟文翰，陈曦曦，胡天怡，等.《木家具通用技术条件》新国标解读[J]. 中国标准化，2018（21）：112-115.
[6] 兰传宇，孙楷强，臧嘉帅. 茶几设计的时代性[J]. 工业设计，2019（2）：55-56.
[7] 黄寅. 浅谈现代家具设计中的秩序性元素[J]. 美与时代（上），2018（9）：87-89.

浅谈分析扎染设计与教学

康　颖

（成都东软学院数字艺术系 四川 成都 611844）

摘　要：中国的扎染艺术源远流长，中国是草木染艺术的重要发源地之一。扎染是传统的印染工艺，艺术设计专业的学生通过学习扎染设计，既传承了扎染技艺，又在图案方面对其创新，成为新一代手工印染工艺人才。

关键词：扎染；设计；教学

Brief Analysis About Tie-dye Design and Teaching

Kang Ying

(Department of Digital Arts, Chengdu Neusoft University, Chengdu 611844)

Abstract: The art of tie-dyeing in China has a long history, and China is one of the most important birthplaces of the art of plant dyeing. Tie-dyeing is a traditional printing and dyeing process. Through the study of tie-dyeing design, students majoring in art design not only inherit the tie-dyeing skills, but also innovate in patterns and become a new generation of hand-dyeing talents.

Keywords: Tie dye; Design; Teaching;

1　引　言

扎染是我国传统的印染工艺，具有悠久的历史。根据可查资料，扎染起源于黄河流域，始于历史上何时目前尚无定论。即使时间久远，从扎染的作品上，仍能让人感受到当年的创作者在制作时想要表达的情感，对自然的敬畏崇拜以及对生活豁达的态度，扎染作品上无处不体现着手工的亲和力。尤其在扎染艺术盛行的魏晋南北朝时期，从作品中仍能感受到当时人的生活态度。

2　扎染工艺

2.1　扎染工艺简介

扎染是我国一种古老的纺织品染色技艺。在宋元之际史学家胡三省编纂的《资治通鉴音注》中详细地记载了古代扎染的过程：“缬，撮采以线结之，而后染色，既染，则解其结，凡结处皆原色，余则入染矣。其色斑斓谓之缬。”扎染的工艺分两步“以线结之”是用纱、线、绳等工具，对要染色的织物进行扎、缝、缚、缀、夹等多种形式组合，目的是对织物的扎结部分防染色，如镌刻的阴阳文为示，使两者之间出现深浅不一，层次丰富的色晕或褶皱；“而后染色”则是用寥蓝、板蓝根、艾蒿等天然植物提取的蓝靛溶液来进行染色，以纯天然的植物提取的染液对人体皮肤没有任何伤害，与现代的化学染料相比，它的颜色自然柔和，不易褪色，不会损坏布料，经久耐用。据传类似板蓝根这类药用染料还有消炎清凉的作用，这是任何的化学制剂的工业染液不能比拟的

基金项目：四川省教育厅 2020 年度科研项目“自贡扎染手工艺的传承及产业化创新应用研究”(MD20C003)。

作者简介：康颖（1988—），女，汉族，四川，讲师，硕士，研究方向为艺术设计。

优势。

据史书记载，在南北朝时期，扎染的技术已经十分成熟（从新疆阿斯塔纳六区出土的织物可以看出），已经广泛应用于妇女的服饰中。至唐朝时期，属于中国的衣冠鼎盛时期，绞缬的纺织品甚为流行、更为普遍，其技艺也更加精湛，品类也尤其丰富。史料记载，也是在唐朝，扎染技术传入了日本等国家，并被视为国宝级工艺。

扎染最早采用纯棉制作，发展至今，棉麻等各类纯天然织物和皮革均可制作。扎染的织物一般以棉白布或棉麻混纺的白布为原料，染料主要是植物蓝靛（民间俗称板蓝根）等天然植物。扎染的主要步骤有脱浆、绘图、捆扎、配置染料、浸染、添加媒染剂、再次浸染等，技术关键是图案设计、捆扎手法和染色技艺。染色也从简单的单色浸染变成颜色丰富的多次浸染，所制成的扎染品才能达到“其色斑斓”的色彩组合，所染的纹样变幻多端，显示出扎染特有的艺术效果。如四川自贡扎染则是以针代笔，扎缬染色，使几何图案及花鸟鱼虫等各种写意图案完美地呈现在扎染品上，极具地方特色。

2.2 捆扎技法

扎染的工艺分两步“以线结之”“而后染色”，看似简单的操作，却能呈现出千变万化的效果，其关键就在于“以线结之”的不同捆扎技法。起初的工艺步骤为将织物脱浆后，在白色面料上起稿，用棉线、皮筋、造型夹板等在面料上预先设计出所染纹样的位置，用捆、绑、缠、折、夹等方法扎起来，扎结后，面料会形成一定的褶皱，此时就可以开始浸染，用浸泡染或者煮染的方式，如此数分钟后再将织物捞出使其氧化或上媒染剂，如此再进行第二次上色，最后捞出布料，清洗干净即可，浸染后的织物会在褶皱处会形成斑驳的、渐变的、冰裂的样式纹样。以“卷上绞”为例，其色晕渐变自然，有多种层次。扎染的特点在于，即便以相同的手法捆扎仍会出现不同的印染效果，成千上万的纹样各不相同，独一无二。

2.3 染色技法

“染”，即染色，染色的技法会直接影响色彩的变化，常见染色分冷染与煮染，染色时间长，颜色较深，染色时间短，颜色较浅。使用不同媒染剂也会产生不同效果，当然媒染色彩变化也会因为布料不同而产生色彩变化。常用媒染剂有白矾、皂矾、蓝矾、铁锈水。

染色流程并不复杂，但要追求特殊的艺术效果就需要多次实践，掌握浸泡时间、染料比例等问题。扎染追求染色均匀，还需掌握织物入染的时间，浸染时搅拌的方向、力度以及染液对织物的附着力，如此才能染制出合格的扎染作品。染色的方法可分为冷染和煮染，无论哪一种染色技法都会呈现出层次丰富的色晕。而不同色晕的深浅虚实的变化，就是扎染独特的纹理效果，也是其他的传统印染工艺和现代机械印染技术所不能比拟的独特之处。它是诉诸手工的文化形态，这种技术既能保留传统工艺的淳朴真实，又在传承中扶持了历代的手工制作产业。即使在工业技术发达的当代社会，手工仍在培养人的应用能力方面，在发展手工艺术创作等艺术实践中，发挥着任何先进技术都不能替代的作用。

3 扎染设计的教学

将扎染教学与艺术设计融合，是在古老的工艺中获得新的现代化的重生释放，是与新事物结合的传承，更是艺术教育以科学发展的理念，对创新扎染的渠道进行全方位的探索。

整个课程的结构分为三个章节：基础、方法和设计。基础即造型、表现、技能以及理论基础。

课程初步的教学，教师可以充分利用现代的多媒体设备，以图片视频等资料的展示，引导学习，以鉴赏历代的优秀扎染作品作为切入点。可以提供的案例很多，迄今为止，发现最早的丝绸约是魏晋时期。现存最早的绞缬绢出土自新疆吐鲁番阿斯塔墓中，其次是唐代的“霓裳羽衣舞”的演出服装，它有着特有的色彩渐变，薄纱轻薄的质地，即使在现在先进的工业技术下，也让人惊叹它的工艺与色彩，透过一见舞衣也能一窥盛世大唐的风采。与之相比的是现代技术下的革新，如湖南的扎染门帘，江苏等地关于图案等纹样的扎染。不同时代的扎染作品，都可以让学生体会到扎染艺术的美妙，也可以带给学生很多灵感和素材。除此之外，文人墨客笔下描写扎染的句子有很多，从中也能领略到祖先的创作心迹，体会到祖先的手法韵致。

艺术设计专业的学生，大多已经具备造型基础和表现基础的知识。扎染技能基础主要是让学生学习扎结与染色的技能。从局部到整体，从不同的方面来训练和培养学生的实际操作能力，使之应成为具有认识问题和解决问题的综合能力的扎染设计人才。

在对扎染的基础技能进行训练的同时，还应强调对扎染的艺术语言的领悟。如防扎染的手法并不是单一的；手工操作如何区别于普通的印染制版等。

4 扎染设计教学的效应与前瞻

扎染设计课程前期，让大家对扎染工艺有一定的理论认识，通过我国大量扎染案例了解祖先创造扎染艺术的历程，透过一件件的扎染作品，探寻扎染艺术的特质与真谛。明确制作方法，多次尝试传统及现代的染色工艺以至熟练，之后尝试创新与突破，在扎捆技艺方面创新工具，或将蓝印花布的豆浆布制作方法、蜡染技法与捆扎技法相结合创作出虚实结合的图形。

今后将通过课题研究带动课堂教学，深入研究教育教学理论，紧紧围绕课程标准，结合我院课程建设实际情况，开展多层面的课题研究活动，优化学生学习策略，重视培养学生的创新精神与实践潜力，从而提高课堂教学效益。

参考文献

[1] 刘翠萍，罗炳金. 扎染技艺在家纺产品开发设计中的应用[J]. 山东纺织科技，2019（2）：13-17.

[2] 郑鹏辉，瞿丽文，杨俊. 扎染的发展与现代应用[J]. 轻纺工业与技术，2020（2）：99-101.

[3] 王文萍，冯欣月，刘颖. 浅析草木染在现代家居服中的应用[J]. 山东纺织经济，2019（10）：30-32.

[4] 郑潇. 中国传统服饰红色系色彩分析[J]. 艺海，2017（3）：77-79.

[5] 王文萍，冯欣月，刘颖. 浅析草木染在现代家居服中的应用[J]. 山东纺织经济，2019（10）：30-32.

[6] 吴金玲，左凯杰，张国成. 草木染染整工艺探讨[J]. 天津纺织科技，2018（3）：71-73.

[7] 吴国富，刘颖. 草木染艺术在当代设计应用中的传承和发展[J/OL]. 轻工科技，2020（1）：99-100.

浅谈研讨会型课堂在初中级日语教学中的作用

张智超

（成都东软学院应用外语系 四川 成都 611844）

摘　要： 如何改革传统的教师讲授型的日语课堂，提高学生自主学习和思考的能力，培养学生自主发现问题、思考问题和解决问题的意识已成为当前日语教育研究的重要课题。本文将论述在中国的大学日语教育中导入研讨会型课堂的必要性。同时，本文作为围绕今后在日语教育中的研讨会型课堂的基础研究，将介绍在2020学年度春学期开设的研讨会型课堂的基本情况，以及将学生的课后反思和总结报告以及教师的课堂记录作为研究数据，使用KJ法分析和总结研讨会型课堂的成果和问题点。

关键词： 研讨会型课堂；主体性学习；语言输入和输出；日语教育；KJ法

初中級日本語学習者を対象としたゼミナール型授業について

張智超

（成都東軟学院応用外国語学部 四川 成都 611844）

要　旨：従来の教師主導授業をどう改革するか、そして、学習者の主体的学習および思考能力を身につけてもらい、主体的に問題を発見する意識、それからそれについて主体的に考え、解決していく意識を培うことは現在の日本語教育の急務となっている。本稿において、まず中国の大学日本語教育にゼミナールを導入する必要性について述べる。また、本稿は今後の日本語教育におけるゼミナールをめぐる研究の基礎研究として、2020学年度春学期に導入したゼミナールの授業様子や基本情報を紹介し、学生が提出した振返りシートおよび教師の授業記録を調査データとして、ゼミナールにおける問題点と成果について、KJ法いるを用いて分析・考察していく。

キーワード：ゼミナール；主体的学習；言語輸入と輸出；日本語教育；KJ法

1　序　论

1.1　研究背景

在日本的大学中有一种中国人相对陌生的授课方式叫做“ゼミナール”（或称：演習／セミナー／ゼミ；中文译名：研讨会/研讨会型课堂，以下统称研讨会型课堂）。几乎所有的日本的大学从大一到大四，从本科到博士课程都设置了研讨会型课堂。其形式主要是，各个教师开设与自身主要研究课题有关的研讨会，由学生依据自己的兴趣和学习需求选择并加入相应的研讨会，在教师的带领下对于该研讨会的主要课题每周进行讨论和学习。研讨会型课堂是少人数教学，通常由一名教师和数人到十数人的学生组成。

通常大学一、二年级的研讨会型课堂倾向于素质性教育，旨在学生通过在研讨会型课堂的集中学习和研究掌握特定领域的基础知识，同时学习如集中讨论、小组发表、学术发表资料的制作等技能。而到了大学三、四年级的研讨会型课堂

作者简介： 张智超（1992—），男，汉族，四川成都人，硕士，研究方向为日语教育学及语言学。

通常是由一位教师连续两年指导参加其研讨会型课堂学生，而该教师通常就是参加学生毕业论文指导的教师。其旨在通过大三一年的学习和研究对于该研讨会型课堂的研究课题进行深入的理论学习并在大三下学期完成毕业论文的初稿。随后，在大四一年中在教师的指导下完成毕业论文。

研讨会型课堂这一教学形式，对于构建以学生为学习主体，充分调动学生的学习积极性，培养学生的自主学习的学习习惯和必要的学习技能，改革传统的“教师讲授型”的外语教学课堂有着重要的意义。关于研讨会型课堂带来的教学效果，赤羽(2000)指出:“この一連の過程には、生きるエネルギーが湧いている。生きるワザと知恵が生まれている。そして、そこに現象の背後を洞察する力が生まれてくる。未来を展望する力が生まれてくる。”(在这一连串的过程中涌现了生活的能量，诞生了生活的技巧和智慧；同时，也诞生出了洞察生活现象背后的智慧的能力，诞生出了展望未来的能力。)

但管见所及，在日本同一领域和相关领域的先行研究中，对于本课题的研究多是从语言学，特别是第二语言习得这一角度出发，对为研讨会型课堂内的学习者的语言行为进行研究。而纵观我国的相关领域的研究，目前还未发现与本研究有直接关系的先行研究。所以，开展对于本课题的研究成为当下大学日语教育改革的当务之急。

1.2 研究目的

本文将介绍由笔者在 2020 年度春学期在任教学校针对 2019 级日语专业的学生开设的研讨会型课堂的开展的基本情况。在此基础上，本文将总结和分析其教学成果以及出现的问题点，进而为今后的研讨会型课堂教学提出有益的启示作为本稿的研究目的。最后，本文为今后对于本课题的研究提出铺垫性问题。

2 研讨会型课堂

2.1 关于研讨会型课堂的基本概念

关于研讨会型课堂,《広辞苑》是这样定义的:大学の教育方法の一、教員の指導の下に少数の学生が集まって研究し、発表・討論などを行うもの。(大学教育方法的一种形式，少人数的学生在教师的指导下进行集中的研究、发表和讨论等活动。)由此定义我们可以总结出研讨会型课堂具有:“少人数教学”和“集中研究学习”这两大特征。

2.2 2020 年度春学期ゼミナール的开展情况

学生和开课的基本情况如表 1 所示：

表 1

学生情况		开课情况	
人数	16 人	期间:	2020 年 2 月至 6 月
日语能力	N3 水平	周数:	12 周
日语学习平均年数	0.95 年	课程时间:	教学周每周二 16 至 17:30
学级	2019 级	使用语言:	全日语

因为本次的研讨会型课堂是基于教师和有相应日语能力和参加意愿的学生共同开展的实验性教学活动，所以和参与学生以及非参与学生的一切成绩考核都没有关系，不计入学分。同时，因为 2020 年度春学期是我国抗击新冠肺炎疫情的关键时期，在师生都不能返校的情况下，研讨会型课堂使用的是线上教学的形式。

开设研讨会型课堂的目的在于:(1)培养学生通过日语这一媒介主动去发现问题、思考问题和解决问题的能力，并养成主体性学习的习惯;(2)培养学生的日语听说读写四技能的同时成长，特别是给予学生使用日语针对日本社会性、文化性、政治经济性等话题进行深入的相互交流的机会，即日语输出和输入的舞台;(3)培养学生学术发表的基本技能。

具体的教学流程和工作可总结为以下几点:(1)第一节课由教师主导，通过宣讲和教师模范发表的形式让学生理解参加研讨会型课堂的目的、方式方法，确定发表顺序和名单等;(2)每一节课确定下一周的发表者。发表者需在翌日和教师单独开会，商讨和确认发表主题和需要使用的发表大纲和辅助性阅读和音视频材料等。在周五之前讲制作好的发表大纲等材料发送给所有成员；（3）所有成员在课程之前，阅读和观看发表者提交的各项材料，并对于该话题进行自主思考，带着问题和个人的观点进入研讨会型课堂；（4）在研讨会型课堂之后，所有人要提交“振返りシート”（中文译名：课后反思和总结报告；以下统称：课后反思和总结报告），教师在阅读后或在课上或在课后给予学生一定反馈。

3 从学生的振返りシート来看研讨会型课堂的成果和问题

收集并整理 12 周的学生提交的课后反思和总结报告，其中有学生关于每周发表主题的个人条。本稿首先将收集到的 184 条感想，使用 KJ 法（川喜田二郎，1986）进行分析。分析过程严格按照 KJ 法所规定的方法，按照首先“抽取标签”记入卡片，其后进行卡片“分组”，然后进行 A 型图解法展示做得到的“岛”的关系，最后使用 B 型叙述法阐释其中的关系和内容。因文章篇幅有限，本稿将直接总结和分析所得到的分析结果。

通过 KJ 法的分析，得到了以下五个方面的分析结果：（1）ゼミ内の人間関係への配慮（对于研讨会型课堂内部的人际关系的考虑）；（2）学術発表のテクニック（学术发表的技巧）；（3）コミュニケーションによる日本語の習得（通过交流习得日语）；（4）主体的参加の意識（主体性参加的意识）；（5）日本社会と文化への関心の高まり（对于日本社会和文化的兴趣变高）。

通过以上分析我们可以看到，学生通过参加研讨会型课堂对于日语、日本社会和文化、通过日语的交流、学术发表的方法以及主体学习的意识五个范畴的意识。

关于对于研讨会型课堂内部的人际关系的考虑的意识包括：意识到学术场合和日常交流场合的异同以及其特征；意识到发表和听取意见时相互尊重和相互理解的重要性；意识到线上形式的研讨会型课堂所带来的人际关系和氛围的紧张，进而意识到面对面交流中非语言交流的重要性。

对于学术发表的技巧的意识包括：意识到在发表这一交流中需要临机应变；意识到因为线上发表无法通过非语言交流，给交流带来的不便。

关于通过交流习得日语的意识包括：意识到日语输出和输入的重要性；意识到了听说读写四技能同时成长的必要性；意识到了在自然交流的场景中学习日语的重要性以及积极参加和创造该环境的必要性。

关于主体性参加的意识包括：意识到自主发现问题，带着自己的问题去课堂的意义；意识到学到解决问题的方法，比直接被灌输答案更重要；意识到老师不是全能全知，不能完全依赖老师，需要自身积极主动去发现和解决问题。

关于日本社会和文化的兴趣变高的意识包括：对于文化的理解，不能仅仅简单理解为传统文化；看待日本文化不能简单去找两国文化的不同；对于他国文化的理解要立足于现实中的相互交流，而不能单单从书中得来；对于异文化交流的理解加深。

4 结论和今后的课题

从对于学生提交的课后反思和总结报告的分析总结中我们可以看出，在通过了 12 周的研讨会型课堂的教学活动后，学生不仅对于日语、日本社会和文化的认识大大加深，同时，对于学习日语的方法，以及学习的意识和态度都有了转变。传统的以教师为主导的讲授型课堂固然有其自身的优点，但是对于学习意识——特别是主体性学习的意识的培养，以及对于日语交流，特别是对于日语的输出能力的培养尚有不足。

高木（2006）中指出：“実際の会話は、文法や表現の機能から始まるのではなく、自分がどうしたいか、どうするか、という会話主体の「意図・動機」から始まって、そこからその会話の環境に応じて表現が選択されていく、という方向性がある。”（实际的会话交流不是从语法和表达方式的技能出发，而有着从自己想表达什么，该怎么表达这样的会话主人公的意图和动机开始，从这里开始选择恰当的表达方式，这样的方向性。）构建自然的使用日语的交流环境，同时在这样的环境中，给予学生需要完成的任务，让学生自主地去发现问题、解决问题，并将成果通过相互交流的形式展现出来，这样才能更好地让学

生去理解和掌握所学习的知识。而作为教师，一方面应该将自己从一个全面的讲授者或者答案提供者这一角色中解放出来，变成一个学生学习的支援者。给学生提供有效的自然的交流环境，提出引发学生思考的问题，同时教给学生必要的解决问题的方法，帮助学生寻找答案。另一方面，研讨会型课堂教学模式需要在初中级日语学习阶段导入，以达到更早能够培养学生对于日语学习、相互交流的意义和学习习惯的新意识。

因为本次作为调查对象的研讨会型课堂是线上形式，所以没有能够给学生面对面交流的环境，导致对于这部分的认识尚有欠缺。同时也导致了研讨会型课堂的一些环节的教学作用没有完全发挥。今后，将通过线下的研讨会型课堂教学，对于本文中得出的五个分析结果进行更有针对性的定向研究，以期得出关于研讨会型课堂在各个日语学习阶段的日语教育中起到的作用的更加全面研究成果。

参考文献

[1] 赤羽潔.『研究』の舞台としてのゼミを創る;「ゼミとは何か」を問う(試論)[J]. 山口県立大学社会福祉学部紀要，2000(6)：143－152.

[2] 川喜田二郎. KJ法；混沌をして語らしめる[M]. 中央公論社.

[3] 高木美嘉. 行動を促す会話の展開構造の分析[J]. 早稲田日本語研究，2006(15)：47－58.

浅析道家、道教文化的精神内涵

朱 敏

（成都东软学院基础教学部 四川 成都 611844）

摘 要：只有了解和掌握了道家、道教文化的精神内涵，才能对道教文化加深理解，才能在道教宫观中更好地营造道教特色，体现道教思想，使传统文化更好地为现代文化服务。

关键词：道家；道教文化；精神内涵

Analysis of the Spiritual Connotation of Taoist and Taoist Culture

Zhu Min

(Chengdu Neusoft University, Chengdu 611844, Sichuan, China)

Abstract: Only by understanding and mastering the spiritual connotation of Taoism and Taoism culture can we deepen our understanding of Taoist culture, and can better create Taoist characteristics in Taoist temples, embody Taoism and make traditional culture better serve modern culture.

Keywords: Taoism; Taoist culture; spiritual connotation

1 引 言

在我国丰富灿烂的哲学思想宝库中，道教是唯一在本土产生的宗教。道教对我国的哲学、政治、思想、文学、艺术、宗教、民风、民俗以至科学技术等方面都产生过很大的影响。道家与道教文化对中国的古代文明影响之深，作用之大，是其他传统文化难以达到的。

2 道教与道家既有联系又有区别

中国道教与其他宗教有所不同，它深深地植根于中国古代社会，渗透于中国自己的土壤之中，在发展过程中广泛地吸收了中国古代文化和外来宗教文化。道教主要来源于老子和庄子的道家哲学，其在发展过程中又吸收了儒家思想和佛教精神。道家指先秦道家，是以老子、庄子为代表的富含道学思想和理论的一个哲学派别。而道教则是对道家哲学思想在继承的基础上又不断进行了丰富和发展的一种宗教，它把老子的《道德经》奉为经典，把老子尊为教主。同时，道教对道家思想的膜拜和宣扬，又极大地提高了道家的地位，扩大了道家的影响。因此，二者既有联系又有区别，相辅相成。

3 道家、道教文化精神内涵的特征

纵观历史，道教文化的主要精神内涵，有很多值得令人研究和借鉴的地方。归纳起来，道教、道教文化精神的核心内涵，主要表现为“虚无”“自然”“纯粹”“朴素”“恬淡”“平易”“清静”“无为”“柔弱”“不争”等几大特征。

作者简介：朱敏（1982—），女，汉族，四川成都，助理研究员，硕士，研究方向为汉语言文学。

3.1　道法自然的宇宙观

道家认为“道”是宇宙万物生成的本源，同时又是宇宙万物变化的根本法则。道是自然界最大的本体，是生天、生地、生万物之母。而道却是无为的，像道这样无为而为的做法就是效法自然，是道家最高的信仰。所以道家的思想体系虽然是以“道”为最高的信仰，但其最基本、最核心的精神却是“自然”两字。道家哲学是一种以“自然之道”贯穿始终的思想体系，体现了鲜明的自然主义色彩。在中国传统古典园林的营造上，道法自然成为最基本的遵循原则，使其成为有别于西方园林而独立存在的一种典型园林形态。

3.2　神仙信仰的宗教观

神仙信仰是道教贯穿整个发展过程的核心信仰和文化主线，也是道教最有特点、最具活力的传统内容。道教的神仙体系兼容并包，应有尽有。道教的“神”和“仙”既有联系又有区别。神仙信仰是道教文化的核心组成部分。由于受道教神仙信仰的影响，道教的理想世界也很独特。道教的理想世界是得道成仙，因此仙境一直都是修道者们孜孜不倦的执着追求，他们在现实中寻找“洞天福地”，这种对人间仙境的追寻也成为道观园林选址的主要原则，在景点布局与意境营造上也极力模仿神仙居住的环境，充分体现出了对神仙境界的追求和向往。

3.3　天人合一的自然观

“天人合一”是中国传统哲学的一个重要命题，是中国传统文化中最基本的思想观念，是中国传统文化的主体。道家与儒家都主张天人合一，但儒家的天人合一，是从思想精神层面指人心中的道德观念和原则要与天原本的道德观念和原则达到统一。道家则认为，天是自然，而人是从属于自然的一部分。道家、道教“天人合一”的整体观对营造人与自然和谐共生的生存环境具有十分重要的现实意义。天人合一的呈现也是道观园林最重要的建造主旨之一，这一点在成都地区的道观园林上体现得尤为突出。比如青城山，整体道观群落的建造都与自然环境融为一体，崇尚自然，师法自然，即使人造景观也成为自然景观的有机组织部分，虽由人作，却宛若天成。

3.4　重命贵生的生命观

重命贵生是道教文化的重要组成部分。道教还提出“生道合一”的思想和身心并重的养生文化，认为人们生命修炼的过程实际是一种尊道、行道的过程，通过这个过程达到生道合一，身性双修。这不仅能延长生命，而且还能提升人生的价值和境界。道教的生命观所蕴含的丰富的生命智慧，是我国传统文化的一份宝贵的财富。它对于启迪人们尊重生命、关爱人生、追求现世的幸福，具有十分重要的现实意义。这种生命观指导着人们在道观园林的建造上极力去营造一种清净典雅的氛围，以有利于身心双修，达到延年益寿、长生久视的目的。

3.5　善恶报应的道德观

为了满足自身宗教和社会的需要，道教的教义将人的生死与善恶问题联系起来，约束信徒的思想行为，于是善恶报应观念成为道教教义中的重要内容之一。道教认为行善对于道教徒来说是非常重要的，它的地位比其他修道方式还要重要。在道教，人们最崇敬的是道和德，道教的这种善恶报应的道德观迎合了民间民众的心理需求，吸引了更多的道众来朝拜修道，从而推动了道教及其宫观的发展。

3.6　柔弱不争的处世观

柔弱不争是以老子为代表的道家所倡导的基本思想，蕴含着极为深刻的哲理，对我国民族性格的形成产生了深深的影响。道家“不争”的思想，往往通过对“水”的比喻来表达，提出“上善若水”的思想。其实道家主张的“不争”并非真正的“不争”，也并非追求柔弱本身，而是以“柔弱胜刚强”。这是一种以柔克刚的思想，是一种既看到事物的正面，又看到事物负面的辩证的睿智。因此，在道观园林小品的营造上，我们往往很难看到诸如传统皇家园林一样咄咄逼人的气势和华丽辉煌的布置，取而代之的是小桥流水似的自然雅致的景观。这不仅增加了园林的自然风味，同时人在其中也感受到了一种顺其自然的生命弹性。

3.7 见素抱朴的审美观

见素抱朴是道家、道教的主要的美学思想之一。它要求人们抱守事物本真，不为私欲所疑惑，不为世事所困扰，回复到纯真的本性，那么美就蕴于其中。从审美的角度来看，即不主张追求华丽的外在美，而是追求事物原始状态和本质特征的内在美。道家和道教见素抱朴、返璞归真的思想不仅体现在修身、处事方面，而且体现在审美方面，对艺术创作、园林设计，特别是道观园林设计，产生了很大的影响。再如成都的青城山，其整体道观建造无论在建筑的设计、色彩的使用、植物的选择和小品的点缀等方面都追求一种原始朴素的郊野之趣，不过度追求外表的华丽之美，毫无矫揉造作的痕迹，充分体现出这一审美特点。人在这样的环境当中，追求功名利禄的浮躁心境自然而然得以平衡与清净。

3.8 无为而治的政治观

无为而治是道家基本的政治主张。老子的“无为而治”“无为而无不为”，并不是指什么事都不做就什么都得到。老子的意思是希望统治者要顺应自然和社会发展的规律，让老百姓有更多的闲适和自由，让社会有更多的安宁和和平。“无为”实质指的是不妄为，不胡作非为的意思。道家的政治主张把“无为”作为“无不为”“无不治”的前提和条件，作为治政“取天下”和“治天下”的方法和手段。“无为”的结果正好成了“有所作为”。道家的无为而治在中国政治思想史上占有重要地位，道家把无为而治作为统治者治政的最高境界。在我国的历史长河中，按照老子无为而治的思想作为统治手段而取得成功的案例比比皆是，如唐初和宋初的统治者都是如此，在处理当时的社会矛盾、稳定形势方面，起到了积极的作用。

4 道家、道教文化精神内涵对道观园林的影响

成都自上古时期以来就以神话发达、巫教盛行而闻名。这种历史文化现象为道教及道教建筑的产生和发展带来了直接影响。伴随着朝代更替，道教宫观也与成都地区的道教发展相适应，集中反映了这一地区道教的神学思维和理念。今天坐落于成都的道教宫观大多有着上千年的历史，很多都是闻名国内外的道教名胜之地。总结与研究成都道教文化，不断充实和丰富传统文化宝库，是当代相关学者肩负的历史使命，也可以使传统文化更好地为现代文化服务。道家、道教文化中的许多思想内涵后来不断运用于道观园林的建设上，使我国道观园林的物质空间与道教的精神空间紧密结合在一起，充分体现了道教特色，提升了其园林艺术的文化品位。

5 结 语

“民族的就是世界的。”我们应深入研究和发扬中国道教的优秀文化，使道家、道教文化立于世界民族文化之林，这是国人义不容辞的义务和责任。

参考文献

[1] 冈大路. 中国宫苑园林史考[M]. 北京：学苑出版社，2008：19-21.

[2] 胡锐. 道教宫馆文化概论[M]. 成都：巴蜀书社，2008.

[3] 南怀瑾. 中国道教发展史略[M]. 上海：复旦大学出版社，2003：7-8.

思政教育与“双创”教育融合路径研究

袁 睿 李心怡 罗华磊 谢泞临 何畅为

（成都东软学院计算机科学与技术系 四川 成都 611844）

摘 要：近年来，随着国家对大众创业、万众创新愈加重视，高校作为“双创”教育开展的主阵地需要在新的时代背景下寻求新的发展。针对教育部关于高校思政教育的要求和发展，“双创”教育融入大学生思政教育已经成为高校课程改革的重要探索方向。我国的“双创”教育借鉴西方创业教育，结合我国的特色和实际教育情况，对现在的高校创业教育进行了扩展和深化。本文主要对“双创”教育和高校思政教育之间的关联性、必要性进行分析，同时探索高校思政教育和“双创”教育的融合发展路径。

关键词：创新创业；思政教育；融合发展

Research on the Integration Path between ideological and Political Education and “Mass Entrepreneurship and Innovation” Education

Yuan Rui, Li Xinyi, Luo Hualei, Xie Ninglin, He Changwei

(Department of Computer Science and Engineering, Chengdu Neusoft University, Chengdu 611844)

Abstract: In recent years, as the growing attention on the masses entrepreneurship and innovation, universities need to seek new methods for development under current situation as they are the main front for the instruction of “Innovation & Entrepreneurship ”. Due to the requirements of the Ministry of Education on ideological and political education progression in universities development, integrating “Innovation & Entrepreneurship ” instruction into students’ ideological and political education has become an important exploration direction of curriculum reform. “Innovation & Entrepreneurship ” instruction draws lessons from Western entrepreneurship education, and combines with local characteristics and education conditions to expand and deepen current university entrepreneurship teaching. This article mainly analyzes the relevance and necessity between “ Innovation & Entrepreneurship ” instruction and universities education of ideological and political. Also, it explores the integration of ideological and political education with “ Innovation & Entrepreneurship ” instruction in universities and how to develop it.

Keywords: innovation and entrepreneurship; ideological and political education; integrated development

基金项目：成都东软学院 2020 年度科研项目“大学生创业教育的思想政治教育价值研究”（NSU2020-005）；四川省 2018—2019 年高等教育人才培养质量和教学改革项目“以竞赛和项目为驱动的创新创业型人才培养模式探索与实践”（JG2018-901）；成都东软学院 2020 年混合式教学课程建设项目“大学计算机基础”。

作者简介：袁睿（1988—），女，汉族，籍贯四川，讲师，本科，研究方向为双创教育；李心怡（1987—），女，汉族，籍贯宁夏，研究实习员，硕士，研究方向为思政教育；罗华磊（1989—），男，汉族，籍贯四川，讲师，硕士，研究方向为思政教育，谢泞临（1995—），女，汉族，籍贯四川，助教，本科，研究方向为双创教育；何畅为（1992—），男，汉族，籍贯四川，讲师，硕士，研究方向为双创教育。

1 引 言

中共中央政治局委员、国务院副总理孙春兰在浙江出席中国“互联网+”大学生创新创业大赛等活动时强调：要深入学习贯彻习近平总书记关于教育的重要论述，把创新创业教育融入人才培养全过程，全面提高人才培养质量，不断提升教育服务国家发展能力。“双创”教育课程是实践性很强的课程，不但要传授学生创新创业理论知识，还要发挥思政教育的价值，鼓励大学生将个人理想与专业、行业、社会结合起来、将个人价值和社会价值统一起来、将个人成才的理想升华为对社会的责任感和使命感，让实现中华民族伟大复兴的中国梦深深扎根在大学生的心中，进而达到培养新时代社会主义合格建设者和可靠接班人的目的。

2 “双创”教育和思政教育的融合基础

思政教育的主要目标是通过思政教育课程让大学生树立正确的人生观、世界观和价值观，使大学生正确认识社会发展规律，认识自己的社会责任，提高自身综合素质，全面发展。“双创”教育是创新型实践教育，旨在培养大学生实践应用能力、创新精神等多方面的综合素质，着力培养大学生创新创业素质。因此“双创”教育和高校思政教育的教育目标是一致的，都是以素质教育为核心目标。

在教学内容上，“双创”教育和思政教育有许多交汇互融的地方，如“双创”教育将大胆创新、乐观向上、团结合作等创新创业所需的良好品质渗透于思政教育之中；思政教育将现在大环境下倡导的创新精神、创业意识的培养融入其中，丰富了思政教育内容，因此二者在教学内容上是相互融合的。

3 “双创”教育和高校思政教育融合的基本策略

3.1 构建创新创业教育课程体系

通过创新创业课程的学习，使学生能够明确创新的必要性和重要性，了解和掌握科技革命与产业发展的进程以及全球问题引发的创新方向，树立报效国家和回报社会的责任感和使命感。

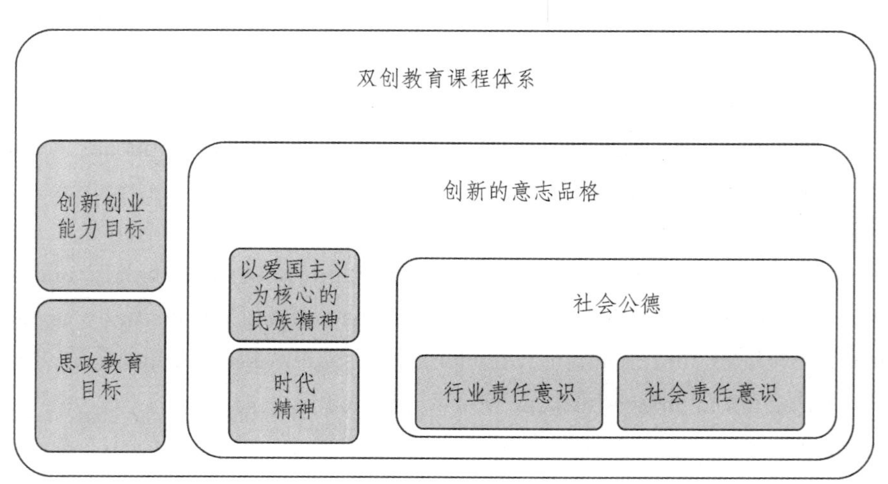

图 1 双创教育课程体系

3.2 采用混合式教学模式

基于国家、高校、大学生三大创新维度，具体从“科技革命与国家发展”“企业七个层次的创新”“个人想象力、创造力、创新力的发掘”等内容展开教学。各高校可充分利用新一代信息技术开展“线上+线下”混合式教学模式改革，向自主学习、以学生为中心的教学模式转变。让学生在思政课程和创新创业融合中切实感受创新创业的魅力，提升综合素质。在创新创业实践活动中体现思政教育内容，在创新创业慕课学习平台中增添“创新精神”“创业意识”“创业先锋”等板块，鼓励学生在辅导员指导下积极参加创新创业大赛、创新创业讲座、企业或工厂实地参观等实践活动，传递创新精神、让理论和实践以更加多姿多彩的形式融合。

3.3 加强“双师型”教育教学能力

师者，所以传道受业解惑也。如果想要让思政教育和“双创”教育完美地融合发展，那么高校需要培养可以同时开展思政教育和“双创”教育的“双师型”教师。不断加强任课教师关于创新创业知识的培训，加强创新创业教师的思想政治培训，思想政治专业教师也可以积极参与到“双创”教育当中来，为“双创”教育提供专业的思政教育意见。三类教师能够通过共同备课商讨教学方案和教学内容的设计。加强思想政治教师对创新创业实践课程的培训。加强三个工作岗位中教师的培训，优势互补，互帮互助，打造一支高水平、高能力、高素质的双向发展队伍。

3.4 强化思政教育在创新创业实践环节的应用

思政教育对于创新创业具有重要的意义，能够为大学生创业教育的开展提供必要的支撑、动力和保障。高校应合理整合教学资源为思政教育和“双创”教育的融合教学提供相应平台，有条件的情况下可相应创建大学生创新科研基地、大学生创业孵化基地等相应组织，请有相关经验的老师为学生提供持续帮扶、全程指导、一站式服务，让学生自由主动的发挥创新精神、创业能力。从长远来看，提升大学生创业者综合素质有利于推动整个社会的文明进步。

4 结 语

现如今，在国家大力倡导“大众创业、万众创新”的特殊时期，大学生“双创”教育的重要性日益凸显。目前，各高校都还在探寻“双创”教育融合理论体系，在这种情况下，顺应时代潮流探寻“双创”教育与教学融合大势所趋。在思政教育中积极培养大学生的创新精神、增强创业意识，锻炼创业思维；在双创教育中，融入爱国主义为核心的民族精神和时代精神。在实践活动开展过程中，多结合创新创业活动，以实现思政教育和“双创”教育的良好融合，为培养高度契合社会需求的高素质人才而努力。“双创”教育和高校思政教育的融合发展，不仅可以提高辅导员、思想政治教师在开展思政教育时的实效性，更能体现思政教育中所蕴含的人文关怀和价值引领，为“双创”教育提供理论支持，指明正确发展方向，达到培养新时代社会主义合格建设者和可靠接班人的目的。

参考文献

[1] 王玉芳，高华明. 高校思政教育与创新创业教育融合发展研究[J]. 石家庄职业技术学院学报，2020，32 （1）：64-67.

[2] 刘菲菲. 大学生创业教育的思想政治教育价值研究[D]. 芜湖：安徽工程大学，2018.

[3] 雷茜，廖巍，李增蓉. 高校思政教育和大学生就业创业教育的融合研究[J]. 淮南职业技术学院学报，2019，19（6）：29-30.

[4] 许艺妍. “双创教育+思政育人”的现实价值与模式重构[J]. 常州信息职业技术学院学报，2019，18（4）：41-44.

[5] 权松立，申永防. 高校创新创业人才培养与思政教育融合的价值内涵及实施路径[J]. 经济研究导刊，2019（18）：144、148.

四川公路运输企业富临运业经营分析

吕宜航　孔晶晶

（成都东软学院商务管理系　四川　成都　611844）

摘　要：航空运输、铁路运输、公路运输是三种重要的运输方式，其中公路运输历史更为悠久，适用范围更加广泛，是我国国民经济的基础产业。改革开放之后，我国的公路运输行业更是取得了巨大的发展和成绩，但发展的同时近年来也面临航空、高铁、网约车等的竞争，存在着或多或少的问题。本文以四川地区具有稀缺代表性的上市公司富临运业为例，通过对公司的现状和主营业务分析，结合公司的内外部环境研究，提出针对公司的优化建议，希望借此引导四川地区的公路交通企业做大做强。

关键词：公路运输；富临运业；优化建议

Analysis of Fulin Transportation Management of Sichuan Highway Transportation Enterprise

Lv Yihang　Kong Jingjing

(Department of Business Management, Chengdu Neusoft University, Chengdu 611844)

Abstract: Air transportation, railway transportation and highway transportation are three important ways of transportation. Among them, highway transportation has longer history and wider application scope, and is the basic industry of China's national economy. After the reform and development, China's highway transportation industry has made great progress and achievements, but at the same time, it also faces the competition of aviation, high-speed rail and online car hailing in recent years, and there are more or less problems. This paper takes Fulin transportation industry, a rare representative listed company in Sichuan Province as an example, and through the analysis of the company's current situation and main business, combined with the company's internal and external environment research, puts forward optimization suggestions and improvement measures for the company, hoping to guide the highway transportation enterprises in Sichuan to become bigger and stronger.

Keywords: highway transportation; Fulin transportation; optimization suggestions

1　引　言

在航空产业和高铁产业急速发展的今天，曾经作为国民主要出行方式的公路运输已显得较为落寞。四川地区由于受到地理环境的影响，曾经在高铁和动车产业的发展上远远落后于江浙沪、京津冀一带，而四川地区的公路企业也享受了多年的省内运输垄断地位。如今，四川多条高铁、动车建成通车，对本省公路运输企业带来了巨大的冲击，公路运输业整体低迷。在这种情况，对

基金项目：成都东软学院 2019 年度校级教研教改立项课题（编号：NSUJG2019-011）。

作者简介：吕宜航（1981—），男，高级经济师、副教授，硕士，研究方向为企业管理、创新创业；孔晶晶（1982—），女，高级工程师，硕士，研究方向为项目管理。

四川地区公路运输企业进行分析研究，找出面临的问题和对策，具有很强的现实指导意义。四川地区大型的公路运输企业较少，基本都是过往国营企业改制而成的。大型的公路运输企业包括以客运为主的成都运输总公司、四川运输成都公司，以货运为主的远成物流、灰狗运输等。本文以四川地区唯一一家上市的客运企业四川富临运业为例，通过对公司近年的经营现状分析，结合公司的内外部环境研究，找出企业存在的问题并提出优化建议，旨在通过标志性企业的发展引导四川地区公路运输企业健康持续地发展。

2 富临运业案例分析

2.1 企业简介

四川富临运业集团股份有限公司成立于2002年3月。2010年2月，公司在深圳证券交易所成功上市（股票代码：002357，股票名称：富临运业）。经过多年的发展，公司在资产规模、营业收入、客运站数量、客运车辆、线路资源以及客运量和旅客周转量等方面均位居四川省道路运输行业第一位。

2.2 近年的经营状况

公司所从事的主要业务、主要产品及其经营模式未发生重大变化。公司主营业务为汽车客运服务和汽车客运站经营，其他业务包括城际出行、旅游、汽车后服等。

2.2.1 汽车客运业务

汽车客运是公司的核心业务之一。公司的汽车客运业务主要包含两类，一类是由公司在各客运站承运旅客，向旅客收取承运费用；另一类是公司提供车辆给企业或个人，为其提供运输服务并收取运输服务费。根据上市公司年报得知，截至2019年底公司拥有各类营运车辆4 788台，较2018年末减少164台；客运线路761条，较2018年末减少63条。

2.2.2 汽车客运站经营

汽车客运站经营也是公司的核心业务之一。根据相关法律规定，所有营运客车需办理相关经营许可证的各地汽车客运站从事客运运输，各汽车客运站根据站级，按照标准收取费用，主要包括客运代理费、站务费、安检费等。根据上市公司年报得知，截至2019年底公司拥有客运站35个，其中一级客运站10个，主要分布在成都、绵阳、遂宁和眉山等地，在四川省道路运输业中发挥着重要的枢纽作用。

2.2.3 其他业务

公司依托自身“车”与“站”资源，大力开展城际出行、旅游、汽车后服等协同业务，该等业务增长明显，已逐渐成为客运业务的重要补充。

2.2.4 近三年财务情况

通过公司2019年年报，得知企业近三年的主要财务指标如表1所示。

表1 2017—2019年主要财务指标

	2019年	2018年	2017年
营业收入	885 614 821.08	959 999 711.78	1 075 163 751.55
归属于上市公司股东的净利润	83 751 942.40	37 607 660.74	103 194 181.24
经营活动产生的现金流量净额	252 620 664.06	172 175 118.30	209 553 796.03
基本每股收益（元/股）	0.2672	0.1200	0.3292
加权平均净资产收益率	7.40%	3.45%	9.79%
	2019年末	2018年末	2017年末
资产总额	2 577 067 365.91	2 611 890 712.12	2 714 071 420.00

2.3 公司股权结构

通过国家工商信息查询网和企信通查询得知，公司原创始人安治富已经通过协议交易的方式让出公司的控制权。公司现实际控制人为永锋集团有限公司，公司主营业务为钢铁等，在2019中国制造业企业500强榜单中名列第156位，法人刘峰。具体控制权示意图如下

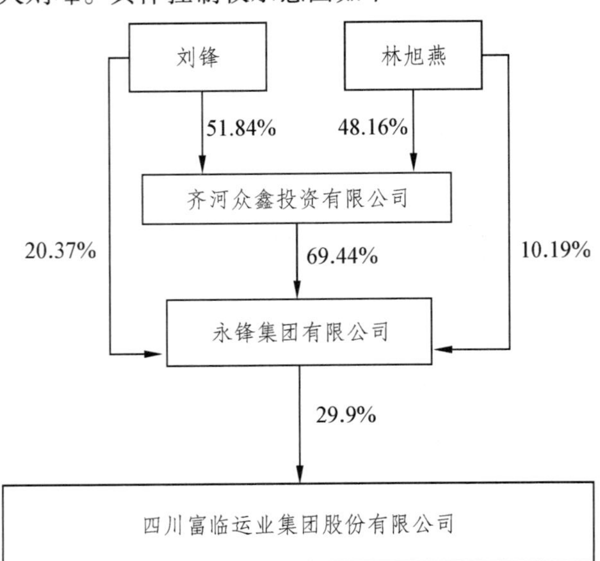

图1：控制权示意图

2.4 公司投资状况

通过国家工商信息网和公司2019年报分析得知，公司对外参控股主要公司为以下三家：

（1）2019年度确认对绵阳市商业银行投资收益为5 762.53万元，占上市公司净利润的65.43%；富临运业对绵阳商行持股比例为8.65%，是绵阳商行的第二大股东。

（2）2019年度对四川三台农村商业银行股份有限公司投资收益1 625.71万元，占上市公司净利润的18.46%；富临运业对三台农商行持股比例为9.63%，是三台农商行的第一大股东。

（3）富临运业持有成都兆益科技发展有限责任公司100%股权，该公司2019年度盈利仅为54万元，但该公司主营业务为开发和销售基于北斗定位的车载定位设备，具有较好的发展潜力。

2.5 经营分析小结

通过对富临运业近年的经营状况、2019年度的股权结构、2019年度的投资状况分析，不难得到如下观点：

（1）公司近年的经营状况不佳，尤其主营业务持续惨淡。

公司营业收入相较2017年度下降，2019年度净利润虽然相对2018年度增长122.70%，对外投资获利占比高达84%以上，但仍旧比2017年度1亿的近利润低了2000余万元。

（2）公司股权变动大。

公司原有创始人的退出，新进股东的进入给上市公司带来了不小的变动。原公司控制人多年经营公路运输企业，具有丰富的行业经验，而新进控制人原主营业务为钢铁冶炼和贸易，对运输行业特别是公路客运行业不熟悉。

（3）对外投资收获颇丰，潜力巨大。

公司通过参股控股绵阳市商业银行、三台农商行两家股份制银行，获利丰厚。同时，公司下属全资子公司成都兆益科技的主营业务为北斗定位产品，北斗卫星系统为国家重点战略项目，现在全面组网成功。可以预见，随时北斗卫星商业化的进一步落地和逐渐成熟，成都兆益科技也将享受此市场红利，从而为母公司贡献更高的利润。

3 富临运业优化建议

3.1 立足主业，精耕细作

公司为四川地区的上市企业，本着为四川地区经济发展和人民服务态度，公司应当立足自己的主业，推进产业深耕和提升公司全面管理能力，积极探索主业延伸，在定制化客运、客货一体化、区间通勤业务、川内旅游客运等方面有所发展和提升。

3.2 稳定公司，适时调整

公司近年发生的较大股权结构调整，实际控制人的变更，虽然给公司带来了不稳定的因素，但塞翁失马，焉知非福。公司新的实际控制人资产雄厚，既有意四川的运输企业，想必在适当的时候会引进行业巨头的参与，通过融资并购的方式，将上市公司做大做强。

3.3 全面调研，稳健投资

公司既然已通过对外投资、参股控股企业的方式获取巨大的利益，那么公司可专门设立相应的资产管理部门，对热点市场、热点行业，以及潜力企业进行深入的调研分析，从而在公司现金流充分的情况下，适时地稳健地对外进行投资参股。

4 结 语

本文以四川地区具有稀缺代表性的上市公司富临运业为例，通过对公司的现状和主营业务分析，结合公司的内外部环境研究，提出“立足主业，精耕细作；稳定公司，适时调整；全面调研，稳健投资”三方面的优化建议，同时借此引导四川地区其他的公路交通企业做大做强。

参考文献

[1] 四川富临运业集团股份有限公司[DB/OL].（2019-08-07）[2020-08-12].http://www.scflyy.cn/about/?110.html

[2] 四川富临运业集团股份有限公司 2019 年年度报告[EB/OL].（2020-04-30）[2020-08-12].https://pdf.dfcfw.com/pdf/H2_AN202004301379075982_1.pdf

探析如何加强统计数据质量管理

丁俐云

（成都东软学院院长办公室 四川 成都 611844）

摘 要：随着社会经济的快速提升，统计失实现象出现的概率也在逐渐升高。统计者应坚守本职工作，致力于个人专业能力与工作能力的提升，增强统计执法的工作力度，保证统计数据的高质量、安全，如此才可以让统计工作对社会经济发挥出最大的价值。文章分析统计数据质量的含义、影响统计数据质量的因素，从而提出增强统计数据质量管理工作的具体措施，以期推动社会经济的进一步发展。

关键词：统计数据；质量管理；问题与措施

How to Strengthen the Quality Management of Statistical Data

Ding Liyun

(Dean's office, Chengdu Neusoft University, Chengdu 611844)

Abstract: With the rapid improvement of social economy, the probability of statistical inaccuracy is also gradually increasing. Statisticians should stick to their own work, improve their professional ethics, devote themselves to the improvement of personal professional ability and working ability, strengthen the work of statistical law enforcement, and ensure the high quality and safety of statistical data. Only in this way can the statistical work play the greatest value to the social economy. This paper analyzes the meaning of statistical data quality and the factors affecting the quality of statistical data, and puts forward specific measures to enhance the quality management of statistical data, so as to promote the further development of social economy.

Keywords: statistical data; quality management; problems and measures

1 引 言

中国的统计工作一贯都表现出良好的发展势头，也取得了不错的成绩。从总体上来看中国现有的统计数据，大多数是可以真实地表现实际情况的。但随着市场经济结构逐渐趋于复杂，越来越多内外界因素的出现导致统计数据工作难度逐渐提升，统计失实的情况时有发生。因此，统计人员应时刻保持清醒，以保障统计数据质量为工作底线，高度重视统计数据的工作，同时使用科学正确的措施，真正做好统计数据的质量管理工作。

2 统计数据质量的含义

随着人们观念的转变，人们对统计数据质量的认识也从先前的狭义转向广义，需要从数据给予者、生产者与用户等方面来分析数据质量。准确已经不是评定统计数据质量的唯一方面。数据质量指的是统计信息对使用者要求的满足程度。

作者简介：丁俐云（1979—），女，汉族，籍贯浙江杭州，讲师，硕士，研究领域为统计学、电子商务。

主要有以下几个方面：

2.1 适用性

适用性指的是所统计的信息是否有所用处，是否与客户的需求相一致。其需要政府有关统计部门与社会维持紧密的联系，并使用多种途径掌握社会对信息的需求情况，以此来适应经济管理的要求，降低信息供应与社会需求间的缺口。

2.2 准确性

准确性指的是统计估算值与目标值即真值间的差距。误差越小，准确性就会越高。

2.3 及时性

及时性指的是调查期与公布数据间的时间少。这也需要统计部门首先积极创新统计工作方法，及时地在统计信息工作中采用信息化技术，缩短数据调查与发布间的时间，增强统计数据的时效性。

2.4 可取得性

可取得性指的是使用者在统计部门查找统计信息的容易度。政府有关统计部门首先需要具备方便客户检索与查询的数据分类系统，其次应设立并完善统计服务系统，最后对外发布的统计数据图片与文字应确保内容清晰。

2.5 客观性

客观性主要是指在开展统计工作的时候，相关工作人员在数据的收集以及加工整理的过程中应当严格遵守客观性原则。具体体现在统计工作的开展过程应当公开透明。要求：第一是要公开透明地采集所需要的数据。第二是需要从监督的角度选择统计工作的开展方法，统计部门可以对统计所得到的数据的真实性做出评价。第三是统计工作的实际开展过程需要进行公开，让用户能够对统计数据工作的制度以及相关的法律法规有一定的了解，之后再将政府之前所采集到的数据的变化向用户们做出讲解。

3 影响统计数据质量的重要因素

现阶段，影响统计数据质量的因素主要有以下几个方面。

3.1 对统计数据认识不足

现阶段，相关工作人员对数据的统计工作没有一个准确的认识，这也是统计数据质量比较低的一个重要原因。社会上经常出现关于统计的许多问题。例如，统计是什么，统计是用来做什么的，等等。一些基层领导不了解统计工作的具体内容以及实质性的作用，就会忽略对统计工作的管理。现阶段，全国都十分重视经济的发展，部分人在此过程中只关注能够为自己赢得直接效益的工作，却忽略了一些间接对自己利益有作用的工作。统计工作就是如此，并不会对经济的发展起到直接的促进作用，但是能够通过详细的数据分析，让管理者做出正确的决策，从而推动经济的发展。一些管理者没有认识到统计工作的重要性，就会使得统计部门缺少工作人员，管理制度不够完善，工作效率比较低下。

3.2 原始统计信息数据质量不高

最初的统计信息数据不够准确也是统计数据质量低的一个重要原因。统计数据的质量是统计工作有效开展的基础，如果统计所得到的数据不够准确，就会出现统计信息缺乏真实性的情况。

3.3 统计制度方法不准确

统计制度以及开展统计工作的方法不够合理也是统计数据不够准确的一个原因。例如，在现阶段，出现了许多全新的产业。如果没有一套完整的适合新业态的统计方法、统计制度，就不能准确的计算出它的价值，从而就会出现得到的数据不够真实的情况。

3.4 统计“双基”工作水平低

统计数据主要来源于基层和基础。基层基础的统计工作开展不够高效，出现的问题就比较多。除此之外，调查对象对统计数据的准确性也有一定的影响，其具体体现在三个方面：第一是调查的对象较为复杂，第二是此工作对调查对象自身的利益的影响，第三是企业的统计工作开展不够高效。

4 提高统计数据质量的管理方法

4.1 做好统计质量的管理工作

第一，完善数据质量责任制度并有效地落实。加强对数据质量的管理，以及加强对全体工作人员的管理，每个人应当做好自己的本职工作，实行责任到人的制度。第二，完善数据质量评价的制度。在开展统计工作的时候，应当严格按照本地区以及本专业的实际情况，制定出合理的数据质量评价制度。第三是要建立研究统计数据质量的会议制度。相关工作人员在此过程中应当定期地对相关地区展开调查，及时地发现其中存在的问题并解决。第四是建立完善的数据质量调查研究机制。

4.2 加强统计数据质量的法律支持

在开展统计工作的过程中，人为因素对统计数据质量的影响也是十分巨大的。现阶段，需要增加统计工作法律法规的建设，以有效地避免管理者虚报数据情况的发生，从而保障统计工作的顺利进行。政府也应当对统计工作引起足够的重视，尽快完善相关的法律法规，加强统计工作的管理，并从各方面为统计工作的顺利进行提供一定的支持，此外还要通过多种方式加大对完善统计法律的宣传工作，以此提高人们对统计工作的认识。

4.3 改革统计的方法

我国统计调查方法的改革过程及改革目的，就是建立必须的周期性调查，并经常做一些抽样调查。在统计调查中，抽样调查是十分重要的一种调查方法。在现阶段加强抽样调查在各个领域中的应用程度能够有效地提升统计数据的总体质量，在一定程度上也避免了调查过程中许多繁琐的步骤，这在一定程度上有效地降低了各种因素对统计数据质量的影响程度。因此，这种调查方法所得到的结果与实际情况比较吻合，它能够有效地应用到相关工作人员提前计算以及对数据的详细分析中，从而减少了在统计工作中虚假数据情况的发生，有效提高统计数据的质量。

4.4 切实开展基层基础统计工作，推动大数据应用

我国统计的数据主要是来自基层的统计，基层统计所得到的数据的质量对整体质量有着十分巨大的影响。现阶段需要进行全面的创新，提高统计数据的整体质量，不断地增强基层工作者的工作能力，加强对基层工作的监管力度，以此确保所得数据的准确性。（1）推动部门与人员的网络化。需要完善三级统计网络，确保沟通流畅。形成以县为主，包含各个乡村的网络。（2）推动团队专业化。每个乡村的统计人员应当接受专业的培训，加强理论知识，在工作中还能够熟练地使用电脑等办公设备。（3）增强统计业务合理化。现阶段需要完善统计报表的记录以及资料审核的规章制度，以确保统计工作能够更加顺利地进行。此外，还需要完善相关的管理制度，严格按照工作流程开展工作。

5 结　语

现阶段开展统计数据质量的管理工作是十分重要的，并且也是比较复杂的。统计所得到的数据不精确会对社会的发展产生巨大的影响，甚至会给人们的生活带来巨大的问题。我们所有人应该共同监督，严格落实统计工作的规章制度，以此提高统计数据的准确率，保障我国社会经济的不断发展，并提高人们的生活质量。总之，在现阶段提升统计数据质量是一项十分重要又艰巨的任务，要及时发现影响统计工作的因素，并采取

有效的解决措施，以此更好地提升统计数据质量的工作。

参考文献

[1] 赵鹏程. 提高统计数据质量发挥统计积极作用[J]. 统计与管理，2014（1）：18.

[2] 米子川. 大数据环境下质量统计方法的选择导向[J]. 中国质量，2015（2）：92-94.

[3] 程春英. 基层统计数据质量提高的方法[J]. 中外企业家，2013（32）：238.

文旅融合背景下敦煌文化符号在皮具产品设计中的应用

王亭亭　陈道佳

（成都东软学院数字艺术系 四川 成都 611844）

摘　要：随着“一带一路”倡议的提出，敦煌作为一个中西方文化交流的融合之地，其旅游文创产业的发展面临着巨大机遇。本文从皮具产品设计出发，分析当前皮具行业现状，对敦煌元素符号文化进行提取，提出敦煌主题皮具产品设计原则，以敦煌文化为例讨论皮具产品与文化符号结合的可行性，在文旅融合背景下提出一种新的皮具产品设计思路。

关键词：敦煌；皮具；文化；符号

Application of Dunhuang Cultural Symbols in Leather Product Design under the Background of Cultural and Tourism Integration

Wang Tingting　Chen Daojia

(Department of Digital Art, Chengdu Neusoft University, Chengdu 611844)

Abstract: Because of “the Belt and Road Initiative”, Dunhuang, as a fusion place of Chinese and Western cultural exchanges, has great opportunities in the development of its tourism and cultural creation industry. Starting from the design of leather products, this paper analyzes the current situation of the leather industry, extracts Dunhuang element symbol culture, puts forward the design principles of Dunhuang theme leather products, takes Dunhuang culture as an example to discuss the feasibility of combining leather products with cultural symbols, and proposes a new leather product design idea under the background of cultural and tourism integration

Keywords: Dunhuang; leather product; culture; symbol

1　引　言

当今，市场经济的快速发展提升了服装、皮具、箱包等消费市场产品的丰富性与多样性。皮革制品业是我国轻工业中重要的传统产业之一，皮具慢慢成为人们生活中不可或缺的日常用品，受到消费者的欢迎。改革开放以来，中国的皮具行业得到了迅速的发展，目前产量和出口量稳居世界首位，在全球同类产品总产量中占比超过50%。中国已经成为世界公认的皮具制造大国和皮具产品贸易大国。据相关资料显示，中国皮具业每年正在以超过 30%的速度迅速发展。虽然本土的皮具行业依然保持着快速发展的局面，但是当前中国皮具产品的同质化严重，设计能力不足，一味追求形式和模仿国外设计，市场竞争日趋激烈。

2　皮具产品市场的挑战

近年来，中国的皮具行业已经形成了许多具

作者简介：王亭亭（1983—），女，汉族，籍贯黑龙江，副教授，硕士，研究方向为工业设计、文创产品设计、环境空间设计；陈道佳（1998—），女，汉族，重庆市，学士，成都东软学院工业设计专业。

有行业特色的生产基地和生产市场，并且形成了特有的区域品牌，为增强中国皮具行业国际竞争力提供了有利因素。但其在飞速发展的同时仍然存在着不同程度的问题，主要表现在高附加值产品所占比例小、产品档次参差不齐、样式相对简单以及缺乏国际品牌等方面。皮具产品由于具有耐用等特性深受喜爱，但产品缺少特征，原创设计缺乏等问题也制约着皮具产业的发展。意识到这些问题，国内皮具行业的发展也慢慢呈现出以下的特点：

第一，皮具行业出现了以特色化产品、特许经营等形式进行发展的品牌企业，皮具行业的特许经营成为未来皮具行业发展的必由之路。未来五年，将是中国皮具品牌名牌战略和高端产业形成的阶段，中国原创品牌将会拥有更加广阔的发展空间。

第二，消费者的购买能力相继提高，开始追求较高的生活品质，注重对环境的保护。皮具产品不光具有一定的观赏性与实用价值，如今也正在向生态皮革方向发展，努力做到在生产制造过程中不给环境造成污染，在使用过程中不对人体造成伤害，开发绿色无污染工艺，使消费者们都越来越愿意在皮具产品上有更多的消费。

第三，消费者对皮具产品的选择越来越趋向于产品文化的、独特的、装饰性的产品属性。

3 文旅融合的机遇

随着科学技术和经济的高速发展，人们逐渐意识到文化才是国家核心竞争力之一。2019 年 4 月 8 日，中国文化和旅游部正式挂牌，开启了文化和旅游融合发展的大幕。文旅融合不仅仅是简单的“文化+旅游”，旅游只是载体，文化才是核心的灵魂，它要求实现理念融合、职能融合、产业融合、市场融合、服务融合、交流融合。文创产品作为文旅融合的重要组成部分，在这个融合的过程中起到非常重要的作用。

据调研早在 2015 年，大英博物馆艺术衍生品的收入便高达两亿美元。这都得益于它深度的开发模式和不断超越的独特创意。虽然大英博物馆收藏着世界各地不同文化的文物，但是它的文创设计并不仅仅停留于表面，其十分注重对一些文化认同度高的重点文物进行深度开发。近年来，国内对文创产品也越来越重视。以故宫文创为例，2013 年北京故宫为了进一步弘扬中国传统文化，首次面向公众举办了“把故宫带回家”为主题的文创设计大赛。2016 年 6 月，故宫博物院与阿里巴巴签署了合作协议，再次将故宫文创推向热潮。随后故宫博物院又与腾讯公司合作，让故宫走向数字化创意时代。故宫博物院借助着网络平台，从一系列文创产品到用户互动，通过网络平台全方位地打造文创产品，以文创产品作为文化载体，深入人们的日常生活，传播着中国千百年的历史文化，比如跟洛可可公司合作设计的一系列有关故宫猫的文创，与 Dior、YSL 等化妆界知名品牌联名设计的故宫系列口红，等等。

敦煌是古代丝绸之路上一个十分重要的城市，是中西方文化交流的融合之地。随着国家“一带一路”倡议的提出和深化，敦煌的旅游文创产业面临巨大的发展机遇。

4 敦煌文化符号分析

“敦煌”一名，较早见于《史记》《汉书》的记载，如《史记·大宛列传》中“始月氏居敦煌、祁连间”，《汉书·张骞传》中乌孙“昆莫父难兜靡本与大月氏俱在祁连、敦煌间”，《汉书·西域传》中还记载“乌孙本与大月氏共在敦煌间”“大月氏……本居敦煌、祁连间”。敦煌的地理位置十分重要，是东西方贸易的中心和枢纽，是古代丝绸之路的咽喉。伴随着丝绸之路的繁盛，敦煌也成为东西方文化交汇的枢纽。

4.1 地理特征符号

敦煌市位于河西走廊的最西端，别名沙洲、沙城，是典型的温暖带干旱性气候，形成了沙漠、戈壁这样具有代表性的特殊地理地貌特征。整个地区被沙漠和戈壁包围，所以有“戈壁绿洲”的别称，这种特有的自然条件造就了月牙泉、莫高窟这样的自然和人文旅游景点。敦煌以“敦煌石窟”“敦煌壁画”闻名天下，敦煌莫高窟、西千佛洞、安西榆林窟共有石窟 552 个，有历代壁画 5 万多平方米，是我国乃至世界壁画最多的石窟群。

4.2 宗教符号

敦煌不仅仅是经济贸易的枢纽，在宗教的传播过程中也起到了非常重要的作用。敦煌壁画中包含大量的宗教题材内容，以佛教题材为主，但也包含其他宗教题材，个别石窟内甚至将不同宗教内容刻画在同一幅画面之中，这反映出敦煌作为不同宗教文化交流中心的特点。敦煌壁画中涉及的宗教符号主要包括宗教人物形象、宗教经文以及宗教故事。

4.3 装饰符号

敦煌文化中有大量的装饰符号，这些装饰符号主要用于建筑装饰，以及桌围、冠服和器物装饰等，这些装饰符号变化丰富，由于年代不同而有特色，图案形式主要为藻井图案、椽间图案和边饰图案等。

4.4 历史符号

敦煌文化历经多个朝代不断的叠加，其形式表现上也展示出了不同朝代的不同风格，从早期的十六国和北魏，到后面繁盛时期的唐宋时期，线条、色彩、造型都展现出属于各自时期的历史印记。

5 敦煌主题皮具产品设计原则

经过市场调研发现，当下敦煌的各种文化元素，比如壁画、彩塑、藻井有着很多的学者进行研究和临摹，文创产品设计却比较稀少，并且大部分设计产品相对呆板，基本还处于临摹图案贴图的阶段，对消费人群的吸引力相对较弱，由此可见对敦煌文创产品进行新的探索与创作显得尤为重要。

5.1 美观性

产品的美观性是产品的重要属性。作为敦煌主题的皮具产品，在设计上可以借鉴敦煌文化元素符号中的造型方法，继承传统绘画的变形手法，改变变形的程度和方法，去营造或浪漫或写实的风格，以达成产品的美观性。

5.2 文化延续性

皮具产品的创新设计与开发，实际是传统文化理念的继承和创新，设计师应当将皮具产品这一日常生活用品作为一种文化载体，从敦煌的文化符号当中提取元素，传达出独特的产品设计思想与传统文化理念。除此之外，还应当用现代人的眼光对传统文化元素进行改造创新，以达到现代人的审美需求，将现代设计与传统文化进行恰当的结合，从而显示出典型的现代时尚意义和价值。

5.3 可持续性

皮质材料本身具有延展性、耐用性和可持续性，大部分的皮具产品的使用周期较长。根据调查结果发现大部分消费者购买皮具产品是作为日常生活用品，使用较为频繁。现在市面上皮具产品种类繁多，皮具产品设计不能只考虑到外观款式是否新颖，还要注重产品的耐用性，给产品带来更长的使用周期，时尚不断在改变，经过历史积淀下来的造型和用色更具有自己独特的美。

5.4 功能性

功能性是产品最重要的原则之一，皮具产品设计不仅要满足人们对产品的形式美法则，还要满足人们对产品的日常使用需求。调查发现有一部分消费群体认为市面上现有的皮具产品仍然缺乏了一定的功能性，在该设计中应当充分考虑到这一设计原则。

6 结 语

敦煌文化博大精深，皮具产品脱离传统的样式设计，结合敦煌文化与功能的再设计，脱胎换骨地以文创产品的姿态呈现在旅游产品市场上，借助“文旅融合”的东风，必将得到更长足的发展。

参考文献

[1] 陈彦卿. 陈彦卿唯美敦煌文创设计作品[J]. 甘肃社会科学，2019（6）：245.

[2] 王东. 丝路视域下 8—10 世纪敦煌民族交融与文化互鉴——从敦煌古藏文占卜文书谈河西民众社会生活[J]. 西北民族大学学报（哲学社会科学版），2019（6）：14-24.

[3] 胡逸卿，王斌. 敦煌旅游文创产品的设计方法和开发价值研究[J]. 城乡建设，2019(23)：64-67.

[4] 吴雅罕，高震，郭天奇. 关于敦煌文创产品年轻化探索[J]. 传媒论坛，2019，2（13）：153-154.

[5] 邬沅芳. 基于敦煌壁画的文化创意产品开发研究[D]. 兰州：兰州大学，2019.

[6] 田澍. 敦煌文化：丝路文明交流互鉴的典范[J]. 中国社会科学报，2018-12-14（006）.

新冠肺炎疫情下增强大学生“制度自信”路径探析

丁三军　张　勇

（成都东软学院计算机科学与工程系　四川　成都　611844）

摘　要：新冠肺炎疫情爆发以来，中国人民在疫情防控中展现了强大的效率和力量，创造经济快速发展奇迹和社会长期稳定奇迹，一个重要原因就是充分发挥了集中力量办大事的制度优势。高校思想政治教育的根本任务是立德树人，培养合格的社会主义接班人。在新冠肺炎疫情下对增强大学生“制度自信”的路径进行研究，有利于新形势下大学生综合素质的提升，有利于高校思想政治教育工作的改革和创新。

关键词：制度自信；路径探析；疫情；大学生

An Analysis of Ways to Enhance College Students’ “System Confidence” in the Face of COVID-19 Epidemic

Ding Sanjun, Zhang Yong

(Department of Computer Science and Technology, Chengdu Neusoft University, Chengdu 611844)

Abstract: Since the outbreak of COVID-19, the Chinese people have shown great efficiency and strength in epidemic prevention and control, and created a miracle of rapid economic development and long-term social stability. One important reason is to give full play to the institutional advantages of concentrating resources to accomplish large undertakings. The basic task of ideological and political education in colleges and universities is to cultivate qualified successors of socialism by virtue. Research on ways to enhance college students’ “system confidence” in the face of COVID-19 epidemic is conducive to the improvement of college students’ comprehensive quality under the new situation, as well as the reform and innovation of ideological and political education in colleges and universities.

Keywords: confidence in the system; path analysis; the outbreak of CONID-19; college students

1　制度自信在战胜疫情中的作用

新冠肺炎疫情突如其来并快速蔓延，对广大人民群众的生命财产安全造成极大威胁。党和国家领导层本着人民利益至上的原则，果断决策，及时阻断新冠肺炎病毒传播途径，有效降低死亡率，提高治愈率，降低感染率，及时排除疑似病人，截至2020年3月底，人民生活逐步走向正轨，逐步复工复产，虽然新冠肺炎疫情造成了巨大财产损失，但在党中央的坚强领导下，避免了给国家和人民生产生活造成更大灾难。

这么短时间内取得如此大的成果，取决于什么呢？毫无疑问，党的坚强领导是第一位的，还有广大医务人员、党的干部、社区工作人员、志愿者、兄弟省市的有力支持、无私奉献与广大人

作者简介：丁三军（1981—），男，回族，籍贯河南，讲师，硕士，研究方向为大学生思想政治教育；张勇（1981—），男，汉族，籍贯四川，助理研究员，硕士，研究方向为大学生职业生涯规划与就业指导。

民群众的积极配合支持也密不可分。这么短的时间内这么多群体积极工作、忘我工作，修建好雷神山、火神山医院、方舱医院；在民众居家隔离期间，大面积调动社区工作送菜、送餐。如何做到的呢？不得不归结为我们中国特色社会主义制度优势——集中力量办大事。

2 增强大学生“制度自信”的必要性

2.1 国家制度和国家治理体系、治理能力现代化要求

中国共产党第十八次全国代表大会提出制度自信的概念，十九大习近平总书记进一步强调“全党要更加自觉地增强道路自信、理论自信、制度自信、文化自信……始终坚持和发展中国特色社会主义”，党的十九届四中全会审议通过了《中共中央关于坚持和完善中国特色社会主义制度、推进国家治理体系和治理能力现代化若干重大问题的决定》。这些重要的会议和讲话，凸显了制度自信对国家长治久安的重要性，凸显了坚定制度自信是大学生群体的使命担当、是高校一项重要的政治任务；这为我们在大学生群体中开展中国特色社会主义制度自信建设提供了有力的政策支持。

2.2 高校大学生思想政治教育的要求

中国特色社会主义制度是党和人民在长期实践探索中形成的科学制度体系，增强大学生对中国特色社会主义的“制度自信”是高等学校学生思想政治教育的重要内容，是高校思想政治工作的重要组成部分，对提高大学生综合素质，培养学生掌握正确分析形势和理解政策的能力、开阔胸怀视野、增强责任感和大局观有重要作用。它事关青年学生对国家政治、经济、文化、民族制度等的认同，事关他们能否成为中国特色社会主义事业的合格建设者和接班人的重大问题，具有培育大学生成为高素质人才所需的政治观、社会观、大局观及思维养成和人格塑造的功能。

在新冠肺炎疫情下对增强大学生制度自信的路径进行研究，有利于新形势下大学生综合素质的提升，有利于高校思想政治教育工作的改革和创新。

2.3 当前大学生制度自信存在的问题概述

当前高校大学生对于制度认知情况良好，其中绝大多数对于中国特色社会主义的发展表示信任与支持，并且对于未来发展前景信心十足，但是其中也存在一些突出问题。

首先，制度认知是大学生在课内、课外获取的信息，并在个人经历形成价值观的基础上，对于相关事件运用政治理论进行分析，形成自身的评判与判断。对于制度的相关认知的途径主要有：思想政治理论学习、专题社会实践等，将所学知识与实际行动相结合，达到大学生个人对于制度的深度认知；而当前大学生对于中国特色社会主义的认知态度、认知水平等存在不足。

其次，高校通过开设思想政治理论课提升大学生对于中国特色社会主义的认知，将马克思主义理论等内容传授给大学生，增加师生之间的互动交流，加深对于制度的理解与掌握，增强制度自信。高校大学生对于制度自信教育的响应度不高，这也就要求在开展增强大学生制度自信教育的过程中应当从教学方式、教师自身、学生方面等角度考虑问题，探讨通过此些方面提高高校思想政治理论课程的创新力。

3 新冠肺炎疫情下增强大学生制度自信的路径探析

3.1 党团引领：讲好中国抗疫故事

新冠肺炎疫情爆发以来，中国人民在疫情防控中展现了强大的效率和力量。在抗击疫情的过程中，中华民族团结一心、众志成城，涌现了众多感人肺腑的故事，显现了中国人民共克时艰的精神风貌，也积累了宝贵的抗击疫情的经验。

在高校中，深入开展讲述抗疫故事以及在抗

击疫情中体现出的集中力量办大事的优势的活动，是一项重要的任务。在高校中，通过党委、团委领导，加大宣传力度，把校内外在抗击疫情中发生的感人故事挖掘出来，集中报道高校学子在疫情中积极充当社区、乡镇志愿者的事迹，体现大学生的担当和使命，体现出当代大学生的精神风貌，体现当代大学生对中国制度优势的认同。

3.2 课程思政：发挥课堂主教育作用

思想政治理论教育课程通过系统的、有重点的讲授课程知识，提升大学生的理论素养和认知，是当前对大学生进行思政教育的主渠道。但是，仅仅注重学生理论素养提升是不足的，需要结合当前的政治热点问题、意识形态问题等，提升大学生辨别是非的能力；另外，要发挥课程思政的作用，大学生思想政治教育不仅仅体现在思想政治理论课程中，也体现在专业课程中，要结合社会热点、专业领域的问题，深入浅出地对学生进行教育引导。

首先，重视学生学习动力，激发学生学习热情。高校思想政治教育对象主要是在校的大学生群体，学习的动力与热情对于学习是必不可少的因素，对于开展思想政治教育课堂教学有积极促进作用。思想政治教育课堂容易形成“一言堂”，教师单方面地讲授理论知识，学生被动地听，学生的积极性没有被充分调动起来，这是当前的思想政治教育的现状。在新媒体互联网发展的背景下，通过打造“智慧课堂”引导学生将新媒体载体应用到课堂学习中，是不错的尝试；另外，教师在教授过程中，可以采取多种方式，如“翻转课堂”等手段，调动学生的积极性，激发学生的学习参与热情。

其次，转变教师授课理念，提升教师综合素养。课堂教育中，学生是主体，但教师的作用也不可忽视。教师是课程的引导者，学生是课堂的参与者，是课堂的主体。一门课程教授效果如何，学生的评价很重要。这就要求教师不断提高理论素养、知识储备、教学技巧等。

最后，创新教师教学方式，建立良性教学机制。高校思想政治课堂的效果受到教师本身魅力及内容是否符合学生需求的影响，在高校教师不断提升自身综合素养和拉近学生关系的同时，在课堂教学过程中创新教学方式。运用“互联网+”“智慧课堂”“翻转课堂”等方式方法，丰富教学内容，提升学生的参与感和积极性，创新教师的教学方式，让我们的思政课堂动起来。

3.3 内外结合：营造校园文化环境氛围

高校思想政治教育不仅仅是课堂思政，还包括课外思政、全员思政，高校各个部门，都承担着大学生思想政治教育的任务和责任。在高校“大思政”视角下，良好的校园文化，对于提升和培育大学生思想政治教育，增强学习动力、激发创造活力，注重校园文化环境建设、增强大学生对制度自信的认同显得尤为重要。

首先，丰富校园文化活动，渲染制度认知氛围。明确校园文化活动内容的导向性、坚持正确的政治导向，是开展活动的重中之重。在当前价值观多元、意识形态并存的环境中，在活动的组织策划时，要将坚持马克思主义的指导，这一根本准则贯穿始终。

其次，校园文化活动应当有明确的主题内容，在特殊的纪念日或节假日开展系列主题活动，比如在“5·12”国家防灾减灾日，开展系列宣讲活动、今昔灾区图片展示活动，增强广大学生的民族自豪感和自信心；在国庆、党的生日等重大节庆日，通过宣传、宣讲，激发同学们对祖国的热爱和自豪感；在中国抗日战争胜利纪念日开展观看抗战系列影片活动，以轻松观看影片的方式，增加大学生对于抗战过程的了解，提升其对于中国特色社会主义建设的肯定。

最后，注重创新校园文化活动的方式，将校园文化活动的开展与新兴媒体结合，如直播平台、微博、微信等，将奖项设置与幸运奖励等与高校学生的思想政治教育相结合，将传统的活动方式与创新的活动方式相结合，不断拓展活动途径，在活动开展过程中创立品牌，提升学生的专业素养。

3.4 舆论引导：积极发挥新媒体优势

随着网络信息化的不断发展，传统媒体的主导地位逐渐降低，新媒体平台的种类增多、传播信息快速、查阅方便等特点促使其逐渐成为新闻传播的宠儿，在增强大学生“制度自信”的过程中，正确发挥新兴媒体的舆论导向，有利于在大学生群体中传播积极向上的正能量。强化对大学生意识形态方面的正向宣传教育。高校意识形态工作是高校思想政治教育的重要内容，是坚持马克思主义作为指导思想的重要保障，是坚持中国特色社会主义建设的推动力量。首先，要坚持弘扬主旋律、传播正能量，坚持正向宣传，将高校意识形态管理的重要内容等传递给学生，提升高校大学生自身辨别能力，进而增强高校大学生“制度自信”。

4 结束语

总之，在新冠肺炎疫情下，中国特色社会主义制度优势发挥了重要作用。在高校师生中，要通过讲好中国抗疫情故事、发挥课堂主教育作用、营造校园文化环境氛围、积极发挥新媒体优势等方式和途径，增强大学生制度自信。

参考文献

[1] 习近平. 青年要自觉践行社会主义核心价值观——在北京大学师生座谈会上的讲话[N]. 人民日报，2014-05-05（2）.

[2] 杨林香. 大学生“制度自信”的支撑要素及制约因素分析[J]. 思想政治教育研究，2015（4）：109-113.

[3] 白显良. 加强大学生“四个自信”教育的几点思考[J]. 思想教育研究，2016（9）：17-19.

[4] 耿品. 增强大学生“制度自信”的路径研究[D]. 福州：福建师范大学，2016.

[5] 肖贵清. 中国特色社会主义制度基本问题研究[M]. 北京：人民出版社，2013.

新媒体环境下提升高校思政课教学实效的思考

丁三军　水海磊

（成都东软学院计算机科学与工程系 四川 成都 611844）

摘　要：在新时代背景下，新媒体技术在高校思想政治理论课课堂的运用日渐普及，这给高校思想政治理论课带来一些挑战。高校要在习近平新时代中国特色社会主义思想的指导下，坚持立德树人；思政教师要更新观念，尊重学生主体地位，提升思政教师新媒体应用意识和能力；依托新媒体为教学手段，推进思政课教学改革，在新媒体环境下，着力提升高校思想政治理论课的教学实效。

关键词：新媒体；高校；思政课

Thoughts on Improving the Teaching Effectiveness of Ideological and Political Course in Colleges and Universities under the New Media Environment

Ding Sanjun　Shui Hailei

(Department of Computer Science and Technology, Chengdu Neusoft University, Chengdu 611844)

Abstract: under the background of new era, the application of new media technology in the ideological and political theory class in colleges and universities is increasingly popular. It brings some challenges to ideological and political theory courses in colleges and universities. Under the guidance of Xi Jinping's thought on Socialism with Chinese characteristics for a new era, ideological and political teachers should renew their concepts, respect their students and enhance their consciousness and ability of applying new media. They should rely on the new media as teaching means, promote the ideological and political course teaching reform, and in the new media environment, strive to improve the teaching effectiveness of ideological and political theory course in colleges and universities.

Keywords: new media; college ideological; political course

1 引　言

习近平总书记在十九大报告中提出，要“牢固树立共产主义远大理想和中国特色社会主义共同理想，培育和践行社会主义核心价值观”。习总书记在 2016 年 12 月召开的全国高校思想政治工作会议上指出：要运用新媒体新技术使工作活起来，推动思想政治工作传统优势同信息技术高度融合，增强时代感和吸引力。新时代、新形势下，广大高校思政工作者，应充分运用互联网等新媒体、新技术提升高校思想政治课教学水平，提升高校思政课教学实效，使高校思想政治工作富有时代活力，更好地发挥立德树人、培养社会主义合格接班人的重大任务。

作者简介：丁三军（1981—），男，回族，籍贯河南，讲师，硕士，研究方向为大学生思想政治教育。

2 适应时代发展，新媒体与高校思政课堂积极融合

新媒体是一种利用计算机、手机、平板电脑等媒介为人们提供信息和服务的传播形态。新媒体传播形态具备即时性、交互性、个体性、跨越性特点，这些特点为人们提供及时、碎片化、互动式的信息，让人们的参与感、自主性、存在感大幅提高。这些新媒体技术改变了大学生的生活学习方式和思维方式，拓宽了同学们获得信息的途径，同学们获得信息的自主性、主体性增强，大学生也可以随时表达自己观点，凸显自身的个性。

中国互联网络信息中心第 44 次《中国互联发展状况统计报告》指出，截至 2019 年 6 月，中国网民规模达 8.54 亿，其中 45.5%的网民为 30 岁以下的年轻群体，本科以下学历（不含本科）网民占比为 90.4%。从中可以看出，大学生群体在中国网民中，占相当大的比重。当前，大学生的生活已经离不开网络，微博、微信、抖音、贴吧、支付宝、美团等多种多样的平台，满足广大学生多方面的生活需求。

在互联网高速发展下，将新媒体积极引入高校思政课堂，积极适应时代发展趋势和广大学生需求，已成高校思政课堂的必然发展趋势。“00 后”大学生群体是互联网的原住民，他们的成长经历也和我国互联网高速发展的历程同步，从小与手机、平板、计算机等各种信息产品为伴，新媒体已经成为“00 后”大学生学习、生活、社交、情感、购物等的主要平台。所以，我们高校思政课程应充分利用新媒体来实现思想政治教育课堂的创新，这样可以很好地激发大学生的学习兴趣，使得高校思政课不再死板，提升高校思政课的教学实效，引导学生成长成才。

3 新媒体环境下高校思想政治理论课面临的挑战

3.1 教师的教育主体地位受到挑战

在互联网、智能手机等广泛普及前，传统的思想政治理论课堂上，高校思政课教师是知识的主要传播者，学生专业视野的开拓和学习能力的提高主要以课堂上听教师讲授为主，课后学生的学习途径也不像今天这样的广泛，同专业老师交流、去图书馆自习、和同学们切磋是主要的课下学习形式，接受知识的途径相对单一。这在一定程度上，决定了教师的权威地位。而今，在互联网+的背景下，新媒体手段层出不穷，平板电脑、智能手机等的广泛普及极大地拓宽了学生获取知识的途径，开阔了学生视野；在此背景下，对于在课堂上教师讲授的知识点，学生能够迅速地予以印证，教师不再是单一知识的传授者，学生获取知识的途径大大拓宽，甚至在课堂上学生对于老师的观点可以予以反驳，在新媒体环境下教师的教育主体地位受到挑战。

3.2 课堂教学效果弱化，学生学习积极性不高

在新媒体环境下，从教学主体方面讲，教师的教育主体地位受到挑战；从教育客体——学生角度讲，课堂教学效果弱化，学生课堂学习积极性不高。造成这一结果的原因如下，首先，是学生获取知识途径大大增加，学生上课若没有注意听教师讲授的内容，通过课后的学习（图书馆自习、新媒体手段学习等）可以弥补、丰富课堂知识学习的欠缺。其次，教师教学方法、教学途径单一，仍旧以讲授为主，和学生互动较少，学生在课堂上更多的通过被动的听来获得满足，这样学生学习积极性不能充分调动起来。再次，教师专业知识的传授，教学方式相对单一，更多的是照本宣科，没有充分利用新媒体途径与学生互动；再加上思政课程在部分学生心目中不如专业课程，导致在课堂上，学生学习效果不佳。

4 新媒体环境下提升高校思政课教学实效的思考

4.1 思政教师要更新观念，“以生为本”

在新媒体环境下，提升高校思政课的教学实

效，成为摆在广大思政教师队伍面前的任务和责任。思政教师要更新观念，树立“以生为本”的理念。课堂上的实施教育的主体是教师，但学习的主体是学生。学生是有思维、有灵魂，会独立思考的个体，思想政治工作、高校思想政治理论课程，更多的是做人的解疑释惑工作，做通人的思想工作。新媒体背景下，教师一定要充分认识到自己所扮演的角色，正确发挥自己的作用。在课上课下，不仅仅是良师，也是益友。不仅仅在学业上对学生发挥引导、传授知识的作用，也要加强与学生的沟通交流，做学生思想困惑、心里烦闷时候的知心朋友。同时在与学生交流时，充分尊重学习客体——学生，了解“00后”学生的思维特点、行为方式，通过学生能接受、常接受的方式的和学生交流，增强思政工作，提升思政课程的教学实效。

4.2 提升思政教师新媒体应用意识和能力

在新媒体环境下，有部分老师对于新媒体应用于思政课堂这一教学方式，不大愿意或者思想上不重视，觉得老师只要认真备好课，上好课就可以，这部分老师属于思想认识不到位，要提高他们对于新媒体应用于思政课堂重要性的认知。高校思想政治课程教师要与时俱进，也要有意识地主动提升自身新媒体应用能力，平时工作中，应留意当前教育领域教学方式和教学手段的变革，主动地应用新媒体手段于教育教学中。作为学校，要加强对教师运用新媒体教学的意识教育和培训工作，让老师们认识到新媒体应用于思政课堂是大势所趋，势在必行。同时也要提高老师们应用新媒体的实际教学操作能力。此外，高校要尽力为教师搭建好平台，提供多样化的培训机会，如线上线下培训，外出交流、参观访问，观摩借鉴等，通过立体多样化的平台，提升高校教师应用新媒体的能力，为思想政治教育工作的开展起到良好的促进作用。

4.3 依托新媒体，推进思政课教学改革

在新的时代背景下，传统的思政课堂不再适应当前学生的需要，也不适应当前教学的需要。特别是手机、智能手机的广泛使用，导致思政课堂众多的“低头族”的出现，如何改变这一现状，提升学生对思政课堂的兴趣，是当前思政课堂亟待解决的问题，也是广大思政教育工作者需要深思的问题。因此，第一，思政教师可以充分应用新媒体作为教学手段，课程过程中穿插图片、视频，让学生身临其境，感同身受，提高学生的参与度和兴趣，通过对发生在学生身边事件的解读，让学生有获得感。第二，作为思政教师，可以创立公众号，定期更新文章，打造教师和学生交流的平台，通过这些形式，把思政教师和学生链接起来，起到教学育人的作用。

4.4 教育方式上，多管齐下，寓教于乐

形式是内容的外在表现，内容是形式的基础，没有内容的形式，体现得再丰富也是昙花一现，而内容十分充实、但形式单一也不能充分体现价值。所以，作为思想政治课程教师，既要厚植自己的理论基础、课程内容，同时也要把思政课程通过多种学生喜闻乐见的形式，做到形式与内容的统一。而新媒体的出现，可以做到课程的视、听、说一体化，这样可以有效提升学生对于思政课程的“抬头率”，提升学生的专业兴趣。比如，通过时下流行的“抖音”短视频、直播平台等新的媒介载体，让学生完成革命歌曲、专业小品的拍摄、主体调查采访，可有效提高学生的参与感，也可以通过慕课、微课、翻转课堂等形式让课程内容表现形式更加多样，提升思政课程教学实效。

4.5 重视新媒体网络运用，加强第二课堂建设

在高校思想政治教育中，我们要充分利用微博、微信、公众号、抖音等载体加大对第二课堂的传播，通过社会实践活动，提升学生的参与感和获得感，营造良好的校园文化氛围。比如，结合学生专业实际开展的暑期社会实践、社会问卷调查、爱国基地的参观访问等第二课堂活动，通过新媒体网络充分的传播应用，获得广泛宣传；

同时，第二课堂活动结束后，邀请参与社会实践的同学来进行总结、分享心得和感受，再针对实践感想进行新媒体播报，传播正能量给其他同学，提升学生整体的思想政治素质。

4.6 形成思政课程建设合力

在新媒体背景下，在新的情况下，加强思政课程建设不是单方面的事，需要从教育主体、教育客体、教育方式方法等多方面的形成合力，需要思政课程的主管部门充分重视。建设专业理论扎实的教师队伍，提升教师应用新媒体的意识和能力，构建平台，加大对思政教师的新媒体领域的培训交流；同时，在思政课堂上，充分利用新媒体手段，通过穿插图片视频、通过视、听、说的结合，提高学生的“抬头率”，提升学生的课程兴趣；通过新媒体对第二课堂，对社会实践活动的传播力度的加大，提升学生的参与感和获得感。

总之，在新媒体环境下，提升高校思想政治课程的教学效果，需要教学的各个环节、各个主体充分发挥作用，充分借助新媒体发挥影响力，调动学生的参与积极性和专业兴趣，达到提升思政课程的教学实效，提高大学生的思想政治素质，培养社会主义事业的合格接班人。

参考文献

[1] 陈宝生. 用习近平新时代中国特色社会主义思想铸魂育人[N]. 人民日报，2019-04-23.
[2] 吕峰，管爱花. 新媒体环境下高校思想政治理论课教学改革创新实践路径探讨[J]. 思想政治教育研究，2016（6）：77.
[3] 范艳香. 新媒体环境下高校思政课教育教学改革路径探析[J]. 佳木斯职业学院学报，2018（12）：157-158.
[4] 王学俭，刘强. 新媒体与高校思想政治教育[M]. 北京：人民出版社，2012.

新形势下辅导员如何加强大学生教育管理工作

陶斯楼

（成都东软学院数字艺术系 四川 成都 611844）

摘 要： 随着改革开放的深入，人们的社会环境、生活方式发生了巨大变化，对尚处在世界观、人生观和价值观形成中的大学生产生了很大的影响。辅导员作为学生日常思想政治教育和管理工作的组织者、实施者，针对出现的新情况、新问题，应抓住主要矛盾，找准存在问题的关键，并结合新时期学生的特点转变工作思路，把握分寸，讲究方法，因材施教，努力成为大学生成才的引路人。

关键词： 辅导员；思想教育；管理

How to Strengthen College Student Character Education Management in a New Situation

Tao Silou

(Department of Digital Arts, Chengdu Neusoft University, Chengdu 611844)

Abstract: Along with China's further reforming and opening up, great changes have taken place, causing huge influences on college students, whose outlook on the world, life and values are being forged. As organizers and implementers of college student management and ideological and political education, when confronted with unfamiliar situations or new problems, college instructors are supposed to focus on principal contradiction and seize the key solution, reform work approaches by analyzing the characteristics of student affairs in the new period, and with necessary flexibility, teach student to meet their talents, so as to provide better guidance for college students.

Keywords: instructor; ideological education; management

1 大学生教育管理中面临的挑战

1.1 独生子女心态

新时期的大学生能够较快地接受各种新生事物，知识面较宽，思维也敏捷。但是，由于受到父母的精心呵护甚至溺爱，他们普遍自制能力差，有的甚至不遵守校规校纪，以各种借口不参加上课，整天无所事事，沉迷于网络的世界，凡事都以我为中心，心理非常脆弱，同时与社会接触机会少。不少学生表现出实际动手能力差，学业上低要求，生活上高标准，“等”“靠”“要”思想严重，缺乏上进心和吃苦耐劳精神。

1.2 贫困生心态

学费以及各种杂费对于来自老少边穷地区以及城镇下岗人员家庭的学生而言，是不小的负担。因而，大学生中的相对贫困化问题日渐突出。由于家庭经济条件差，贫困生大多数具有相当程度的自卑感，在行为特征上表现为性格内向、自我

作者简介： 陶斯楼（1968—），男，汉族，四川，讲师，本科，研究方向为思想政治教育。

封闭等。

1.3 就业观念发生偏差

随着改革的不断深化,“双向选择,自主择业”的全新就业理念已把大学生推向了竞争日趋激烈的人才市场。第一,部分同学就业观念发生偏差,眼高手低,既想工作轻松、待遇高,又想工作相对稳定,但实际工作能力与用人单位要求相差甚远。第二,虽然公平竞争就业机制使得他们更加努力学习,注重个人能力的培养和素质的全面提高,但他们又担心社会竞争中局部不公平的现象落在自己身上。他们渴望实现人生价值,但又怀有不同程度的茫然与失落。第三,父母的期望值高并为其规划好前程致使部分同学心理负担加重。很多同学的爱好、兴趣与父母的规划不一致,甚至截然相反,造成孩子与父母在思想上对立,情绪波动大,在心理上与其产生隔阂。

1.4 心理健康安全风险增大

当代大学生,由于身心发展还未成熟,自我调控能力相对较弱,同时受家庭和社会的影响,面临着新环境的适应、人际交往、学业、经济困难、情感和就业等压力,容易出现焦虑、焦躁、恐慌、抑郁等心理障碍。若不能得到及时解决,会影响大学生心理健康。

2 大学生教育管理对策分析

学生管理工作中思想教育是工作的重点,辅导员要切实转变观念,从学生的角度来思考问题,找出共性和个性,采取多元方式进行教育和管理,帮助学生成长成才。

2.1 提升辅导员的理论水平和业务能力

作为辅导员要坚持立德树人,紧紧围绕“培养什么人?怎样培养人?为谁培养人?”的问题,努力学习党的理论知识、习近平新时代中国特色社会主义思想;学习思政教育的先进方法和手段;学习学生各类管理规定、条例、考核办法、学生违纪处分条例、奖助贷的评选办法和政策、大学生党建工作标准、团学工作方法等,还要向同行学习,不断提高自己理论水平和管理经验,为完成各项工作奠定基础。辅导员要努力成为同学们思想问题的解惑者、专业学习的指导者、人生发展的导航者、生活心理的关怀者。

2.2 创新思想政治教育的方式

在新时代,传统的教育方式可能会使大学生对思想政治教育产生抵触情绪,只有不断地创新教育方式和教育方法,思想政治教育工作才能有效开展。

2.2.1 与校园文化活动相结合

大学生活动范围主要是在校园,思想教育不能局限于固定的时间和地点,更不能完全以灌输方式开展,可围绕主旋律、专业特色,借助各类社团开展一些喜闻乐见的校园文化活动,提高学生参与度与积极性,让同学们在校园氛围内潜移默化地接受教育。例如,成都东软学院数字艺术系从 2008 年开始,每年一次的艺术节活动,吸引了大量同学参与,通过开展丰富多彩的艺术活动,发挥同学们的主动性和创新精神,不仅丰富了校园文化生活,同时激发了同学们对艺术的兴趣和爱好,培养了健康的审美情趣和艺术修养,达到了教育的目的。

2.2.2 探索专素一体化教育方式

利用重要时节,举办一些与专业有关的活动,让同学们在专业创作中不知不觉地接受思想教育,从而达到思想政治教育润物细无声的效果。为纪念汶川大地震两周年,成都东软学院数字艺术系充分利用专业特色,举办了“点亮希望之光——纪念“5·12”大型创意灯展活动”。此次展出的上百盏灯饰是同学们花了两个月时间精心制作出来的,每盏彩灯上都有一个美丽的祝福,每一盏灯都凝聚着同学们的艺术构思和爱心。本次特色灯具展示活动,不仅表达了全体师生纪念“5·12”汶川大地震两周年的感恩之情,还激发了同学们的“创意”精神,达到升华艺术的目的,同时也是探索思想政治工作和专业教育相结合的成功范例。

2.2.3 及时有效地开展随机教育

学生的思想随着不同时期、不同季节变化而变化。因此辅导员要做到四个知道：知道学生在哪里？在想什么？在干什么？需要什么？并针对不同情况，及时采取相应的思想教育，以达到教育和管理的目的。

2.3 强化辅导员言传身教的示范作用

辅导员对于学生来说是榜样、是典范，辅导员做好了，自然会得到学生的认可与赞扬，久而久之，学生也会跟着辅导员的步伐，不断向辅导员学习，不断提高自身素质。因此辅导员不仅要提高自身的素质，起到模范带头的作用，平时谨言慎行，严格要求自己，还要有较高的科学文化素质，有渊博的知识。

2.4 打好辅导员良师益友的情感基础

辅导员在教育和管理学生的过程中，会遇到各种棘手的事情。遇事时一定要冷静思考，不能主观臆断，应秉持包容、耐心的态度与学生沟通，让学生感受到关爱，帮助学生解决实际困难。只有这样才能赢得学生的信任，成为学生的知心朋友和心灵导师，建立良好的师生关系。

3 结 论

所以辅导员不仅要有强烈的事业心、责任感，还应具备较高的综合素质和优良的情感品质，不断创新改进思想政治教育和管理工作方法，正确引导学生、激发学生，真正成为学生的人生导师。

参考文献

[1] 杨杉杉. 高校辅导员如何增强思想教育工作实效性[EB/OL].（2015-10-21）[2020-4-1] https://wenku.baidu.com/view/79c53cf4a45177232e60a28e.html.

[2] 陈志怡. 辅导员如何对学生进行日常思想教育工作[EB/OL]（2016-5-15） [2020-4-1] https://wenku.baidu.com/view/8e71d6c5581b6bd97e19ea6d.html.

[3] 郑翠梅. 浅谈高校辅导员如何做好学生思想政治教育工作[N]. 赤峰学院学报（汉文哲学社会科学版），2013，33（3）：251-252.

一枝一叶总关情
——成都东软学院辅导员队伍建设纪实

蒋利明

（成都东软学院学工部 四川 成都 611844）

摘 要：紧紧围绕“立德树人”的根本任务，按照“政治强、业务精、纪律严、作风正”的总体要求，不断创新完善平台建设、日常培训、管理考核等系列举措，推进辅导员队伍专业化与职业化的发展，是成都东软学院近年来深入实践和探索的一个课题。本文以成都东软学院为例，通过成都东软学院辅导员队伍建设纪实为高校辅导员队伍的建设提供有效参考。

关键词：民办高校、辅导员、创新、培训

A Report on the Counselor Construction of Chengdu Neusoft University

Jiang Liming

(Department of Student Affairs, Chengdu Neusoft University, Chengdu 611844)

Abstract: focusing on the fundamental task of “foster virtue through education” closely, continuing to innovate and improve platform construction, daily training, management assessment, etc, and in accordance with the overall requirements of being “politic correct, proficient, disciplined, and upright”, a series of measures to promote the development of the professionalization and professionalization of the instructor team constitute a subject of in-depth practice and exploration in Chengdu Neusoft University in recent years. This article takes Chengdu Neusoft University as an example, and provides an effective reference for the construction of college counselors team.

Keywords: private universities, counselors, innovation, training

思想政治教育工作在高校育人中尤为关键。教育部党组书记、部长陈宝生表示，“要抓准抓实，全面推进高校课程思政建设取得实效”。同时，教育部等在《教育部等八部门关于加快构建高校思想政治工作体系的意见》中提到过高校拥有一支高素质思想政治和党务工作队伍的重要性。成都东软学院学生工作部多措并举、稳步发展，加强辅导员队伍建设，取得了初步成效。

1 拓宽视野，稳中求进，增强辅导员队伍建设的针对性、实效性

为了更好地服务学生，全心全意地做好各项学生管理工作，根据教育部《普通高等学校辅导员队伍建设规定》的要求，加强了对辅导员的培养、教育和管理。帮助辅导员在提升自己业务能力的同时，不断地提升自身政治素养和管理水平。

作者简介：蒋利明，中共成都东软学院党委委员、学生工作部部长，硕士研究生，副教授，主要研究方向为大学生思想政治教育研究。

（1）严格选聘程序，合理配备队伍。选聘了一批“肯吃苦、甘奉献、业务强”的素质教师。

（2）加强专业培训，优化工作条件。建立了素质教师上岗培训、日常培训、职业技能培训和专题培训相结合的多层次、多形式、全方位的培训体系。组织新入职素质教师培训交流会议，分别围绕学生工作基本情况与制度学习、学生奖励与资助、学生工作系统使用、学生处分，学生工作经验分享交流等方面开展。在思想政治教育、国防教育、心理健康教育、学生党建、学生社团建设和校园文化活动等多个领域帮助新任素质教师尽快熟悉自己的岗位职责与工作要求，明确新时代大学生思想政治教育的意义、形式和任务。

（3）严格日常管理，完善考核体系。制定了《素质教师工作手册》，坚持对素质教师的日常工作进行定期考评，通过自我总结、相互交流和系部考察的方式，及时了解、掌握素质教师的工作动态。

（4）开展职业能力大赛，激发工作热情，努力做到政策留人、感情留人和事业留人。通过开展素质教师职业技能大赛、增强素质教师培养的针对性、实效性，扩大覆盖面、参与面，从而推动素质教师队伍的专业化与职业化发展。

（5）推动辅导员职业化发展，拓宽工作平台。鼓励素质教师走职业化道路，全力畅通素质教师的发展出口。帮助素质教师了解职业发展道路，使素质教师在未来工作上思路更清晰、定位更准确、工作更有力，全心全意做好素质教师队伍培养工作。

2 辅导员队伍建设的创新与实践路径探索

素质教师作为思想政治教育工作的主要承担者，担负着“立德树人”的重大使命。陈宝生部长在全国优秀辅导员骨干培训班上从辅导员的“工作作用”“工作方法”和“岗位角色”三个角度对辅导员工作进行了深层次的诠释。他提出要在“两个一百年”奋斗目标的历史交汇期，在推进教育现代化、建设教育强国的进程中培养新生力量。由此可见，在新的时期我国对辅导员的培养是空前的重视，对辅导员承担的使命与责任是高度的认同。高校更应该重视辅导员队伍的培养与建设，使其持续深入地围绕学生、关爱学生、服务学生，真正成为学生成长路上的引路人、校园生活的管理者、思想上的引领者和心理上的整合者，成为学生健康成长的知心朋友。

在民办高校中，建设一支“精英”辅导员队伍，必须有合适的组织结构的保证。目前成都东软学院在重点办好高水平信息技术应用型大学的过程中，在将专业教育与素质教育二者有机结合方面，进行了如下有益探索。

（1）形成全员育人的有效工作机制，促进辅导员队伍职业化、专业化发展。

学校建立以学生为中心的组织结构，一改传统的教研室设立，以系为单位实行学生工作专业纵向管理，坚持以各专业为教育单位的全新管理模式，根据各系实际设置相应的专业教育管理团队。该团队由各系专业教师、素质教师、班导师、学生等人员构成，主要负责教学、科研、学生工作、教学质量保障、招生与就业等领域的工作。明确专业教育管理团队成员的相关职责，建立相应考评机制，鼓励专业教师积极参与到日常素质教育与学生工作中来，同时将专业教学工作贯穿于素质教师的日常管理工作，助力全员育人，保证各项工作平稳有序进行。除此之外，确定了一体化的团队、学术、学科带头人的任职资格标准，进一步强化了素质教师队伍的职业化与专业化发展。

（2）制定一体化管理方案，潜移默化融入思政元素，推进辅导员队伍职业化、专业化发展。

辅导员的主要任务是做好思想政治教育工作，从民办高校的办学特点上来看，辅导员更多的是做好日常管理工作，承担“思想政治教育者”的角色常常被忽略。为了缓解辅导员“高压高负荷”的工作状态，建设一支“活力、朝气、幸福、自信”的辅导员队伍，保证思想政治教育工作的正常开展，成都东软学院以党团组织建设和思想政治教育为抓手，在人才培养模式中，将党（团）支部建立在专业上，实行院党（团）委、系党（团）总支、专业党（团）支部、专业党（团）小组的党（团）建工作体制。根据专业特色，建立相应的学生虚拟公司（SOVO）和学生社团组织。学校以“专业”为载体，建立党团组织、学生社团与虚拟公司（SOVO）的一体化管理模式，使相同专业内的专业教学与各项学生工作相互作用，潜移默化地融入思想政治元素，多角度培养学生的素质能力。

（3）完善辅导员队伍建设机制，做到多元化培养，确保职业化、专业化发展有广度。

完善辅导员的各项机制是实现民办高校辅导员职业化、专业化建设的必经之路。根据《高等学校辅导员职业能力标准（暂行）》文件要求，在总结素质教师矩阵式配备经验的基础之上，成都东软学院加强制度与投入保障，打造职业化、专业化的素质教师队伍。

加强专业培训，优化工作条件。建立集素质教师岗前培训、实用技能培训、专题研讨班培训为一体的培训体系，建立合理的晋升平台。结合素质教师个人发展意愿及学校人才流动需要，提高素质教师队伍建设的针对性和有效性，探索素质教师分层分类管理培育，进一步完善相关政策，确保全体素质教师工作有条件、干事有平台、待遇有保障、发展有空间、事业有收获。

参考文献

[1] 刘明理，曹云凤. 论高校人才培养模式改革的组织保障系统建设：构建基于 TOPCARES-CDIO 一体化教育团队的组织创新和实践[C]. 四川省高教学会 2012 年学术年会，2012.

[2] 温涛. 基于 TOPCARES-CDIO 的一体化人才培养模式探索与实践[C]. 四川省高教学会 2012 年学术年会，2012.

[3] 曲建武，姜德学，张伯威. 高校辅导员队伍建设的理论与实践[M]. 大连：大连理工大学出版社，2008.

以企业文化为驱动的人力资源管理效能研究

孔晶晶

（成都东软学院商务管理系　四川　成都　611844）

摘　要：在全球政治经济环境复杂多变、商业竞争日趋激烈的背景下，越来越多企业认识到人力资源管理对于组织绩效和客户满意度的最终实现的必要性和重要作用。本文从企业文化的角度解读提升人力资源管理效能的痛点，探讨构建以企业文化为驱动的人力资源管理的重要性，从而得出企业文化与人力资源管理形成良性循环的组织管理生态系统的可行路径建议。

关键词：企业文化；人力资源管理；驱动；效能

A Research on Corporate Culture-Driven Human Resource Management Efficiency

Kong Jingjing

(Business Management Department, Chengdu Neusoft University, Chengdu 611844)

Abstract: In present-day competitive scenario, an increasing number of companies have realized the necessity and vital role of human resource management for the ultimate realization of organizational performance and customer satisfaction. From the perspective of enterprise culture, this paper interprets the pain point of improving the efficiency of human resource management. In addition, it discusses the importance of building a culture-driven human resource management, and then it proposes feasible paths for forming a virtuous circle of organizational management ecosystem between corporate culture and human resource management.

Keywords: corporate culture; human resource management; drive; efficiency

1　概　述

随着世界经济一体化和信息时代的到来，现代企业不得不面对日益激烈的市场竞争，并寻求多种策略。实施与之相匹配的人力资源管理方法成为实现组织绩效的关键要素，构建以企业文化为核心的人力资源管理体系成为提升企业人力资源战略效能的痛点。本文回顾与解析了关于人力资源管理与企业文化的相关文献，探讨企业文化与人力资源管理的相互关系，提出构建以企业文化为核心的人力资源管理体系是提升现代企业人力资源管理效能、增强企业软实力的关键所在；同时本文也从企业文化建设的角度，探索人力资源管理的路径与策略，并为后续研究者和企业家提供了更为客观有效的参考性意见。

2　文献回顾与评析

作为现代企业至关重要的核心管理科学，随着西方工业革命的发展与商业社会的成熟，现代人力资源管理走过了不同的发展阶段。回顾过往

作者简介：孔晶晶（1987—），女，汉族，四川，高级工程师，硕士，研究方向为市场营销、项目管理。

文献与研究，不难发现这些人力资源管理历史发展进程中几次重要的里程碑节点，均与企业文化有着密不可分的关系。有关于此的诸多文献中，却鲜有研究是从提升企业人力资源管理效能的角度出发，对以企业文化为导向的人力资源理论与实践进行全面探讨的。

2.1 人力资源管理发展的里程碑

第一次工业革命时期，罗伯特·欧文（Robert Owe，1771—1858）和查尔斯·巴贝奇（Charles Babbage，1971—1871）开始认识到“人”对于组织目标达成的重要性，他们发现组织中雇员的表现与组织工作绩效直接相关。与此同时，英国心理学家查尔斯·迈尔斯（Charles Myers，1873—1946）于第一次世界大战时期建立的国家工业心理学研究所为后期人力资源理论的萌芽奠定了基础。进入 20 世纪 80 年代，人力资源管理实现了发展阶段中的飞跃，全面迈入战略人力资源管理时期，其终于站在企业战略顶层设计的角度参与其中。在愈加激烈的市场竞争中，研究学者和企业家们终于认识到人力资源管理效能的提升对企业目标的实现、组织绩效的达成的重要作用。

2.2 企业文化的特征与影响因素

企业文化涵盖了促使企业或组织实现其独特的社会与心理环境的价值观和行为，企业文化研究应关注组织的特性以及该特性如何推动组织内员工实现集体承诺。埃德加·沙因（Edgar H. Schein）认为外部适应（external adaptation）和内部整合（internal integration）是影响企业文化发展的两个主要因素。外部适应反映了文化的进化方法，有价值的文化能产生持续的竞争优势。组织的实践是通过企业工作环境下的社会化功能实现的，而企业的工作环境是通过鼓励员工在日常工作中实践企业文化得以强化的。

3 企业文化对人力资源管理效能的重要性

探究企业文化的本质，不难发现企业文化是能够有效调节和控制组织行为的无形驱动力。本部分将讨论人力资源管理与企业战略的关系，并以上述推论为基础，着重分析二者的互动关系，从而探讨企业文化对人力资源管理的驱动作用。

3.1 人力资源管理与公司战略的关系

企业的最终目标是组织绩效的实现与目标客户的满意度。而企业战略的制定，是在综合考量了组织内、外部影响因素后所做出的指导组织在一定时间内工作方向的规划和准则。从一方面讲，人力资源管理是企业战略中不可或缺的一部分。人力资源管理的成熟度、完善度和匹配度都影响着企业战略的制定方向。从另一个方面讲，人力资源管理也是承接企业战略落地与实施的关键管理举措。

3.2 企业文化与人力资源管理的互动关系

首先，企业文化的功能决定了企业文化对人力资源管理的导向作用。企业文化是企业独有的文化形态，是企业价值观的体现；企业文化的建设，能够激励组织成员的使命感和责任感。当企业所面临的外部环境发生变化或企业内部变革时，企业文化最能调节组织内成员的观念与行为，并使之与企业总体目标始终保持一致，即在企业实现其组织绩效与客户满意度的过程中，企业文化可以很好地维护员工关系、稳定中高层团队，并使其感到这种变化是势在必行的，从而自发地迫使个人行为朝着企业目标的方向去努力。其次，企业文化的实施离不开完善的人力资源管理体系支撑。无论何种类型的企业文化均需要制度的保驾护航。没有制度的规范与约束，在员工招聘、绩效考核等方面，若屡屡发生不公平之案例，何谈员工激励与责任感、使命感，文化更无从谈起。人力资源管理也能为企业文化提供有效的反馈信息。其能有效管控和反映出当前阶段企业文化建设是否匹配组织战略、是否有利于企业目标的实现，并为企业的管理者提供及时信息，以便企业管理的纠偏。结合上述讨论，可以看到企业的发展离不开对企业内“人”的精神引导和行为管控，企业文化和人力资源管理都是企业内“人”的管理活动，二者之间有紧密的联系，也可形成良性的循环。只有认识到人力资源管理之于企业战略的关键性影响，才具备发挥人力资源管理效能的前提条件。

4 构建以企业文化为驱动的人力资源管理体系的路径

4.1 构建过程中的常见问题

甄别在构建人力资源体系中常见的问题可为探索更具操作性的路径提供有力支撑。不同类型、不同行业的企业面临的问题各不相同，而最为关键也较为普遍的问题有以下两个方面。

4.1.1 企业文化意识淡薄，相关工作流于形式，难以落地

目前，越来越多的企业管理者们开始对企业文化予以高度关注，然而实践中大部分企业成员在短时间难以完全接受企业文化，故而不能对企业文化建设或执行形成统一的思想认识。部分企业已成立了负责企业文化的专题小组或部门，或是已有定员定岗的专项分工，但因为思想层面的不统一，导致企业文化多流于形式，难以在企业日常运营中发挥其本应有的重要作用。

4.1.2 企业文化与员工观念不符，沟通不畅

在企业人力资源建设实践中，企业容易疏忽员工价值观的动态变化，误将员工价值观假定为一成不变的内容。另一方面，文化宣传也是大多数企业高层管理者容易忽略的版块。在企业文化塑造和弘扬、企业精神传承方面的不重视是造成企业文化与员工观念不符，员工与企业沟通交流不畅的根本原因。这些因素，也致使企业上情无法下达，下情不得上传的现象产生，从而对人力资源管理效能的发挥产生了进一步消极影响。

4.2 可行路径建议

关于如何在人力资源管理体系中植入企业文化的基因，将企业文化更好地融入人力资源管理，本文提出以下建议。

4.2.1 建立合理的奖惩制度和绩效考核体系

完善的薪酬制度与绩效考核体系是人力资源体系建设中最为基本的要素。例如，当某位员工对公司有突出贡献或在岗玩忽职守时，公司应当且必须要制定和严格执行相应的激励措施或惩罚条款，无论是物质的还是精神的，并应将其作为该名员工晋升的重要指标。

4.2.2 重视员工招聘工作，从源头培养企业文化意识

重视员工的招聘工作，并将其作为企业成员文化认同的开始，在招聘中融入企业文化应注意以下几方面：发布岗位要求和职位信息的规范性；发布渠道的正规或官方程度；负责招聘的人事专员的职业能力以及面试过程中的规范性和专业性。

4.2.3 搭建培训平台，营造学习氛围

利用区块链、大数据等现代化科学技术，构建企业内部信息共享的培训平台，不仅有利于提升员工自身专业技能，更有利于营造积极的企业文化氛围，同时也能进一步提升企业人力资源管理的综合竞争力。

5 总 结

综上，现代企业不再仅仅依赖于政府政策导向等外部因素求得生存与发展，而是通过提升企业自身核心竞争力达成企业利润目标，组织内成员的满意度和融合度均将被最大化地满足与回馈。构建以企业文化为驱动的人力资源管理体系，最大程度地发挥人力资源管理的效能，以提升企业在市场中的核心竞争力均是不得不为之的变革。企业文化和人力资源管理的相互融合将促使

现代企业进入良性循环的生态系统，从而为企业实现更长远的战略目标。

参考文献

[1] 李晓莹. 以企业文化为导向的人力资源管理研究[D]. 成都：西南交通大学，2013.

[2] MARK O'SULLIVAN. What works at work [M]. Bath: The Starbank Press, 2014.

[3] BŁAŻEJ BALEWSKI. Interdisciplinarity: chance for development of human resources management[J]. British journal of education, society & behavioural science 2015, 8(1): 18-24.

以新媒体传播平台助推都江堰茶文化产业发展研究

付一君

（成都东软学院数字艺术系 四川 成都 611844）

摘　要：中国的茶文化历史悠久，博大精深，西南是中国茶文化的起源，也是茶文化的传播中心，蜀道是茶文化走向全国和世界的主要通道。都江堰通过松茂古道将川茶传入岷江上游羌族和藏族的重要集结点与起点。随着时代的变迁和茶文化的发展，人类在生产和交往中不断创造并使用新的传播媒介来进行文化交流，都江堰结合自己的地理优势也形成了具有自己特色的茶文化。伴随信息技术的发展，通过新媒体平台建设、微宣传、微营销和互动平台的建设，推动都江堰茶文化产业建设成为新的发展方向。

关键词：茶文化；新媒体平台；品牌

Research on Promoting the Development of Dujiangyan Tea Culture Industry with New Media Communication Platform

Fu Yijun

(Department of Digital Arts, Chengdu Neusoft University, Chengdu 611844)

Abstract: China's tea culture has a long history, which is broad and profound. The southwest is the origin and transmission center of Chinese tea culture. Shu Road is the main channel of tea culture to the whole country and the world. Dujiangyan introduces Sichuan tea to Qiang and Tibetan ethnic groups in the upper reaches of Minjiang River through Songmao ancient road. With the change of times and the development of tea culture, human keep creating and applying new media to promote cultural communication. With the development of information technology, through the construction of new media platform, micro publicity, micro marketing and interactive platform, Dujiangyan tea culture industry construction is promoted.

Keywords: tea culture; new media platform; brand

人类在生产和交往的过程中，不断创造出并使用新的传播媒介来进行文化交流。21 世纪，信息技术的发展催生了多种以互联网为基础的媒体形态。这些依附于科技创造的先进传媒方式，促生了一种具有时代特色的媒体传播技术，即新媒体传播。近几年，我国媒体发展迅速，新媒体的发展也日新月异，各种形式的创意内容层出不穷。从近几年的媒体的发展方向来看，新媒体的发展势不可挡。新媒体不仅仅局限在传播形式和方法方面，还与文化产业相结合。将传播形式的创新与文化产业内容的创新和创意相融合，使文化产业与信息技术、网络技术、数字技术等新媒体技术进行对接，将派生出一系列新生的文化业态，为文化艺术的发展提供新的表现形式和传播渠道，使文化产业具有更强的生命力和创新力。

任何一种社会形态的发展进步都离不开文化

作者简介：付一君（1983—），男，汉族，籍贯四川邻水，副教授，研究领域为影视与新媒体。

的驱动和规范，离不开一定的人文思想体系和精神的滋养瑞泽，文化肩负着推动社会进步的责任，文化与产业之间的结合将文化产业化。中国的茶文化也是这样，茶文化的产业化随着知识经济与休闲经济的发展，已经形成了一定的产业，与我们的生活、旅游、文化休闲、自然观光、博物馆等紧密结合。

我国茶文化产业的历史非常悠久直到近几十年，茶叶的价值和茶文化产业才发生根本性的变化，经过多年的磨练，诞生了一些明星茶企，很多知名企业也逐渐投资茶企，使国内茶文化产业空前发展。在这十几年的发展过程中，也出现了一些问题，主要表现在以下四个方面：第一，经销的过程中，层级较多，导致终端的价格较高；第二，经销商之间的价格战引发恶性循环；第三，加盟专卖店的成本较高，阻碍发展速度；第四，高端茶庄模式的经营成本和管理成本较高，其发展也进入瓶颈。那么如何突破这四种障碍来推动茶文化产业的发展呢？一个可能的途径便是运用新文化、新技术、新思维来推动茶文化产业的发展。

川茶文化形式丰富多彩，璀璨夺目。主要有：其一，成都茶馆、茶楼数量多，规模大，档次高，风格流派多样，为全国之最，历来有成都茶馆茶楼甲天下之美誉。其二，茶技茶艺表演丰富多彩，特色突出。其三，茶马古道历史厚重，意义深远。茶马古道是文化传播的古道，是人类创造的奇迹。它兴于唐宋、盛于明清，其历史沉淀深厚，文化内涵丰富。然而川茶在中国茶文化中虽有一定的地位，但其产业和规模相对于其他地区的茶文化有所落后，要将川茶推向世界，还需争取政府政策、项目、资金等支持，以及面向社会要市场、要消费者、要知名度等。将茶文化研究、宣传推广与茶产业发展紧密结合起来，不要为文化而文化，文化要落地，不要悬在空中，要成为茶产业发展的助推剂。

都江堰是茶文化发祥地，川西高原三条主要交通线之一，发源于岷山南麓的岷江经汶川县，在都江堰市切穿龙门山中段，形成一条交通走廊，而四川盆地边缘的龙门山正是野生茶树的自然生长带。在茶史研究中，常用于引证的最早的史料是被称为“汉代三书”的《凡将篇》《方言》和《僮约》。王褒，字子渊，（前 87 年—49 年），蜀郡资中（今资阳）人，汉宣帝时为谏议大夫。王褒在神爵三年（前 67 年）来到当时的“湔”地（汉志：绵虒县玉垒山，湔水所出。都江堰称湔堰。汉时，属郫、绵虒、江原三县地。蜀汉，置都安县，属汶山郡），也即今天的都江堰市，就在这里写下了流传千古的《僮约》。文中写道：蜀郡王子渊，以事到湔，止寡妇杨惠舍。惠有夫时一奴名便了，子渊倩奴行酤酒，便了提大杖上夫冢巅曰：“大夫买便了时，只约守冢，不约为他家男子酤酒也！”子渊大怒曰：“奴宁欲卖邪？”惠曰：“奴大杵人，人无欲者。”子渊即决买，券之。奴复曰：“欲使便了，皆当上券；不上券，便了不能为也！”子渊曰：“诺！”。好茶离不开好水，都江堰市还是最好的饮用水产地。明代朱元璋之十七子朱权（1378—1448），由于厌恶皇权争斗，于南昌郊外构筑精庐，寄情于戏曲、游娱、著述、释道，多与文人学士往来，自号臞仙，又号大明奇士，涵虚子、丹丘先生。朱权晚年信奉道教，耽乐清虚，悉心茶道，将饮茶经验和体会写成了一卷对中国茶文化颇具贡献的《茶谱》（约 1440 年著）。其中品水一节写道：“臞仙曰：青城山老人村杞泉水第一。”他将青城山老人村泉水列为全国之冠。都江堰市历来是产茶和制茶名胜之地。古蜀时期，称岷山（青城山）茶为葭、荈。西汉时期，领导文坛四十余年的大辞赋家司马相如就称赞青城山沙坪茶是上品。自唐以来，青城茶其声名越千年不堕，唐代蜀州青城县的味江是全国七大产茶区之一，茶圣陆羽在所著《茶经》中曾记载：“蜀州青城县有散茶、贡茶。”“茶生蜀山青城丈人峰，为茶中上品。茶，道家之仙草，古名稠梗。”陆羽还将“青城茶”与“九龙茶”并举，列为中国八大名茶。宋代享誉全国的“味江茶园”就建在青城山味江之畔。青城“紫背龙芽”“白背龙芽”在当时被列为贡品。明代第一大才子、著名史学家、金石家、书画家、植物学家杨升庵曾作词《鹧鸪天·以茉莉沙坪茶遗少岷》赞美。到了清代，青城茶被康熙钦点为贡茶，每年清明前后成都府用锡瓶精装，八百里快马送往京城，供皇帝品尝。名满学林的西南国学泰斗林思进曾作《茅亭茶歌》赞美。青城山不仅产茶历史悠久，而且所产茶叶品质极优，以清而不淡、浓而不涩、香而不艳、精而不俗称誉茶市。青城茶叶品种丰富。据五代毛文锡《茶谱》记载，横芽、雀舌、鸟嘴、麦颗、片甲、蝉翼等皆散茶之最上者，更有云崖雀舌为天地之宝。

青城雪芽是产于青城山味江一带的极品绿茶，以青城雪芽为特色茶品的青城山茶多次获得部、省、成都市名优茶评选奖项，全市宜茶面积 10.43 万亩，历史最高产茶 400 吨，现有绿茶种植面积 1.8 万亩，年产茶 3 600 多吨，产值 1.17 亿元。目前拥有青城茶叶有限公司、贡品堂两家龙头企业。近年来，绿茶产业已被列为都江堰市五大优势产业之一。综上可见，都江堰茶文化历史悠远，享有盛名，在近几十年中，国内茶文化产业蓬勃发展，而都江堰的茶文化如何再造其知名度和品牌享誉度，在国内茶文化产业的发展中如何体现自己的优势和独立特点，值得我们进一步去研究。

随着生活水平的不断提高，人民对文化的需求也越来越高，文化的市场化也逐步形成。中国是茶的故乡，中国的茶文化历史悠久，博大精深。“发乎神农氏，闻于鲁周公，兴于唐而盛于宋”，茶文化是中华文化形成、延续和发展的重要载体，是影响中国文化历史发展的重要因素。中国大西南是茶文化起源和传播的中心，四川是中国茶的摇篮，成都是四川茶文化的发展中心，蜀道是茶文化走向全国和世界的主要通道。而都江堰处在川西平原的最西面，是岷江入成都平原的第一个隘口，其地理优势更为明显，也是川茶传入岷江上游羌族和藏族的重要集结点与起点。在茶马古道中，都江堰段称为松茂古道，是古代成都平原连接松潘和茂县的唯一通道。随着时代的变迁和茶文化的发展，都江堰结合自己的地理优势也形成了具有自己特色的茶文化，也逐渐形成了自己的茶文化产业。

新媒体的发展使我们的文化传播更为便捷，要运用各种形式丰富、互动性强、渠道广泛、覆盖率高、送达精准、性价比高和推广方便的媒介来推动区域文化产业的发展，对岷江流域都江堰茶文化、茶文化产业和茶文化的传播等内容进行梳理，理清都江堰茶文化的历史与现状、茶文化特色、茶文化产业发展情况、茶文化产业的困难、茶文化产业发展的方向，再通过新媒体传播平台再造都江堰“茶马古道”，形成具有水与茶、道与茶、文化旅游与茶的独特茶文化与茶文化产业。

首先需要了解岷江流域中都江堰茶文化的发展历史与现状，以便能够更好地掌握茶在都江堰历史文化的发展过程中的地位；其次需对都江堰的茶文化产业进行调研和总结，对都江堰茶文化产业的发展状况进行分析，对比国内外茶文化产业，分析都江堰茶文化产业的地域特色与文化特色，将水、道、旅游与茶进行分析和融合，形成都江堰独特的茶文化产业；再次对都江堰茶文化产业进行分析，掌握都江堰茶文化产业发展现状与瓶颈，寻找都江堰茶文化产业的发展方向；最后通过前面的对比分析和总结，将都江堰的茶文化产业与新媒体技术相结合，将都江堰的茶文化运用新媒体传播方式进行宣传和展现，应用新媒体平台推动都江堰茶文化产业的发展。

要通过对都江堰茶文化的历史分析，使其与地域独有的道文化与水文化进行结合，通过新媒体平台来再建都江堰茶文化产业的发展，形成独具本土特色的都江堰茶文化产业，提高都江堰茶文化的地位，寻找茶文化与其他文化相结合的发展方向，推动都江堰茶文化产业的发展。同时要应用互联网大数据，对都江堰茶文化产业的相关数据进行收集与整理，应用新媒体技术对相关的数据进行分析，实现都江堰茶文化产业的新媒体平台建设，提升茶文化产业的认知度和品牌创造，推动都江堰旅游文化建设与人文建设。要借用新媒体技术对都江堰的茶文化历史和发展进行宣传展示，应用新媒体平台对都江堰的茶文化产业进行推广传播，建立独立的都江堰茶文化新媒体发布平台与展示平台，结合都江堰旅游文化宣传与发展，提升都江堰茶文化产业品牌，融入都江堰独有的道文化与水文化，提高都江堰茶文化高度，提高都江堰本地茶文化品牌的知名度。还需对当前的发展瓶颈进行分析，寻找可行的发展方向，拓展都江堰茶文化的影响力和知名度，提升茶文化产业的产值和推动产品升级，逐步提高茶企的经济效益，带动相关的产业发展。通过新媒体平台的建设，在产品的推广和创新上进一步地挖掘，实现茶文化产业与都江堰旅游文化产业相结合，最终形成都江堰茶文化旅游宣传品牌，提高其茶文化产业的影响力，带动相关的就业和提高茶企的经济效益，提升都江堰整体文化旅游宣传。

参考文献

[1] 王芳. 论茶文化产业可持续发展[J]. 宁德师范学院学报，2014（2）：40-44.

[2] 张利军，任世通. 汉中茶文化品牌塑造分析与对策[J]. 农村经济与科技，2016（8）：

36/59.
[3] 李雨村. 媒体融合背景下新媒体语言特点及传播机制研究[J]. 西部广播电视,2020(17):13-15.
[4] 田金良. 谈新媒体视域下传统文化的创新发展[J]. 美术教育研究，2020（14）：61-62.

疫情防控背景下大学生网络思想政治教育的问题及对策

陆平平

（成都东软学院应用外语系 四川 成都 611844 ）

摘 要：中国人民的抗疫大战是一场史诗级的思政大课，网络思想政治教育成为这场思政大课的主要授课方式。克服网络思政教育“工作宣传多，深度内容少”“通知公告多，教育温度少”“教师灌输多，学生主动性差”等突出问题，加强指导培训，深入研究学生，把青年大学生“网民”变为网络思政学习者和传播者，深挖教育内容，提升思想宣传教育温度，才能将鲜活的抗疫实践转化为学生防疫的强大动力，让网络思政教育真正走进学生心灵，唤醒学生灵魂。

关键词：疫情防控；网络思政；大学生；问题及对策

The Problems and Countermeasures of Ideological and Political Education of College Students under the Background of Epidemic Prevention and Control

Lu Pingping

(Department of Applied Foreign Languages, Chengdu Neusoft University, Chengdu, 611844)

Abstract: The Chinese people's epidemic prevention war is an epic ideological and political course, and network ideological and political education becomes the main way of this ideological and Political Course. To overcome the colleges ideological and political teachers need prominent problems of network ideological and political education, such as “more work publicity, less in-depth content”, “more notice and announcement, less education temperature”, “more teacher indoctrination, poor initiative of students”, etc, strengthen guidance and training, conduct in-depth research on students, turn young college students'netizens into online ideological and political learners and communicators, dig deep into the content of education, and raise the temperature of ideological publicity and education. Only in this way can they turn the fresh epidemic prevention practice into a strong driving force for students' epidemic prevention, let the network ideological and political education really enter into the students' mind, and wake up the students' soul.

Keywords: epidemic prevention and control; network ideological and political education; college students; problems and countermeasures.

1 引 言

突如其来的新冠肺炎疫情是全人类的共同挑战，是对我国国家治理体系和治理能力的一场“大考”，中国抗疫为世界各国防疫提供了宝贵窗口期和有益经验。在这场艰苦卓绝的历史大考中，全中国涌现出一个个感人肺腑、可歌可泣的抗疫故事和先进事迹。可以说，这是一场史诗级的思政

基金项目：成都市教育科研规划“新冠肺炎疫情与成都教育应对”专项课题（YQZX078）。

作者简介：陆平平（1983—），女，汉族，籍贯四川，讲师，硕士，研究方向为大学生思政政治教育。

大课，一场深刻动人的思政课。在疫情防控期间，如何有效开展网络思想政治教育，有的放矢地解决大学生网络思想政治教育问题，是能否讲好中国抗疫故事、上好这场现实思政课的关键问题。

2 疫情防控背景下大学生网络思政教育的集中优势

疫情防控是思政大课堂，也是思政教科书，以此开展大学生思想政治教育就是为了将中国抗疫实践中彰显的中国制度优势和中国精神转化为青年大学生抗疫的强大力量，强化青年大学生的爱国精神，激发大学生的历史使命和责任担当。

2.1 党政高度重视

2020 年 3 月 9 日，教育部人社思、人民网联合举办了“全国大学生同上一堂疫情防控思政大课”活动，向全国大学生解读了中央关于疫情防控的决策部署，分析了中国抗疫彰显的中国共产党“以人民为中心”的政治立场和中国特色社会主义“全国统一部署，集中力量办大事”的制度优势，讲述了中国抗疫涌现的感人故事。这项活动无疑将抗疫期间全国大学生思想政治教育提到了新的高度。从教育部到教育厅，从双一流院校到普通高校，从高校党委到辅导员，掀起了一场防疫思政教育的热潮。全国高校纷纷开辟思想政治教育专题，对大学生进行了形式多样的思想政治教育。

2.2 内容鲜活丰富

疫情防控本身就是实实在在的生命实践，大学生防疫思政政治教育挖掘了现实抗疫故事，教育内容鲜活丰富。它包括了爱国主义教育、社会主义制度优越性教育、生命生态安全教育、规则教育、社会责任感教育、爱与感恩教育、心理健康与自我成长教育、学习观和学习习惯教育、人与自然和谐发展教育、世界观、人生观和价值观教育等有不同侧重又相互交叉的内容。

2.3 形式多样灵活

虽然网络思政教育已经并不新奇，但是疫情依然给网络思政带来了巨大的挑战。目前，抗疫期间的网络思想政治教育依然采取“互联网+思政”的模式，即根据青少年网络行为的特点，通过网络传播有价值、有温度的内容。教育的载体有微博、微信、网页、短视频软件、各类直播课和公开课平台等，教育的形式有直播和录播课、视频、文字、图片、音频、主题活动等。

3 疫情防控背景下大学生网络思政教育的主要问题

疫情防控期间大学生思政教育尽管呈现出党政高度重视、内容鲜活丰富、形式灵活多样的突出优点，但是依然存在着教育落实有差距、思政合力未形成、内容挖掘欠深度、宣传教育少温度等突出问题。

3.1 教育落实有差距

虽然各级主管部门、学校党政高度重视防疫思政教育，但是许多工作落实在一线工作人员身上仍然有差距。一是因为部分思政工作人员工作能力有待提高；二是许多思政工作人员往往身兼数职，没有精力和时间专注思政教育；三是各类学校思政教育投入和思政教育水平限制了思政教育的发展。

3.2 课程思政和思政课程合力未形成

习总书记在全国思政教育大会上提出，要将思想政治教育贯穿教育教学全过程，课程思政也应运而生。在疫情防控期间，全国高校依赖互联网开展教育教学工作，课程思政也需要在网络教学中完成。对于新的教学方式，许多老师也在摸索之中，高校党政对教师开展网络课程思政指导力度不够，培训要求没有跟进，在事实上呈现了教学与思政的分离，与思政课程的合力没有形成。

3.3 工作宣传多，深度内容少

防疫思政教育不是为工作而教育，我们做思想政治教育的目的在于唤醒学生的灵魂，必须做有深度内容的思政教育。防疫思政政治教育虽然挖掘了不少抗疫故事，但是，对抗疫故事的分类归纳总结还不够深入，在教育内容的选取上还需要贴近学生心理认知，层层递进。在防疫思政工作中，各类报道满天飞，但是实质深度内容开发仍然不足。

3.4 通知公告多，教育温度少

做唤醒学生灵魂的思政教育，必然要做有温度的教育。这种温度体现在教育者在多大程度上拉进了与学生的距离，体现在教育内容多大程度地唤起了学生的认同与崇敬。在防疫思政教育中，各类文件要求、通知、公告多，但是对如何有效教育传达文件精神，如何有温度地传达文件精神的探索较少，缺乏教育温度。

3.5 教师灌输多，学生主动性差

传统的思政教育课上教师灌输较多，学生参与较少，抬头率较低。网络思政教育虽然运用一些途径提高了学生参与的可能性，青年学生参与网络思政活动较多，但是有深度的互动较少，大部分学生被动接受的局面依然没有改变。调动广大青年学生的积极性，使他们从一个“网民”转变为思政能量的觉醒者和传播者，是提升思政教育效能的关键。

4 疫情防控背景下大学生网络思政教育的应对策略

通过对防疫期间大学生网络思政教育的现状和问题的分析，我们认为需要从加强党政指导培训、教育转化青年大学生“网民”为网络思政“学习者”，深挖内容归类教育、进行有温度地宣传传播等策略提高大学生网络思政教育效能。

4.1 加强指导，跟进培训

大学生思政政治教育的主要力量是思政教师和辅导员，思政教育队伍呈现出身兼数职、专业不对口、网络教育能力有待提高、有影响力的专家不充足等特点。各级党政和教育主管部门、研究机构应该加强对思政教师和辅导员队伍的指导和培训。为了实现网络思政一体化，应该把开展课程思政的骨干教师纳入指导培训范围。培训应当有计划、分层次；培训内容应当组织思政专家组集体研究、分门别类归纳开展；培训应采取网络直播、录播、观摩课等多种方式。

4.2 研究学生，化“网民”为“学习者”

陶行知说：教育实际上就是转化，就是把个人转化为学生。思政教育必须深入研究学生，努力把在云端的青年大学生“网民”转化为思想政治的自觉“学习者”和“觉醒者”。对学生的研究应该包括学生网络行为习惯的研究、学生网络思政学习规律的研究、学生网络思政学习心理、学生思想变化和成长规律的研究等多个方面。不仅研究教师，更要研究学生；不仅研究教法，更要研究学法。把教育的目的集中在学生成长成才上，是有效开展大学生网络思想政治教育的起点和归宿。

4.3 内容有深度，教育善归纳

教育内容的挖掘和开发是网络思想政治教育的核心。没有内容的思政教育只能沦为宣传公告，没有深度内容的思政教育只能浮于表面，无法走进学生心理，更无法唤醒学生灵魂。疫情防控期间，要广泛运用马克思主义原理和方法，深入挖掘抗疫中体现的思想政治内容，按照主题类型进行归类总结，从鲜活的现实题材中归纳出中国精神和核心价值遵循，提升教育内容的深度和高度，结合学生心理认知特点，进行讲解分析，真正叩动学生心灵，升华学生思想，唤醒学生灵魂。要彻底革除网络思政政治教育重形式，轻内容的弊端，把思政教育从各种通知、公告、工作简报、工作宣传中松绑，把思想政治教育从各种宣传媒

体排名、各类新闻数量比较中解放出来，做真正有内容、有深度的思想政治教育。

4.4 宣传有温度，传播有效果

伴随着经济和科技的发展，智能手机成为大学生学习和生活的重要伴侣，也成为大学生思想政治教育传播的重要载体。但是网络和智能手机也是双刃剑，它们既缩短了人与人之间交流的时间和距离，同时又好像成为人与人真诚交流的障碍。云端的交流总是缺少一些温度，容易让人迷失在虚无之中。这无疑也成为网络思政教育的一大障碍，这种障碍在防疫期间进行网络教育教学中突出显现。首先，网络减少了师生情感互动交流。思想政治教育必须以情感人，以情动人、以情化人。面对网络屏幕，师生少了一份情感互动，教育缺乏了一份亲切感。其次，网络宣传以思政立场为中心，缺乏与学生生活的关联度。思想政治教育遵循着严密的逻辑辩证，以思政逻辑为主进行宣传教育缺乏与学生生活世界的直接关联，显得高高在上，显然不会成为学生关注的“热点”。最后，大部分网络思政宣传教育长而乏味，不符合学生的“短而有趣”的网络阅读习惯，自然得不到学生的“点赞”，传播的效果大打折扣。做有温度的思政教育，既要有符合学生网络习惯的“短小有趣”的宣传形式，也要有直抵学生心灵的“深度思考”内涵，还要有帮助学生成长的“现实有用”的警示。学生活跃在哪里，哪里就是思政教育的战场。网络宣传教育要满足学生思想成长需要，符合学生网络行为习惯，甚至超越学生对网络思政的想象，才能提升网络思政的效能。

大学生网络思想政治教育的问题存在已久，疫情防控再次把网络思想政治教育全面推到了高效师生乃至全社会的面前。只有深刻认识当前网络思政的现状，理性分析研判网络思政存在的问题及原因，才能采取有效举措，促进防疫期间乃至今后大学生网络思政教育的良性发展，让思政教育走进学生心灵，唤醒学生灵魂。

参考文献

[1] 李小玲，王建新. 重大疫情防控工作中大学生思想政治教育面临的挑战与应对[J]. 思想理论教育，2020（4）：98-102.

[2] 马云霞. “互联网+学习”对大学生思想政治教育的挑战及优化[J]. 重庆邮电大学学报（社会科学版），2019，31（6）：90-97.

疫情防控背景下在线教学质量提升浅析

——基于A大学学生视角的调查分析

李梦洁　谭光清

（成都东软学院教学质量管理与保障部 四川 成都 611844）

摘　要：基于学生视角理清新冠肺炎疫情防控首月在线教学质量的基本情况，从教师教学工作、教学运行情况、学生学习情况及学生学习效果 4 个方面选取指标进行调查研究，并对调查结果进行实证分析的基础上，提出了“学生自主学习，加强课前准备；教师加强交流，优化教学方式；有针对性地开展帮扶指导工作；加强教学管理，加快在线统一教学平台建设；丰富网络教学资源，提高网络学习方式与安排满意度”的 5 条提高疫情防控期间在线教学质量的建议。

关键词：在线教学质量；学生满意度；问卷调查

Analysis of Online Teaching Quality Improvement under the Background of COVID-19—Investigation and Analysis Based on the Perspective of a University Students

Li Mengjie　Tan Guangqing

(Teaching Quality Management and Guarantee Department, Chengdu Neusoft University, Chengdu 611844)

Abstract: Based on the students' perspective, this paper clarifies the basic situation of online teaching quality in the first month during the epidemic prevention and control period, selects indicators from four aspects of teachers' teaching work, teaching operation, students' learning situation and students' learning effect, conducts empirical analysis on the survey results, and puts forward “students' autonomous learning, strengthening pre-class preparation; teachers' strengthening communication and optimizing teaching methods; to carry out targeted assistance and guidance work; to strengthen teaching management, to speed up the construction of online unified teaching platform; to enrich network teaching resources, to improve the online learning methods and arrangement satisfaction.

Keywords: online teaching quality; student satisfaction; questionnaire survey

1　调查背景及组织

受新冠肺炎疫情影响，教育部应对新型冠状病毒感染肺炎疫情工作领导小组办公室印发了《关于在疫情防控期间做好普通高等学校在线教学组织与管理工作的指导意见》，意见中指出：“各高校应充分利用上线的慕课和省、校两级优质在线课程教学资源，在慕课平台和实验资源平台服务支持带动下，依托各级各类在线课程平台、校内网络学习空间等，积极开展线上授课和线上学

作者简介：李梦洁（1993—），女，汉族，籍贯湖南常德，助教，硕士，研究领域为教学质量、数据分析；谭光清（1992—），女，汉族，籍贯重庆巫山，助教，大学本科，研究领域为创新创业。

习等在线教学活动，保证疫情防控期间教学进度和教学质量，实现‘停课不停教、停课不停学’。”为及时掌握在线课程教学期间学校教学质量信息，客观评价在线教学质量效果，深入了解“以学生为中心”基本理念的贯彻情况，本文以四川某大学本科生作为调研对象，在全校范围内对学生进行了问卷调查。

本次问卷调查主要分为三个阶段：第一阶段是问卷设计阶段。这一阶段主要是在阅读大量文献的基础上，通过与老师以及学生进行沟通，最终确定从教师教学工作、教学运行情况、学生学习情况及学生学习效果 4 个方面选取指标进行调查研究。第二个阶段为问卷发放及回收阶段。考虑到该校大四学生主要以实习实训为主，基本上很少参与在线教学，故本次调查问卷发放对象主要集中在大一、大二、大三年级学生。本次调查共回收有效问卷 7191 份，问卷回收率高达 85.51%，问卷覆盖率较高。第三阶段为数据分析及报告撰写阶段。

2 在线教学质量调查结果分析

2.1 问卷信度分析

问卷的信度分析是为了保证问卷调查的稳定性和可靠性，目前国内问卷的信度检验大部分采取内部一致性的评价方法。本文通过使用 SPSS 软件计算 Cronbach's alpha 系数，对问卷的信度进行测量，一般而言，如果该系数大于 0.7，则可证明问卷的信度较好。本文经过分析得出，整份问卷的 Cronbach's alpha 系数为 0.919，说明问卷具有较好的内部一致性。

2.2 “最终得分”指标构建

本次调查总体上反映了该校各系学生在线课程教学期间对教师教学工作、教学运行情况、学生学习情况及学生学习效果等四个层面的基本感知。虽然每个指标题目选项并不完全一致，但总体来说从选项 A 到选项 D 程度依次递减，为便于后续分析，对各个指标的四个选项赋予一定的分值：A 为 4 分、B 为 3 分、C 为 2 分、D 为 1 分，并按照如下公式计算每题得分：

总分值=选择 A 的数量×4+选择 B 的数量×3+选择 C 的数量×2+选择 D 的数量×1

为了更利于观察各个层面各个问题的得分情况，对得分进行相应的标准化处理，使之转化为介于 0 与 1 之间的小数，标准化方式如下所示：

最终得分=（总分值−7 191×1）÷（7 191×4−7191×1）

最终得分越接近于 1，说明该校学生在该问题上满意度或者表现越高；最终得分越接近于 0，则说明该校学生在该问题上满意度或者表现越低。

2.3 在线教学质量整体情况分析

本次调查中，各个指标具体地反映了该校在教师教学工作、教学运行情况、学生学习情况及学生学习效果四个方面的基本情况，具体统计结果如表 1 所示：

表 1 各指标具体统计结果

	具体指标	得分	得分排序	平均得分	平均得分排序
教师教学工作	教师课后答疑或辅导	0.7804	1	0.7548	1
	教学内容	0.7774	2		
	教师课前准备	0.7067	4		
教学运行情况	教学信息安排	0.6867	5	0.6735	3
	网络教学资源丰富度	0.6818	8		
	网络学习方式与安排	0.652	9		
学生学习情况	学生课后复习	0.7432	3	0.7051	2
	教学平台使用熟练度	0.6866	6		
	学生课前准备	0.6855	7		
学生学习效果	学习内容掌握情况	0.63	10	0.6250	4
	网络学习效果与收获	0.6246	11		
	学生能力培养	0.6204	12		

由表 1 可知，各指标的得分均在 0.6 以上，说明在线教学期间，该校学生对学校各个方面的总体满意度较高。具体而言，该校学生对教师教学工作的总体满意度最高，对学生学习情况的总体满意度相对次之，对教学运行情况的总体满意度再次之，对学生学习效果的满意度相对最弱。为了解学生学习效果相对偏低的原因，分别对网络学习效果与收获满意度、学生能力培养、学习内容掌握情况与教师课前准备、教师课后答疑或辅导、网络教学资源丰富度、学生课前准备、学生课后复习、教学内容、教学平台使用熟练度、教学信息安排、网络学习方式和安排满意度之间的相关性进行分析。考虑到 Spearman 相关系数适合于定序变量或不满足正态分布假设的等间隔数据，正好适用于本次调查所得到的数据，故使用 Spearman 相关系数对各变量之间的相关性进行衡量。本次分析使用 SPSS 软件进行，具体情况如表 2 所示。

表 2 相关性分析

	网络学习效果与收获满意度	学生能力培养	学习内容掌握情况
教师课前准备			
教师课后答疑或辅导	0.393**	0.380**	0.389**
网络教学资源丰富度	0.611**	0.498**	0.523**
学生课前准备	0.501**	0.530**	0.528**
学生课后复习	0.443**	0.477**	0.469**
教学内容	0.477**	0.463**	0.457**
教学平台使用熟练度	0.482**	0.454**	0.461**
教学信息安排	0.347**	0.328**	0.339**
网络学习方式与安排满意度	0.814**	0.636**	0.692**

注：①**表示在 0.01 级别（双尾），相关性显著。

从表 2 中可以看出：网络学习效果与收获满意度、学生能力培养、学习内容掌握情况与其他指标之间都存在显著的相关性，但是相关度不一样，表中的数值越大，则代表两个变量之间的相关性越强。由此可见，应重点关注网络学习方式与安排满意度、学生课前准备、网络教学资源丰富度以及教师课前准备这几个指标。可是根据表 1 中的数据，可以发现该校学生对这四个指标中的网络学习方式与安排满意度、学生课前准备、网络教学资源丰富度满意度都不高，排名相对靠后，只对这 4 个指标中的教师课前准备满意度相对较高，在所有指标中排名第四。因此，可以分析出，该校学生学习效果满意度相对最低是和网络学习方式与安排满意度、学生课前准备、网络教学资源丰富度满意度得分偏低息息相关的。因此，学校应进一步多元化网络学习方式，优化网络学习安排，多种教学手段兼容并存；学生应做好充分的课前准备，对待学知识点进行预习，授课老师也应进一步引导学生养成良好的自主学习习惯，通过布置一定的课前预习任务来督促学生完成课前准备；学校层面应更加丰富网络教学资源，上传更多的辅助性教学资料到学生学习的网络平台上。通过追踪学生的主观意见发现，教师可多开展在线直播的教学模式，并考虑到网络因素影响，就直播内容设置回看选项。

2.4 在线教学质量交叉分析

上文从学校整体的角度对该校学生的在线教学质量进行了分析，下面将从城乡差异和年级差异两个角度对该校学生在线教学质量进行分析。

2.4.1 城乡差异

就该校学生在教学平台使用熟练度、网络学习方式与安排满意度、网络学习效果与收获满意度、学生课前准备、学生课后复习、学生能力培养、学习内容掌握情况等方面的地区差异我们用“最终得分”指标来衡量。具体情况如表 3 所示。

表 3　地区差异最终得分表

	城镇	农村	差异	差异百分比
教学平台使用熟练度	0.7149	0.6463	0.0685	10.60%
学习内容掌握情况	0.6520	0.5985	0.0535	8.93%
网络学习效果与收获	0.6457	0.5943	0.0514	8.64%
学生能力培养	0.6409	0.5908	0.0501	8.49%
网络学习方式与安排	0.6718	0.6235	0.0482	7.74%
学生课前准备	0.7060	0.6590	0.0470	7.13%
学生课后复习	0.7602	0.7189	0.0413	5.74%

从表 3 可知，地区差异较为明显，城镇学生在各项指标上的表现都明显优于农村学生或对该项指标的满意度明显高于农村学生。就教学平台使用熟练度而言，学校可以在今后加强对相关群体的针对性指导与培训；就学习内容掌握情况、网络学习效果与收获、学生能力培养、网络学习方式与安排等方面而言，城乡差异表明相对于城镇学生，农村学生可能更倾向于传统的老师面对面式课堂教学，对于在线教学可能更加难以适应；就学生课前准备和学生课后复习而言，城镇学生的表现也要明显优于农村学生，但是做好充分的课前准备和课后复习是顺利开展在线学习的重要前提，前文提到农村学生在学习内容掌握情况、网络学习效果与收获、学生能力培养、网络学习方式与安排等方面的得分都要低于城镇学生，课前准备和课后复习做得不到位可能是一个重要原因，学校相关部门和老师在对该类学生进行定点帮扶时需要加强该方面的辅导。

2.4.2　年级差异

就该校学生在教学平台使用熟练度、网络学习方式与安排满意度、网络学习效果与收获满意度、学生课前准备、学生课后复习、学生能力培养、学习内容掌握情况等方面的年级差异我们用“最终得分”指标来衡量。具体情况如表 4 所示。

表 4　年级差异最终得分表

	大一	大二	大三
教学平台使用熟练度	0.6 855（3）	0.6 862（2）	0.6 890（1）
网络学习方式与安排	0.6 467（3）	0.6 580（1）	0.6 535（2）
网络学习效果与收获	0.6 154（3）	0.6 388（1）	0.6 234（2）
学生课前准备	0.6 741（3）	0.6 912（2）	0.7 003（1）
学生课后复习	0.7 324（3）	0.7 405（2）	0.7 617（1）
学生能力培养	0.6 070（3）	0.6 337（1）	0.6 260（2）
学习内容掌握情况	0.6 105（3）	0.6 493（1）	0.6 385（2）

从表 4 可以看出，高年级学生都要比大一学生表现得更好或者说满意度更高。这也从某种角度说明，对于学生的相关指导与培训可以更加集中于大一年级的学生。而从学生课前准备和学生课后复习这两行数据也可以看出，高年级学生明显表现要优于大一学生，这也说明高年级学生主动学习意识更强，也有可能是因为高年级课程更加侧重于学生的自主学习，对课前预习、课后复习等的要求更高。而从各行数据也可以看出，在分年级讨论的情况下，在做好充分的课前预习、课后复习的情况下，整体的在线学习效果也会明显得到提升。

3 关于切实提高在线教学质量的建议

3.1 学生自主学习，加强课前准备

从上文分析可以看出，学生做好课前准备是提高学生学习效果和满意度的重要因素，授课老师应进一步引导学生养成良好的自主学习习惯，通过布置一定的课前预习任务来督促学生完成课前准备。特别是要注意加强培养低年级学生的主动学习习惯，督促学生由单方面的接收知识向主动吸收学习知识转变。学生与老师之间要加强远程沟通，就学习结果进行反馈。

3.2 教师加强交流，优化教学方式

系部层面可以组织教师就网络教学经验进行在线交流，不同教师分享自己的教学方式，相互之间取长补短，优化教学方式，丰富教学内容。追踪主观建议可以发现，教师可多开展在线直播的教学模式，并考虑到网络因素影响，就直播内容设置回看选项。在线教学过程中，教师也应该进一步加强与学生之间的互动。对于以学生自学为主的课程，尤其要注意关注学生的学习进度，及时做好答疑辅导，定期开展高质量的在线讨论。

3.3 有针对性地开展帮扶指导工作

相关部门不仅要加强对教师的网络教学帮扶与指导，也应该重点关注部分学生群体的网络教学平台使用熟练度，进行相应的在线培训指导，让师生都能顺畅流利的进行在线教授与学习。

3.4 加强教学管理，加快在线统一教学平台建设

追踪主观建议可以发现，个别学生反馈出现课程撞车的现象，相关部门应进一步加强教学管理工作，及时公布课程信息，规范教师调课行为，努力保证在线教学工作的正常有序进行。考虑到很多学生反馈在线教学使用到的教学平台过多，对学生的网络学习造成了诸多不便，该校应进一步加快相关平台的建设，努力创建一个一体化的在线学习平台，集课程信息发布、学生在线签到、学生在线学习、在线作业完成及提交等诸多功能为一体。

3.5 丰富网络教学资源，提高网络学习方式与安排满意度

学校层面应进一步丰富学生的网络学习资源，鼓励一线教学教师积极踊跃地录制各种教学视频，上传更多的电子学习资料至相关平台上，加强在线教学资源的建设，提升该校教学资源信息化水平，建设各类精品在线开放课程，切实提高学生对网络学习方式与资源的满意度。

参考文献

[1] 中华人民共和国教育部. 教育部应对新型冠状病毒感染肺炎疫情工作领导小组办公室关于在疫情防控期间做好普通高等学校在线教学组织与管理工作的指导意见[EB/OL].（2020-02-04）[2020-06-10].www.edu.cn/info/zt/fk/202002/t20200205-1708515.shtml

[2] 李爱华. 关于课堂教学质量的抽样调查报告：基于学生视角的课堂教学满意度调查[J]. 中国建设教育，2019（6）：97-103.

[3] 袁景凌，巩晶，张霞，等. 以学生为中心的MOOC+“在线课堂”组织与实践[J]. 计算机教育，2020（8）：14-17.

[4] 徐文俊，张卓，杨兰芳. 工科高校本科教学质量学生满意度情况研究：以H大学为例[J]. 南京航空航天大学学报（社会科学版），2019，21（4）：95-101.

[5] 陈小君，王萌蕊. 高校本科教学质量满意度调查：以A高校为例[J]. 安阳工学院学报，2019，18（4）：122-128.

校企合作课程开发与实践

——以“市场调研实训”为例

赵 鑫[1] 章 仪[2] 王 春[3] 霍 然[4] 杨柠嘉[5]

（1、2、4、5 成都东软学院商务管理系 四川 成都 6118443
四川名人居门窗有限公司 四川 广汉 618302）

摘 要： 实践操作能力是高校学生就业的关键，有效提升学生的实践能力是应用型本科院校教育教学工作中的重点。校企合作开发市场营销专业的“市场调研实训”项目是基于产教融合的校企合作课程开发的一次创新尝试。本文将从师资队伍构建、制定课程能力指标体系、设计课程内容并付诸实施几个方面对校企合作课程开发的内容进行阐述，最后展望未来校企合作课程开发的发展方向。

关键词： 校企合作；课程开发；市场调研实训

Curriculum Development and Practice Based on School-Enterprise Cooperation

—Taking “Training on Market Research ”as an Example

Zhaoxin[1] Zhangyi[2] Wangchun[3] Huoran[4] Yangningjia[5]

(1, 2, 4, 5 Business Management Department, Chengdu Neusoft University, Chengdu 611844
3 Sichuan Mingrenju Door&Window Limited Company, Guanghan 618302)

Abstract: Practical operation ability is the key to college graduates’employment. The key point in the education and teaching of application-oriented undergraduate colleges is to effectively improve the practical ability of students. It is an innovative attempt based on school-enterprise cooperative to develop curriculum of “Training on Market Research”. This paper will elaborate on the development of school-enterprise cooperation curriculum from the aspects of the construction of teaching staff, the development of curriculum ability index system, and the design of curriculum content. Finally, it will prospect the development direction of curriculum development on school-enterprise cooperation.

Keywords: school-enterprise cooperation; curriculum development; training on market research

1 引 言

国务院于 2017 年 1 月印发了《国家教育事业发展“十三五”规划》，规划指出要引导一批地方应用型本科高校把办学模式转到产教融合、校企合作上来。与企业紧密联系、深度融合，建立一体化的校企合作的人才培养模式，是应用型本科院校发展的必然趋势。为实现应用型人才培养目

作者简介： 赵鑫（1984—），女，汉族，四川，副教授，硕士，研究方向为市场营销、经济管理；章仪（1988—），男，汉族，四川，讲师，硕士，研究方向为市场营销；王春（1991—），男，汉族，重庆，四川名人居门窗有限公司商学院执行院长，研究方向为企业培训；霍然（1979—），男，汉族，上海，讲师，硕士，研究方向为市场营销、商务管理；杨柠嘉（1992—），女，汉族，四川，助教，硕士，研究方向为市场营销、统计学。

标，提高学院实践办学能力，成都东软学院与四川名人居门窗有限公司（以下简称名人居）本着互利共赢、长期合作的原则展开校企合作。而校企双方共建课程就是合作的一个方面，本文以市场营销专业大一小学期实训课程“市场调研实训”为例，结合具体的合作内容展开研究与思考。

2 校企合作课程开发的主要目标

通过与名人居的校企合作，实现课程能力培养与行业及职业标准的精准对接，创建以职业需求为导向、以工作任务为载体的模块化课程体系。对接实际的工作岗位任务，培养学生职业能力；对接企业专家，培养双师队伍。

3 校企合作课程开发的主要内容

3.1 共同构建师资队伍

经过合作双方的沟通，共同确定构建一支涵盖中高级职称及丰富企业经验的中青年师资队伍，就课程开发进行全面合作，市场调研实训的订制化项目合作开发就是由此团队教师共同完成的。目前该师资队伍职称结构为副高以上职称占比 20%，中级职称占比 40%、企业经理级别以上占比 20%。年龄结构 35 岁以下占比 60%，全体师资年龄在 45 岁以下。具体人员分配见表 1。

表 1 市场调研实训师资队伍

专业	合作项目	项目简介	校方		企业方	
			负责人	项目组主要成员	负责人	项目组主要成员
市场营销	“市场调研实训”课程开发	根据需要，双方共同开发课程、设定课程项目、理论授课、指导学生完成企业整个项目	赵鑫	赵鑫	王春	王春
		根据需要，双方共同开发课程、理论授课、指导学生完成企业整个项目		章仪		
		理论授课、企业调研报告指导		霍然		
		理论授课、企业调研报告指导		杨柠嘉		

3.2 共同确定课程培养能力指标体系

为培养高素质应用型专门人才，提升学生的实践能力，校企双方共同完成了市场营销专业人才培养方案的修订。同时基于 T-C 能力指标，校方根据课程知识的要求及学生未来职业发展规划，企业方根据岗位具体需求及行业的发展，通过双方的共同研讨，制定“市场调研实训”课程培养能力指标体系。具体如表 2 所示。

3.3 共同开发课程实施思路

小学期“市场调研实训”为企业真实项目，全程采用团队制进行，由学生自行组建成多个市场调研公司，以调研公司的名义进行名人居门窗市场调研项目，为合作企业收集消费者的相关数据，并撰写市场调研报告，为企业经营提出优化建议。通过对过程及最终调研报告的评分，评选出前三名颁发一、二、三等奖的奖状，并由获得第一名的市场调研公司汇总全部问卷，为企业撰写最终的市场调研报告。

3.4 共同开发课程内容及实施安排

小学期课内学时共计 4 周，每周 5 天，每天 4 学时，共计 80 学时课内学时。其中名人居企业人员参与到市场调研实训的授课，有 4 学时通过课堂教学对企业的调研需求、企业概况、市场调研技巧进行讲解，并与学生做了交流沟通，其余时间企业老师均为线上参与实训的辅导。整个小学期的教学内容及实施安排见表 3。

表 2　市场调研实训课程培养的能力指标

目标内容	能力指标	具体描述	掌握程度
理论知识	1.2.1 专业基础知识	掌握市场调查、管理学原理、市场营销学、消费者行为学的基本理论，通过所学的知识对市场调研所获得的数据进行分析与评价	分析/评价
专业技能	3.1.5 解决方法和建议	运用所学市场调研知识对调研结果进行分析，找出问题的解决办法并提出建议	分析/运用
	3.4.3 解释有效地执行任务	在团队中解释市场调研项目如何有效地执行各阶段任务并合理安排时间	运用
	4.1.5 图表交流	运用图表技能设计调查问卷，对市场调研所获得的数据进行统计与分析	分析/运用
	4.1.6 口头表达和人际交流	在调研过程中能够进行有效的交流，调研结束后能够使用适当的语言及非语言交流方式进行市场调研结果的汇报	运用
	4.3.3 团队成长和演变	理解和掌握保障团队运行和成长的技巧	理解
	8.4.3 信息管理	理解如何通过市场调研将获得的信息流转化成数据流	理解
	8.8.1 设计实施过程	运用所学知识设计调查问卷并进行调研，设计市场调查方案并付诸实施	运用
个人素质	6.3.2 职业行为	规范自己的职业行为，在市场调研的过程中严格遵守职业规范、配合其他成员完成协作	运用
	7.2.3 个人与团队共同成长	个人积极配合完成团队所分配的各项市场调研任务，实现个人与团队的共同成长	运用

表 3　市场调研实训实施进度安排

序号	周次	课次	内容提要	课时	授课教师	备　注
1	1	1	课程导引，团队建立，团队建设	4	学校教师	
2	1	2	市场调查问卷内容、市场调查问卷常见错误、问卷纠错、拟定问卷	4	学校教师	
3	1	3	企业讲解门窗行业概况及企业概况、拟定问卷	4	企业教师 学校教师	
4	1	4	问卷修订完善及定稿	4	学校教师	
5	1	5	抽样方法学习、调查问卷的设置与发放、布置暑期调查任务	4	企业教师 学校教师	
	暑假		进行问卷调查	课外	企业教师 学校教师	
6	2	1	确定市场调查的目的与内容	4	学校教师	
7	2	2	确定调查对象、范围和调查方法	4	学校教师	
8	2	3	撰写市场调查方案	4	学校教师	
9	2	4	完善修订市场调查方案	4	学校教师	

续表

序号	周次	课次	内容提要	课时	授课教师	备　注
10	2	5	讲解常用的统计量、统计表、统计图表，汇总原始数据	4	学校教师	
11	3	1	显著性分析、多元线性回归分析等学习，初步进行数据分析	4	学校教师	
12	3	2	聚类分析、多维图示分析技术、结合分析等学习，进行调查数据分析	4	学校教师	
13	3	3	进行调查数据分析	4	学校教师	
14	3	4	学习如何撰写市场调查报告、学术论文，开始撰写市场调查报告初稿	4	学校教师	
15	3	5	完成市场调查报告初稿、收集学术论文相关资料	4	学校教师	
16	4	1	市场调查报告修订完善、撰写学术论文初稿	4	学校教师	
17	4	2	市场调查报告修订完善、学术论文修订与完善	4	企业教师 学校教师	
18	4	3	市场调查报告修订完善、学术论文修订与完善	4	学校教师	
19	4	4	完成市场调查报告（团队）、完成学术论文（个人）	4	企业教师 学校教师	
20	4	5	项目答辩	4	学校教师	

4　合作开发课程成果

4.1　合作开发课程结课成果

“市场调研实训”共计回收有效问卷 1002 份，学生团队（市场调研公司）完成了 10 份市场调研报告。经过答辩及评分，最终评选出一、二、三等奖各一名，由获得一等奖的学生团队撰写了最终的四川名人居门窗有限公司市场调研报告，并提交给企业，为企业的经营发展提出优化建议。

4.2　课程成果延伸

双方合作的小学期实训结束之后，商务管理系组织学生报名参与国家 A 类竞赛——“正大杯”第十届全国大学生市场调查与分析大赛。目前大赛正处于初赛在线考试阶段，经过对授课学生班级及其他班级的宣传，目前成功报名人数达到 64 人，后期将通过大赛检验校企合作课程开发的成果，以赛促教，以教促改，进一步提高校企合作课程开发的质量，实现学校、企业、学生三赢。

5　结论与展望

通过本次校企合作课程开发，使企业的专业人员与学校的专业教师能进行更加深入的沟通交流，有效地发挥校企双方在人才培养方面的优势，从而形成合力，共同实现推进学校发展，促进企业经营，提升学生实践能力的目的，搭建起三赢的校企合作互利平台。

在后续的校企合作中，课程开发主要有以下几个方面规划：

第一，继续深化现有的“市场调研实训”课程的合作开发，通过市场调研大赛检验校企合作的成果，并对课程的设置进行进一步的完善。

第二，结合企业各岗位的需求，将双方的合作开发课程拓展到市场营销专业的其他课程，并尝试着拓展到其他专业的课程合作开发。

第三，拓宽校企合作的渠道，吸引更多不同行业领域的企业加入校企合作课程开发的队伍中来。

参考文献

[1] 何才. 基于产教融合、校企合作的职业院校课程开发实践与探索：以上汽通用 ASEP 校企合作项目为例[J]. 职业教育，2019（7）：32-35.

[2] 霍芬. 校企合作背景下互联网金融实训课程开发与实践[J]. 时代金融，2019（4）：73-74.

[3] 王静. 基于校企协同模式的“财务会计”课程开发与创新实践[J]. 黑龙江科学，2019（1）：76-77.

[4] 葛莹莹. 应用型本科高校校企合作课程建设研究：以《游戏产业项目开发实践》课程为例[J]. 智库时代，2018（11）：86，101.

[5] 马忠香.校企对接，深度融合：校企合作案例[EB/OL]（2017-9-22）[2017-11-1]. https://wenku.baidu.com/view/21997c77bc64783e0912a21614791711cc7979c8.html.

应用型本科院校日语专业“IT类翻译实践报告”毕业论文模式研究
——以成都东软学院日语专业为例

于　洁　严晓璧

（成都东软学院应用外语系　四川　成都　611844）

摘　要：为加大培养力度、加快培养步伐，培养出能为地方经济发展和IT类企业发展外译提供服务的应用型人才，在日语专业学生毕业论文中增加与专业培养方向一致的日语IT类研究的文献进行“翻译实践报告”模式是一种实用和有效的选择项。该模式的实施一方面能提高日语翻译能力，另一方面能在培养“日语+软件工程”复合型、应用型人才方面提供有效的尝试。

关键词：应用型本科；IT类日语；翻译人才；翻译实践；翻译报告

Research on Graduation Thesis Mode of “IT Translation Practice Report” for Japanese Majors in Application Oriented Universities
—Taking Chengdu Neusoft University as an Example

Yu Jie　Yan Xiaobi

(Department of Applied Foreign Language, Chengdu Neusoft University, Chengdu 611844)

Abstract: In order to strengthen the training, speed up the pace of training, and cultivate applied talents who can provide services for the development of local economy and IT enterprises, it is a practical and effective choice to add Japanese IT research literature which is consistent with the professional training direction in the graduation thesis of Japanese majors. On the one hand, the implementation of this model can improve the ability of Japanese translation, on the other hand, it can provide an effective attempt to cultivate “Japanese + software engineering” compound and applied talents.

Keywords: applied undergraduate IT Japanese translation talents; translation practice; translate report

1　研究背景

毕业论文是学生大学阶段学业水平的一份总结性汇报，是学校评价学生能否顺利毕业的重要指标之一，也是教育部评估高校教学的一个重要指标。2020年颁布的《普通高等学校本科日语专业教学指南》强调了毕业论文的重要性：“毕业论文是考查学生的综合能力、评估成绩的一个重要方式。”在新颁布的指南中指出：毕业论文旨在培养和检验学生综合运用所学理论知识研究并解决问题的能力和创新能力。毕业论文选题应符合日语专业培养目标与培养规格。可采用学术论文、翻译作品与翻译实践报告、调研报告等多种形式。通过统计分析发现，日语专业本科生论文选题集

作者简介：于洁（1977—），男，汉族，副教授，工程硕士，主要研究日语教育，日本社会文化。严晓璧（1969—），女，汉族，籍贯四川，副教授，学士，研究方向：日语教育。

中在日本文化、日本文学、日语教育研究、日语翻译等方面；日语专业学生在毕业论文撰写中存在的一些问题，如选题困难、选题陈旧单一、选题重复度高、复制比偏高、缺少思想深度、缺乏新意和独立见解、与社会现实脱节、缺少原创性、缺乏现实意义等。

2016年12月28日国务院常务会议通过了《国家教育事业发展第十三个五年规划》，教育部进一步明确了要加快高等教育结构调整，推动一部分普通本科高校向应用型转变，不要把全部高校办成综合性同质化的学校，这个应用型是面向社会需求的、面向各行业的。由此转型而来的应用型大学，作为高等教育的一种重要类型，以培养能面向地方并服务于地方的本科应用型创新人才为目标，承担着为社会培养高素质、有扎实理论功底、有熟练专业技能和较强创新能力的优秀应用型人才的任务。在人才培养过程中，毕业论文是应用型本科院校实践教学的一个重要环节，是实现专业人才培养目标的关键步骤之一。由于应用型本科大学应立足并重在“应用”，因此，在转型发展过程中就需更加强调各环节的应用性。

在以往常规的毕业论文撰写环节，由于日语专业的专业定位为语言知识和理论，因此，从人才培养的目标设定、培养规格、课程设置到实训环节，大都重理论而轻应用，导致毕业论文理论性过强，应用性不明显，尤其缺乏现实意义，主要原因是日语专业课程体系与应用型人才培养目标不够融合。为进一步深化教育教学改革、提高教育教学质量，推进地方本科院校的应用型转型发展、特色发展，实现人才培养的校企校地合作，把转型发展落到实处，使培养出来的学生更能适应社会对英语专业应用型人才的需求，为地方经济发展做出应有的贡献，同时也为转变长时间以来日语专业学生毕业论文选题单一、重复度高、实践无实质内容的情况，特展开此探究。

2 “翻译实践报告”毕业论文模式实施效果分析

根据应用型本科大学日语专业人才培养目标，在毕业论文撰写环节中依托翻译实践能体现“以实用为主，以应用为目的”的应用型特征和融入地方建设、结合用人单位需求的实质。此种论文模式的实施最终由一个真实的日译汉翻译实践成品加一份中文翻译报告构成。从其他高校相关实践结果中可以看出此模式的效果，学生都十分欢迎新的论文方向，认为翻译实践方向的论文写作对于他们翻译能力的提高有很大帮助，翻译实践和翻译评论相结合，既用实践检验了理论，又教会他们将来如何更好地用理论指导实践。实习单位和就业单位都十分支持这一方向，认为这样的设置与社会需求紧密挂钩，更有利于培养出专业的实用型人才。

成都东软学院日语专业在2020届日语毕业论文中加入了日语翻译实践报告模式，通过本次实施，取得了一定的成果。下面简单介绍一下实施过程，并通过最终的效果分析经验和不足。

2.1 确定实施对象

2020届学生在大四上学期自主选择毕业论文方向，学院不对学生做方向上的硬性要求和分配。学院在选题前对学生进行毕业论文选题指导，并对日语翻译实践报告模式进行宣讲和解释说明。学生仍然可以在日本文学、日本文化、日语翻译、日语教学、日本社会等方向上做选择，但鼓励和支持对IT类日语翻译有兴趣的学生选择新模式的论文形式。最终在55人的学生中，有接近20人选择日语翻译实践报告，接近总人数的40%。

2.2 具体实施

（1）学生确定选题方向后，按照日语教师教学研究方向分配指导教师，完成整个“翻译实践报告”环节。对选定了“翻译实践报告”模式的学生进行开题前的培训，重申该模式的目的意义、内涵及操作方式。由学生或者指导教师挑选在日本公开出版发行的IT类文本资料进行日译汉实践，源文本资料应有一定科技前沿性、学术性、思想性和翻译价值，内容难易程度适中，篇幅适当，主要以了解日本IT类技术的研究、日本IT类行业发展现状为目的，为中国IT类行业和企业提供有参考价值的信息。在翻译过程中既锻炼了日语翻译能力，也提高了IT理论知识。

（2）此模式全称为“笔译实践加翻译报告”，

要求学生在教师指导和把关下选择从未有过译本的日语文本独立进行翻译。之后，结合翻译实践写出翻译报告。“笔译实践”由学生利用课本及课堂翻译理论知识，在教师指导下进行实实在在的翻译实践，一人一篇文章不重样，做到真懂文本内涵，了解 IT 相关行业背景，掌握一定的 IT 相关知识技术，下足翻译功夫、完成现实任务，切实体现出应用型本科大学学位论文的应用性和实践性。日译汉的文本字数要求 6 000 ~ 7 000 字，翻译成约 5 000 ~ 6 000 字的中文。“翻译报告”为用中文撰写的不少于 1 500 字的实践报告，报告内容主要包括选题和选材的目的意义、翻译中遇到的主要难题、所用的翻译方法、解决翻译问题的策略、认识、启发和提高等。学生以报告的形式论述自己对翻译理论的了解、理解、掌握及实际运用的整个过程，旨在帮助学生切实做到理论联系实际而非纸上谈兵，切实提高学生的翻译实践能力，检验学生的日汉双语转换及表达能力。

（3）“翻译实践”加“翻译报告”这种形式由于一人一题、可触可感却无可参照保障了其原创性，能够有效避免通常毕业论文写作模式的千篇一律、选题的大同小异和内容陈旧，能比较好地实现理论与实际相结合，用理论指导实践，学以致用，有助于提高学生的综合素质和实践应用能力，同时提高毕业论文的质量和现实意义。

应用型本科院校培养的人才主要是为地方经济的发展服务，根据地方本科院校的办学定位、就业面向、资源条件、师资力量，根据地方社会经济发展的需求和市场对人才的需求培养和训练人才，使培养的人才能直接与社会和企业对接，从毕业论文实训上就体现出立足本土、接地气、能学以致用及行业性和应用性的特征，这对人才的培养是大有裨益的。

（4）实施过程中存在的问题：翻译理论学习和实践是一项涉及多学科交叉的工作，需要学生有较强的语言驾驭能力和扎实的文化功底，不仅要爱翻译还要懂翻译，不仅要懂外语还要熟知本国文化和目的语文化，不仅要懂文化还要熟知不同文化间的差异，要具备较强的跨文化交际意识。以往翻译理论教学所选用的教材，以课堂讲授和学生训练为主，缺少课后的辅导和实际训练，尤其是与学生学习、生活和未来职业相关的翻译训练。学生接触到的翻译材料大多题材和涉及面不够多样和广泛，翻译内容与社会需求有一定的距离。课本上讲授的理论知识正确、合理、规范，但在实际翻译中会有大量难题无法从课本上直接获得现成答案。课堂上学生接触到的很多案例或典型翻译，经典是经典，但往往缺乏新意，成了老生常谈，无助于解决现实中遇到的翻译难题；加之学生阅读面有限、阅读量不够，百科知识储备有欠缺，面对一些专业性较强的文本时常常无从下手。

另外学习语言专业的同学大部分为文科类学生，对 IT 类理工科不是很熟悉，尤其是技术性日语文章，由于不懂专业知识，因此很难准确翻译文章，对于这样普遍性的情况，主要注意选择文章的内容。尽量选择常识性、生活化的文章，不要挑选理论性较强的文章。

在教师方面，受限于专业知识，教师个人对日语语言本身具备优势，但是对于 IT 类技术知识也比较薄弱，因此指导这类型文章翻译的时候，很多时候也感到力不从心。即使能够翻译出文章，或者发现学生翻译文章的不足，但是存在改正困难的问题。对于这样的情况，日语指导教师应该拓展自己的知识面，多了解 IT 行业背景知识，多了解 IT 类技术知识，加强自身业务能力和水平。

3　结　语

在日语毕业论文设计中加入日语翻译实践报告形式，能够有效解决毕业论文撰写中存在的千篇一律、原创性少、时效性差等的问题，还能让学生提高翻译能力，了解更多的IT行业背景知识，虽然在第一次实施过程中遇到了各种各样的问题，翻译报告质量有待进一步提高，但是相信今后通过不断改善，翻译报告质量会越来越高，达到检验学生水平的目的。

参考文献

[1] 夏云宏. 关于毕业设计形式多样化改革需求的调查与思考[J]. 长春工程学院学报（社会科学版），2016（3）：139-141.

针对大学毕业生群体的租房 APP 设计研究

宋祥波

（成都东软学院数字艺术系 四川 成都 611844）

摘 要：中国每年有 800 万左右的毕业生进入社会工作，绝大部分毕业生需要在城市中租房。本文针对大学生这一特殊群体的特定需求，通过问卷调研、用户观察和用户访谈等方法对大学毕业生需求进行梳理，建立用户模型。对现有租房类 APP 进行竞品分析，总结本产品机会点，形成针对大学毕业生群体的租房 APP 的功能结构图。

关键词：租房 APP；用户体验；个性化需求；大学毕业生

Research on the Design of Rental APP for College Graduates

Song Xiangbo

(Department of Digital Art, Chengdu Neusoft University, Chengdu 611844)

Abstract: Each year about 8 million graduates step into the social work in China, and the vast majority of graduates need to rent houses in cities. This article aims at college graduate's special needs, through questionnaire investigation, user observation and interview methods to comb demands for university graduates, then establishes user model. Through competing goods analysis of existing rental APP, summing up the product opportunity points, this article forms rental APP function structure diagram for university graduates.

Keywords: rental APP; user experience; personalized needs; college graduate

1 引 言

随着社会的快速发展以及移动终端设备的普及，人们越来越习惯于使用手机 APP 解决生活中的各种问题，我国每年有大量毕业生涌入社会，他们成为租房群体的重要组成部分，毕业生在刚进入社会工作的时候经济压力较大，工作调动频繁。针于这种情况，围绕各种租房需求，本文研究的租房 APP 能更好地解决大学生毕业生的后顾之忧，提供更贴心的生活服务，既减轻了他们的经济压力，还关注他们的生活细节，保障了年轻用户的利益和生活品质。

2 用户研究

2.1 用户研究采用的方法

在用户研究开始之前，对用户群体进行了分析，用户群体定位为刚毕业的大学生，他们经济能力有限，租金是他们的首要考虑因素。同时，他们对生活有一定的品位要求，合租是他们首选租房方式，他们喜欢和志趣相投的人合租。

本文采用问卷调查法和用户访谈法，结合用户画像梳理出用户的核心需求。首先明确设计的

作者简介：宋祥波（1980—），男，汉族，籍贯江苏，副教授，硕士，研究方向为交互设计、产品设计。

方向和范围，然后再设计网络调查问卷，通过线上调查问卷对大量的用户群体进行数据收集，在后台分析收集到的数据进而验证设计方案的可行性，并且根据结果进一步优化方案。问卷调查以网络问卷的方式展开，共收回 93 份问卷，通过问卷调查发现，这部分人群就业竞争压力巨大，往一线或新一线城市发展的年轻人比较多，但工资水平中等偏下，在针对年轻用户群体设计 APP 时还需要多加考虑如何给予更大的优惠，减少中介以及其他费用支出。关于室友素质性格这方面值得深入挖掘，还是有相当一部分人非常看重与自己合租的室友类型。另外在房源评价这一块用户需求比预期还要大，说明用户非常希望在租房软件上能了解到房源的更多信息，不仅限于房东对于自家房源的客观说明，更很多的还是想要从其他租户了解到最真实的房源信息，所以在这方面可以着重规划设计。

通过对毕业生用户的访谈，得知毕业生在协议上更认同电子协议；在租房要求方面，在同一个城市的毕业生会邀请熟人一起同住，一方面熟人比较安全也好相处，一方面可以共同分担房租和其他水电杂费。对于租金方面，希望能有更多的优惠，多一些短租的房源。除此之外，他们还看中房间的装饰、小区的环境、周边的配备这些因素。在软件建议方面，他们认为市面上的租房软件针对的用户比较广，功能比较多，但真正实用的功能就那么一些，所以希望软件能够功能精简，希望简单好用，提高租房效率。

2.2 用户核心需求

通过对用户群体进行网络调研分析，了解到用户除了现有软件基础功能以外还有部分其他方面的诉求，进而采用了问卷调查法、用户访谈法等研究方法围绕用户群体进行深入研究，经过分析整理，最后总结归纳出以下几点租户基本需求：

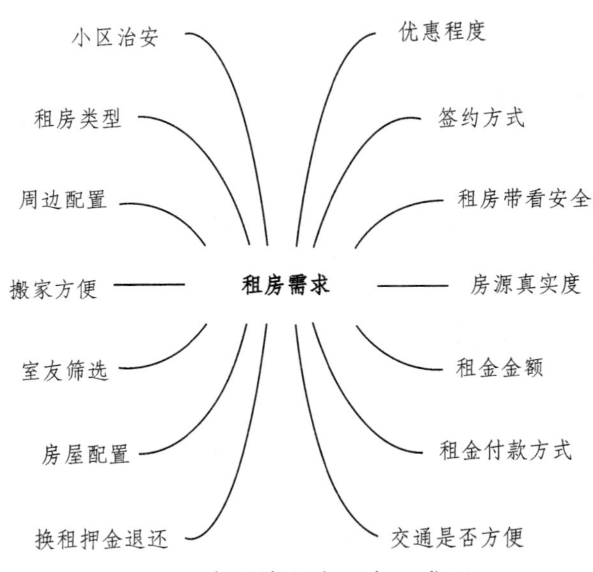

图 1 大学毕业生租房需求图

3 租房 APP 竞品分析

3.1 竞品分析

竞品分析的意义在于了解用户需求现有产品满足度，找到产品的机会点。本文对用户量最大的贝壳、蛋壳和自如三个租房 APP 分别从产品定位、功能和商业模式对比分析，得出以下结论：第一，产品没有根据各条房源信息的重要性来进行排版放置，本末倒置，容易误导用户。第二，大多数房源不与房东直接对接，会收取一定的服务费或中介费。第三，三款租房软件筛选条件略有不同，但大致相同，缺点是都没有针对于同住室友类型进行筛选，例如无宠物、性别这种筛选选项。第四，列出已住室友可以帮助用户来判定是否是自己想要的房源，但除了性别、星座外，用户还会想要与他们直接沟通了解更多关于房源的信息。当然为了满足了解更多的需求，也不仅限于找已住室友沟通，也可以设计房源评价功能，这方面三种租房软件都比较欠缺。第五，优惠渠道不多，房东想要通过某些优惠来吸引更多用户，例如减价了 200 但用户看了新价格后并不知道他是降价后的。第六，查看周边环境这方面其他软件应该向贝壳找房看齐，在 VR 全景图中可以看到附近的各种商铺，不仅限于一般租房软件包括的地铁、美食、超市、医疗、银行等，菜市场、其他在租房源、周边公司也能加入其中。

3.2 机会点分析

结合对用户和市场的研究，总结出以下几点机会点：第一，完善搜索筛选丰富度，市场上缺乏针对室友类型筛选的租房 APP。第二，中介房源与房东房源混杂，缺少这方面的筛选分类。第三，缺少新手导引，例如毕业生对于租房了解甚少，不知道租房流程和注意事项可能会遇到很多问题和困难。第四，优惠方式不多，可以提供更多优惠服务于年轻人，无论是降低租金还是赠送优惠券等。第五，保障房源的真实度，房东中介的可信度。第六，搬家方便会促进交易的达成，在搬家方面可以提供更优质的服务或定制入住。第七，换工作较频繁，押金不好退，可以在房东和租户之间采取一种互利的方式，一方面降低甚至减免押金，一方面房东在租户退租后能很快找到下一个租户。第八，半年付和年付租金金额太大，可以采取措施使月付房源增多或借助第三方软件来分担半年付和年付。

4 产品功能结构设计

根据前期的研究，将 APP 从商业性、用户需求度、可实现性等方面对产品功能进行优先级别的排序。按照优先级别依次为：房源搜索、出租房源、快速找房、生活服务、我的相关设置。具体功能设置见图 2 租房 APP 功能结构图。

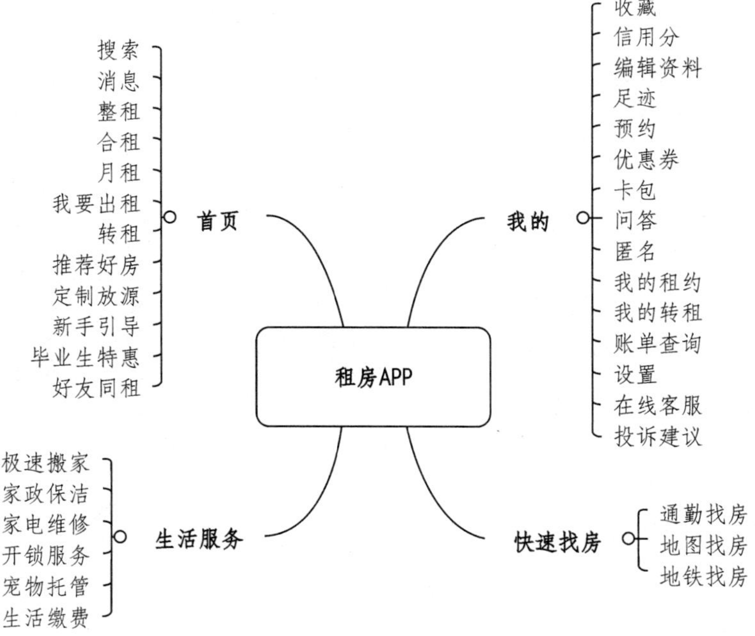

图 2 租房 APP 功能结构图

5 结 语

针对大学毕业生这个特殊群体，通过市场调研了解市场的现状以及趋势，包括目标人群的范围及特点；然后通过问卷调查以及用户访谈，在亲身调研之中了解真实存在的租房需求，分析用户的核心痛点；对竞品进行剖析，了解了当下线上租房平台的现状，学习功能和设计上的优点，同时也整理现存的缺陷；针对这些不足之处以及整理出的用户痛点，设计出满足大学生特殊需求的租房 APP 功能架构，为后期的产品交互设计、原型设计和产品开发提供功能架构。

参考文献

[1] 许冬冬，韩金钊，李敏，等. 关于毕业大学生房屋租赁 APP 开发问题的研究[J]. 科技创新导报，2019（17）：248-249.

[2] 马汉. 房东利器：一款房东自己做的租房管理 APP[J]. 计算机与网络，2017（1）：30-31.

[3] 张李莉. 新就业大学生对公租房需求的调查分析[J]. 劳动保障研究会议论文集（三），2019（12）.

[4] 刘玉昌，宋欣蔚，王蕊，等. 新就业大学生过渡性租住公租房问题研究[J]. 中国管理信息化，2015（13）：232-234.

整装再出发，引领共青团改革新思路

——成都东软学院共青团工作改革纪实

欧阳稚文

（成都东软学院）

摘　要：本文以成都东软学院为例，深入剖析高校共青团思想政治教育工作，为新形势下学校共青团改革攻坚、从严治团的新理念、新思路和新举措提供参考。

关键词：共青团；思政教育；团学改革；实践

Set up and Start Again, Leading the New Thinking of the Communist Youth League Reform

—Documentary on the reform of the Communist Youth League in Chengdu Neusoft College

Ouyang Zhiwen

(Chengdu Neusof University)

Abstract: This article takes Chengdu Neusoft College as an example to deeply analyze the ideological and political education work of the Communist Youth League in colleges and universities, and provides references for the new ideas, new ideas and new measures of the school's Communist Youth League reform under the new situation.

Keywords: Communist Youth League; ideological and political education; reform of league studies; practice

学习宣传贯彻习近平新时代中国特色社会主义思想和党的十九大、十九届二中、三中全会精神和团的十八大精神，紧紧围绕共青团“凝聚青年、服务大局、当好桥梁、从严治团”四维工作格局，以强化思想引领为目标，以全面深化共青团改革为手段，以实施“第二课堂成绩单”为重点，围绕中心、服务大局、聚焦问题，狠抓品牌深化和组织创新，组织带领成都东软学院（下文称“我校”）团员青年积极建功新时代。

校团委在学校党委的关怀和支持下，充分发挥共青团先锋队和主力军作用，进一步落实了共青团人才培养方案，开展了多种具有教育意义、形式多样的活动。这一年，我们开拓创新、锐意进取，实施了“5 + 1 计划”，即“五个核心”“一项改革”的新方法。“五个核心”是指“思想引领，T-C 素质，社团活动，志愿服务，社会实践”；“一项改革”即“团学改革”。“5 + 1 计划”在我校范围内的实施，标志着一个具有时代特征、东软特色、青年特点的共青团工作新格局的形成。

1　全力以赴，全面落实思想政治教育工作

为了更好地将“青马工程人才培养方案”落

作者简介：欧阳稚文，共青团成都东软学院委员会书记，讲师，硕士研究生，四川省青年思想政治宣讲团成员，主要研究方向为大学生思想政治教育。

地生根，校团委严格落实引领大学生思想的根本任务，不断探索新形势下团组织发挥作用的路径和形式，发掘了“两条主线”，“四个品牌”的新途径。“两条主线”是指“青年马克思主义培养工程”和“创新网络思想引领路径”。“四个品牌”即“团校”“党校”“学生干部培训班”以及“青马先锋班”。在青马工程的实施过程中，我们始终坚持“教师授课与学生实践相结合”的工作原则，构建“分层次、重培养、抓重点、重实效”的培养方法，丰富课程内容，增设素质拓展、实地考察、参观学习等培训项目，为各级团学组织培养出了一批有思想、有能力、高觉悟、高素质、敢作为、敢担当的核心学生干部。

我们创新网络思想引领路径，探索出了一条具有东软特色的新媒体运营与思政教育融合的道路，真正实现了网络思想阵地的转移。我们依托新技术，占领新阵地，掀起思想引领新高潮，在形式上，建立新媒体矩阵制度，紧跟矩阵建设新思路。在形式上，线上与线下相结合，开展了一系列兼具思想性和教育性的主题活动，设计并推出一批喜闻乐见的网络文化产品。此举适应了新时代的发展需求，为高校思想政治教育工作提供了更专业、更有效、更有力的传播服务。

2 内外兼修，持续深入 T-C 素质教育项目

贯彻我校“精勤博学，学以致用”的校训，我们精心设计了五类 T-C 素质项目，构建了新型大学生成长成才的工作体系，鼓励青年大学生参与到校园活动中来。我们一改传统教育模式，打破以学科知识为中心的教育体系，注重大学生德智体美劳的全面发展，希望以此来带动认知发展、身体素质发展和人格发展。T-C 素质教育项目的开展，让学生激发了兴趣，培养了个性，发展了特长，提高了学生的综合素质水平，营造了积极向上的校园文化氛围。

在 T-C 素质教育项目的开展过程中，我们将素质教育纳入学生综合素质考评中去，简单来说就是“素质教育学分”在很大程度上影响着“综合素质学分”。素质教育学分的增设一方面激发了学生参与课外活动的积极性，另一方面实现了“减负增效”。同时，也进一步深化了学分制教育改革，改善了“第一课堂”以思想成长、等级考试、技能特长为主要核心的片面性，促进了大学生思想道德风尚、提高了大学生的社会责任感，有助于青年大学生成长成才，使其在服务学校发展建设中有更大作为。

3 百花齐放，着力打造校园文化精品活动

共青团是一支充满活力与战斗力的群体，为保持校园文化的多样性，丰富青年大学生的校园生活。校团委带领各类社团立足自身特色、夯实团建基础、创新服务品牌，力争打造一系列校园文化精品活动。为此，校团委开辟了以“社团联合会牵头，各类社团为辅”的“一主多辅”道路。一方面引“他山之石”，练“自家内功”，做到相互学习，共同进步，开展思想内涵丰富、价值引领性强的社团活动。另一方面，在校内形成“百花齐放、百家争鸣”的新局面，做到让社团活动品牌化、项目化、系统化，增强此类活动的吸引力和影响力。

4 千帆竞发，力争拓宽志愿服务深度广度

青年是社会上最富活力、最具创造性的群体，理应走在时代的前列，用自己的实际行动诠释团员青年的使命担当。为此，成都东软学院建立志愿服务长效机制，拓展志愿服务形式，在校外寻求更为广阔的平台，鼓励青年大学生积极参与志愿服务。这一年，除大型赛事、常规志愿者活动以外，我们还增设“志愿服务进社区”项目，让志愿者活动更具多样性，帮助学生走出校门。一方面，为学生提供锻炼自我、提高自生能力、睁眼看社会的机会。另一方面，希望通过积极的志愿者活动向成都市民展现出东软学子的魅力与风采。

在志愿者活动的开展中，我们坚持以“学习雷锋、奉献他人、提升自己”为主旨，以实践社会主义核心价值体系为根本，弘扬“奉献、友爱、互助、进步”的志愿服务精神，引导志愿者们积

极参与周边志愿服务重点工作项目，将社会志愿者的志愿服务活动与国家志愿服务行动等重点项目有效、有序结合，拓宽了我院志愿服务的深度与广度。

5 力学笃行，不断提升社会实践育人水平

为使社会实践活动成为青年学生日常生活新时尚，积极引领学生价值导向。我们广泛开展了相应的活动，推动了实践育人一体化建设。以“大学生暑期三下乡”作为常规项目，我院探索出了以“学校定题、团队申报、定点实践机制，政策宣讲、义务支教、社会调研等”为核心的全方位、多形式的实践道路。此外，我们落实“逐梦计划”，鼓励大学生投身基层扶贫攻坚、振兴乡村叱咤职场，提前踏入社会积累经验。这一系列社会实践活动的开展有利于提升青年大学生的专业技能和实践能力，真正使学生在社会实践活动中受教育、长才干、做贡献。

6 独树一帜，创新共青团改革方式方法

自共青团改革工作启动以来，校团委认真贯彻落实了关于共青团改革的一系列决策部署，贯彻“重基层、找重点、抓落实”的工作方针，先行推行试点任务。首先，我们“重基层”，以党建带团建、团建促党建。通过学习，我们深入理解了共青团改革的重要性并加以落实，在改革工作中注意掌握好政治方向。其次，我们“找重点”，善于寻找共青团改革中的重点难点问题，注意结合实际发现突出问题，学会创造性地开展工作。除此之外，我们“抓落实”，特别是抓各项改革制度在实际工作中的落实情况，使我校的班团一体化建设、第二课堂建设及团学代表大会、学生会机构设置制度在改革中取得实效。

我校巩固和完善党领导下的“一心双环”团学组织，明确团委是团学组织的中心和枢纽，学生兴趣社团为外围延伸手臂，学生会组织是学生自我教育、自我管理、自我服务、自我监督的主要学生组织。

我们实施“五步走”的方案，进行学生会组织改革，优化学生会组织体系，改革完善学生代表大会制度，健全学生权益代表和维护机制，加强学生干部优良作风建设。“五步走”方案的实施进一步加强了学生会发挥组织优势的能动性，开创了我院团学工作的新局面。

我校各级团组织将继续认真学习、贯彻落实习总书记重要讲话精神，不忘初心，牢记使命，继承和发扬共青团优良传统，高扬理想的风帆，继续吹响共青团改革的号角。

参考文献

[1] 王凤前，曲乃强. 浅谈新时期高校基层共青团工作新形势[J]. 消费导刊，2017，(19)：259.

[2] 秦涛，张效利. 高校共青团组织提升的现实意义与实践路径[J]. 中国青年研究，2017(10)：43-49.

政产学研循环教育模式的人才培养体系探讨

吕宜航　孔晶晶

（成都东软学院商务管理系　四川　成都　611844）

摘　要：随着科技水平日益发展和提高，新的营销理念、手段层出不穷，社会和企业在对市场营销专业人才的需求依旧保持旺盛的同时，对市场营销专业人才也提出了更高的要求。本文根据传统的产学研人才培养模式，提出基于政产学研循环教育模式这一新的理念，结合市场营销专业的特点，构建基于政产学研循环教育模式的市场营销专业人才培养体系。

关键词：政产学研；循环；人才培养

Discussion on the Talent System of the Circular Education Mode of Government-Industry-University-Research

Lv Yihang, Kong Jingjing

(Department of Business Management, Chengdu Neusoft University, Chengdu 611844)

Abstract: With the rapid development of science and technology, new marketing concepts and means continuously emerge. While the demand for marketing professionals by society and enterprises remains strong, higher requirements are also put forward for marketing professionals. Based on the traditional talent training mode of production, learning and research, this paper puts forward a new concept based on the circular education mode of government-industry-university-research, and combines the characteristics of marketing specialty to construct the talent training system of marketing specialty based on the circular education mode of government-industry- university -research.

Keywords: government-industry-university-research; circular; talent training

1　背　景

随着科技水平日新月异，新的营销理念、手段层出不穷，社会和企业在对市场营销专业人才的需求依旧保持旺盛的同时，对市场营销专业人才也提出了更高的要求。人才的培养是一项系统和复杂的工程，围绕政府、社会、企业、学校、家庭和个人等多方面开展。如今，在传统学术研究型综合大学和职业学校之间，区域性的应用型本科大学在市场营销专业人才培养方面存在着定位不准确、理论创新不足、专业实践水平低等多个问题。大多市场营销人才培养模式都是理论性、学科性的培养，很多高校老师缺乏一线的营销实践经验，导致在课程体系设置、人才培养方案方面都存在或多或少不合理的地方，使得毕业的学生无法真正满足市场的需要，同时社会、企业需要大量高素质的应用型营销人才。因此探索改革和完善应用型本科市场营销专业人才培养体系非常必要。

基金项目：成都东软学院 2019 年度校级教研教改立项课题（编号：NSUJG2019-011）。

作者简介：吕宜航（1981—），男，高级经济师、副教授，硕士，研究方向为企业管理、创新创业；孔晶晶（1982—），女，高级工程师，硕士，研究方向为项目管理。

2 政产学研人才培养体系

“政产学研”的概念是由政府、企业、高校和科研院所构成的一个整体工程。该工程是协同创新的协作工程，将人才培养的模式创新、技术创新与用户需求对接整合，在产学研的基础上进一步打造政产学研全方位的合作体系。“政产学研”突出强调了应用和用户的重要性，凸显出产学研结合必须以“政”为先导和纽带、以“产”为主线和方向、以“学”为主题和核心、以“研”为基础和推进，体现了以用户创新、开放创新、共享创新、协同创新为特点的创新趋势。如今国内比较典型的模式包括：依托高校建立的模式；依托项目构建模式；联合培养人才模式；区域合作模式。这四种为现存“政产学研”典型模式，但四种模式无一突出和强调循环这一关键词。

循环教育不同于一般意义的循环系统，具有自身的特殊性，并且借鉴 PDCA（Plan 计划，Do 执行，Check 检查，Act 处理）循环的理念。教育活动不是以学校发展和盈利为中心的，而是建立在人才培养基础上的社会活动。这是由国家、社会、企业对人才的需要和要求决定的。

本文构建将知识、能力、素质集于一体打造基于政产学研模式的市场营销专业人才培养体系，如图 1。

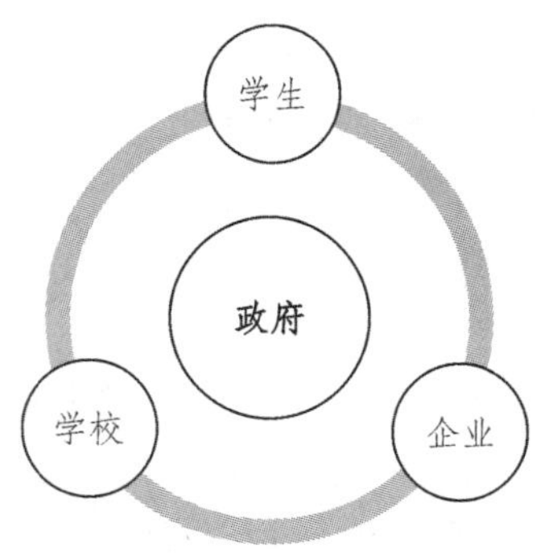

图 1 循环模式示意图

3 政产学研人才培养体系的突出特点

3.1 统筹构建各方面主体，提高受益

将诸多不同的事项——企业、学校、学生、政府有机结合、通盘考虑、统筹建设，作为一个系统工程整体推进，成功构建“政产学研”循环教育教学模式，最大限度地发挥综合效益。

3.2 建立在项目的基础上开展工作，提高受益面积

根据企业实际需要开展研究，依托各类社科规划项目、科技项目。以项目带动课程建设和案例教学，注重在教学中培养学生的营销实践能力，如市场调研能力、市场分析能力、营销策划能力等，可以让社会、企业、学校、学生四方面均受益。

3.3 建立确实可行的规章制度，让改革成果更加长效

摸索了一系列行之有效的经验、举措和规律，通过制度化，建立长效机制，并且继续深入研究，使取得的经验、成果持续地发挥作用。

3.4 理念先导，注重实践，强调理论实践的结合

受 PDCA 循环管理思路和循环经济理论启发，在理论与实践的结合上总结和提炼要点，通过总结的经验教训和知识要点，来指导教学改革。这样的话，既有科学依据和理论意义，又有实践检验，具有较强的指导性、实用性、可操作性和社会应用价值。

4 政产学研人才培养体系的实施手段

以各类高级职称教师为核心，以教学团队为抓手，以各类课程为载体，以课堂教学为主渠道、以教师团队建设为支撑、以深化教改为手段、以政策机制为保障、以四川省及成都市各级科研项目和项目为依托、以培养学生实践创新能力、持续提高大面积教学质量为目标，将政府、企业、学校、学生紧密联系、四位一体，构建“政产学研”循环教育教学模式（如图 2 所示）。

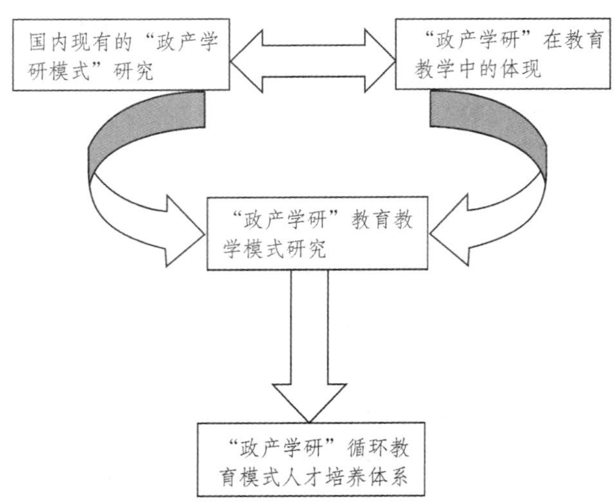

图 2　人才培养体系示意图

4.1　教师与企业有机结合

让营销专业的教师走出校园深入企业，与多行业、多层次的员工开展沟通交流，了解各行各业的实际需求，并且可以接受企业的委托开展营销活动。同时企业中高层人员与任课教师进行深入沟通与交流，参与落实学院的五进、八协同的部分内容，包括进课堂、进项目；协同设计课程、协同设计项目、协同实施教学、协同指导实践实训等，也可以邀请企业员工作为客座讲师或者教授直接参与课堂教学工作。

4.2　教师与科研有机结合

通过教师与企业有机结合，借助企业的力量开展理论研究工作，申报教育部、教育厅、教育局或者科技系统等各类规划项目。

4.3　教师与学生有机结合

教师课堂教学以企业案例和科研项目为导向，让学生实践完成部分内容，如市场调研、营销策划等。同时学生在接触各类实际案例和完成各种实践项目以后，可以在教师的指导下参加各类营销比赛。

4.4　教师与政府有机结合

通过企业、教师、学生各方面的积累和努力，积累原始数据和资料，用以撰写供各级政府机关参考的建议报告，以此促进相关产业的发展，使企业、学校、学生三方面受益。

5　结　语

本文基于传统产学研人才培养模式，提出基于政产学研循环教育模式这一新的理念，结合市场营销专业的特点，构建基于政产学研循环教育模式的市场营销专业人才培养体系，旨在为社会、企业、家庭培养优秀的营销人才，为疫情后的经济建设做出应有的贡献。

参考文献

[1] 刘树君. 廊坊政产学研合作创新机制研究[J]. 合作经济与科技，2010（11）：8-9.

[2] 赵维. “三位一体”市场营销专业人才培养体系探讨[J]. 合作经济与科技，2019（1）：115-117.

[3] 陈辉. “政、校、行、企”协同创新育人模式研究[J]. 济南职业学院学报，2019（2）：4-7.

[4] 王鑫颖. “政产学研用”协同创新人才培养模式研究[J]. 吉林广播电视大学学报，2019（9）：14-15.

中国 40 年价格研究浅析

齐花蕊　黄嘉庆

（成都艺术职业大学 四川 成都 610000；成都东软学院 四川 成都 611844）

摘　要：在过去的 40 年，中国开创了特色的渐进式价格改革道路，初步实现了由计划形成的价格机制到以市场为主形成价格机制的转变，价格在政府的有效调控下，能够及时反映市场价值和供求关系的变化。本文以中国经济体制改革为分析根本，对中国 40 年价格研究分析的发展进行梳理，从经济体制改革到价格体系改革，进一步认识到转变经济发展方式，改革生产关系和上层建筑中不适应生产力发展的方面和环节才是中国走上伟大复兴之路的内驱力，是实现两个一百年奋斗目标的关键。

关键词：中国经济体制；价格研究；改革；发展

An Analysis of Price Changes in China Over the Past 40 Years

Qi Huarui　Huang Jiaqing

(Chengdu Vocational University of Art, Chengdu 610000;
Chengdu Neusoft University, Chengdu 611844)

Abstract: China has followed a progressive price reform path with Chinese characteristics over the past 40 years., with a transformation commitment from planned price system to a market-oriented price mechanism. Now the price system can reflect market value and supply-demand changes in a timely manner, under effective regulation and control of China's government. During the last 40 years, the economic system reform and the price system reform has made great achievements. It can be seen that a transformation of economic development pattern has become a key factor of economic development, and leading people along the road to a harmonious society is fundamental to China's society. For this purpose, we seek to reform the production relations and the part of economic structure that impedes the development. Only in this way can China embark on the road of great rejuvenation and achieve the Two Centennial plan.

Keywords: China's economic system; research on price; reform; development

1　引　言

中国的经济体制改革是从农村到城市，从经济领域到其他各个领域全面展开的，到目前为止，这一历程大致可以划分为："探索阶段""改革探索""框架构建""体制完善"和"新时代的全面深化改革"五个阶段。中国的价格改革也经历了"基础阶段""探索阶段"“建立阶段”"深化阶段"和"完善阶段"。

2　中国价格改革四十年发展轨迹分析（1979—2018 年）

改革开放的 40 年是建立和完善社会主义市场经济体制的 40 年，体制的转换必然会影响到经

作者简介：齐花蕊（1982—），女，汉族，籍贯湖北，讲师，硕士，研究方向为经济管理；黄嘉庆（1982—），男，汉族，籍贯四川，副研究员，硕士，研究方向为人力资源管理。

济社会发展的方方面面，这也就必然会对经济增长和价格水平的波动产生影响。中国改革开放后的价格改革在社会主义经济改革的宏观环境下顺势而为，结合中国不同历史时期的国情，经历了五个发展阶段：

2.1 价格改革的初始阶段（1979—1984 年）

1979—1984 年是价格改革的关键探索期，这期间社会主义经济体制在计划经济为主、市场调节为辅的理论指导下，沿着放权让利、双轨并行，计划与市场结合的方向进行改革。在所有制结构方面，坚持公有制为主体，允许个体、私人和“三资”企业的存在和发展；这一阶段的价格改革是调放结合，以调为主，重点是调整不合理的价格结构，建立市场这一阶段的系列调整，全国零售物价以 1984 年和 1978 年比较，六年来共上升 17.7%，平均每年上升 2.75%[2]。从社会主义经济体制看，价格改革适应多种形式、多种经营方式、多条流通渠道的要求，改革了单一的计划价格形式。改革了过去企业无权定价的管理制度，在一定范围内给了企业一些定价权；同时加强了经济管理的必要行政干预，制定了一系列价格管理的规定和办法。

2.2 价格改革全面展开与巩固阶段（1985—1991 年）

1987 年 9 月召开的十三大进一步提出经济体制改革的目标模式是社会主义有计划的商品经济体制，应该是计划与市场内在统一的体制，必须以公有制为主，大力发展有计划的商品经济，继续发展多种所有制经济。本阶段价格改革的特点是形式上打破了由国家主导的计划价格形成机制，先把扭曲的价格进行调节，理顺大部分商品和服务的价格后，开始逐步放开价格浮动的幅度和商品定价的范围，总体而言就是先调整，再放开，渐进式改变了单一由国家定价的形式。

2.3 初步建立社会主义市场价格体制阶段（1992—2001 年）

1992 年 10 月，中共十四大确定了建立社会主义市场经济体制——改革目标是建立社会主义市场经济体制；十五大提出公有制为主体，多种所有制经济共同发展，是中国社会主义初级阶段的一项基本经济制度，公有制实现形式可以而且应该多样化。此阶段首先重新修订和颁布了中央管理价格的分类目录，从中央到地方都大面积放开了一批商品和劳务的价格。经过一系列的价格管理法制化，促使价格市场化，价格调控宏观化，价格体系逐步理顺，价格关系趋于合理。

2.4 深化社会主义市场价格体制改革阶段（2002—2012 年）

2001 年中国加入世界贸易组织，标志我国对外开放进入了一个新的阶段，对外贸易的放开，促使我国经济进入高速增长的态势。2003 年 10 月，中共十六届三中全会提出了科学发展观的重要指导思想，并对价格改革，特别是对农产品、资源类产品、公共服务类产品价格形成机制改革提出了新的要求[3]。2002—2007 年，居民消费价格指数，由 2002 年的 98.5 到 2007 年最高 106，增幅 7.5。价格改革通过市场机制调节了社会生产，优化经济结构，而且还促进经济增长和发展方式的转变。

2.5 放管服结合的社会主义市场价格新体制阶段（2013—2018 年）

中共十八大提出了经济体制改革的核心是处理好政府和市场的关系，必须积极稳妥从广度和深度上推进市场化改革，推动资源配置依据市场规则、市场价格、市场竞争实现效益最大化和效率最优化。此阶段价格改革紧密围绕市场价格在资源配置中起决定作用展开，深化了生产要素价格，自然垄断行业和公益服务行业价格形成市场化改革。同时依法规范了政府定价程序，加强成本监审，加大对市场价格监测预警和监管力度，强化反垄断执法，完善市场价格调控体系，充分发挥政府在市场价格健康运行中的保障作用。

3 中国价格发展与中国经济体制改革的关系

从中国价格 40 年发展历程可以看出，中国价格改革的每个阶段都围绕中国的经济体制改革。基础阶段是以政府定价为主，行政手段干预；探索阶段价格改革以调放结合，以调为主理顺价格体系。经济体制改革的根本要求在于创造与我国现阶段生产力发展相适应的经济结构与管理模式。

中国的价格改革是经济体制改革的重点，核心问题是处理好政府和市场的关系，使市场在资源配置中起决定性作用。而市场决定资源配置是市场经济的一般规律，是健全社会主义市场经济体制必须遵循的规律。中国 40 年价格变化是市场经济体制改革的关键，影响到居民生活的方方面面。每一次价格的波动都折射出体制改革的市场规律及时代发展的需要。

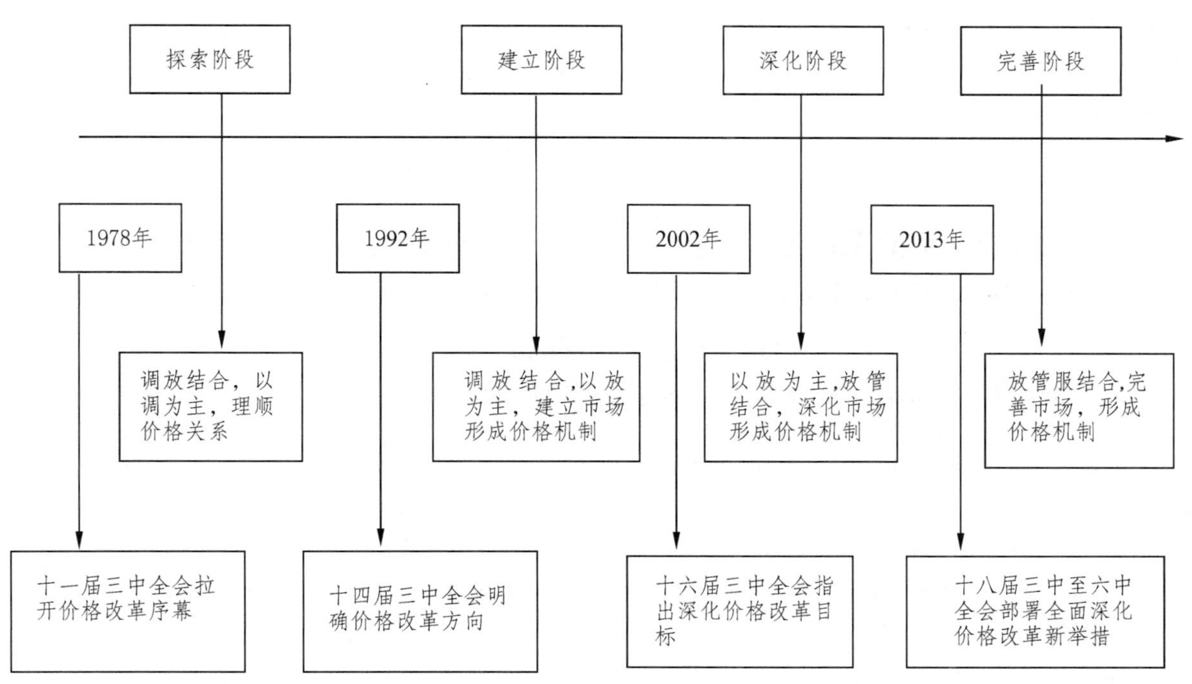

图 1 中国改革开放价格改革总览图

4 结束语

截至 2017 年，由市场定价的商品和服务的价格已占了 97%以上。随着市场化价格改革的推进，市场通过价格杠杆，调动了经营者生产的积极性和创造性，提高了消费者的消费需求和消费能力，繁荣了我国整体商品市场。

纵观中国的价格发展，在中国共产党的领导的经济体制改革趋势下顺势而为，经过一系列实践，结合中国国情走出一条市场化、科学化、法治化的改革路程。从经济体制改革到价格体系改革，转变经济发展方式、领导和带动人民走和谐社会之路是发展的根本。

参考文献

[1] 林毅夫. 发展战略与经济改革[M]. 北京：北京大学出版社，2004.

[2] 刘玉秀. 国民经济恢复时期陈云经济思想研究[D]. 大连：大连理工大学；2011.

[3] 李文娟. 我国农产品价格支持政策研究[D]. 重庆：西南政法大学；2013.

[4] 张宇，卢荻. 当代中国经济[M]. 北京：中国人民大学出版社，2000.

专素结合视角下大学生专业技能提升路径探析

丁三军　张　勇

（成都东软学院计算机科学与工程系　四川　成都　611844）

摘　要：专业技能的提升是大学生综合能力提升的核心，但当前大学生专业技能的提升存在障碍。本文探讨通过专业教师和素质教师相结合，课堂和课外活动相结合，专业实验室学习和比赛实践相结合等措施来有效提升大学生专业技能。

关键词：专素结合；专业技能；路径

On the Path of Improving College Students' Professional Skills from the Perspective of Combination of Specialty and Elements

Ding Sanjun　Zhang Yong

(Department of Computer Science and Technology, Chengdu Neusoft University, Chengdu 611844)

Abstract: The improvement of professional skills is the core of improving the comprehensive ability of college students. There are obstacles in the promotion of college students' professional skills. Through the combination of professional teachers and quality teachers, the combination of classroom and extracurricular activities, and the combination of professional laboratory learning and competition practice, the professional skills of college students can be effectively improved.

Keywords: Combination of specialty and elements; professional skills; path

1　引　言

我国高等教育的目标是“培养具有创新精神和实践能力的高级专门人才，发展科学技术文化，促进社会主义现代化建设”，大学生的专业素质养成状况直接关系到我国高等教育目标的实现。大学生专业技能是其专业素质的重要组成部分，培养大学生的专业能力，提高专业技能是高校的教学工作的重点内容。

2　专业技能提升是大学生综合能力培养的核心

对于当今大学生而言，综合能力的提升对于未来就业工作、适应社会至关重要，是大学生大学期间学习成果、学有所得的集中体现。综合能力是多方面的，包括专业技能、学习能力、语言表达能力、组织能力、抗挫折能力、良好的心理素质等，总体上可以划分为两类——专业知识（技能）和非专业技能。综合素质的提升是一个循序渐进的过程，不是一蹴而就的，是大学生大学期

基金项目：成都东软学院 2020 年科研项目“大学生创业教育的思想政治教育价值研究（NSU2020-005）”。

作者简介：丁三军（1981—），男，回族，籍贯河南，讲师，硕士，研究方向为大学生思想政治教育；张勇（1981—），男，汉族，籍贯四川，助理研究院，硕士，研究方向为大学生职业生涯规划就业。

间不断积累学习、水滴石穿的渐进过程。

专业技能（知识）的提升是大学生综合能力提升的核心。首先，作为学生，首要的是专业技能和专业知识的掌握程度，这是大学生踏入社会的安身立命之本，是大学生综合素质的在专业知识领域的集中体现。目前，一些学生毕业即失业，这与学生专业知识和技能的积累缺失不无关系，专业知识的掌握是大学生综合素质提升的核心。其次，社会的发展、行业的需求对于大学生的专业知识和专业技能要求越来越具体，不少单位要求学生有一定的工作经验和实际操作能力，社会的需求越来越多元化，对学生专业技能的需求也越来越高。

3 当前大学生专业技能提升存在的障碍

3.1 部分学生学习缺乏规划，易受外界诱惑

根据笔者的调查和体会，目前部分学生对于为什么上大学、上大学的目的、大学阶段在人生规划中的定位和作用缺乏必要的认识，导致在大学阶段缺乏明确的目标，反映在学业上便是对专业技能的提升不够重视，大学学习缺乏长远视角，存在为学习而学习现象。另外，在新形势下，互联网+、网络游戏、娱乐社交软件普遍使用，外界对于学生的诱惑不断加强，加上学生自控能力的缺乏，一些学生在专业知识上投入的时间和精力变少，导致自身知识素养和综合能力在整个大学阶段没有实质性的提升。

3.2 部分学生自我要求不高，缺乏持续动力和毅力

当前，一部分大学生对自身并没有较高的期望和要求，也缺少坚持不懈追求自我提升的动力和毅力，仅仅将“学习”看成需要应付的任务，仅仅追求顺利通过考试和毕业，无法保持健康的学习态度，主动学习意识几乎缺乏，对于课堂学习之外的专业知识积累与综合素质提升更是一片空白。即使部分大学生在大学阶段有自主学习相关知识的计划，但往往不能持之以恒，只有“三天热度”，更难以抵抗互联网、网络游戏等外界诱惑，仅有部分或少数学生真正能坚持自己的目标并切实提升自己的综合素质与能力。

3.3 专业技能专而不精，课后自主学习时间相对有限

部分大学生的专业知识、专业技能的提升仅仅依靠课程学习，或者任课教师的作业布置，而课后自己很少花时间温习和学习，导致专业知识和专业技能知晓一些，却不能很好地融会贯通。大学生专业钻而不精，专而不透，这与学生在校学习、课堂学习的状态是密不可分的。

4 专素结合视角下大学生专业技能提升路径探析

在此背景下，通过专业教师和素质教师（辅导员）相结合，课堂和课外相结合，专业实验室学习和比赛实践相结合等措施或能有效提升大学生专业技能。

4.1 完善激励机制，有效激发学生自主学习能力

学生学习能力、学习兴趣的激发，要内外因素结合实施。首先，大学生是成年人，是独立的个体，能够独立为自己负责，在学习上更是这样，要通过对学生做思想政治工作，晓之以理，动之以情，激发学生内在活力，激发学生自主学习的兴趣；其次，通过学校相关制度设置，对于学有所成的同学，给予不同程度的奖励，如设立勤奋学习奖、学习进步奖等，通过这些看得见，摸得着的措施，有效激发学生自主学习的能力。

4.2 专业教师提升课堂讲授的吸引力

在互联网+的背景下，新媒体在课堂内外已经

得到了广泛的应用，但部分老师对于新媒体应用于课堂这一教学方式，不大愿意尝试或者思想上不重视，觉得老师只要认真备好课，上好课就可以。这部分老师属于思想认识不到位，要提高他们对于新媒体应用于课堂的重要性的认识；这部分教师要与时俱进，要有意识地主动提升自身新媒体应用能力，平时工作中，留意当前教育领域教学方式和教学手段的变革，主动地应用新媒体手段于教育教学中，通过提升教学效果，来增强对学生的吸引力，提升大学生在课堂上的获得感。

4.3 专素结合有效提升学生专业能力，丰富第二课堂

通过专业教师的“教授”和素质教师（辅导员）的“管理、服务”一体化，提升学生专业技能。专业教师和素质教师（辅导员）都担当教书育人的使命，工作职责有所不同。传统高校，专业教师和素质教师（辅导员）泾渭分明，各行其是。但学生专业知识、专业技能的提升，不能单单是专业教师的教，还应当配合素质教师（辅导员）的管理服务来一体化共同提升，如采用丰富的第二课堂——辩论赛、知识竞赛、课后自习课堂等手段和措施，通过专业教师和素质教师（辅导员）的配合，达到提升学生专业技能的目的。

4.4 建立学习兴趣小组，吸引学有余力同学提升专业能力

对于在专业上有兴趣进一步提升的同学，学校提供平台，如专业学习兴趣小组、专业实验室等，吸引学有余力的同学提升专业能力。大学生专业技能的提升，不仅仅靠课堂的学习，课后学习兴趣小组的建立十分必要，学生通过一定的程序，如笔试、面试等加入了某一个学习兴趣小组，一群有专业特长、专业兴趣的同学集合在一起，在老师的带领下积极学习，通过兴趣小组、实验室集中学习，提升学生的专业技能。事实证明，专业兴趣小组、实验室对于学生专业技能的提升有很大的促进作用。

4.5 以校内外比赛为抓手，提升学生专业实践能力

学生专业技能的提升，还可以通过校内外的专业比赛实现，在比赛中学习，在比赛中提高。学生在参加比赛的过程中可以开阔视野，提升实践能力。大一主要是教育学生认知学科竞赛，通过入学教育和专业入门学习，大致清楚大学中的学科竞赛种类；大二主要应吸引学生参与到项目组或者参赛团队中，通过校内学科竞赛，让学生亲身体会学科竞赛的流程和内容，鼓励有能力的同学报名参加高级别竞赛；大三、大四主要是结合专业学习的深入，有重点培育学科竞赛团队，吸引学生参与创新项目，激发学生参与学科竞赛的积极性。

5 实施效果

笔者所在院校针对如何提升学生专业技能，做了积极探索，通过专素结合一体化、建立专业兴趣实验室提升学生专业技能。经过几年的探索实施，学生专业技能获得了卓有成效的提升。近年来，通过各院系积极引领，学生获国际级 A 类赛事奖项 38 项，获得国家级 A 类赛事奖项 76 项，获得国家 B 类赛事奖项 257 项，获得省级 A 类赛事奖项 563 项，通过专素一体开展活动，充分锻炼学生实践能力，达到了学以致用的良好效果。

参考文献

[1] 王志刚，申书兴，李存东，等. 大学生就业能力提升的路径分析：基于专业实践能力培养的视角[J]. 中国大学教学，2013（5）：82-85.

[2] 刘莉萍，刘莹娟. 大学生综合素质及能力提升的路径研究[J]. 陕西青年职业学院学报，2012（4）：68-71.

[3] 刘克健. 大学生专业能力自我发展的途径探析[J]. 学理论，2010（3）：117-118.

[4] 张吉军. 新工科背景下大学生就业能力提升路径探索[J]. 黑龙江高教研究，2018（5）：130-133.

思政课程“四维一体”教学模式探究

——基于成都东软学院的调查分析与思考

石　惠

（成都东软学院　四川　成都　611844）

摘　要：2019 年 3 月 18 日习主席在召开学校思想政治理论课教师座谈会上指出：各高校办好思想政治理论课，最根本的是要全面贯彻党的教育方针，解决好培养什么人、怎样培养人、为谁培养人这个根本问题。思想政治理论课是落实立德树人根本任务的核心课程，是实现高等教育内涵式发展的灵魂课程。各高校为落实习主席讲话精神，对学校思想政治工作高度重视，并始终坚持马克思主义指导地位，大力推进中国特色社会主义学科体系建设，为思政课建设提供了根本保证。各高校积极探索思政课程教学改革，有效发挥好思政课程的引领作用。本文对应用型本科院校的思想政治理论课进行教学模式探索和改革的总结并提出相关问题的解决方案。

关键词：思想政治理论课；应用型本科院校；四维一体教学模式

Research on Four Dimensional Integrated Teaching Mode of Ideological and Political Course

—Based on Research and Analysing of Chegndu Neusoft University

Shi Hui

(Chengdu Neusoft University, Chengdu 611844)

Abstract: AS President Xi pointed out the most fundamental thing for colleges and universities to run ideological and political theory courses well is to comprehensively implement the party’s education policy and solve the fundamental problem of who to train, how to cultivate and for whom. Colleges and universities actively explore the teaching reform of ideological and political courses, and effectively play a leading role in ideological and political courses. This paper summarizes the exploration and reform of the teaching mode of the ideological and political theory course in the application-oriented universities, and puts forward the solutions to the related problems.

Keywords: ideological and political theory course; applied undergraduate colleges; four dimensional integrated teaching mode

在多数应用型本科院校的思政课程教学中，授课方式以讲授为主，课堂讨论及原著选读较少。学生上课参与度不高，涉及感兴趣的话题时才会认真听讲，课后深入学习的时间少。思想政治类课程需要改进和创新。如何让学生在课堂上学到相关原理、课外结合时事政治分析问题解决和实

基金项目：成都东软学院 2020 年教研教改课题（项目编号：NSUJG2019-033）；成都东软学院 2020 年教研教改课题（项目编号：NSUJG2019-023）。

作者简介：石惠（1988—），女，汉族，四川都江堰人，讲师，硕士，研究方向为人力资源开发。

际生活中的问题，是我们思想政治课程授课方式亟待解决的问题。以习近平同志为核心的党中央的重要讲话精神和教育部对思想政治课程的教学要求都强调，我们高校教师应该以学生为中心，融入国家教育新理念和学校要求，针对学生学情以有目标、有计划、有创新的教学改革来增强学生的社会责任感和使命感，培养新时代中国特色社会主义事业建设者和接班人。

2019 年 8 月 14 日中共中央办公厅、国务院办公厅印发的《关于深化新时代学校思想政治理论课改革创新的若干意见》及教育部 2020 年 5 月 28 日印发的《高等学校课程思政建设指导纲要》中明确指出：完善思政课课程教材体系，不仅是整体规划思政课课程目标、调整创新思政课课程体系、统筹推进思政课课程内容建设、加强思政课教材体系建设。同时也要建立建设一支政治强、情怀深、思维新、视野广、自律严、人格正的思政课教师队伍。如提高思政课教师综合素质、切实改革思政课教师评价机制、加大思政课教师激励力度、大力加强思政课教师队伍后备人才培养工作。纲要还强调不断增强思政课的思想性、理论性和亲和力、针对性，加强党对思政课建设的领导、积极拓展思政课建设格局。

但是，随着课堂中教学环节的深入推进，尤其是在应用型本科院校，还存在着不少值得深入思考和研究的问题。本文正是基于这一现状，针对应用型本科院校的情况，抽取一定数量的样本，深入调查师生对思想政治理论课开展实践教学的情况，进一步提出一些思考和参考建议。

本次调查于 2019 年 10 月至 2020 年 10 月在本科大一和大二两个年级随机选取样本。共发放问卷 1000 份，收回问卷 757 份，有效问卷 731 份，收回率 76%，有效率为 97%。从性别分布看，女生 64.4%，男生 35.6%。

1 思想政治理论课教学改革的意义

本科的思想政治教学工作以落实立德树人根本任务为战略举措。学校教育的根本问题是培养什么人、怎样培养人、为谁培养人。高校一切工作的根本标准是立德树人。这要求我们将价值塑造、知识传授和能力培养紧密结合。全面推进课程思政建设，要将正确的价值观、使命感融入知识传授和能力培养之中，帮助学生塑造正确的三观。这是人才培养的应有之义，更是必备内容。所以，学校思政教育工作的有效开展，是教学改革的关键。

思想政治理论课程应适应时代发展的要求，不断和快速发展的科学技术相适应，也需要在教学模式中不断前进。教师不能依靠课堂传统的讲授和简单问题探讨来完成教学。新时代大学生的知识面广、视野广、接受新事物能力强。这要求思政教师不仅要具备专业知识体系，也要注重教学方式多样化，随着时代变化而更新发展。

2 思想政治课现阶段教学模式存在的问题分析

2.1 教学理念和技术化水平的滞后

学院 2018 年之前，严格按照教育部本科教学指南要求在本科一年级和二年级开设四门主要思政课程。大部分学生认为课程内容抽象、理论性强难以理解，理论与现实难以结合。经过问卷调查，分析主要原因：一是教师认为课程内容多，一学期内要将知识传授给学生，时间紧、任务重，书本知识讲授时间多，学生理解不到位。二是在学校制定的人才培养方案中，思政课程为学生公共选修课，大部分学生认为完成学分即可，思想观念落后。三是课堂中以讲授课本知识为主，没有有效结合课外网络课程和学习辅助平台来解答和巩固学习效果。

2.2 师资梯队结构的不完善

思想政治教学部的任课教师课时量饱满，教师们以课程组为单位进行分工。除了思政部专职教师外，有各系部兼职教师。每位任课教师积极认真、勇于创新，深受学生喜爱。但是大部分是青年教师，他们除了完成本职工作外，还需投入精力备课。所以在课程的相关研究和课堂改进的思路中，缺乏相关研究和创新。

2.3 学生队伍的参与度低

经调查，课程教学中，部分学生认为思政课程虽然重要，但是“实用性”不大；此类课程不像专业课程那样严格要求理解知识点和完成作业，只需要上课就可以得到学分，上课的内容如果感兴趣就认真听讲，以后考试涉及的知识量少。可以看出，部分学生不重视此类课程并且也没有认识到课程在价值观中的运用。

3 思想政治理论课程教学模式改革建议与对策

3.1 建立“四维一体”的有效教学模式

自 2018 年底，学院及思想政治教学部经过调研和探讨，总结和制定出适合应用型本科学校的教学模式，即“四维一体”的教学模式。“四维”指理论讲授、MOOC 学习、翻转课堂、社会实践。“一体”指系统讲授、专题教学、实践教学。

“四维一体”的教学模式是保障思想政治理论课有效开展的重要方式。经过 2018 年至 2019 年一年的尝试，已经取得显著的效果。首先从教师备课方面，在学院教学“五大件”的制定中，已经将课堂内容和社会实践活动、课外学习内容的具体内容详细列入，并相应地建立一整套制度来保障其实施，包括教学计划、监督检查、考核评价、工作量计算等内容。这样，才能使思想政治理论课实践教学落到实处。

3.2 建设教师队伍的培养机制，加强教师专业知识学习

思政部可以组织教师每周集中学习和研讨，既可以促进教师间教学方法的交流，又可以促进青年教师的学习成长。思政部课程负责人还邀请著名教授和外校专家来授课及讲解中央会议文件。这些活动有效促进了教师间的交流学习。

通过调查文件了解到实施“四维一体”教学模式后，教师在教学工作中有总体部署，有重点、有计划地实施教学任务，目标清晰，讲授效果好。同样学生也感受到教学方式改变后，学习目标明确、学习任务细化到周任务，学习效果好。课堂教学，不仅仅是教师课堂的知识传授，学生也可通过翻转课堂参加到教学中，针对每门课程分专题进行学习，并且得到教师专业点评，有疑问也可以通过学院慕课平台得到解答。教师和学生在此改革中都得到了成长。

3.3 加强课外社会实践活动的有机连接

社会实践活动，即学生通过理论学习后结合当地或者社会生活中的各个部门进行现实问题的思考。学生可以通过学院组织的“三下乡”活动、志愿者活动、扶贫项目活动等参与社会实践。学生将学校学到的知识运用到社区和项目中会更有收获和成长。

思政课程社会实践活动版块的顺利开展，离不开学校各相关部门的通力协作和有效保障。首先，经费保障是前提。学校可以每学期建立相关的实践活动，让大学生深入基层，了解基层工作，服务基层。同时给予适当的生活补助。其次，组织教师及有经验的学生进行宣讲。定期对即将参加实践活动的学生培训，结合新时代的要求，结合党的理论方针对其进行指导，以提高他们组织、指导学生实践活动的能力和水平。最后，应当适时组织思政课程的教师外出学习和考察，让教师们开阔视野、拓宽眼界从而正确有效地指导学生的实践活动。

3.4 夯实思政课程的线上学习运行机制

突如其来的疫情打破了传统的线下教学模式，但是对于思政部老师来说，实施“四维一体”教学模式后并没有影响到正常教学工作。学生通过学院慕课平台学习，教师在此基础上进行线上专题讲解。学生和教师通过自主研发的学习平台学习到了课程知识，也拓展了知识面。所以“四维一体”教学模式是有效的教学模式。

参考文献

[1] 教育部. 新时代高校思想政治理论课教学工作基本要求（教社科〔2018〕2号）[EB/OL]. [2018-4-13].http://www.moe.gov.cn/srcsite/A13/moe_772/201804/t20180424_334099.html.

[2] 姚迎春，杨业华. 论思想政治理论课获得感的内涵[J]. 湖北社会科学，2018（4）：185.

[3]《求是》杂志发表习近平总书记重要文章《思政课是落实立德树人根本任务的关键课程》[EB/OL]. [2020-8-30].中国政府网：http:// www.gov.cn/xinwen/2020-08/31/content_5538738.htm.

[4] 中共中央办公厅 国务院办公厅印发《关于深化新时代学校思想政治理论课改革创新的若干意见》[EB/OL].[2019-08-14].中国政府网：http://www.gov.cn/zhengce/2019-08/14/content_5421252.htm.

中美贸易摩擦对高校毕业生就业需求的影响及对策
——以成都东软学院为例

林剑峰

（成都东软学院招生就业工作部 四川 成都 611844）

摘　要：为及时分析研判2019届高校毕业生就业形势，特别是中美贸易摩擦对毕业生就业工作的影响，成都东软学院联系相关企业，以问卷调查形式开展调研，形成“中美经贸摩擦对高校毕业生就业需求的影响及对策”调查的调研报告。

关键词：就业形势；贸易摩擦；就业需求

The Influence and Countermeasures of the Trade Friction between China and US on the Employment Demand of College Graduates

Lin Jianfeng

(Department of Recruitment and Employment, Chengdu Neusoft University, Chengdu 611844)

Abstract: In order to analyze and judge the employment situation of college graduates in 2019, especially the impact of China-US trade friction on the employment of college graduates, Chengdu Neusoft University contacted relevant enterprises to conduct a survey in the form of questionnaires to form a survey report on the impact and countermeasures refer to China-US trade friction on the employment demand of college graduates.

Keywords: employment situation; trade frictions; employment demand

1　引　言

就业是民生之本，特别是在当前我国经济减速换挡、结构优化调整、动力加快转换的关键时期，就业的“稳定器”作用显得更加重要。根据今年高校毕业生就业工作面临的形势和任务，其中中美贸易摩擦对高校毕业生就业带来不定因素，为扎实抓好“稳就业”目标任务落实，加强就业形势研判，对当前就业中出现的突出问题和苗头问题，前期做好预案尤为重要，所以成都东软学院开展中美贸易摩擦对就业的影响的调研活动，根据调研结果和调研分析，做好就业预案，推动毕业生积极、理性就业。

2　中美贸易摩擦企业调查情况

成都东软学院筛选出5家企业，其中4家为民营企业，1家为合资企业，采用调查问卷形式，5家企业全部属于信息传输、软件和信息技术服务业。

通过调查，有4家企业反映中美贸易摩擦未对企业产生影响，1家企业反映摩擦对企业有利有弊。5家企业招聘2019届毕业生的计划与往年持平，对于未来3年招聘计划情况4家企业反映

作者简介：林剑峰（1978—），男，汉族，四川，助理研究员，硕士，研究方向为管理学。

人数略有增加，1家企业不确定。5家企业都表示中美经贸摩擦未对企业经营方面带来困难和挑战。

对于中美经贸摩擦，单位采取的应对措施为开拓国内市场以及美国之外的国际市场，以及拓展或者转型至其他产品领域。

调查了解到企业对于毕业生和学校的建议为：（1）短时间内选择新兴行业，避免对外贸易类；（2）提醒学生多关注行业动态，可以整理出因为贸易战受影响和受正面影响的行业，学校在学生大四上学期开设就业指导课程；（3）学生应适当考虑非对口专业就业；（4）学校多和合作企业沟通行业用人标准、企业用人需求，以此来改进相关专业课程的开设

对于中美经贸摩擦，企业希望政府提供的政策帮助为：（1）增加微小企业补助；（2）出台鼓励政策，支持国内企业发展；（3）对校企双方更多政策上的支持，多重视这个板块。

3 对2019届高校毕业生就业形势的总体判断及应对中美贸易摩擦对就业影响的对策建议

3.1 2019届高校毕业生就业形势判断

近年来，国家不断出台政策支持人工智能、大数据、信息安全等产业发展，新兴技术的涌现在一定程度上激发了产业热情。 除政策支持外，国家还通过建设智慧城市、加大信息化投入、提升电子政务渗透率等方式加大政府购买，也在一定程度上支撑了软硬件产业发展。除政府购买支撑产业发展外，随着互联网和移动互联网加速发展，技术革新持续推动产业变革，互联网巨头、创业公司纷纷布局新模式、新技术挖掘万亿级市场，以人工智能为代表的新技术的发展与应用将加速变革传统产业，进一步推升信息技术业的景气度。学院2018届毕业生主要就业行业去向为信息传输、软件和信息技术服务业，这是学院2018届已就业毕业生就业人数最多的行业，人数占比48.97%。其次，就业行业为批发和零售业的毕业生占已就业毕业生的比例为12.36%。另外，就业行业为租赁和商务服务业的毕业生占已就业毕业生的 8.37%。企业座谈信息和调查表数据收集信息显示，中美贸易摩擦对计算机相关行业、金融、以及运输、仓储等行业的影响暂不明显，学院毕业生主要就业去向未与中美贸易摩擦行业相关，对于2019届毕业生影响可能较小。

3.2 中美贸易摩擦对就业影响的对策建议

一是尽快建立应对贸易冲突的就业应急机制。面对美国在贸易方面咄咄逼人的攻势，如何在严峻的形势下攻守自如，确保“公平竞争”“就业优先”，是一项亟待解决的重大课题。很显然，在我国劳动密集型出口企业依然占据重要地位的情况下，贸易冲突对我国的就业冲击将会变得十分明显。因此，有必要尽快建立相应的就业应急机制，防止短时期内因贸易冲突而出现较大规模的失业下岗现象。特别是应加强对涉美出口贸易企业的经营情况和用工情况监控，要求企业内部也必须建立起相应的用工应急机制。

二是进一步扩大实施“一带一路”发展倡议，扩大贸易渠道，减少对少数国家的外贸依存度，这也是减少对国内冲击、增加就业岗位的重要途径。目前，我国“一带一路”倡议得到大多数国家的认可，取得了丰硕的成果，这为我国对外贸易的多元化，进而减轻对少数国家的外贸依存度，发挥了十分积极的作用。

三是加快创新驱动战略的推进步伐，改变劳动密集型出口贸易的结构。这是避免贸易战影响国内就业的客观要求。贸易摩擦之所以有可能会对我国的就业产生较为明显的冲击，根本原因还在于我国对劳动密集型出口贸易的依赖。在当前我国产业转型升级和经济发展方式转变的大背景下，传统的依赖要素驱动和劳动力比较优势的模式已经难以为继，必须尽快转变到创新驱动和技术密集型、资源节约型的发展模式上来。只有如此，我们的国际竞争力才能得到进一步加强，就业这个最大的民生要素才能得到有效地保障。

4 针对2019届高校毕业生出台哪些方面新政或加大政策力度

4.1 加大高校毕业生创新创业帮扶政策

为高校毕业生创造良好的创新创业环境，加快发展众创空间、创业孵化基地、大学生创业园、大学科技园、科技企业孵化器等平台建设，建立覆盖创业培训、创业引智、创业孵化、创业融资、创业大赛和创业服务的创新创业扶持体系，为高校毕业生搭建低成本、全方位、专业化的创新平台，对为高校毕业生自主创业提供创业服务的创业孵化基地，根据孵化实效给予一定奖励补贴，主要用于创业孵化基地所需实训设备购置、维修以及基地运营管理。

4.2 加大未就业学生的帮扶工作政策

一是要将零就业家庭、经济困难家庭、残疾等就业困难的未就业高校毕业生列为重点工作对象，提供“一对一”个性化就业帮扶，确保实现就业。

二是对有就业见习意愿的高校毕业生，要及时纳入就业见习工作对象范围，确保其能够随时参加。

三是对有培训意愿的离校未就业高校毕业生，组织参加职业培训和技能鉴定，按规定落实相关补贴政策。

“版式设计”课程教学探索

张　默

（成都东软学院数字艺术系　四川　成都　611844）

摘　要：版式设计是视觉传达设计体系中不可或缺的一部分。20 世纪 90 年代以后，娱乐文化、流行文化和网络数字文化愈发普及，视觉传达设计这门课程也从此前的“平面设计”转换成了另外一个词——“视觉传达设计”。因为“平面”已不再是平面。“互动性”成为视觉语言传达的核心，另由于版式设计应用的广泛性，版式设计在更多的实践当中除了表现版式，更多的体现为“互动”。在多媒体如此蓬勃的时代，对于未来从事 UI 设计的同学来说，在版式设计中加入此部分是非常重要的。因为一个成功的互动版式设计不仅能够提高版式的注意价值，还有利于网页互动设计者的个性发挥。

关键词：版式设计；改革；文字

Teaching Exploration of “Layout Design” Course

Zhang Mo

(Digital Art Department, Chengdu Neusoft University, Chengdu 611844)

Abstract: Layout design is an indispensable part of the visual communication design system. After the 1990s, entertainment culture, popular culture and online digital culture became more and more popular. The course of visual communication design was also changed from the previous “graphic design” to “visual communication design”. As the “plane” is no longer a plane, “Interactiveness” has become the core of visual language communication. Because of the extensive application, layout design is more reflective of “interaction” in addition to perform layout. In an age when multimedia is so prosperous, it is important to add this part to the layout design for future students who are engaged in UI design. Because a successful interactive layout design can not only improve the attention value of the layout, but also contribute to the personality of the web interaction designer.

Keywords: graphic design; reform; character

1　引　言

“平面版式设计”是面向成都东软学院工业设计专业的选修课。作为专业选修的“平面版式设计”实际具有很强的交叉性和实用性，同时，对于专业基础课的把握对此门课程也有积极的作用。尤其是互联网时代，版式设计被较多地应用于网络多媒体，但版式设计这门课程所体现的互动性则被忽略掉了。

2　我国版式设计的历史沿革

自从有了文字，便有了版式设计。从已经出

基金项目：四川省教育厅 2017 年度科研项目“文化变迁视角下藏族传统符号在设计中的应用”(17SB0016)。

作者简介：张默（1984—），女，汉族，四川，讲师，硕士，研究方向为设计艺术学。

土的洞窟壁画中窥见到人类早期创造的符号，这些符号的布局便是版式设计的早期形态。

已知人类最早的文字是公元前 31 世纪由苏美尔人创造的楔形文字，这种文字被刻在泥板上，也偶有刻在石板、金属或蜡版上。楔形文字在公元前 2500 年成熟，并且在两千多年间一直作为美索不达米亚的唯一文字体系。在出土的楔形文字中，可以发现书写者运用线将文字进行了段落分割，有些画面分割整齐划一，有些不规则，整个篇章呈现出一种节奏与韵律，这大概是世界上最早的对于平面要素分割的尝试。

已被发现的中国最早的文字是距今约 3600 年的甲骨文，甲骨文已经具有现代"方块字"的显著特点，早期甲骨文的排列方式也可归为早期书写者的排版观念。在殷墟出土的甲骨上刻画的文字《卜辞》，它的排列方式通常为直行竖立写的形式，这种排版的形态区别于当下的直行横写，并不是出于方便视觉流程的功能性，而是与早期社会形态的观念相关，是与卜兆相关而形成了这种竖写的形态。在后期的简牍中也沿袭了甲骨文的排列方式。但是简牍都是头顶天，脚顶地的排列方式，那时候并没有现在"天头""地脚"的观念，也没有"留白"的观念。

后期的"帛"比照简牍有了更好的观感，融入了图形，最早产生了"图文并茂"的形式。由于帛书出现了行格，因此字行也更为直齐，版面更加规整。帛书后出现了卷轴装书，经折装书，虽然装订方式有了较多的变化，但是在排版上并无区分。

雕版印刷的出现使版式设计有了迅速的发展。线装书就受到雕版印刷的影响，它的竖写直行仍然保持了早期甲骨文的书写形式，在排版中第一次出现了"天头""地脚"，帛书中的界格也在线装书中被加以运用，蕴含着古人"天人合一"的哲学思想。

3 浅谈版式设计的概况与多维化探索

"版式设计"这门课程在其他高校被较多地应用于视觉传达设计专业的专业基础课，其与视觉传达设计专业的结合更为紧密，被较多地运用于书籍装帧、招贴设计、UI 设计中，学生对于版式设计的掌握与创新在未来的实践中非常关键。作为视觉传达设计专业基础的版式设计已经发展得相当完善。美国设计师在 20 世纪对于版式设计就有了自身的见解并形成了非常完善的系统，从简・奇尔切奥德的《新版式》到包豪斯的构成设计，再到耐克的产品目录，对栅格系统做了全面的、通俗易懂的介绍，并给出详细的版式设计步骤。在《设计几何学》中，对于如何运用比例、对称和其他几个体系来构成各种视觉关系都有非常详细的说明。而他的《栅格系统与版式设计》对于版式设计也展示了锐利独到的眼光。我国的设计基础教学有着相当广泛的普遍性，这决定了我国对于传统教学的传承相当重视，其优点便是较好地保留了前人的足迹，缺点便是鲜有创新性。纵观各个高校，基本都沿用了日本对于设计教学的思路。

版式设计是视觉传达设计体系中不可或缺的一部分。20 世纪 90 年代以后，娱乐文化、流行文化和网络数字文化愈发普及，视觉传达设计这门课程也从此前的"平面设计"转换成了另外一个词——"视觉传达设计"。因为"平面"已不再是平面。"互动性"成为视觉语言传达的核心，另由于版式设计应用的广泛性，版式设计在更多的实践当中除了表现版式，更多的体现"互动"。现如今"平面"这一语汇在专业领域中基本已成为过去式，故将我校此门课程称为"版式设计"更为恰当。

早在 2002 年蒋杰便提出了"互动版式"这一概念。实际运用于网页设计当中，主要是指消息类的网站和个人主页。在多媒体蓬勃发展的时代，对于有志未来从事 UI 设计的同学来说，在版式设计中加入此部分是十分重要的。因为一个成功的互动版式设计不仅能够提高版式的注意价值，还有利于网页互动设计者的个性发挥。对于消息类的网站，过于强调形式感而脱离了内容也无法体现版式设计应该具有的真正价值。因此在课程当中，应该改掉以往填鸭式的教育惯性和教师一味的讲解，将学生作为教学主体，让学生学会主动思考和主动创新。互联网时代，每个人都是消费者，包括学生，应更多地让学生作为消费者去考虑网络时代版式设计的相关问题，将互动版式的尺寸、互动版式的视觉流程设计、互动版式的空间设计等与课程相结合。

4 结 语

中国的设计任重而道远，虽然在入学时选择设计专业的学生人数众多，但是在就业中将设计专业作为终身职业的人却少之又少，这与中国先天营养不良的设计环境有关，也与中国的教育体系有关。中央美院研究设计基础教学的周至禹认为，我们的设计教学应当是完成一个启迪的过程，而不是教育学生用共性的审美作为一个标准，从而培育出工业化时代特有的“标准化”“批量化”的设计人才。要能够通过“启蒙”的方式让他们用属于自己的眼睛、耳朵、鼻子和手去看待、倾听、感受、触摸这个丰富多彩的世界。用设计教育能够启发学生，让学生们具备融会贯通且变化的思维方式是最为理想的目标。

参考文献

[1] 林家阳. 版式设计与应用[M]. 合肥：安徽美术出版社，2016.

[2] 朱海辰. 出版物设计与应用[M]. 合肥：安徽美术出版社，2017.

白松镇“岭岭嘉姆”农产品孵化之路

冯　宇

（成都东软学院信息管理系　四川　成都　611844）

摘　要：党的十八大以来，国家对扶贫开发做出新部署。各大高校积极响应党中央号召，将专业优势运用到对口帮扶地区，将智慧、资源、项目投入到对口帮扶的贫困地区，在教育扶贫、产业扶贫、文化扶贫和驻村帮扶方面做出了巨大贡献。其中，产业扶贫是贫困地区老百姓“脱贫奔康”的重要途径。笔者立足于高校对口帮扶的深度贫困地区，依托当地地理和资源特点，结合高校专业优势，开发出“岭岭嘉姆”农产品，梳理出一条贫困地区农产品孵化之路。

关键词：岭岭嘉姆；农产品；孵化

The Hatching Road of “Lingling Jiamu” Agricultural Products in Baisong Town

Feng Yu

(Department of Information Management, Chengdu Neusoft University, Chengdu 611844)

Abstract: Since the 18th National Congress of the Communist Party of China (CPC), the state has newly deployed for poverty alleviation and development. In response to the call, colleges and universities have actively applied their professional advantages and invested wisdom, resources and projects to their corresponding support poor areas and contributed greatly to the education, industry and culture by residence there. Thereinto, the industrial poverty alleviation is an important way for local mass to become richer. Based on the deep poverty areas of the professional advantages of counter-alleviation of college and universities, relying on the characteristics of local geography and resources, the author has developed “Lingling Jiamu” agricultural products, in such way to develop a road of hatching agricultural products in poor areas.

Keywords: Lingling Jiamu; agricultural products; hatching

1　背　景

1.1　政策背景

近几年，脱贫工作已经成为全党、全国人民共同关注的重大事项。2012 至 2018 年，我国贫困人口减少 8000 多万，贫困发生率逐年降低。各大高等院校积极响应党中央号召，将智慧、资源、项目投入到对口帮扶的贫困地区，在教育扶贫、产业扶贫、文化扶贫和驻村帮扶做出了巨大贡献。

2018 至 2019 年，是得荣县脱贫摘帽的攻坚年；按照“两不愁、三保障”的基本要求，各级政府用心用情，扎实推进各项民生福祉，在各项基础建设逐步完成的前提下，致力于老百姓增收，为贫困户脱贫、贫困村退出倾注了大量心血，成效斐然。

按照贫困村退出标准，村集体经济应有合理、

作者简介：冯宇（1983—），男，汉族，四川，讲师，硕士，2018 年被派驻到深度贫困地区四川省甘孜州得荣县从事对口帮扶工作。

持续稳定的收入来源，并达到人均 3 元的经营性累计收入。在贫困村建立和运行村级合作社，有利于发掘本地资源、增强村民内生动力，推动老百姓增收，并为贫困村带来持续的经济效益。特色农业产业打造是植根于本土化的最有效、最直接的方式之一，也是脱贫攻坚的需要，老百姓致富脱贫的需要。

1.2 孵化环境

放眼整个得荣县，高山峡谷，土地稀缺；其独特的自然气候和地理位置，造就了本地农产品长期处在“小而全、零而散”“一背篼背不下，一卡车装不完”的状态，人均耕地较少，发展一村一品的条件并不成熟。但得荣县有着“西部太阳谷”的美誉，远离污染，良好的光热条件，立体的气候分布，纯净的水土资源，在发展特色农业产业方面具有先天优势，所打造的农产品具有“绿色、有机、无污染”的显著特征。

白松镇作为得荣县面积最大、人口最多的乡镇，脱贫攻坚以来，在得荣县委、县政府的坚强领导下，在对口帮扶高校的大力支持下，深挖乡镇特色农业产业，走出了一条以村合作社为基础，联合各村各户，打造出“岭岭嘉姆”绿色品牌的农产品孵化之路。

2 孵化途径

2.1 选择特色初级农产品

白松镇全镇共 15 个行政村，面积 375 平方公里，平均海拔 2 700 米。白松镇土地肥沃、物产丰富，历来有“藏家田园”的美誉。产品打造初期，白松镇党委班子就结合乡镇特产、研发初期、百姓普惠等关键因素，确立了以核桃油为核心，高原红米、高原荞麦面三种系列农特产品一体的“白松三宝”。

白松高原红米是得荣县乃至甘孜州特有的水稻种类，一年一熟。作为高原藏区红米的唯一产地，白松素有“鱼米之乡”之称号。除此之外，全镇沿定曲河遍布的核桃古树，是各村各户重要经济作物之一；得荣核桃油脂重，壳薄，口感较好，压榨出的核桃油品质较高，营养元素丰富。高原荞麦是白松集体经济产业示范基地的主产作物；2018 年收获荞麦 6000 余斤，所产荞麦直接加工为荞麦面，助力贫困村集体经济增收。

2.2 农产品初加工

食用农产品是在农业活动中直接获得以及经过分拣、去皮、剥壳、粉碎、清洗、切割、分级、包装等加工，但未改变其基本自然性状和化学性质的产品。白松拟开发的红米、荞麦面、核桃均属于初级食用农产品范畴。面对市场，初级农产品存在低价值、流通性较差等基本特性。

得荣核桃含油丰富，将核桃初级加工为核桃油，一方面解决了大量核桃不便交易或滞销的问题，另一方面也衍生出了新型的保健食品。高原荞麦收获后存有杂质，经过筛选、研磨等工序，形成荞麦面后，口感和食用方式有所提升，便能更好地让消费市场接受。白松红米向来广受甘孜州地区消费者欢迎，但面对全国红米市场（主要为江西井冈山、云南梯田）的“性价比”竞争，白松红米就需要在初加工作业上，精耕细作。

2.3 完善品牌设计

市场方面，初级农产品品类繁多，无生产标准、标识，包装简易，在不便交易和运输的同时，也造成了高价值产品的低价值流通特性。产品开发初期，白松镇积极与高校联系，希望结合白松独特的生态，建立品牌，以便后期在白松各项农产品推广中统一使用。为此，在县商务局关心指导下，对口帮扶单位成都东软学院在 2018 年 7 月就启动了“白松农产品开发及电子商务”项目。一是组织专家实地考察了白松现有农产品资源，抓住得荣农产品的优势和劣势；二是通过调研和深入座谈，了解白松农产品的“绿色、生态”共性，结合白松地质和环境，制定了“岭岭嘉姆”品牌标识；三是针对“白松三宝”，制定了详细的项目策划书，从产品定位、内外部分析、SWOT/STP 分析、包装设计等方面，为产品打造提供决策建议。

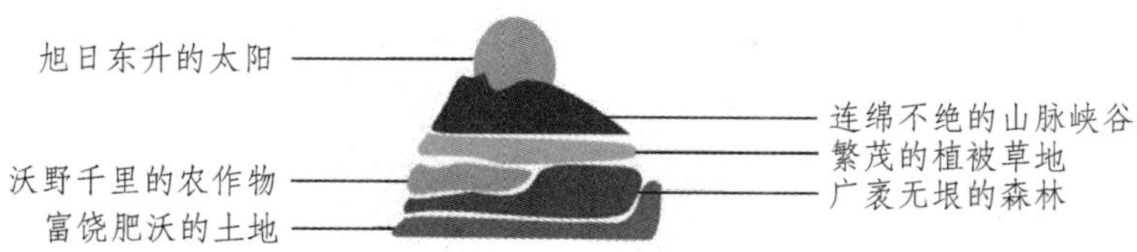

图 1 “岭岭嘉姆”品牌标识设计

白松打造的“岭岭嘉姆”品牌，起源于藏族弦子舞中的美妙韵律，寓意物产丰富，人杰地灵。白松推出的系列农产品，均以“岭岭嘉姆”为统一标志。在不同的包装设计中，融入“岭岭嘉姆”设计元素，确保了白松农产品标识独特、统一。

2.4 注重品质检测

合乎标准的产品是流通的前提。得荣原生态的自然环境，造就了白松农产品绿色、无污染的优良印象。但在商品流通环节中，进行相应的检测，能够让白松农产品走得更远。以“岭岭嘉姆”核桃油为例，从初榨第一桶油开始就积极送检。通过检测（参照 GB/T 22327—2008 标准，由迪庆州质量技术监督综合检测中心完成），得荣核桃油在色泽、气味、滋味、挥发度、酸过氧化值、金属残留等检测项目方面皆符合国家产品质量标准要求。另外，在送检成都市产品质量监督检验院检测过程中，增加了核桃油产品“营养标签”检测项目，为后期产品差异化营销提供了前提条件。

2.5 包装设计与材料

产品包装是农产品在市场流通中给人的第一印象，也是消费者接触新鲜农产品的直观感受。过去，“口袋+农产品”是常态，这样虽然“原生态”，但会影响农产品的品质和消费者感官，久而久之，也不能彰显农产品原产地特色。美观大方的产品包装，有利于维持产品质量稳定，也有利于品牌推广。

为此，在征求乡镇意见，结合地方特色的前提下，将“岭岭嘉姆”品牌元素融入其中，设计了“藏族歌舞”造型；在充分考量市面同类产品包装前提下，根据产品策划书参考意见选用包装材料和供应商。例如，考虑到核桃油品质，选用玻璃材质容器进行盛放；红米和高原荞麦则采用简便扎实的布制口袋。

图 2 “岭岭嘉姆”系列农产品包装成品

在包装材料供应商选择上，因得荣本地无印刷厂和包装材料供应，物流相对不便（邻近香格里拉是较好的选择），阿里巴巴、淘宝是较为方便的供应商选择途径。这就要求在联系沟通的过程中要重点关注：产品设计元素的运用；包装材质的稳定性；批量成本与价格；物流价格和运输方式的选择；等等。

2.6 推广与营销

产品成型后，正值春节前夕，产品恰逢宝贵的销售机遇。一是通过“白松镇”公众号，发布“岭岭嘉姆”产品信息，积极推广产品，并在微信推文中，建立销售渠道，通过朋友圈分享、点赞等方式，扩大产品知晓度。二是积极联系各帮扶单位，采取“以购代捐”形式，认购产品。三是积极参加各种推介平台，宣传产品。2019 年初，“岭岭嘉姆”系列农产品作为得荣的特色农产品之一，参加“第23届中国（四川）新春年货购物节”展示。四是拓宽渠道，改变产品包装规格，量贩化生产，直接对接有资质的食品生产企业，通过原料输出消化剩余产品库存，快速回收成本，直接为老百姓增收。

3 改进建议及期望

白松“岭岭嘉姆”农产品实现了乡镇一级整合特色资源，从初级农产品到特色农业商品的转化过程。孵化过程漫长曲折，在此过程中，虽然花费了大量的人力物力，产品也粗具雏形，但面对经验不足等客观因素，“岭岭嘉姆”的产业发展之路还有许多值得改进的地方。

3.1 品质管理精细化

产品品质是核心。我们看到，得荣初级农产品品质优良，道地生态。在初加工过程中，就需要更加注重品质管理。无论是厂房标准化建设、操作人员技能培训、包装材质精益求精，还是在“QS”认证的合规路上，都需要再次倾注大量心血。面对我们的高端食材，就应该注重细节，加强精细化管理，推出名副其实的好产品。这是下一步产品树立良好品牌的重点。

3.2 成本控制与对外合作

在前期的孵化过程中，我们投入了大量资金，也走了许多弯路。例如，在包装材质供货商和包装规格的选择上均比较单一；后期面对市场，应视情况推出多元化的规格产品。管理人员管理意识应逐步加强，如对加工机械要有折旧意识，批量生产要有规模意识等。

寻找成熟的食品加工企业，依靠其完备的生产条件和相关资质，做好初级农产品加工输出，也不失为一条产业发展的路子。

3.3 产品规范与电子商务

电子商务为贫困地区农产品市场开发提供了重要平台。通过电子商务，能够迅速、快捷地将农产品特性传递给受众群体，并能够在平台上完成整个交易过程。目前推出的“岭岭嘉亩”核桃油、红米、高原荞麦面虽然已经形成“产品”，但距离传统市场销售和进驻电商平台还有一定的距离。目前，食品进驻大型电商平台，均对商品产生的各个环节有所要求。如：是否取得“QS”质量安全认证？经营主体和法人是否确立？生产条件、厂房设置是否合规？所以，在产业发展的道路上，要聚焦市场平台，对标标准，逐步将产品做得更好。

3.4 关注产品特征

得荣农产品产量较低，但品质较为优良。充分发掘得荣农产品区别于其他地区农产品的显著特征，有利于开拓市场和“弯道超车”。白松镇是甘孜州红米的唯一产区，其红米米粒形态和耕种环境与云南梯田红米有相似之处，但要发掘甘孜高原产区所产红米的与众不同，需重点关注气候特征、产区时节、耕种方式等，还需要对初级农产品进行检测，发现产品的特征指标。

3.5 致力于百姓增收

发展农村产业的根本目的是为老百姓增收，发展农村产业是老百姓脱贫奔康的基础。下一步，将在“圣洁甘孜”和“阳光得荣”区域公共特色品牌下，抓住“互联网+”等新兴产业机遇，加强宣传，让“岭岭嘉姆”品牌叫得响、走得出去。白松将整合全乡镇各村各户农产品资源，做好老百姓务农、耕种、收获等服务工作，进一步提高农产品产量和规模，把好产品质量关，打造品牌，提高产品附加值，于与老百姓共享增收成果。

参考文献

[1] 张鹏. 刘国荣. 得荣县产业扶贫现状及对策分析[J]. 四川农业经济，2016（5）：49-51.

[2] 危朝安. 积极发展一村一品夯实现代农业基础[J]. 农村经验管理，2007（9）：10-12.

[3] 张敏. 我国农产品流通标准体系现状及问题分析[J]. 农产品质量与安全，2015（5）：30-34.

[4] 陈艳琴，黄永军，杨光银，等. 新龙县农牧

产业扶贫现状及发展对策[J]. 四川农业科技，2017（8）：75-78.

[5] 王巍. 现代包装设计在农产品包装中的应用[J]. 新财经（理论版），2010（6）：196-197.

[6] 中共四川省委组织部.“绣花”功夫四川脱贫攻坚案例选[M]. 成都：四川人民出版社，2017.

传统村落微纪录片视听语言探究

赖 丹

（成都东软学院数字艺术系 四川 成都 611844）

摘 要：微纪录片可以对传统村落的物质文化和非物质文化进行影像记录，对传统村落的保护发挥越来越大的作用。本文通过对传统村落微纪录片进行研究，来分析微纪录片中的视听语言在传统村落保护中的应用，从而使微纪录片能更好地为保护传统村落服务。

关键词：传统村落；微纪录片；视听语言

Research on Audio-visual Language of Traditional Village Microdocumentary

Lai Dan

(Chengdu Dongsoft College Department of Digital Arts, Chengdu 611844)

Abstract: Microdocumentary can record the material culture and non-material culture of traditional villages through the image form, and play its role in protecting traditional villages. Through the research of the traditional village microdocumentary, this paper analyzes the application of audio-visual language in the protection of the traditional villages, so that the microdocumentary can better serve the protection of the traditional villages.

Keywords: traditional villages; microdocumentary; audio-visual language

微纪录片作为一种传统村落保护的数字化手段有其独特的优势，更适应当下观众的观赏心理。紧密结合摄像技术的发展创作出兼具文献价值和审美价值的影像资料，对传统村落的保护具有重要意义和作用。下面主要以《了不起的村落》微纪录片进行分析，探究适合传统村落纪录片的视听语言。

1 传统村落微纪录片视听语言探究的意义

传统村落数量锐减，对传统村落文化的保护与传承迫在眉睫。国家相关部门发布一系列有关传统村落保护的文件，具有政策性的支持。微纪录片在保护传统村落方面具备独特优势。微纪录片除了成本低之外，还具有生动、鲜活、真实等特征。而且，微纪录片也是传统村落数字博物馆的重要形式之一，对微纪录片的视听语言的探究就显得更为重要。

2 传统村落微纪录片视听语言的应用

传统村落微纪录片的内容应包括村落概况、

基金项目：成都东软学院 2018 年度科研项目（编号：NSU2018-006）。

作者简介：赖丹（1989—），女，汉族，四川成都，讲师，硕士，研究方向为纪录片。

村落周边环境、村落民俗文化、村落生产生活状态等。虽然微纪录片篇幅短小，但并不影响它运用丰富的视听语言来多角度地展现传统村落，让传统村落微纪录片兼具文献性和审美性，让视听语言的具体运用更好地起到记录和保护传统村落的作用。

2.1 画　面

航拍的运用在传统村落微纪录片里必不可少，用于展现村落的格局肌理和传统建筑。不管是鸟瞰还是俯视的角度，都能从很大的视野上展示村落的总体格局。《消失的村落　老牛湾村》航拍老牛湾村老村的全景，昔日兵家必争之地和村民居住的情景已不复存在，只有一个空荡荡的村落屹立在山头。黄土的颜色和山的颜色融为一体，似乎老村就要消失在这山顶一样。《与海共生的秘境小岛》航拍村落在小岛上的全貌，特别是对当地特色建筑地下屋的独特构造的展示全面而立体，从空中俯瞰地下，仿佛它们被嵌进地里，与土地共生，与小岛共生。

延时摄影的运用在微纪录片里也有其独特作用，本来微纪录片时长微小，延时摄影可以让画面节奏更加紧凑，在短时间内呈现事物的瞬间变化。《北纬 27 度的古纳西王国》里延时摄影的运用既压缩了画面的时间，也让画面观赏性大大提高。通过延时摄影的运用，美轮美奂的画面尽收眼底，空镜头也可以表现得灵动、活泼。《神的自留地　禾木》里的日出，《消失的村落　老牛湾村》里浩瀚的星海，《边境线上的音乐村　老达保》里缭绕山间的云雾，无一不体现出延时摄影在微纪录片里的魅力，让村落的自然景观浓缩到每一帧画面的微妙变化里。

水下摄影以仰视的角度拍摄了水面以上和冰面以下的事物，更加多角度地展现了村民的传统生活。《与海共生的秘境小岛》里的水下摄影不仅展现了海面的“浮光掠影”，还展现了村民潜水捕鱼的技艺，大大拓宽了村民生活内容的展现，也让画面美轮美奂。《消逝的村落　老牛湾村》利用水下摄影仰拍凿冰捕鱼，一层层冰纹依次裂开，一颗颗碎冰在水里浮沉，冰面下的世界也可以如此如梦似幻。

慢动作的运用让画面具有悠长的韵味，传统村落微纪录片不仅仅可以写实，也可以写意。《富春江畔东梓关的百年重生》里从青瓦上缓慢滴落到石缸里泛起一圈圈涟漪的水滴，《北纬 27 度的古纳西王国》里穿着传统服饰的男性徐徐射箭的动作，《海上牧场　东壁村》里飞来的鸟群和拍岸的波涛，慢动作展现的画面让人细细体味传统村落的意韵。慢动作也起到调节微纪录片节奏的作用，舒缓而悠长，微纪录片的节奏也可以张弛有度。

变焦镜头的运用展现了人与人、人与环境之间的密切关系，让画面显得更生动。在传统村落微纪录片里有“从人变焦到物”的镜头，从“物变焦到人”的镜头，从“人变焦到人”的镜头，从“物变焦到物”的镜头。《北纬 27 度的古纳西王国》里“人变焦到物”体现在从穿着民族服饰吹着乐器的人变焦到背景的湖，记录村落离不开人，人更离不开人生活的自然环境。杨宾玛直之走过达祖小学，从他变焦到石墙上写的“达祖小学”几个字，交代人物所处的工作环境。原本人和村就不可分割，变焦镜头突出景物的同时也突出人物。人变焦到人体现在从达祖小学的学生变焦到达祖小学的创始人之一游老师，交代了人与人之间的紧密关系。《海上牧场　东壁村》里“物变焦到物”体现在对紫菜运用的变焦镜头，让原本一堆堆静态的紫菜也具有了动感。《消逝的村落　老牛湾村》里“物变焦到物”体现在从老牛湾老村的屋角变焦到远处的新村，通过变焦镜头突出新旧村的对比，新村与老村渐行渐远，保护老村亟待引起重视。

特写镜头的运用能够突出传统技艺的细节，强调传统技艺的独特性，强调保护传统村落的必要性和急迫性。《神的自留地　禾木》里制作木碗的特写，木屋木头间蘸了盐水的苔藓的特写，做奶酒的系列特写。特别是连续几个借牛奶的特写，更加凸显民风的淳朴，让做奶酒这样的技艺也具有了温度。《消失的村落　老牛湾村》里山西的传统手艺绣花鞋的特写，《与海共生的秘境小岛》里二姐织布的特写，《云端村落　木梨硔》里煮告别草的特写都体现了这些传统技艺的细致和原生态。《云端村落　木梨硔》村长洪福春计算村里人年龄的几个数据的特写更是在强调对村落未来的担忧，谁来保护村落成了问题。

全景镜头的运用是展现传统村落格局和自然环境的重要景别。《富春江畔东梓关的百年重生》

里白墙黛瓦的东梓关建筑，《神的自留地 禾木》里防寒保暖的小木屋和巍峨的雪山，《北纬 27 度的古纳西王国》里雾气氤氲的泸沽湖，全景镜头的展现让观众对村落有了总体的印象。全景镜头配合其他展现村落局部的中近景和特写镜头一起构筑起了一个完整的村落样貌。不管是自然景观还是建筑风貌，甚或风土人情、民风民俗的展现，都和不同景别的相互配合紧密相关。

字幕在微纪录片里的运用较为丰富，除了解说词、同期声的字幕，还有说明、解释作用的字幕，为微纪录片交代了必要的信息和节省了篇幅，片尾以字幕的方式呼吁对村落的坚守。《最后的驯鹿村》里的字幕对传统建筑“撮罗子”进行解释，对白烟功用的说明，对驯鹿发情期的说明，对鄂沃迪猎民点等地理位置的介绍，对猎民的介绍，没有长篇累牍地用解说词进行说明，让这部微纪录片的节奏更加紧凑。但字幕的运用不能过量，不能成为传统村落微纪录片乏味的始作俑者。大量的字幕铺陈在画面上，虽然能一定程度上起到解释、说明的作用，但弊端也很明显，枯燥且降低了传统村落微纪录片的听觉冲击力。所以也要注意字幕的运用要精炼、恰到好处，不能过分依赖字幕来交代信息。

对画面的表现手段多样化和现代化让传统村落展现的内容更加丰富、全面，具有实用和审美的双重价值，既对传统村落做了记录，也让观者赏心悦目，让微纪录片能够更好地为保护传统村落服务。

2.2 声 音

传统村落微纪录片的声音主要体现在对同期声、解说词的运用上。

同期声的运用在传统村落微纪录片里主要体现为口述历史和对于当下事物的采访。《消逝的村落 老牛湾村》以村民的口述展现过去的历史，老牛湾村虽然是明朝时期的军事要塞，但通过村民的口述，不用再来展现这里昔日的金戈铁马，口述的方式比情景再现的成本低，虽少了视觉冲击力，但留给观众想象空间，也能展现微纪录片制作者的客观立场。《北纬 27 度的古纳西王国》里男主人翁通过直抒胸臆的方式来表达对东巴文字和东巴文化流失的担忧。同期声的运用让微纪录片的信息传达更加直接和简洁，从被采访者口中获知的信息也更加自然和平易。

解说词具有扩充信息和外延的功能[1]，可以加深观众对画面形象的感受，也可以对抽象的含义进行解说，或引起观众情感的共鸣。《云端村落 木梨硔》的解说词“洪福春在算全村人的总岁数，他担心如果小孩不在山里出生，年轻人不在这里谋生，等到老人们相继去世之后，这个总数值会越来越小，木梨硔现在的宁静将会变为沉寂”对画面旨意深入分析。画面展现的是洪福春计算总岁数的情景，一组组单调的数据通过解说词的解释，让画面表达的内容更加清晰，此处解说词的存在还有让画面不显得枯燥，同时也引人深思的作用。

同期声和解说词，以及音响和音乐效果共同为传统村落微纪录片架构起一个完整的声音系统，结合画面的表现，让传统村落微纪录片更加立体地被记录和呈现。

3 结 语

对现存的传统村落做影像的记录，特别是对即将消失或者已经消失的传统村落来做影像存留十分重要，村落格局、传统技艺、传统生活方式等都通过画面和声音以数字化的方式保存下来。微纪录片通过自己特有的视听语言在传统村落的保护方面发挥着重要作用。

参考文献

[1] 董海霞. 浅析解说词在纪录片中的独特魅力[J]. 新闻研究导刊，2019，10(1)：128-128，130

对打造中国神话宇宙系列电影的分析和思考

——以《哪吒之魔童降世》为例

孙 源

（成都东软学院数字艺术系 四川 成都 611844）

摘 要：2019年《哪吒之魔童降世》获得了接近50亿的票房，打破了国产动画的票房纪录，获得了业内人士以及观众的一致好评，此影片在角色形象、剧情推进、电影叙事结构等方面设计得非常好，既保持了中国传统神话故事的韵味，又用鲜明的立意打动人心，是国产动画中里程碑式的作品。电影结尾的彩蛋《姜子牙一战封神》于2020年上映，预示着国产动画片也将打造自己的神话宇宙，本文将对中国动画的发展及神话宇宙的发展进行分析和思考。

关键词：国产动画；神话宇宙；创新能力

Taking *Ne Zha* as an example Analysis and Reflection on Creating a Series of Chinese Mythological Universe Series Movies

Sun Yuan

(Department of Applied Foreign Language, Chengdu Neusoft University, Chengdu 611844)

Abstract: In 2019, *Ne Zha* came close to 5 billion of the box office, breaking the box office record of the domestic animation, and won the praise of the industry and the audience. The film is very well designed from the aspects of role image, plot advance, and film narrative structure, which not only keeps the charm of Chinese traditional fairy tales, but also has a clear idea that touches the hearts of the people. It is a milestone in the development of domestic animation. The end of the movie Jiang Ziya was released in 2020, which indicates that domestic cartoons will also create their own mythological cosmos. This article will analyze and think about the development of Chinese animation and the development of mythological universe.

Keywords: domestic animation; mythological universe; innovation ability

1 引 言

近年来，随着资本的进入，国产动画蓬勃发展，《白蛇：缘起》《西游记之大圣归来》让我们看到了国产动画的希望，传统文化重新回到了国内动画人创作的主要战场，人物形象一反往常人民对神话人物的刻板印象，加入了很多新的创造。特别是今年创下票房纪录的《哪吒之魔童降世》，哪吒性格特点鲜明，剧情感人至深又不落俗套，说明国产动画正在找到自己的路线和风格。如果说《哪吒之魔童降世》只是一个单体电影，那《姜子牙一战封神》的后期联动让人忍不住有更多的联想——中国也建立起类似“漫威电影宇宙”的系列电影。如果这样，那么《哪吒》无疑将成为“中国神话宇宙”的开端作品。

作者简介：孙源（1985—），男，汉族，四川，讲师，研究方向为三维动画。

2 国产动画电影的优势及存在的问题

中华人民共和国成立初期，我国的动画立意更多是瞄准普通大众的生活，动画故事情节或人物塑造更重要的使命是反映当时的社会形态，承担了部分的社会教育责任。到了 20 世纪 90 年代，改革开放让大量的海外动画进入中国，中国的动画才开始从意识化的形式向市场化转变。当时市场上涌现了一大批模仿美国和日本的动画片，例如《大嘴巴嘟嘟》模仿了《蜡笔小新》,《象棋王》模仿了《棋魂》, 出现这些现象最根本的原因是海外文化过于强势，而中国本土孱弱的动画市场根本没有力量承受文化冲击。归根结底，中国的动画领域发展最大的问题还是文化不自信，动画人物如何实现本土化，如何打造属于中国的超级英雄，是立在中国动画人面前一个亟待解决的问题。

中国的动画电影存在哪些问题呢?

（1）片面重视动画艺术造型，对电影内涵的重视程度不够，以低龄化观众为主要的观影主体。从电影的角度来说，作品最重要的还是故事的创意内涵，其他方面虽然也很重要，但都是为支撑电影的故事结构服务的。优秀的国产电影一方面能树立起国产动画电影本土化的风格，另外一方面能提升动画文化的附加值，把动画电影做得更深入民心且雅俗共赏，而不是一味地在低龄化市场打转。

（2）没有全面的动画产业思维，电影周边产品、市场培育、除去票房外的电影产业增收模式等方面明显不足。目前动画企业的衍生品开发主要是将人物形象或者电影 logo 直接印在衣服和文具上，或者直接做成公仔，简单粗暴且毫无产品契合度。虽然近些年出了一些叫好又叫座的电影，但由于动画的主人公形象不够鲜明，难以让人产生购买欲望,一个动画 IP 是否可以产生市场价值，取决于动画作品和由动画衍生出来的作品是否互相呼应，两者的互动是否能产生产业效益和文化附加值。

3 系列电影——漫威电影宇宙

接下来我们一起来看美国的动画电影产业，说到宇宙级的系列电影，大家首先想到的应该就是漫威的电影宇宙了吧，从 2008 年的第一部《钢铁侠》上映，到 2019 年《复仇者联盟 4——终局之战》，重量级的十九部电影构建起了庞大的“漫威电影宇宙”。

漫威的电影宇宙是基于漫威漫画的角色以及角色直接的互相联动建立起来的架空世界，不到十年，漫威的电影宇宙已经讲了几千年的故事了。对漫威的漫画进行影视作品的改编研究，首先，应该对整个漫威的漫画的发展有深入的了解。其次，想要构建一个电影宇宙，对电影工业的精细程度要求非常高，从编剧的布局方面来讲，每一个单体电影的上映，每个细节，都必须与整体的布局环环相扣，不容有失。最后、漫威的影视作品往多个平台延伸，美式超级英雄的精神为漫威衍生出除去票房以外可以盈利的产业，也就是漫威电影宇宙的 IP 变现，比如游戏、服装、玩具等衍生品，由点及面，提高观众的支持度，也成就了漫威电影宇宙。

4 打造中国神话宇宙系列电影的重难点分析

笔者认为想要打造中国自己的神话宇宙，还有很长的路要走。首先，中国的神话故事都是公共版权，这意味着谁都可以把神话故事拍成电影，如果缺乏统一的规划，就很难做到风格统一，更谈不上构成逻辑严密的神话宇宙了。其次，中国神话故事流传了几千年，大家对人物的造型、人物性格及故事情节都有预想的画面，所以在内容创新上，不同于漫威宇宙的畅想未来，中国神话宇宙则是在经典中寻求突破，重新梳理传统神话故事中的人物形象，这对剧情的规划走势、时间线、人物线的串并相连要求非常之高。

打造神话宇宙树立全面的动画产业思维也很重要。在电影宇宙打造的初期，便需要从电影周边产品的市场角度去进行策划和思考，例如考虑将神话宇宙的作品从电影平台向电视平台、游戏平台甚至自媒体平台进行延伸。神话宇宙 IP 的变现，应当由点及面提高关注度，产生必要的市场效应，电影和电影周边产品互相呼应，产生出国产动画电影应有的产业效益和附加值。

参考文献

[1] 李宪广. 浅谈中国动画现状[J]. 科技信息，2009（5）：123.

[2] 王琦悱. 中国动画产业现状及发展研究[D]. 上海：上海师范大学，2008.

[3] 肖忠文. “中国学派”动画中民族文化元素运用解析[J]. 中南林业科技大学学报（社会科学版），2010（4）：61-63.

[4] 代炜展. 整合营销“4I”原则探析美国漫威宇宙电影的营销模式[J]. 现代营销（学苑版），2019（5）：80.

促进新型工业化发展专项资金审计研究

马天行　杨航月

（成都东软学院商务管理系 四川 成都 611844）

摘　要： 促进新型工业化发展专项资金是保障新型工业化发展的重要基础，专项资金的运用程度关系到是否能实现“中国制造 2025”计划，因此中央和各级政府不断提高对专项资金审计的要求。然而国内的相关研究主要针对理论层面，缺乏对具体案例的研究。本文通过实际存在的问题，对促进新型工业化发展专项资金审计进行分析，提出相应建议。

关键词： 促进新型工业化；专项资金；政府审计

Audit Research on the Special Funds for Improving New-Type Industrialization

Ma Tianxing Yang Hangyue

(Department of Business Administration, Chengdu Neusoft University, Chengdu 611844)

Abstract: Special funds are of fundamental importance of the development of new-type industrialization. The degree of funds utilization has a bearing on whether the “Made in China 2025” plan can be implemented. Therefore, the central government and local governments constantly improve the requirement for auditing the special funds. However, relative studies in China mainly concentrate on theoretical dimension and lack attention to specific cases. Based on practical cases, this paper aims at analyzing the audit of special funds which can improve the development of new-type industrialization, and put forward targeted suggestions.

Keywords: promote new industrialization; special funds; government audit

1　背景及意义

促进新型工业化发展是我国 20 世纪以来极具战略价值的政策之一，其目的在于培育战略新兴产业，实施创新驱动和转型升级。而促进新型工业化发展专项资金是财政专项资金中非常重要的一部分，不仅可以避免出现国外工业化历史进程中的问题，还能帮助我国企业迅速转型升级。

随着经济以及新型工业的发展，既要解决当前财政收支问题，合理分配财政支出，又要提高财政专项资金工作的透明度，还要树立廉洁政府的形象，就不得不提高对专项资金审计的要求，对专项资金监督审查的重点及方法也随之改变，由传统的保障资金安全、合法合规使用转变到对资金效益、收益的审查。

在这个转变过程中，由于整体思路发生改变，难免会出现问题，如何解决问题，使得专项资金审计工作顺利转变成为本次研究的主题。

作者简介： 马天行（1995—），男，汉族，四川，助教，硕士，研究方向为政府审计；杨航月（1993—），女，汉族，四川，助教，硕士，研究方向为文化创意产业。

2　审计存在的问题

2.1　审计人员专业性不强

促进新型工业化发展专项资金用于帮助国内工业企业转型升级，涉及各行各业，提高不同企业的竞争能力。对此进行审计需要对专项资金涉及的项目有一定的了解，并且能够合理判断专项资金的效益、收益性。

然而专项资金审计一般为政府审计，审计人员大多数是审计专业出生，虽然在审计的专业性上能够胜任，但在项目考察的专业性上存在明显不足。再则，促进新型工业化发展专项资金审计正在转变重点的关键阶段，审计人员可能会发生思路模糊，依照传统的审计方法，重视真实性、有效性以及合规性而忽视效益性。

2.2　审计资源不足

一方面，我国目前对促进新型工业化发展专项资金越来越重视，资助范围和专项资金金额越来越大，而且对时效性的要求也越来越高，但是对审计结果的准确性要求并没有下降，也没有增加增派审计人员协助，使得本就不宽裕的审计人力资源再次压缩。

另一方面，经济成本的因素也不得不考虑进去。专项资金审计组的项目经费是在前一年年底就做好了第二年的预算，预算的金额本就不够宽裕，之后更会受到经济成本的制约，审计人员不得不考虑成本问题，斟酌取舍，不能满足审计全覆盖的要求。

2.3　监管手段单一

基于审计署公布的专项资金审计公告，经过统计后发现，专项资金的问题可分为六大环节共十九类。各类型问题会涉及资金分配方、资金使用方、监管方三方，并且存在反复犯、重复犯的问题。

在多达十九种舞弊类型中，想要解决问题，那么审计人员必须清晰地认识问题，能够对出现的问题进行合理分析，抓住症结。而在实际工作中，专项资金审计的技术手段显得过于简单，还是依靠手工查账、检查发票等传统审计方法和以前年度审计经验在办事，难以发现深层次的问题。单一的审计监督方式不仅严重影响了审计的效率，还增加了审计风险，难以达到审计目标，更难满足问责追责的需要。

2.4　绩效审计落后

由于国家治理现代化发展，我国正在建立服务型政府，对公共行为的监管力度，对绩效评价也就越发重视。随着促进新型工业化发展专项资金重点的逐渐改变，必须要转变审计监督的角度，提倡绩效问责，提高绩效审计水平。

而在当前专项资金审计实务中，审查出来的问题多是违反规定或制度漏洞、疏忽造成的，即合法合规层面，缺少对合规却低效等情况的监督审查。在审计评价与建议方面，思路狭窄，提出的审计建议也是着眼于合规性，没有到达“3E”标准。而在审计目标层面，对专项资金是否保证了环保、公平的考量较少，对专项资金是否存在浪费的问题以及对资金分配是否合理、公平的问题缺乏专门的审计工作。

3　对审计的建议

3.1　重视审计方案，细化监管责任

首先要重视审计方法，在审计开始之初就制定相应的目标以及具体实施步骤的工作计划，明确审计的具体应对措施和方法，让审计人员有文件可以参考，按计划进行工作。

由于制度体系不完善，各个部门存在相互推卸责任的问题，有必要捋清不同部门的责任界限。尤其是对促进新型工业化发展专项资金而言，经信委和财政局谁是主要监管部门，监管部门应该担负的监管责任是什么，监管程序启动时间是什么时候，监管内容有什么，监管程序有哪些，监管方式又是什么，甚至监管细节都需要一并制定，以文件形式发出。

3.2　改进审计技术手段，加强信息沟通

由于促进新型工业化发展专项资金覆盖面

广，涉及不同类型的差异较大的企业，且资金量大、业务量众多，依靠传统的人工审计不仅审计效率低，而且容易出现差错，远低于计算机审计的准确性，计算机审计完全可以处理一部分简单机械的审计工作。在此基础上，加入以风险为导向的审计方法，量化风险，严格控制风险，提高政府审计的质量。

促进新型工业化发展专项资金审计涉及的方面众多，不再局限于被审计单位项目相关的部门交流，还要同内部控制部门、财务部门、其他业务部门等进行交流。对外还要同会计师事务所、其他地区审计机关交流，交换信息，进行资源整合以及补充，共同研讨问题，提出优化解决方案。

3.3 提升审计人员水平，引入外部审计资源

在当前阶段，审计资源建设无非是从两个方向出发，第一是提高审计人员的能力，扩建审计队伍，第二是引入外部审计资源弥补现有审计资源的不足。

提高审计人员的水平需要从“质”和“量”两个方面出发，通过统一培训提高现有人员审计专业能力，并组织学习国家政策法规，判断专项资金的政策目的，确定审计风险和审察的重点，再扩大审计队伍建设，以高标准的综合性能力测评为依据，改善现有审计队伍结构不合理等问题。再则是引入外部审计资源，解决审计目标与要求的提高和我国政府审计资源不足的矛盾。

3.4 加强绩效审计制度建设

促进新型工业化发展专项资金的绩效审计重点在于后续企业工业化占整体的比例，通过传统的财务审计结合绩效审计，可以直接评价促进新型工业化发展专项资金的经济性、效率性和效果性。

就审计目标而言，绩效审计的审计目标在于通过对相关体制的改进等解决促进新型工业化发展专项资金使用效益低下的问题；就审计对象而言，绩效审计更加关注促进新型工业化发展专项资金在管理使用等方面存在重大问题的项目；就审计成果运用而言，问题导向型绩效审计通过揭示促进新型工业化发展专项资金在运作中存在的问题，提出审计意见，旨在解决问题并对相关责任人做出处理处罚。

此外，由于促进新型工业化发展专项资金的绩效审计是对效益、效果进行审计，那就需要建立健全的绩效审计结果问责制度，重点关注负责人或单位是否尽心履职，对履职不当的单位和个人依法追究其责任。

4 结　语

专项资金审计是我国政府审计中极为重要的一部分，对专项资金进行审计是改善我国治理结构的重要方法。本文正视问题和不足，在审计工作的各个方面进行相应改进，丰富专项资金审计的内容，为完善政府审计添砖加瓦。

参考文献

[1] 李嘉嘉. 关于地勘事业单位财政专项资金管理若干问题的探讨[J]. 财会月刊，2018（24）：49-50.

[2] 申艳霞. 体育系统专项资金绩效管理探究[J]. 财会学习，2018（25）：180.

[3] 李素利. 政府绩效审计发展的影响因素研究[J]. 审计研究，2013（2）：27-33.

[4] 王光灿. 财政专项资金绩效审计研究[J]. 财会学习，2017（16）：161.

[5] 郜筱亮. 中国特色新型工业化产业政策研究[D]. 成都：西南财经大学，2011.

大数据背景下应用型本科院校计算机教学增质效策略

张 跃

（成都东软学院教务部 四川 成都 611844）

摘 要：随着我国教育体制改革的深入进行，应用型本科院校也有了较大发展，其已经成为高等教育的重要组成部分。但从现阶段来看，应用型本科院校还存在着某些问题，例如定位不够明确、办学特色不足、急功近利等。计算机教学是应用型本科院校教学的重要组成部分，计算机教学主要包括两方面，一是计算机基础和程序设计课程的非专业公共课程教学，一是计算机专业实践课程教学，但是在实际教学中存在着管理重视程度不足、对于软件管理不重视等问题。本文主要以大数据为背景阐述应用型本科院校计算机教学质量提升方面的策略。

关键词：大数据；应用型本科院校；计算机教学

Computer Teaching in Applied Undergraduate Colleges under the Background of Big Data Quality Enhancement Strategy

Zhang Yue

(Academic Affairs Department, Chengdu Neusoft University, Chengdu 611844)

Abstract: With the deepening of China's education system reform, applied undergraduate colleges have also developed greatly. It has become an important part of higher education. However, from the current stage, there are still some problems in applied undergraduate colleges, such as lack of clear positioning, insufficient schooling characteristics, seeking quick success and so on. Computer teaching is an important part of the teaching of applied undergraduate colleges. Computer teaching mainly includes two aspects. One is the non-professional public course teaching of computer basics and programming courses, and the other is the computer professional practice course teaching, but problems exists in practical teaching, such as paying little attention software management. This paper mainly discusses the strategy of improving the quality of computer teaching in applied undergraduate colleges in the context of big data.

Keywords: big data; applied undergraduate college; computer teaching

1 引 言

随着近些年信息技术的快速发展，计算机信息技术有了迅猛提升，特别是大数据时代的到来为计算机发展提供了全新的机遇。大数据时代下计算机已经成为社会发展的重要组成部分，已经在各个行业都得到了广泛应用，同时计算机的应用也促使了大数据的快速发展。大数据时代计算机的广泛应用也对应用型本科院校的计算机教学提出了更高的要求，需要应用型本科院校以培养

作者简介：张跃（1982—），男，汉族，四川，助理研究员，硕士，研究方向为计算机应用。

应用型人才为基础开展相应教学，提升教学质量。应用型计算机教学需要采取创新性教学方式，不断完善计算机教学的实践内容，进一步提升计算机教学人员以及实验人员的水平，形成多元化、以学生为中心、注重学生个性发展的计算机人才培养模式，从而为我国计算机行业发展提供应用型计算机人才。

2 大数据背景下应用型本科院校计算机教学中相应问题研究

（1）计算机教学经过多年的发展已经成为本科院校教学的重要组成部分之一，但是传统本科院校计算机教学的主要内容都是计算机软件编程，很少涉及大数据以及云计算等方面的内容，在教学实践方面涉及内容更少，此种模式下的计算机教学很难达到较好的效果，不符合大数据时代的要求。应用型本科院校对计算机教学的实践内容重视程度不足且内容不够明确，很难培养应用型的计算机人才。若是计算机的教学无法和大数据以及信息化有效结合，那么计算机专业培养的人才便无法适应社会发展需要，对于计算机人才培养是非常不利的，无法推动我国计算机技术水平的提升。

（2）大数据时代各个行业都会形成大量的信息，对于这些信息的管理以及存储都要借助最新的计算机技术，以提升数据的传输速度。大数据时代社会的发展以及行业的进步都需要计算机技术的快速提升，而计算机技术的快速提升则需要大量应用型计算机技术人才的支撑，因此应用型本科计算机教学要进行不断改革创新，确保学生能够真正获取大数据方面的知识体系，确保能够对大数据时代发展具有推动作用。

（3）在本科计算机教学中融入大数据内容，可以使得教学内容满足信息化需要，同时也可以进一步提升计算机专业学生的实践能力。同时，大数据背景下的计算机教学也对相应教师的水平提出了全新的要求，教师也要充分研究大数据技术，不断更新自身计算机教学知识，创新计算机教学实践水平，有效提升计算机教学质量，提升本科计算机教学实践水平。

3 大数据背景下应用型本科院校计算机教学相应策略

3.1 要设计出以“大数据、应用型”为中心的人才培养方案

应用型本科院校计算机教学的根本目的是培养出应用型计算机人才，为了提升教学的针对性，需要制定出以“大数据、应用型”为中心的人才培养方案。为了确保计算机教学的时效性，一定要确保计算机的教学课程符合计算机技术发展变化，要实施动态的更新完善。因此需要以大数据为背景进行计算机应用型人才的培养，提升计算机人才的理论知识及实践能力，使得培养出的计算机人才具有较强的创造力和创新性，同时也能够推动计算机研究成果的应用。应用型本科院校计算机人才的培养需要遵照以下几方面原则：

第一，要具有综合性原则。计算机专业属于应用型专业技术，所以计算机技术并不是单独存在的，会涉及非常多的专业课程，例如高等数学、数字逻辑学、虚拟储存技术、操作系统原理等，所以培养出来的计算机人员也要具有综合性的特征。

第二，要具有开放性原则。大数据时代的发展速度是非常快的，计算机的快速发展就要求计算机人才培养一定要具有开放性的特点，要紧跟时代发展步伐。只有这样才能够使计算机教学课程和信息时代相结合，确保课程的设置更加符合社会发展需要。

第三，要加强实践性原则。在计算机教学过程中要加强实践性的教学，应用型的本科院校要加强计算机实验室以及学生实习基地的建设，要培养计算机人才扎实的理论基础。在进行实验室建设过程中需要综合考虑，要加强软硬件、技术以及安全方面的建设。可以充分应用 ASP 技术以及嵌入式 linux 技术实现智能实验室的管理，充分融合远程监控、网络管理以及信息采集技术来加强实验室的管理以及服务，能够有效提升实验室使用度以及相应人员的管理效率。例如可以通过 IP camera 模块实现终端管理，此种情况下管理人员可以利用电脑浏览器控制摄像头设备，通过网络进行监控并且将视频进行有效保存，管理人员可以随时调阅视频录像情况。要确保实验室覆盖

有效的局域网，确保上网的便捷性，进一步提升实验室对于大数据的使用效能。另外，在实验室建设过程中需要加强虚拟技术平台的应用。在计算机实验教学过程中常常需要格式化、磁盘分区、密码设置以及屏保等方面的操作，操作过程中容易造成硬盘的损坏。利用虚拟技术平台所具有的虚拟机可以确保硬盘的安全性，学生可以大胆进行实践，就算发生了某些错误操作也可以方便地恢复到初始状态。此种模式不但可以保证原有系统的安全性，同时完成相应操作之后只要通过映像功能就可以将系统恢复到初始状态。虚拟技术的充分应用也可以有效降低管理成本，能够对虚拟运行环境进行整体迁移，确保实验室的硬件资源可以通过比较低的成本满足资源方面的需要，能够对实验数据实施分析研究。另外，实验室也需要配备温湿度检查设备以及消防设备等等，确保教学环境的健康舒适。

3.2 计算机教师要不断创新教学方式方法

传统计算机教学方式大都是通过教师进行讲解以及演示，将教学中的知识点灌输给学生，学生处在被动状态，只是简单地进行知识接收。此种教学模式无法有效提升学生的兴趣，很难提升学生的学习效率。在大数据背景下，大数据技术可以为计算机课堂创新性教学提供支撑，可以有效扩展计算机课堂知识，能够有效提升学生对计算机课堂的兴趣。

第一，教师要充分利用大数据技术了解每个学生的具体学习情况，这样教师就能够提升教学的针对性，能够更有针对性地创新教学策略，可以使得学生明确差异性的教学模式，从而满足学生们个性化的需求。

第二，教师要充分了解学生们的思想，通过沟通交流的方式了解学生们的需求，通过课堂提问等方式增强师生之间的互动，有效提升学生的注意力，确保其将注意力放在课堂内容中。

第三，教师要充分利用大数据、信息化技术，采取翻转课堂的教学模式，通过提前预习的方式来增强学生学习的主动性，同时也可以扩展学生所学知识内容。

3.3 通过计算机专业学生的分类教学来提升教学的针对性

第一，计算机专业属于综合性较强的学科，涉及的内容非常多，很难要求学生将所有计算机知识都学习好。所以为了提升学生学习质量和效果，可以采取分类教学的方式，让学生在对所有知识方向有一定程度了解的基础上根据自己的爱好确定学习方向（例如多媒体、网络、大数据、物联网、软件开发等），这样不但能够降低学生的学习负担，同时也能够提升学生学习计算机知识的针对性，使其所学知识更专更精。

第二，为了进一步提升教学的针对性，可以采取导师制的学习方式，将学生分组之后采取“一组一师”的教学模式，学生也可以按照不同教师的专业性选择自己喜欢的教师，从而提升学生的学习兴趣。

第三，要充分了解学生的发展方向，根据学生的意愿对学生进行分类（就业类、继续深造类）。对于想要就业的学生来说，应在确保能够打下坚实基础的情况下选择更加详细的发展方向，增强计算机实际操作的能力培训，从而为后续工作打下坚实基础；对于想要继续学习深造的学生来说，需要增强其计算机理论方面的学习，有效提升学生们的基本理论知识，为后续的考试以及学习做好准备。

3.4 加强计算机实践课程的设计，强化实践教学水平

对于计算机教学来说实践教学是非常重要的，所以要加强实践课程的设计，提升教学的针对性。要按照学生所选择的计算机方向以及所要学习的课程设置针对性的实践内容。为了确保实践的有效性，在学生完成大一阶段的计算机基础理论知识学习后，大二阶段就可以进行实践课程的开展。

除了要加强校内实践教学之外，加强实践教学的另一个方式就是要参与到社会计算机企业的实践当中，通过企业的磨炼来提升实践能力。通过参观的方式能够对计算机企业有所了解，明确企业的工作情况，掌握需要学习的方向，使得学

生进入到真正的工作状态，提升自身的计算机综合素质，为后续工作打下良好基础。一般情况下，校外企业的实习大都在大四阶段进行，这是学生从学校进入到企业的过渡时期，充分利用此阶段能够进一步夯实学习的内容，拓展学生的眼界。

3.5 计算机教师也要不断提升自身专业素质以及服务管理能力

第一，在计算机教学活动中，教师是主要的参与者，教师的能力对于学生的学习效果具有直接影响，因此计算机教师需要拥有比较高的专业能力，通过更加清晰的思路为学生讲授计算机专业知识。一方面，教师要紧跟时代发展步伐，积极主动地学习最新计算机知识。大数据时代的计算机专业知识发展非常快速，知识更新迭代较快，教师也要不断进行自身知识的更新，符合信息化时代的需要。另一方面学校也要加强对计算机教师的培训，不断完善培训体系，通过多种渠道（邀请专业讲师、和计算机企业合作、网络课程等）进行教师的培训，确保教师的培训成为常态。

第二，学校要加强对计算机教师的考核，以此来约束教师的责任心，不断提升自身的素质。学校可以设立专门的考核小组，深入到计算机教学课堂、教学活动的各个方面进行考核，同时要结合计算机教师的科研能力实施综合性评定。要将考核成绩和教师的待遇挂钩，以此来激发教师的积极性，提升教学能力。

第三，大数据时代对于应用型本科院校计算机实验人员也提出了全新要求，要能够保持高涨的热情、强烈的责任心进行工作，同时也要具有更加积极主动的服务意识。相应实验人员要根据大数据时代发展情况、结合本院校具体情况制定出较为合理的规章制度（例如学生上机规范、实验室安全管理条例等），以此来确保实验室的规范运行，为规范教学创造有序环境。另外，加强实验室运行情况的跟踪，特别是对于实践教学耗材以及设备运行情况要加强管理。因为某些问题只有学生应用电脑时才能够体现出来，所以实验员要及时跟踪相应设备的运行情况，一旦发现问题要做好登记并上报处理，确保实验室管理的合理性以及规范性。除此之外，实验室的管理人员一定要具有较高的职业素养和服务意识，要能够全身心地投入到工作当中，为实践教学的顺利进行做好服务保障。

4 结 语

随着信息技术的快速发展，现今社会已经进入大数据时代，各个行业都通过大数据技术的辅助有了较大提升，这也为应用型本科院校的计算机教学提供了发展机遇。本科院校的计算机教学要充分结合大数据时代的信息技术，不断进行教学模式以及方法的改革创新，进一步完善计算机人才的培养模式，提升计算机人才的实践能力，为自身后续工作以及我国计算机行业发展提供保障。本文主要分析了大数据背景下应用型本科院校计算机教学中相应问题，在此基础上提出了大数据背景下应用型本科院校计算机教学相应策略，主要包括：设计出以“大数据、应用型”为中心的人才培养方案、计算机教师要不断创新教学方式方法、通过计算机专业学生的分类教学来提升教学的针对性、加强计算机实践课程的设计，强化实践教学水平以及教师也要不断提升自身专业素质以及服务管理能力等等。希望通过本文的介绍能够对应用型本科院校计算机教学增质效提供一定参考和帮助。

参考文献

[1] 郝建民. 提升大数据时代应用型本科院校计算机实践教学管理水平的研究[J]. 科技视界，2018（11）：15-17.

[2] 陈军. 提升大数据时代应用型本科院校计算机实践教学管理水平的分析[J]. 当代教育实践与教学研究，2017（9）：18-19.

[3] 蒋日华，傅文博. 提升大数据时代应用型本科院校计算机实践教学管理水平的思考[J]. 洛阳师范学院学报，2016（11）：88-91.

[4] 郑立平. 大数据时代应用型本科计算机专业数据结构实践教学改革研究[J]. 科技风，2019（5）：18-19.

德国双元制教育研究及启示

罗国涛

（成都东软学院信息与软件工程系 四川 成都 611844）

摘　要：通过对德国双元制教育的考察学习，归纳出双元制教育的特点，并对以行动、职业能力及工作任务为导向的教学设计原则、教学方法进行深入研究，最后以四阶段教学法为例讲解其在课堂中的具体应用。本文对德国双元制教育和教学模式的研究，对发展我国中高等职业教育以及应用技术大学职业教育具有一定的参考价值。

关键词：双元制；行动导向；教学设计原则；四阶段教学法

Research and Enlightenment on German Dual-System Education

Luo Guotao

(Department of Information and Software Engineering,
Chengdu Neusoft University, Chengdu 611844)

Abstract: This article investigates German dual-system education, summarizes the characteristics of dual-system education, carries out in-depth research on the teaching design principles and teaching methods oriented by action, vocational ability and work tasks, and lastly takes four-stage teaching method as an example to explain the concrete application of it in the classroom in detail. It studies German dual-system vocational education and teaching mode so as to provide certain reference value for the development of vocational education in China's higher vocational education and applied technology university.

Keywords: dual system; action-oriented; the teaching design principles; four-stage teaching method

1　德国双元制教育

双元制教育，就是企业与学校联合举办的教育，该教育的主要目的是培养应用型专门人才，它是学生在学校里学习专业理论知识以及普通文化知识和在企业里学习操作技能相结合的教育模式[1-3]。该教育模式存在如下特点：

（1）学生具有双重身份。学生在学期间，每周有 3 天时间在企业完成实践操作内容，2 天在学校完成理论知识学习，这样学生则具有学徒和学生的双重身份。

（2）三种培训机构。一是学生所在企业，它是学生提高动手操作能力的培训基地。学生毕业后可以通过行业协会或者是自己联系企业，然后根据法律规定跟企业签订培训合同，企业提供培训场地、培训设备以及培训讲师等。二是学校，它是学生学习专业理论知识和基础知识的机构，学生在校期间，1/3 的时间用于学习基础课程（包括语言、外语、宗教、体育等），2/3 的时间用于学习专业课程。三是跨企业培训基地，由于现在企业的专业化越来越强，单个企业不能满足学生获取多项技能的需求，此时就出现了跨企业培训基地，学生每年都要在一定时间内到跨企业培训基地接受集中培训，补充和强化企业培训内容。

作者简介：罗国涛（1982—），男，汉族，四川南部县人，副教授，硕士，研究方向为高等教育、软件工程。

（3）企业与学校各自配备师资。企业中的培训师属于企业人事部，该培训师需要具有本专业工作经验，不仅要熟练掌握设备的操作流程，而且需要掌握职业教育学、劳动教育学以及安全教育等知识，同时需要参加由商会或者手工业协会等行业协会组织的资质考试。而学校的教师则主要讲授基础知识、专业基础知识以及文化知识，为学生在企业学习打下坚实的理论基础。

（4）企业实训师与学校教师通力合作。在学生上课前，企业实训师与学校教师相互交流、互相拜访，共同讨论具体教学内容。如企业实训师咨询学校教师某一理论知识点是否讲过，若没有则在企业里会详细讲解，若该理论知识已经讲过，则只是复习一下即可。通过企业实训师与学校教师的密切沟通，培训效果将得到极大提升。

（5）行业协会在职业教育和企业培训中起主导作用。首先，德国的《联邦职业教育法》中明确规定了德国职业教育的主管机关不是德国教育主管部门，而是德国的各行业协会。首先各行业协会的专家参与企业培训和学校的教学大纲的制定和审定，虽然企业与学校的教学计划都是由联邦政府和州政府分别制定，但参与制定理论教学大纲的专家通常都来自各个行业协会。其次，职业教育培训合同的组织与管理也是由各行业协会负责，如培训合同中培训的性质、目的、时间、内容、培训方式、课酬的支付方式以及解除培训合同的条件等内容。最后，各行业协会还要承担职业教育培训的审查与监督工作，主要审查培训企业资质、企业培训讲师资质、培训计划以及培训条件、培训内容的组织与管理以及培训安全等。

（6）充足的经费保障机制。为了保障德国双元制教育的正常运转，德国政府明确规定国家承担学生在学校的教育费用，而企业不仅要承担学生在企业培训的费用以及学生在培训期间的生活补助，而且要承担企业讲师的工资以及购买培训使用的各种培训器材、学习资料和原材料等的费用。

（7）行业协会主导的考核机制。学生的考核并非由学校或教育系统单独组织，而是由行业协会，例如工商会（IHK），手工业协会（HWK）和类似单位的考试委员会主持，其中考试委员会成员主要包括企业雇主、雇员代表以及学校教师。为了保证职业资格考试的公平性和客观性，考试实行监考分离。考核分为中间考核和结业考核两种，考核内容分为理论考试和实际操作考试两种。通过考核的学生可以获得由行业协会颁发的世界认可的职业资格证书以及由学校颁发的毕业证书和企业颁发的培训证书。

2　以行动为导向的教学模式

2.1　行动导向的教学设计原则

行动导向教学是根据完成某一职业工作活动所需要的行动以及行动产生和维持所需要的环境条件以及从业者的内在调节机制来设计、实施和评价职业教育的教学活动。行动导向的教学能够正确实施的前提是需要对教学进行设计，而教学设计需要遵循一定的原则，如可理解性原则、清晰明确原则、面向实际的原则、年龄原则、直观性原则、独立操作原则以及确保成果原则，这些原则是教学目标和教学内容的选择和合理化的依据。

（1）可理解性原则：教学设计的内容或者方法要从已知到未知、从易到难、从简单到复杂、从具体到抽象、从一般到特殊。

（2）清晰明确原则：不论是学校的理论教学还是企业的实际操作，都要制定明确清晰的学习目标。

（3）面向实际的原则：教学要时时刻刻和实际工程相结合，教师要自己找实例来补充课堂内容。对于新知识，教师所选例子要贴近学生的生活以引起学生共鸣。

（4）年龄原则：由于每个学生的年龄和成长背景不一样，他们对事物的认识方式也有所不同，因此教学内容和教学方法要根据培训学生的年龄和成长状况进行设计。

（5）直观性原则：教学内容与实践环节相结合，如去车间直观了解该知识点在实际应用中的使用过程，或者在课堂上引进模型，或展示图片，让学生能从视觉、听觉或者触觉感受事物的存在，从而提高学生的学习兴趣与效率。

（6）独立操作原则：个人独立操作的行为能力则是未来成功的职业生涯的先决条件。在课堂设计中一定要预留学生自己操作的时间，这样学生的学习能力会得到加强。让学生独立操作的目标是培养学生独立分析问题和解决问题的能力，这项能力很重要，会影响学生的一生。

（7）确保成果原则：在教学过程中，要确保学生对学习的成果进行记录，记录的方式有很多种，比如学生可以将学习成果写在黑板上或者记录在笔记本上或者保存在电脑中等，这样便于学生及时复习巩固所学知识。

2.2 行动导向的教学方法

行动导向教学法指从传授专业知识和培养专业技能出发，全面培养学生的自主学习、创造性思维、搜集和跟踪最新专业技术信息以及适应社会变化的能力[6]。在德国双元制教学中，以行动为导向的教学方法有很多种，如：在工作台或者生产线采用四阶段法；在实训车间培训，采用简单陈述报告、教学谈话或者课堂谈话以及演示操作等方法；在课余，采用自我控制的方式进行学习。相应的教学方法有案例分析法、文本指导法或者问题引导法、项目法以及网络学习法等。

（1）案例分析法。

案例分析法是通过一个具体教育情景的描述，引导学生对这些特殊情景进行讨论的一种教学方法。它由 5 个步骤组成：问题分析（教师介绍案例情况）；收集相关信息（为获取更多有价值的信息，需要进一步收集信息）；制定解决方案（讨论各种可能的解决方案，可以将学生分成几个小组，每组提出不同的方案）；确定一种解决方案（小组讨论和确定最佳解决方案并阐述理由）；反馈（解决方案汇报给培训教师并做最后评定）。

（2）项目法。

项目法指教师和学生采用团队协作的方式共同完成一个完整的项目而进行的教学活动。它由 5 个步骤组成：提出项目任务需求（教师提出项目的具体任务需求，各小组学生之间相互讨论）；制定计划（学生根据项目需求制定计划，教师评审并确认项目计划）；项目实施（教师确定各小组的分工，学生合作实施）；检查和评估（教师检查学生的工作任务完成情况，学生自我评估，教师综合评价）；归纳或应用（教师将学生完成情况记录归档，学生应用实践）。学生通过完成 5 个步骤的任务，能得到一个具体的、具有实际应用价值的作品。

（3）网络学习。

该学习方式主要是学生借助网络自主学习，不一定需要去学校或企业，可以自己控制学习节奏。学生可以通过网络找到相关的图片、视频、课件以及程序等内容作为学习的补充。该方法的主要特点是软件从某种程度上替代了培训教师，但缺点是学生需要先学会操作软件，而且也只是学会部分理论知识，对具体的工作任务操作较困难，同时缺乏团队的沟通与协作能力的培养。

（4）小组工作学习。

小组工作学习采用的是团队协作的学习方式，该学习方式是否成功取决于团队分组方案是否恰当。团队每组最好 3 ~ 6 人，如果 2 人一组，而这 2 人实力比较弱，这个组就不能顺利完成所分配的工作任务。如果一强一弱，那所有工作都是由实力强的学生完成，因此项目分组建议最少 3 人一组。若超过 6 人，人太多容易导致工作分工不明确，团队凝聚力难以控制，少部分学生会浑水摸鱼。在分组时，最好由教师来控制分组，教师可以有意把实力强和实力弱的学生分在一组，也可以将实力强与实力弱的学生各分一组。小组学习中最主要的就是团队协作，如果教师将实力强和实力弱的学生分在一组，就要设置规则，防止所有工作都由实力强的学生完成，在这些组中可以让实力强的学生担任领导工作，把任务分配下去。如果实力强与实力弱的学生各分一组，分配任务时实力较弱的一组可以分配简单任务，而实力较强的一组则分配难一点的任务。通过分组提高每一个学生参与项目的积极性以及协作能力。

（5）四阶段法。

该方法由 4 个步骤组成：准备阶段（教师向学生解释要做什么，明确学习目标，通过学习最后要达到什么样的结果）；示范阶段（教师向学生展示怎么做，边演示边解释）；模仿操作阶段（教师选择一名学生按照示范操作步骤重复操作一遍，该学生在操作的同时需要解释这样操作的原因，教师和其他学生观察操作过程）；独立操作与总结阶段（学生自己独立操作，教师要观察、检查与评价）。

2.3 行动导向教学的实际运用

现在以移动应用软件项目开发为例讲解四阶

段教育方法在教学中的实际运用。具体实施样例如表 1 所示。

表 1 四阶段教学法具体实施样例

教学步骤	教学内容	教师活动	学生活动
准备阶段	小组分组、开发工具的准备、项目案例引入	1. 分组：将学员分成 3 人一组，并确定组长	学员分组，并选出组长
		2. 工具检查：带领学生检查所需的软件开发工具是否齐全以及是否能正常运行	检查所需的软件开发工具是否齐全以及是否能正常运行
		3. 案例引入：引入具体的项目案例，明确本节课实训的主要工作任务	认真聆听并记录
示范阶段	教师演示	教师演示操作步骤： 1. 新建一个软件项目 2. 手机前端界面的 UI 设计 3. 手机后台代码的编写 4. 运行程序	认真听讲并观察、记录
模仿阶段	学生模仿	选择一位学生模仿操作，纠正相关错误	模仿的学生认真操作，其他学生认真观察并讨论
独立操作与总结阶段	独立操作	巡视、指导、解疑	3 人一组，每组根据项目任务要求完成项目开发
	总结评价	聆听学生评价，进行总评，保存代码	自评、互评，保存代码

（1）准备阶段：教师首先对学生进行分组，3 人一组，并确定组长。学生分好组后教师开始带领学生检查所需的软件开发工具是否齐全，环境配置是否正确以及开发工具是否能正常运行。最后引入具体的项目案例，解释说明本节课主要完成的工作任务，从而提高学生学习的积极性。该阶段所花时间约为 10 分钟。

（2）教师演示阶段：教师向学生展示项目开发的具体操作步骤以及操作过程中所遇到的问题应该怎么解决。具体操作步骤为新建一个软件项目、手机前端界面的 UI 设计以及代码编写、手机后台代码的编写以及运行程序，整个过程需要边演示边解释。而学生要仔细观察、聆听以及记录。整个阶段要求教师要注意选择较好的工作场地或工作方法，让所有学生都能看清楚老师在做什么。该阶段很重要，老师操作速度可以慢一点，所花时间约为 10 分钟。

（3）学生模仿阶段：学生重复教师操作的步骤并解释说明，教师仔细观察、倾听并纠正相关错误。在观察学生操作时，教师可以随时暂停学生的工作，问其他同学有无问题，如果有分析原因后教师再讲一遍，如果没有，该学生可以继续进行操作，而其他学生认真观察、记笔记和讨论其他实现方法。该过程需要时间约为 15 分钟。

（4）独立操作与总结阶段：该阶段是学生练习和深入学习阶段。3 人一小组，该组的成员可以单独完成工作任务，有什么问题小组成员之间可以讨论完成，也可以分工合作。如组长搭建统一项目工程，其他成员中 1 人完成手机 UI 设计以及代码编写，另外 1 人编写手机后台代码，最后组长将前后台代码进行整合、测试并发布运行，若操作过程中有问题，小组成员之间可以互相帮忙解决问题，教师在观察、检查和评价时，发现有错误，可以叫学生停下来，并叫所有同学来看看出现什么问题，应该怎么解决，等等。小组软件项目开发完成后，要进行自评，首先让学生自评，回忆自己做了什么，做得怎么样，然后老师对学生进行评价和总评。软件项目评价总分 100 分，具体内容包括学习态度 10 分、团队合作 10 分、项目规范程度 30 分、工具使用熟练程度 30 分以及结果实现程度 20 分。该阶段小组独立操作所花时间约为 20 分钟，评价约 5 分钟。

3 启 示

对德国双元制教育的特点，以行动、职业能力及工作任务为导向的教学设计原则、教学方法的研究，对我国中高等职业教育具有一定的借鉴意义，对应用技术大学的职业教育也有一定的参考价值。其对我国教育中实习实训教学的主要启示如下：

（1）努力提高教师的专业技术水平，而这种专业技术水平要实时更新，要与企业或者行业的要求接近，并努力将自己所研究的专业技术做到极致。

（2）各个专业在实训前要有实训大纲和实训计划，而这个实训大纲和实训计划要有企业相关人员参与共同制定。

（3）各个专业在实训前要有与企业合作的比较完整和系统化的实训教材或者指导书，实训课件和实训案例要与行业紧密结合。

（4）专业实训内容不在于多，而在于学生对核心知识或者技术的反复操作以达到消化吸收，从而达到学以致用。

（5）学生实训最好采用团队协作的方式操作，以提高学生的团队协作能力。

（6）实训期间，不仅要带领学生学会专业技能知识，而且还要培养学生推销自己以及推销自己成果的能力。

（7）加强实训过程质量管理，建立好实训监督体系与质量评价体系，而这个监督体系与质量评价体系建议有相关专业的企业以及行业协会参与制定。

参考文献

[1] 闫广芬，陈东. 德国高等教育“双元制”对我国高等教育应用型人才培养的启示[J]. 中国职业技术教育，2018（12）：78-80.

[2] 赵学瑶，卢双盈. 德国“双元制”培养模式在我国职业教育中应用的再思考[J]. 职业技术教育，2015，36（10）：18-21.

[3] 袁靖宇. 中德职业教育模式比较与借鉴[J]. 江苏高教，2015（6）：144-147.

[4] 胡友. 基于行动导向法的德国“双元制”与我国职业教育模式比较探析[J]. 教育现代化，2017，2（9）：217-219.

[5] 徐涵. 德国学习领域课程：职业教育教学体系的转变[J]. 比较教育研究，2015，37（1）：97-101.

[6] 蒋胜山. 计算机教学改革中行动导向教学法的应用研究[J]. 中国多媒体与网络教学学报，2019（1）：27-28.

经典李冰造像的造型特征浅谈

王方方

（成都东软学院数字艺术系 四川 成都 611844）

摘 要：本文主要通过对影响力较大的几个典型李冰造像进行造型分析，总结出其造型特征以供后续造像参考。

关键词：典型；李冰；造像；造型特征

A Brief Discussion on the Features of Typical Li Bing Statues

Wang Fangfang

(Digital Art Department, Chengdu Neusoft University, Chengdu 611844)

Abstract: Through the appearance analysis of several typical Li Bing statues with great influence, this article summarizes Li Bing appearance features for the reference of subsequent statues.

Keywords: typical; li Bing; statue; feature

1 李冰造像造型特征的研究意义

李冰是我国战国时期著名水利学家，因其修建了著名的“都江堰”水利工程而闻名后世，也成就了天府之国。后人称其为川主，两千多年以来为其造像者络绎不绝，这些造像主要分布在今都江堰、德阳、阿坝州、山西等地及一些博物馆和书籍资料中。对这些造像进行资料收集及造型特征研究本身就有十分重要史料意义，再者能从中看出不同的造像者对李冰形象的解读与塑造，进一步提取出李冰造型的基本特征为后续李冰造像提供一定研究基础。

2 经典李冰造像选取

2.1 选取原则

历代为李冰造像者不计其数，其创造的李冰形象也很多，主要分布在庙、观、广场、连环画、邮票、影视作品、博物馆等。本课题主要研究其造型特征，不可能面面俱到，所以需要选择一些典型造像进行类比研究。在选择时就需要确立一定的选取原则，现将此次课题的造像选取原则简单列举如下：

（1）造像涵盖李冰生平重要的活动地域。比如治水之地都江堰、陵园、川主寺等地应该囊括，这些地方也是历来对外展示李冰风采和提供塑像供人们敬拜的重要区域。

（2）造像选取具有典型代表性和广泛影响力。这样的典型造像往往都是有一定体量的石雕造像。

2.2 选取案例

经过排查选取，此次研究将选取东汉李冰石像、川主寺李冰石像、李冰陵园李冰石像、都江堰李冰父子雕像（如图 1）这四尊影响力较大典型造像的造型进行研究。

作者简介：王方方（1986—），男，汉族，陕西渭南，讲师，学士，研究方向为艺术学。

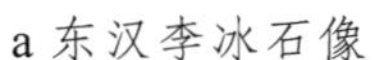
a 东汉李冰石像

b 松潘川主寺李冰石像

c 李冰陵园李冰石像

d 都江堰李冰父子雕像

图 1　四尊影响力交大的李冰造像

2.2.1　东汉李冰石像

东汉李冰石像，以四川省灌县都江堰出土建宁元年（公元 168 年）雕刻的李冰石像最为重要（证实了李冰修建都江堰），石像身高 2.9 米，肩宽 0.96 米，重约 4 吨，石像五官端正，面带笑容，头戴冠，身穿长衣（战国深衣），腰间束带，拱手垂袖，平视而立，形貌雍容大度，属汉代圆雕。

2.2.2　川主寺李冰石像

松潘川主寺李冰石雕，着深衣，戴束发冠，手握宝剑、目光坚毅，凝视远方，既象征川人不畏艰辛、艰苦奋斗之开拓精神，又蕴含川主文化源远流长、历史厚重之意。

2.2.3　李冰陵园大门口李冰石像

德阳市什邡市洛水章山李冰陵园李冰石像用黄石琢成，高 8.3 米，须仰视。石像造型独特：束发佩冠，长袍宽氅，左手捋须，右腰佩剑，神情严肃庄重，昂首仰视长空。这座石像意在刻画李冰忧劳国事的蜀郡最高长官仪范和穷思治水良策的实干精神，显得勇武伟岸，文武兼备。

2.2.4　都江堰李冰父子雕像

都江堰李冰父子雕像是近年来都江堰市的标志性城市雕塑，石像雕塑的是李冰父子站在风里浪前，研究指导修筑都江堰的情景。雕像中李冰头戴束发冠，着深衣，成竹在胸、坚毅果敢、充满深情。

3　经典李冰造像造型特征浅谈

3.1　李冰文字形象梳理

李冰是我国战国时期著名的水利学家，因修筑有“天府之源”称号的“都江堰水利工程而历史闻名。李冰 46 ~ 51 岁任蜀郡太守，携二郎开修都江堰水利工程。李冰足智多谋、坚毅果敢、廉洁奉公、造福百姓、受人敬仰。

3.2　李冰造型特征浅谈

（1）李冰造像以其任蜀郡太守年龄为典型，约 46 ~ 51 岁为佳，也可扩展到其 67 岁（逝世）之前，根据不同需要选择。

（2）李冰造像以战国深衣束发冠为典型，不难从选取的几个典型造像中看到这一点。

（3）李冰造像以文人佩战国剑形象为典型，以示其“士”的尊贵地位和抒发其凌云志。

（4）李冰造像以“成教化，垂鉴戒”的站立或工作或端坐全身标准像为圣贤典型，以彰显其太守贤圣功勋。

（5）李冰造像以“国”字脸、“厚重之貌”“龙眉”“龙眼”“龙鼻、虎鼻”“四字、方口”“垂肩耳、贴脑耳”为头面五官典型，以彰显其威仪与才智。

（6）李冰造像以神情庄严、目视长空为典型。

4　经典李冰造像造型特征不足之处浅谈

李冰造像虽总结出了以上典型造像特征，但是纵观历代李冰经典造像除明确标注其为李冰造像或竖立于李冰广场大家默认为李冰造像外，实难仅从造像方面明显识别其为李冰造像，所以关于李冰造像的造型特征识别性方面还缺乏设计和挖掘。例如治水中的大禹造像中大禹头戴蓑笠、手持耒耜（lěi sì）为其典型造像特点；同为治水的鳖灵因其称丛帝所以手持牙璋表示信令为典型造像特征；尤其李冰造像需和西门豹、郑国（郑国渠修筑者）等同时期水利专家的形象有所区别才好（见图2）。

a 大禹

b 丛帝

c 西门豹

d 郑国

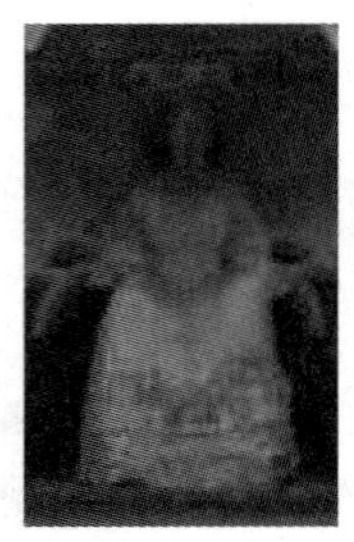
e 李冰

图2　其他历史治水人物造像

李冰造像可结合其文献资料及显著功勋进一步深化造型。比如“李冰父子”二人治水就比较典型，可显示其特征；再如可将杩槎、卵石竹笼元素提炼于李冰造像；再如可将镇水石犀相伴等。通过一些辅助元素使得雕塑更具有明显的造型识别度形成一个符号、元素，而不是强命名曰“李冰”。

参考文献

[1] 盛天晔. 明清肖像[M]. 武汉：湖北美术出版社，2011.

[2] 王圻，王思义. 三才图绘[M]. 上海：上海古籍出版社，1985：1477-1486.

[3] 华梅. 中国服装史[M]. 天津：天津人民美术出版社，1999：8-12.

对专业课“课程思政”的思考和探索

宋 艳

（成都东软学院商务管理系 四川 成都 611844）

摘 要：本文阐述对大学专业课“课程思政”的思考和探索，指出“课程思政”并不意味着专业课每时每刻都要进行思想政治教育，思政教育涵盖内容非常广泛，在实施过程中要注意方式方法，要与专业课内容有机融合，并以“宏观经济学”课程为例，阐述了对该课程“课程思政”的内容和教学方法的设计。

关键词：课程思政；课程建设；宏观经济学

Consideration and Exploration on the “ Ideological and Political Education” in Professional Courses

Song Yan1

(Business Management Department, Chengdu Neusoft University, Chengdu 611844)

Abstract: This article elaborates the consideration and exploration on the construction of “ ideological and political education” in professional courses, which believes that professional courses don’t need to do ideological and political education at all times. The content of ideological and political education is very extensive, so teachers should pay attention to the teaching method in order to make sure that the ideological and political education is integrated with professional knowledge. By taking the course of Macroeconomics as an example, this article also talks about the design of the content and method of ideological and political education in this course.

Keywords: ideological and political education in professional courses; course construction; macroeconomics

1 引 言

自习近平主席在全国高校思想政治工作会议上提出“要坚持把立德树人作为中心环节，把思想政治工作贯穿教育教学全过程”重要指示以来，“课程思政”这一概念已经越来越受到教育界的重视。高等学校应深刻地认识到：思想政治教育不应只局限于传统概念中的“思想政治课”，而应贯穿于整个专业课程体系；对学生进行思政教育的主体也不单只是辅导员，而应该是每一位专业任课教师。因此，如何在专业课授课过程中进行思想政治教育，以实现“课程思政”建设，是每一位高校教师应该思考的问题。

2 对专业课“课程思政”的浅见

对于“课程思政”的理解，笔者有如下几点粗浅的观点：

（1）“课程思政”并不意味着专业课每时每刻

作者简介：宋艳（1984—），女，四川成都，硕士，成都东软学院，副教授，商务管理系副主任，研究方向为对外贸易、国际经济、电子商务。

都要进行思想政治教育。

笔者认为，认识“课程思政”的第一步，就是要明确“课程思政”不等同于“思政课程”。作为非专门思政课程的专业课，对专业理论知识的传授始终是其基础、主体和核心，自始至终，都应把专业知识、技能作为主要的授课内容，在此基础上，再将思想政治教育融入授课内容中，要避免出现为了进行“课程思政”而缩减原本的课程知识之类的现象。

（2）思政教育要注意方式方法，要与专业课内容有机融合。

专业课“课程思政”不是“为了思政而思政”的刻意行为，需要自然地将思政教育与专业知识讲授进行融合。一方面，当代大学生以“95 后”“00 后”为主体，其特征之一就是追求思想独立、重视个性、崇尚自由，敢于质疑和挑战“权威”，对说教式的、“冠冕堂皇”的思想灌输有着天然的抗拒和抵触，对这类群体进行思想政治教育，需要注意方式方法；另一方面，如上文所述，专业课的主体授课内容始终是专业知识，不能刻意地、突兀地进行思政教育，而是应该将思政教育的内容和专业知识的讲授有机结合起来，由专业知识自然而然地引入思想教育，达到“潜移默化”“润物细无声”的效果。

（3）“课程思政”的内容非常广泛。

依笔者浅见，思想政治教育的本质，就是引导学生树立符合社会发展和时代特征的世界观、人生观、价值观。在这种理解下，“课程思政”的覆盖面非常广，从习近平新时代中国特色社会主义思想、社会主义核心价值观，到职业道德、责任感，皆可纳入“课程思政”教育的内容。例如，财务管理专业的“财务会计学”等课程，可以在讲解相应理论知识的同时，进行财务人员的职业道德教育，如强调企业编制会计报表应当以真实可靠的交易、事项等会计资料为依据，引出会计人员要树立会计诚信观念，更进一步还能进行社会主义核心价值观关于“敬业”“诚信”等内容的教育。又如，在人力资源管理专业的专业课中，可以通过讲解中国古代文化中蕴含的人力资源管理思想，让学生认识到中华民族的智慧结晶，从而激发学生的爱国情怀，坚定民族自豪感和文化自信。

3 对专业课“课程思政”的探索——以“宏观经济学”为例

以笔者所承担的“宏观经济学”课程为例，笔者在教学过程中，对“课程思政”进行了一定的探索和尝试：

3.1 教学内容与思政教育融合

相对而言，经济学类课程与思政教育的融入点是较多的，以下试举两例。

（1）理论知识结合思政教育。

宏观经济学的一个核心概念就是国内生产总值（GDP），在讲解该知识点时，笔者要求学生针对两个问题进行课堂讨论，一是“单纯利用 GDP 对比中国与美国的经济，会高估还是低估中国经济发展取得的成绩”，二是“利用 GDP 说明中国改革开放以来经济增长取得的巨大成绩时，会高估还是低估中国的经济发展成果”。在学生进行讨论、发表观点之后，针对第一个问题，笔者会对学生做如下讲解：

“中国的 GDP 总量和人均 GDP 虽然小于美国，但并不能说明中国的经济发展成绩差，因为根据 GDP 核算的国际惯例，一些劳动尽管有产出，但却不纳入 GDP 核算，例如家庭成员自行承担的家务劳动，由于没有市场交易行为，不计入 GDP，但同样的家务劳动如果由雇佣的家政人员完成，由于雇主需要向家政人员支付薪酬，即有市场交易行为，那就要计入 GDP，而中国的家务劳动市场化远不及美国，使得中国的 GDP 核算中遗漏了很大一部分劳动产出。事实上，改革开放以来，中国的经济发展取得了巨大成绩。单就粮食生产而言，70 年前，新中国成立前夕，美国国务卿艾奇逊曾明确表示：‘近代史上每一个中国政府必须面临的第一个问题，是解决人民的吃饭问题，到现在为止，没有一个政府是成功的’。然而事实是，中国共产党不仅解决了人民的吃饭问题，而且还是用不到世界 9%的可耕地面积和 6.4%的淡水资源，解决了世界近 1/5 人口的吃饭问题，并且保持着 95%的粮食自给率。可以说，换了其他任何一个政府，可能都不敢保证能像现在的中国一样取得这样的成绩。”

而针对第二个问题，讲解的主要思路则是：“首先，GDP 不能反映经济发展对资源环境的破坏，而中国改革开放以来资源环境不断恶化是无法回避的事实；其次，GDP 不能反映经济增长的效率，例如在中国经济发展的过程中对资源的低效、掠夺式的利用；再次，GDP 不能全面反映收入分配的差异。总的来讲，GDP 无法体现对环境、资源等方面造成的负面影响，而中国经济建设在过去确实存在‘唯 GDP 论’的粗放式发展的现象，因此，习近平主席提出‘供给侧结构性改革’和‘绿水青山就是金山银山’的思想，是非常正确的对中国经济未来的走向也是非常重要。”

这两个讨论问题的设计，一方面是讲授专业知识的需要，另一方面也和思政教育结合得较为自然，从讲解专业知识到思想政治教育的过渡比较流畅。例如问题一肯定新中国和中国共产党在经济建设方面取得的重大成绩，可以延伸到对“社会主义道路自信”“制度自信”等“四个自信”方面的教育；而问题二在此基础上，客观地阐述改革开放以来中国经济发展的不足之处，在引导学生辩证看待问题的同时，也对“供给侧结构性改革”以及“绿水青山就是金山银山”等科学论断进行了宣传和教育。

3.2 学习资源引出思政教育

在笔者的课程设计中，学生需要查询一些宏观经济数据进行分析，笔者推荐的数据来源是世界银行数据库中文网站。而在介绍世界银行网站时，笔者会对学生提到世界银行的一个观点：“根据世界银行 2018 年的数据，乌克兰已经取代摩尔多瓦成为欧洲最贫穷的国家”，并由此引出关于乌克兰和“颜色革命”，以及有关香港的话题，并推荐学生阅读“共青团中央”官方微信发表的关于“颜色革命”的文章，引导学生正确认识香港问题，从而对学生进行相关思政教育。

3.3 教学环节和教学方法体现思政教育

对教学环节和教学方法的设计可以让学生亲身“实践”思政教育，从而提升其思想认识。如前文所述，笔者认为，对学生责任感的培养也是“课程思政”的体现之一，因此，在教学方法的选择上，笔者采用了小组教学法，在学生的形成性考核成绩中，小组作业成绩、考勤成绩、课堂表现等都是按小组方式进行评分，单个学生的行为不仅影响个人成绩，还会影响同组同学的成绩。例如，一个小组有一定的初始考勤总分，如有小组成员旷课、迟到或早退，则按人次从小组考勤总分中扣除相应分数，最后以剩余总分的平均分作为小组成员的考勤成绩；又如，学生在课堂每回答一个问题，就会给他所在的小组累计一定分数，小组的发言总得分等于累计的分数乘以发过言的学生人数，同样以总分的平均分作为每个小组成员的发言得分，此时，小组内每个成员发言一次的总得分会远大于同一个学生发言若干次。根据这种方法，学生旷课、发言等行为不再只是个人行为，而是会对其他学生造成影响，这种方式可以培养学生对他人的责任感，从而达到一定的思想政治教育效果。

4 结　语

习近平同志在全国高校思想政治工作会议上强调，高校立身之本在于立德树人，这意味着“课程思政”是高校专业课程建设的必由之路。事实上，经过总结和梳理可以发现，大部分的高校教师其实都曾经、或正在专业课授课过程中不知不觉地进行着思政教育，只是欠缺系统化的设计和常态化的实施。作为高校教师，做好“课程思政”需要首先对“课程思政”的必要性和必然性有正确的认识，从思想上认同、重视，积极主动地进行“课程思政”建设；其次需要对课程进行深入分析，解构课程知识点，发掘专业知识、技能与思想政治教育的融合点，科学合理地构思、设计思政教育内容；最后，需要创新教学方法，在潜移默化中提升学生的思想道德水平，从而实现“立德树人”的根本目标。

参考文献

[1] 李陈，曲大维，孟卫军. 案例教学法在专业课“课程思政”中的应用[J/OL]. 宁波教育学院学报，2019（4）：1-4.

[2] 常媛. “管理会计学”课程思政教学实施路径的探讨[J]. 科教文汇（中旬刊），2019（9）：102-103.
[3] 严婷. 大学英语课课程思政实践探索——以《新视野大学英语》为例[J]. 黑河学刊，2019（5）：105-108.
[4] 付向艳. 探讨“课程思政”在高校人才培养过程中的实施[J]. 科技风，2019（27）：43.
[5] 马妍. 基于翻转课堂的课程思政教学——以《市场营销学》课堂教学为例[J]. 现代营销（信息版），2019（10）：113.
[6] 张艳，崔久剑，胡琦. 课程思政视域下公共体育课程的创新研究[J/OL]. 体育世界（学术版），2019（8）：66-73.

高校人力资源管理专业情景模拟实验课堂建设探析

叶莹玲

（成都东软学院商务管理系 四川 成都 611844）

摘 要：近年间高校教育对于学生的专业实践能力非常重视，致力于培养应用型人才，高校的人力资源管理专业也随之陆续开展情景模拟实验课堂，为学生们提供了超级仿真实践平台，这样的学习既具备实践性也具备亲验性。当前在应用型人才培养目标的强烈要求下，建设情景模拟实验课堂，不但让人力资源管理专业的学生的专业能力与实践能力都获得提升，也让教学质量获得了质的飞跃，有利于为社会培养更多优秀的应用型人力资源管理人才。然而这样的课堂在国内的发展仍处于初始阶段，怎样建设完善的人力资源管理专业情景模拟实验课堂仍是一个亟待通过教学实践探究的课题。

关键词：人力资源；管理专业；情景模拟；实验课堂

The Exploration of Scenario Simulation Experimental Curriculum in the Major of Human Resources Management

Ye Yingilng

(Business Management Department, Chengdu Neusoft University, Chengdu 611844)

Abstract: In recent years, college education attaches great importance to students' professional practical ability and commits to cultivating applied talents. Therefore, in the major of human resource management, besides teaching the theoretical knowledge, the teachers should develop some scenario simulation experimental curriculum. It can provide a simulation practice platform for the students which is both practical and experiential. At present, because of the strong demand of cultivating applied talents, the construction of scenario simulation course not only improves the professional and practical abilities of students whose major are human resource management, but also makes a quality leap in teaching. However, the construction of such a course is still in the initial stage. How to create a perfect professional scenario simulation experiment course in human resource management is still a long-term topic that needs to be explored through teaching practice.

Keywords: human resource; management specialty; scenario simulation; experimental curriculum

1 关于高校人力资源管理专业情景模拟实验课堂建设的必要性概述

1.1 理论意义与实践意义

为响应新课改与社会发展的需求，高校人力资源管理专业已不能继续沿用传统的那套重理论轻实践（或无实践）的教学方式了，实践教学是人力资源管理专业实现应用型人才培养目标的可靠途径。在尝试了各种实践教学方法后，发现通过情景模拟教学，为学生们创设一个超仿真的实践课堂，能让学生在情景模拟实验中自主地运用

作者简介：叶莹玲（1987—），女，汉族，四川，助教，硕士，研究方向为人力资源管理。

理论知识。这样的实验课堂是实践性和亲验性都可兼得的优质课堂，这样的全新课堂完全是以学生为主，教师为辅的宗旨开展的，有效激发了高校生对专业学习的主动性与积极性，为学生找到检验理论知识的实践平台。同时高校方面也通过这样的实验课堂提高了人力资源管理专业实践教学的整体质量，满足了当前社会对应用型人才的需求，其理论意义与实践意义是极其重要的。

1.2 不可忽视的重要课题

从调研数据分析，当前高校人力资源管理专业的实践教学现状可概况为如下几种：

（1）没有健全合理的实践教学机制，主要为毕业前的短暂校外实习，而校园内的实践教学仍然只局限在课堂上边讲理论边插入案例分析的传统教学法，并未在校园内建设专属的人力资源管理实验教室，也就没有实验课堂。此类学校的实践教学建设水平偏低。

（2）有设立人力资源管理专业的实验教室，然而仅限于人力资源管理软件的操作学习，目的是增强对专业软件的应用与操作能力，此类高校的实践教学建设水平在中等范畴。

（3）软件实验教室与情景模拟实验教室都有，然而可情景模拟实验项目不多。但此类学校已属于实践教学建设水平比较高的了。

综上，当前国内高校人力资源管理专业在实践教学方面的不足仍然很多，特别是在建设人力资源管理专业情景模拟实验课堂方面仍然处于初始阶段，将其建设得系统而健全仍是任重道远。

2 高校人力资源管理专业情景模拟实验课堂的建设方案

2.1 实验课堂建设目标

高校人力资源管理专业的课堂教学采用情景模拟实验，其实践操作大致可分成三个板块进行：言行举止、小组活动、集体讨论。言行举止主要通过监控视频所采集的声音和影像以第三者视角对课堂情景模拟实验教学的相关活动项目进行评价。例如情景模拟：面试、角色扮演、小组讨论（无领导）、公文筐测试、管理游戏、临场即时发言、职业生涯管理等，以全覆盖的情景模拟实验对学生进行实训。其实践操作时应针对模拟的场景提供必要的环境，如进行小组讨论模拟时应为学生提供相对安静不易受到外界打扰的场所，此时教师应在场外，让参与的小组不受影响地在其中充分发挥，参与的学生在无教师、无压力的环境下能够尽情地展现自己的主张，与同伴的思想激烈地摩擦碰撞出火花。此时教师及其他人可通过提前布置的声音、影像采集设备无死角地观察到场内小组讨论的情形。场外教学时学生可对场内学生的表现等情况通过讨论等方式进行评价，由于场内处于独立空间则不会受到外界的干扰。场外的集体讨论应以教师牵头、学生自由发言的方式展开，其目的是通过场内学生的表现所反映出的问题引起更多学生的注意，以真实的情境突出人力资源管理者在现实生活中面临种种情境时的反应，学生通过角色扮演、管理游戏、即兴发言、实例探讨等情境——观察吸取经验并展现出人力资源管理专业的整体教学体系。通过三种实践教学的情景模拟板块将学生所掌握的人力资源管理知识充分地以实训的方式展现出来，教师借此对每名学生的知识掌握与表现力有充分了解，并以此开展针对性的教学与训练进而使学生专业能力得到有效提升，增强核心竞争力。

2.2 实验课课堂的项目设计

情景模拟项目的设计应贴近现实中职业的岗位要求并依据教学体系进行科学合理化设计。实验项目详情如表 1 至表 8 所示，此项目设计的实验课时、实验组数以及组员人数都是依据某高校的人力资源管理专业教学实际来进行的，各高校人力资源管理专业教师及教育工作者可根据自身院校实际情况进行修正进而突出其更高的实用价值。

表 1 课程—招聘与配置

项目	计划实验课时	实验组数	组员人数
招聘需求分析	2	8	6
模拟招聘	9	8	6
面试	2	8	6

表 2 课程—人员素质测评

项目	计划实验课时	实验组数	组员人数
角色扮演	3	8	6
小组讨论（无领导）	2	8	6
公文筐测试	2	8	6
管理游戏	5	8	6
临场即时发言	2	8	6

表 3 课程—工作分析

项目	计划实验课时	实验组数	组员人数
职务说明书的编制	2	8	6
小组讨论	2	8	6
绩差职工模拟访谈	2	8	6
绩优职工模拟访谈	2	8	6
构建素质模型	2	8	6

表 4 课程—职工培训

项目	计划实验课时	实验组数	组员人数
诊断培训需求	2	8	6
培训需求访谈	2	8	6
职工培训实战	5	8	6
职工素质拓展	4	8	6

表 5 课程—绩效管理

项目	计划实验课时	实验组数	组员人数
KPI 应用实践	2	8	6
全面靠谱模拟实训	5	8	6
绩效反馈访谈	2	8	6
BSC 应用实战	5	8	6

表 6 课程—薪酬管理

项目	计划实验课时	实验组数	组员人数
薪酬涉及小组讨论	2	8	6
薪酬需求访谈	2	8	6
薪酬福利计算实战	2	8	6
模拟薪酬设计	5	8	6
薪酬个案剖析	2	8	6

表 7 课程—职业生涯管理

项目	计划实验课时	实验组数	组员人数
职业形象塑造	2	8	6
入职前素质体检	5	8	6
职业素质拓展实训	7	8	6
认知岗位模型	3	8	6

表 8 课程—薪酬管理

项目	计划实验课时	实验组数	组员人数
新劳动法个案剖析	2	8	6
模拟劳动纠纷处理	7	8	6

2.3 实验课堂的建设设备

2.3.1 硬件

硬件方面的设备配套设施，高校老师可参考自己学校的实际情况进行配备，如通过两个教室实现内外场的布置，对内场增加声音采集设备、会议桌、会议板等。

2.3.2 软件

（1）情景模拟软件，能够根据教学需求由教师布置教学目标与分组，同时具有分组评价板块；学生通过手机或电脑设备接收任务并进行小组讨论，观察组可对实训组的表现进行线上评价与讨论，也可发起单个学生的评价表。此软件可记录学生一学期内的每次实训课表现并进行综合评分，同时可对现场视频进行播放、回放与剪辑。

（2）声音、视频播放软件，能够实现对现场视频的播放、回放、快进、截图、放大等视频操作，还可实现多设备的实时查看与操作，并能够与情景模拟软件建立端口连接，进而实现实时点评与讨论。

（3）职业案例数据管理库，能够实现案例的布置与参与者的记录，其存储的案例可由管理者进行不断更新与改进，内容涵盖教学体系的每个环节、现实生活中的每个岗位职业能力与工作任务的描述、实训步骤的创建。其案例以游戏的形式提升学生的主动积极性，并通过目标的不断完成与技能的掌握不断变换场景与任务，其还提供相关教学资料的下载及学生的排行情况，通过种种手段提升学生兴趣，实现教学的效果。

2.4 实验指导师配置

当下大部分高校人力资源专业教育工作者具有较强的教学能力，但实践引导能力不足，且由于理论知识更新速度慢，教学理论内容与现实岗位职责脱离。因此，实现高校的人力资源专业人才的培养需要首先培养教师的岗位的能力。高校可以允许教师到企业与社会团体中兼职，或聘请相关企业人力资源主管或从事人力资源研究的教授到院校演讲与培训，进而确保院校的教师具备情景模拟实验的指导能力。

3 结 语

值得注意的是，人力资源管理专业情景模拟实践教学是一个动态发展的过程，教学者应当以动态思维规划实验课堂的建设方案，特别是实验项目，应当结合当前社会需求与就业要求进行变更和调整，设计出更多符合本校实际与教学实际的实验项目，培养能满足社会需求的优秀应用型人才。

参考文献

[1] 赵子叶. 基于大数据思维下对高校人力资源管理的人事档案信息化建设的探讨[J]. 品牌研究，2018（5）：14-15.

[2] 张侠. 论高校人力资源管理信息化建设中存在的问题及对策[J]. 劳动保障世界，2018

（17）：17-18.
[3] 张立志. 大数据背景下高校人事档案信息化建设探讨[J]. 城建档案，2017（9）：31-32.
[4] CATHERINE BOVILL, CHERIE WOOLMER. How conceptualisations of curriculum in higher education influence student-staff co-creation in and of the curriculum[J]. Higher education, 2019(78): 407-422.
[5] MONA LUNDIN. Higher education dominance and siloed knowledge: a systematic review of flipped classroom research[J]. International journal of educational technology in higher education, 2018(20): 15.

关于日语学习者的中级动词指导上的注意点的分析考察

张智超

（成都东软学院应用外语系 四川 成都 611844）

摘 要：对于日语学习者来说，怎样高效且科学地学习日语词汇一直是一个难题。同时日语教师应该使用什么样的教学方法和教学资源来开展词汇教学，也是一个长期以来被探讨的话题。本文以笔者在中级动词的教育实习中的教学指导为例，对于中级动词的指导中所需要注意的问题进行分析和论述。在进入中级日语教育阶段后，教师应该将词汇教育的侧重点放在培养学生自律地学习词汇的能力上。

关键词：中级动词；连语；自律地学习词汇；活动型课堂；学习者的认知焦点

日本語学習者に対する中級動詞の指導上の注意点に関する考察

張智超

（成都東軟学院応用外国語学部 四川 成都 611844）

要 旨：日本語学習者にとって、いかに効率的に語彙を学ぶかということは難しい課題だと言われている。また、日本語教師がどのような方法で、どのような教育リソースを用いて語彙教育を展開させていくかというのもこれまでの大きな話題である。本論文は筆者が担当した中級動詞の教育実践を例に、その中から得られた教育指導上の気づきや知をまとめ、中級動詞に関する指導の際の注意点を指摘し、論述を行う。その結論として、中級日本語学習者を対象とした語彙教育は、学習者の自律的な語彙学習の能力を培っていくということに重点をおくべきであろう。

キーワード：中級動詞；連語；自律的な語彙学習；活動型授業；学習者の認知焦点

1 关于中级动词的使用方法的指导法

1.1 从中级学习者的日语误用和疑问的方面来看

通过教育实习，笔者认识到了日语中级学习者在学习词汇时的各种各样的误用。笔者负责指导的学习小组是由汉字圈的学习者（中国国籍）和日本归国子女的学习者（美国国籍的日本人）组成。在此首先将学习者向笔者提出的问题，以及在指导学习者学习中发现的误用做一个总结。关于中级学习者的误用总结如下：

（1）学习者关于日语中的复合动词（例如“打ち込む”、“乗り越える”）的意思以及使用方法掌握程度不高，误用较多。

（2）学习者对于某一些日语单词在母语和日语中的意思范围的理解不明确。如在中日两语言中都存在“结束”（中文），“結束”（日语）这一个词。而这个动词的意思在中日两语言中存在很大差异。在中文里，结束常用表示“事情发展或进行到最后阶段，不再继续”（《现代汉语词典》第 11 版）。而在日语中，“結束する”通常用于表达“ばらならなものを一つに集めてたばねるこ

作者简介：张智超（1992—），男，汉族，四川省成都市，硕士，研究方向为日语教育学及语言学。

と。たがいに心と心をかたく結びあわせること”（2011 年,《日汉双解学习词典》外语教学与研究出版社）团结一致的状态。

代表团结束了对北京的访问。(《现代汉语词典》)

みんなで結束して事に当たる。(「コトバンク　デジタル大辞泉」)

（3）关于表示状态的动词的“一（場所）に一（動詞）ている”的表达形式的误用较多。特别是关于助词“に”的误用。学习者常常会将其误用为表示动作和状态发生的“で”。例如：

海の底では、たくさんの鉱物資源が眠っている。(学生在造句练习中的誤用)

海の底には、たくさんの鉱物資源が眠っている。(正确用法)

（4）在使用表示原因和理由的助词“に”是，误用较多。

（5）一些中级学习者在进行动词的活用时，依然存在错误。

（6）一些中级学习者对于动词的被动形——“受身”的误用依然较多。例如像“食べれる”和“捕まえれる”这样的“ら抜き言葉”的误用较多。

而对中级学习者提出的疑问总结如下：

（1）学习者对于惯用句或惯用表达的意思和使用方法的疑问较多。

（2）学习者关于表示主题的“は”和表示动作主的“が”的区别的疑问较多。

通过对于实际教学指导过程的反思，将上述的误用和疑问再次分类的话，误用的（1）~（4）属于日语中级前期学习者和后期学习者共同的问题，而误用的（5）和（6）和疑问（2）属于中级前期学习者的问题，最后，疑问（1）属于中级后期学习者的问题。

1.2　中级学习者对于日语词汇的认知焦点的变化和连语的重要性

相较于初级学习者来说，中级学习者在接触日语词汇时，对于词的形式的掌握相对更加准确。中级学习者通过初级阶段的学习，对于日语单词的发音、词汇构造的倾向和特征有了一定程度的理解。但是，中级学习者对于词的“意思”，比如“词形和意思”“概念和指示物”“联想”等，以及对于词的“使用”，比如“语法性机能”“连语”“使用时的制约”等，花费了很多工夫。换言之，中级学习者的关注点从比如“该怎样读、怎样写这个词？”这样的问题，转向到了比如“词的意思范围是什么”“某个词和母语中对应的词的区别是什么”“这个词通常会和那些词有共起关系”“这个在什么样的场合使用会更贴切”这一部分。

所以，基于以上的分析，与更重视词形和词的中心意思的初级学习者不同，在指导中级学习者时，应该更侧重讲解词的“意思”和“使用”，掌握好它们与关于“词形”的讲解的平衡。在此，笔者将以在教学指导中讲解和学生学习过的“打つ”和“緊張する”两个动词，以及表达原因和理由的“に”为例进一步分析。

首先，“打つ”和“緊張する”都是在日语初级学习阶段就已经导入，学习者学习过的动词。若以《大家日本语Ⅱ》(『みんなの日本語Ⅱ』)为例，以上两个动词也都是在初级教材中被导入。而在该教材中，关于“打つ”一词，主要讲解的是其“hit”和“beat”的意思。而关于“緊張する”一词，主要讲解的是其“people are nervous.”的意思。但在进入了中级学习阶段后，以上两词的意思范围有所扩大。比如“打つ”一词，在进入中级学习阶段后，不应该仅仅只停留在对于比如“キーボードを打つ”或者“ボールを打つ”的意思范围的学习，还应该将比如“注射を打つ”、“心を打つ”这些用法列入教学内容，扩大该词的意思范围。再比如“緊張する”一词的意思范围，在进入中级阶段后从“私が緊張する”应扩大到“国際関係が緊張する”、“人間関係が緊張する”、“空気が緊張する”这些层面。

其次，在中日两语言中，上述两个词的意思范围和关于使用上的制约都有不同之处。若从中日对照语言学的观点来看，可以举出以下的对照例。(1)在中文中不会使用“心を打つ”，而使用“震撼心灵”(心を震えさせる)；(2)在中文中不会使用“注射を打つ”，而直接说注射“注射する”；在日文中不存在中文中会说的“财政紧张”(財政が緊張する)、“钱紧张”(お金が緊張する)这些表达方式。

所以，通过以上的分析可以得出日语教师在对于中级阶段的学习者的词汇进行学习指导时，应该更重视对于每一次词的意思范围，以及使用上的制约（特别是从对照语言学的观点）的指导这样一个结论。

然后，关于词的语法性机能这一部分，本文将使用在教学中学习过的“希望に燃える”和“喜びに輝いている”两个例子进行分析和论述。即使是对于初级学习者来说，“に”也应该是一个非常常见常用的助词，特别是表达时间“に”。但是该助词，还在其他很多场合在被使用。比如上述两个例子都是如此。在中级学习阶段中，学习者在遇见和使用某一个词的与初级阶段不同的用法时，可能会感到不安和困惑，怀疑初级阶段所学习的知识是否正确和扎实，甚至导致学习热情的下降。对于这些必须讲解的助词用法，教师应该从连语的角度来导入助词和动词，通过“换言之”这样一些教学技巧进行讲解。

1.3 在教学中导入的中级动词及其连语的取舍

因为在课堂教学时间是非常有限的，所以教师在课堂教学中必须慎重且十分恰当地选择教学的动词。那么关于选择动词的方法，笔者认为应该采取以下方法，做到以下几个步骤。

首先，教师有必要活用词典以及网络语料库等资源，对动词的使用频率等进行调查。同时，对于学习者需求（比如学习动机、学习者将来的人生规划等等）进行调查了解，切实把握学习者需求。然后，在中级动词中，特别是中级后期需要学习的动词中，有很多是即使学生自主查词典也很难理解的词。所以在教学中，教师应该使用明示性的指导法，从连语的角度对最难理解或者最容易混淆的词进行讲解。为了做到这一点，教师在日常的教学工作中，应该重视收集关于学习者的提问、词汇学习上的烦恼、学习者的误用等信息。同时，和不同的母语的日语教师的交流也是不可缺少的。

1.4 学习者的关注点和个人背景与教师的关注点和个人背景的差异

进入 20 世纪 90 年代后，随着冷战的终结，全球一体化的趋势日益迅猛。特别是进入 21 世纪以后，世界范围内的“人”“财”交流也日益频繁。在多国籍企业、留学、移民、海外志愿者活动等方面，跨越国境的“人的移动”逐渐兴盛起来。外语教育早已成为了这个时代的一个关键词。随着外语学习者的人数增加，学习者需求、学习模式等出现了多样化趋势。所以，在这样的背景之下，教师的例句制作工作越来越难。因为教师自身所拥有的“资源”（比如知识储备、对于社会的认识等）和教师的“期待”（比如“如果用了这样的例句的话，学生会更好理解吧”）和学生的个人背景（比如学习需求、年龄、文化、兴趣爱好等等）存在着差异。所以，教师有必要考虑每一个学习者的需求和个人背景，在尊重学习者的个人背景的基础上开展教学指导活动，而非一刀切，用一个例句就完成一个词的讲解。比如在教学指导过程中，在对于“輝く”的讲解时，有学生提出了是否有“あの人は輝く目がある。”的说法这样的问题。从此可以分析出，其实学习者在学习时，一定有自己想用日语表达的话，有区别于其他学习者更想知道的词的用法。而关于学些问题，每一个学习者都存在着差异。所以教师在教学指导中，需要注意学习者和教师自身的个人背景的差异，或者学习者之间的个人背景的差异。

2 关于学习者自律地学习词汇的指导法

2.1 介绍并让学生活用词典和网络语料库

在进入信息化社会后，智能手机中的查词软件以及网络词典迅速在外语学习者之间普及开来。现在无论遇到任何不懂的词，都可以随时随地方便快捷地查找到词的意思和用法。从这个层面讲，外语词汇的学习变得更加容易了。

但是，写在某些词典中的词意解释和例文有很多是不正确的，或者是现代日语中不会再被使用的用法。这些对于没有能力去区别古今用法、判断注解和例句正误的学习者来说，无疑会产生一些学习词汇上的负面的影响。所以对于向学生

介绍适合于他们能力水平的查词工具（词典例如:『日本語基本動詞用法辞典』、『日本語を学ぶ人の辞典』、『例解新国語辞典』、『現代擬音語擬態語用法辞典』等等；网络查词工具以及语料库例如:「少納言」、「なつめ」、「リーディングチュウ太」、「筑波ウェブコーパス」等等）是授课中重要的一环。让学习者知道有哪些可以使用的查词工具，同时教会学习者怎样使用这些重要的学习资源无疑是培养学生自律地学习词汇的重要步骤。

2.2 实施“活动型课堂”和“解决课题型课堂”

在课堂教学指导上不应该仅仅停留在向学习者解释“是什么”，而更应该让学习者学习到“寻找答案的能力”。而为了做到这一点，日语教师不应该只是“单行道”似地讲述着，而应该向学生提供自主搜寻答案的方法。

在现在的很多语言学校（包括笔者曾就读的日本的语言学校）或者日语培训机构里，很多日语教师依然沿用着按照学校规定使用的单词列表逐一讲解，而后造句的教学方式。这样的教学方法固然也有其优点。但是作为学习者来说，不知道为什么学习这些词汇，学习了这些词汇后自己能在什么场合使用，也难免会让学习者产生学习词汇的方法是否只有使用类似单词列表这样的学习材料，然后逐一死记硬背才行这样的疑惑。而在指导中，若忽略单词的意思范围、使用上的制约、感情色彩和情景等要素，只让学生硬生生地背单词的话，那么学生在实际的日语交流中一定会出现问题。所以，在今后的词汇指导中，有必要实施“活动型课堂”和“解决课题型课堂”。

首先应该让学习者理解“连语”这个学习词汇上的重要概念。然后在课堂上将教师的统一讲解和学习者之间的小组学习有机结合。特别是通过小组学习，可以让学习者对于自己在教室统一讲解中所学到的知识进行再次确认，然后从小组其他成员的提问和发言中得到更多的启发。同时，教师应该向学习者介绍网络语料库等优秀的学习资源，培养学生的自律地查询词汇的能力。最后让学生制作类似于「わたしの単語帳」，并开展围绕制作该学习资料的小组活动以及发表展示会。

通过教师主导的课堂，在课上让学生学习规定需要掌握的单词，而后将其作为道具来进行以语法为中心的学习是初级学习阶段日语教育的焦点。但在进入了中级日语学习阶段后，学习者在基础语法和表达方式理解上有了一定基础，所以系统地开展初级学习阶段所没有的词汇教学是有必要的。而教师在科学地选取需学习的单词后，将其在课堂上用“连语”的形式导入，然后让学习者理解中级词汇的特征（比如动词的意思范围、共起关系等等），教给学生词汇调查的方法，培养学生即使在教室外的生活中也能自律地学习词汇的能力是现在日语词汇教学中非常重要的部分。

参考文献

[1] 小宮千鶴子. 専門連語と専門連語辞書[J]. 情報知識学会誌，2002，12（1）：20-31.

[2] 小宮千鶴子. 留学生のための基礎的専門語[J]. 早稲田日本語研究，2010（23）：1-12.

[3] 宮島達夫. 連語論の位置づけ[J]. 国文学解釈と鑑賞，2005，70（7）：6-33.

[4] 村木新次郎. コロケーションとは何か[J]. 日本語学，2007，26（12）：4-17.

基于“超星学习通”的混合式教学实践研究
——以“线性代数”课程为例

王　璐　郑志静　丁志瑛

（成都东软学院基础教学部　四川　成都　611844）

摘　要：本文在研究混合式教学特征的基础上，结合“线性代数”的课程体系，通过在线课程资源建设、教学过程设计、教学评价，实践了“线性代数”课程线上、线下混合式教学模式。在“线性代数”混合式教学设计中，教师和学生使用“超星学习通”进行互动。教师布置合适任务，设计课堂活动，使学生能够利用所学知识解决实际问题，提高了课堂教学的质量；学生通过线上学习掌握基本知识点，通过线下学习查漏补缺，提升了学习效果。实践证明，在“线性代数”课程中采用混合式教学，可以激发学生学习主动性，有效地提升学生的学习深度。

关键词：线性代数；混合式教学；线上学习；线下学习；超星学习通

Practice Study of Blended Learning Based on Superstar APP
—Taking Linear Algebra as an Example

Wang Lu　Zheng Zhijing　Ding Zhiying

(General Education Department, Chengdu Neusoft University, Chengdu 611844)

Abstract: Based upon the research of blended learning, this paper practiced a combination of internet-based learning and face-to-face approaches in linear algebra through the construction of online course resources, the design of teaching process, and the evaluation of teaching. In the blended teaching design of linear algebra, teachers and students interact with each other by using superstar APP. Teachers assign appropriate tasks, design classroom activities, motivate students to solve practical problems, and eventually improve the quality of classroom teaching. Students finish online learning firstly, and then supplement by face-to-face learning, which improves the learning effect. Practice has showed that blended teaching in linear algebra enhance both the effectiveness and efficiency of meaningful learning experiences.

Keywords: linear algebra; blended learning; online learning; face-to-face learning; superstar APP

“线性代数”是高等学校理、工、经管等多个专业的重要基础课，在培养高素质科学技术人才中具有不可替代的重要作用。由于这门课程研究的主要内容为 n 维向量、向量空间、线性变换、线性方程组、行列式和矩阵等比较抽象的概念和结构，学生在学习过程中往往感觉难度较大，难以学懂，阻碍了学生的学习积极性。

混合式教学是将线上网络教学和线下传统教学相结合的一种教学模式，通过两种教学组织形式的有机结合，最大程度优化学生的学习方式，

作者简介：王璐（1986—），女（汉），四川西昌人，讲师，博士，研究领域为应用数学、数学地质；郑志静（1981—），女（汉），浙江遂昌人，副教授，硕士，研究领域为计算数学、信息安全；丁志瑛（1987—），女（汉），四川资中人，助教，硕士，研究领域为复分析。

提升学习深度，改善学习效果。目前，中国大学MOOC（慕课）、爱课程网、超星/尔雅学术视频、学堂在线等在线开放课程资源平台，已经提供了国内高校数个优秀课程团队的“线性代数”的课程资源。此外，各高校教师在探索计算机辅助教学、网络辅助教学等方面，也做出了不少探索和实践。在利用现代信息技术开发在线课程资源，进行混合式教学等方面也开始了多种探索。但是，在线的课程资源与整体教学过程的设计，仍然是各自为政，并没有形成一个有机互动的整体，尚未达到适应学习者个性化发展的目的。如何有效地利用信息技术，在教学内容、教学方法、教学模式以及教学管理的各个过程中，实践混合式教学，建立以学习者为中心的个性化学习空间，激发学生的学习兴趣，提高课程的教学质量，是一项很有意义的研究课题。

1 基于“超星学习通”的混合式教学实践

“超星学习通”是超星集团推出的一款移动学习平台，学生可以通过手机、电脑学习课程，进行小组讨论，参与课堂活动。本文通过数字化课程资源建设、教学过程设计与组织、教学评价三个方面，使用“超星学习通”实践“线性代数”课程混合式教学模式，设计的混合式教学实践框架如图1所示。

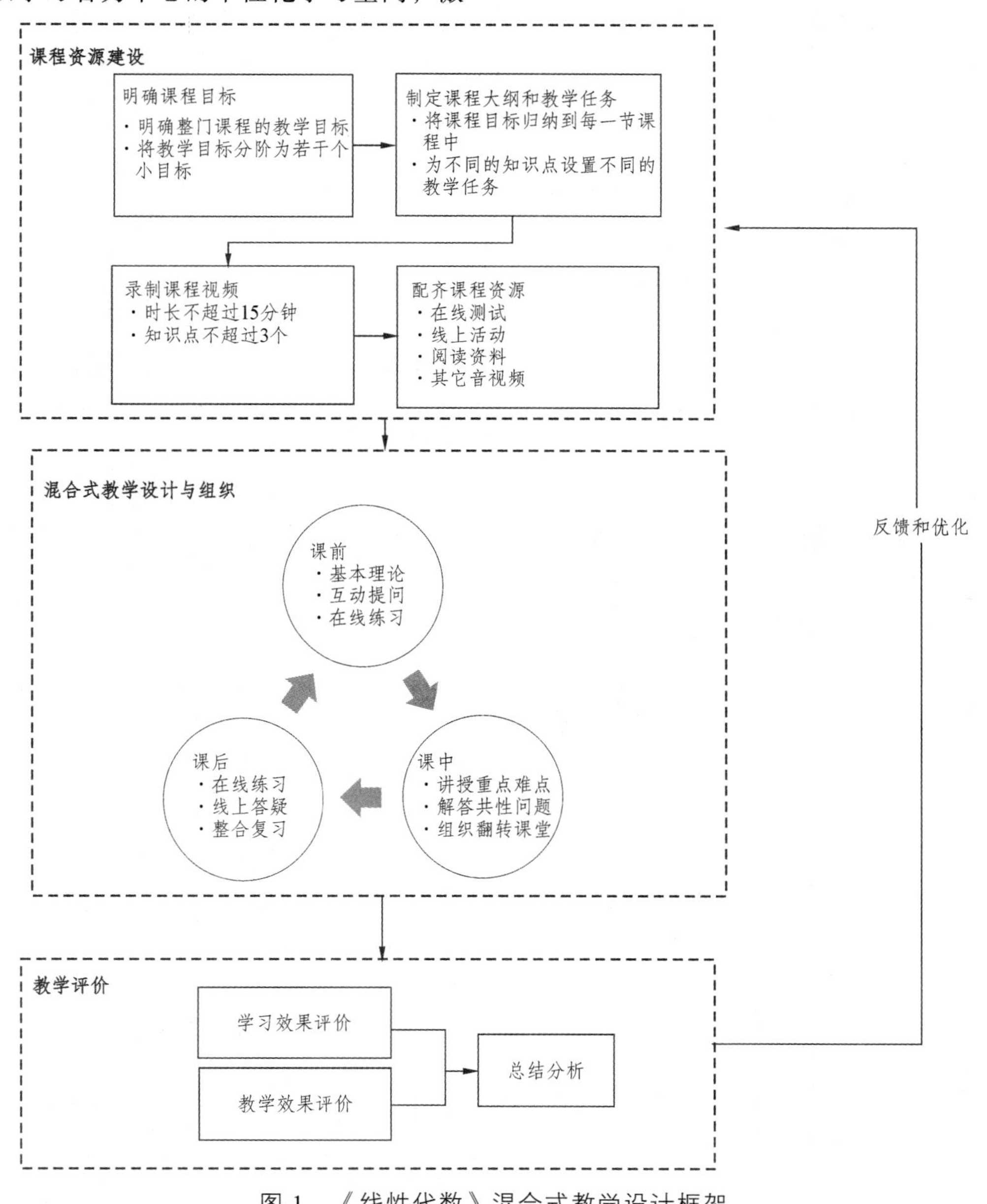

图1 《线性代数》混合式教学设计框架

1.1 资源建设

线上资源是开展混合式教学的前提，通过将课程资源数字化，包括将音视频、教材教辅、专业文献、课件、动画、3D 等多媒体教学资源上线，将学习前移，给学生预留充分学习时间。在线上课程资源的建设中，结合应用型本科院校的特点，通过引入和专业相关、面向应用的实际案例，丰富课程资源。充分考虑现代社会碎片化学习的特点，在录制课程视频时，将课程目标分解为小的主题和知识点，制作时长不超过 15 分钟的微视频资源。微视频有利于学生灵活调整自己的学习时间和学习地点，有效避免因观看时间太长导致注意力下降的问题。此外，设计配套的在线练习和线上任务，帮助学生检验学习效果。

1.2 教学设计

将教与学作为统一整体考虑，仍将课程教学分为“课前、课中、课后”三个部分，但是各部分侧重点和传统教学方式有很大不同。

1.2.1 课前自主学习

学生在课前根据教师设置的教学要求，学习在线课程资源。学生根据课程导学，了解每次学习的学习任务、学习进度、方法技巧、重点难点等，完成任务节点中发布的在线练习，检验学习的效果，最终实现在课前掌握基本知识点。

同时，学生可通过 APP 发布讨论，与同学和老师进行交流。

1.2.2 课中交流讨论

教师根据学生完成课前学习的反馈，提炼共性问题，进行课堂教学。在课堂教学中，教师查缺补漏、重点突破，以精心设计的课堂教学活动为载体，组织学生把在线所学到的基础知识进行巩固与灵活应用。采用翻转课堂、小组学习等形式，充分以学生为主体组织课堂教学，学生带着问题学习，更有针对性，有利于培养学生自主学习的能力。使用超星学习通进行课堂投票/问卷、抢答、选人、小组活动等环节，活跃课堂气氛，充分调动学生的积极性，提高参与度。

1.2.3 课后练习巩固

课后学生继续使用超星学习通进行整合复习和在线练习，完成教师下发作业，也可使用超星学习通发起讨论，向教师提问。学生可根据需要，反复学习在线课程资源和微视频教学，提高在线课程资源的利用率和学习效果。在完成作业任务节点提交后，学生可立刻看到自己的成绩和正确答案，及时获得反馈。

1.3 教学评价

教学评价是教学中必不可少的环节[0]，其两个核心环节分别是对学生学习效果的评价和对教师教学工作的评价。通过使用超星学习通，既可以对视频观看、在线任务完成情况进行分析和评分，也可开展问卷调查，了解学生对教学工作的评价。

1.3.1 学习效果评价

不同于传统教学模式，使用超星学习通对教学过程的各个环节进行考核，包括在线视频学习、任务节点完成、课堂出勤、课堂互动、作业和测试等方面，对学生进行全方位的考核。考核具体分为形成性考核和终结性考核两类，各占学生总成绩的 60%和 40%；其中，形成性考核由 4 部分组成（见表 1）。教师通过学习通的数据统计功能，可充分了解学生的学习情况，有重点地进行督学。

表 1 “线性代数”混合式教学学生成绩构成

类别	考核项目	考核内容	权重
形成性考核	在线视频	在线视频的完成情况，包括观看时长及完成视频中任务节点的正确性	20%
	课堂出勤	线下课程的出勤情况	5%
	课堂互动	课堂互动讨论时的表现和对教师、学生提出问题的回答频率及正确性	15%
	作业和测试	作业完成情况，包括完成的及时性以及正确性	20%
终结性考核	期末考试	考察课程基本教学要求以及重难点（闭卷考试）	40%

1.3.2 教学效果评价

设计调查问卷，从学生对在线资源的满意度、授课方式的满意度、评价方式的满意度、学习效果的满意度、自主学习能力提高情况、创新意识、创新能力提高情况等方面进行调查。使用超星学习通发放问卷，统计分析问卷结果，形成反馈，有利于教师下一次教学的改进，构成了教与学统一、可持续发展的混合式教学过程。

2 总结与展望

本文是成都东软学院校级教改课题“‘线性代数’课程信息化建设实践研究”的阶段性成果，通过数字化课程资源建设、教学过程设计、教学评价三个方面，实践了“线性代数”课程混合式教学模式。在“线性代数”混合式教学设计中，教师布置合适任务，设计课堂活动，使学生能够利用所学知识解决实际问题，提高了课堂教学的质量；学生通过线上学习掌握基本知识点，线下学习查漏补缺，提升了学习效果。下一步，将就如何进一步提高在线课程资源质量，优化课堂教学活动，丰富应用案例进行积极探索，结合混合式教学理论探索，提升学习深度，改善学习效果，更好地服务于高校人才培养。

参考文献

[1] GARRISON D R, KANUKA H. Blended learning: uncovering its transformative potential in higher education[J]. Internet & higher education, 2004, 7(2): 95-105.

[2] 黄荣怀，马丁，郑兰琴，等. 基于混合式学习的课程设计理论[J]. 电化教育研究，2009（1）：9-14.

[3] 张其亮，王爱春，ZHANG Qiliang，等. 基于“翻转课堂”的新型混合式教学模式研究[J]. 现代教育技术，2014，24（4）：27-32.

[4] 刘立云，王永花，田娟. “互联网+”时代下多元混合教学模式应用研究：以超星学习通在《C 程序设计》课程中的应用为例[J]. 中国教育信息化·高教职教，2017（11）：27-30.

[5] 苏牧羊，谢彦红. 基于 SPOC 的《线性代数》翻转课堂教学模式探索与实践[J]. 中国教育信息化·基础教育，2018（8）：56-59.

[6] 秦健秋，杨韧，周钰谦. 基于优质课程资源的混合式教学在线性代数中的应用初探[J]. 课程教育研究：学法教法研究，2018（21）：3-4.

[7] 杨文霞，何朗，万源. 面向能力培养和计算思维训练的线性代数混合式教学改革与实践[J]. 大学数学，2018，34（6）：49-55.

[8] 孔朝莉，周密，鲍兰平. 信息技术驱动下的混合式教学模式设计——以“概率论与数理统计”和“线性代数”为例[J]. 中国信息技术教育，2018（6）：103-105.

[9] 陈振华. 教学评价中存在的问题及反思[J]. 教育发展研究，2009（18）：84-87.

基于“课程思政”的课程建设探索

杜　丽

（成都东软学院教务部 四川 成都 611844）

摘　要：积极推进课程思政建设，在课程中挖掘思政元素，让课程在传承知识的同时承担起育人的功能，是目前高校落实立德树人的重点。本文以课程建设为切入点，对在课程建设中有效地融入课程思政进行了讨论，为学校有效地推行课程思政提供了参考。

关键词：课程思政；课程建设

Exploration of Course Construction Based on “Course Ideology and Politics”

Du Li

(Academic Affairs Department, Chengdu Neusoft University, Chengdu 611844)

Abstract: Actively promoting the ideological and political construction of curriculum, excavating the elements of ideological and political education in the curriculum, so that the curriculum can carry on the function of educating people while inheriting knowledge, is the focus of the implementation of moral education in colleges and universities. In this paper, curriculum construction as a starting point, the effective integration of curriculum ideological and political construction is discussed, which provides a reference for schools to effectively implement curriculum ideological and political.

Keywords: ideological and political education in the course; curriculum construction

1　引　言

人才培养，德育为先，习近平总书记强调，高校人才培养“要坚持把立德树人作为中心环节，把思想政治工作贯穿教育教学全过程，实现全程育人、全方位育人”。要充分利用课堂教学的主战场，使所有的课程都承担起育人的功能，使所有教师都负担起育人的责任，全面推进“课程思政”建设，“促进高校各类课程与思想政治理论课同向同行、形成协同效应”。自此，专业课程的隐形育人能力被普遍提及，“课程思政”被越来越多的高校和教育工作者接纳和实施。但是不同的学科，有自成一体的理论体系和方法学，不同的课程在人才培养中也有不同的作用，如何充分挖掘各门课程，特别是专业课程的思政元素，在尊重学科课程自身规律的同时，做好在课程中实现立德树人的目的，如何在高校课程建设中有效地引领各个课程的“课程思政”建设，实现“课程思政”与思政课程同向同行、协同育人，是目前各大高校课程建设工作面临的挑战。

2　高校“课程思政”的现状

2.1　教师观念还未转变

“课程思政”建设的主体是教师，教师的职责

作者简介：杜丽（1977—），女，汉族，重庆，助理研究员，硕士，研究方向为软件工程。

是传道、授业和解惑，目前虽然提倡课程思政，提倡所有教师要承担起传道育人的职责，但是很多教师仍将自己的职责定位落脚在授业和解惑上，认为思政课和专业课是两个平行的体系，育人工作的职责由思政课承担，专业课就向学生传授专业知识。所以很多老师没有落实人才培养中“培养德、智、体、美、劳全面发展的社会主义建设者和接班人”的职责，从内心中认为教书只需要进行知识传授，没有发自内心地在课程中积极推行“课程思政”建设。

2.2 对“课程思政”的理解不到位

“课程思政”要求充分挖掘课程中的思政元素，发挥课程的育人功能，让课程承担起思想政治教育的责任。这就需要任课教师具备较高的思想政治素养和能力，充分掌握和领会马克思主义的世界观、人生观和方法论，能自觉地用马克思主义的立场、观点、方法对问题进行分析和解决，能紧跟党、国家的方针政策，不断地充实自己，主动将马克思主义和党的理论创新融入课程中。但是，在高校中，部分教师对马克思主义的世界观、人生观和方法论认识不充分、理解不到位，在工作中埋头做专业和科研，对国家和党的最新政策和方针不了解，这就造成部分教师对“课程思政”理解不到位，不能有效地挖掘课程中的思政元素，不能有效地落实课程育人的职责。

2.3 未将课程思政融入课程的全过程

“课程思政”是一个需要多方合作协调的、复杂的系统工作，需要从课程的各个方面如教师、课程、资源、评价等进行“课程思政”的构建，充分挖掘思想政治元素。而在课程方面，首先要对课程大纲进行修订，在培养目标、课程内容设计以及课时等方面，将专业教育与思政教育的融合落实。在课堂教学中加入思政元素，通过隐形的方式完成，做到于细节处无声地落实思政。在课程考核中落实思政，在进行课程评价设计的时候，加入思政评价。但是目前，大部分“课程思政”将关注点仅仅放在了课程的课堂教学中。

2.4 与思政课的协同效应不明显

高校的“课程思政”旨在构建以思政教育为主导，各专业教育“同向同行、协同育人”的大思政教育体系。这需要学校统筹规划，各高校的思政部门充分参与，全校各个部门充分协调。目前，虽然各个高校基本建立了“课程思政”规划和实施方案，有了基本的机制保障。但思政部门参与度不深，如要推行“课程思政”，必须加强师资队伍建设，提高教师思想政治觉悟和水平，这需要思政教师的参与。而课程中思政内容的把握以及方向性的问题，也需要思政教师的参与。这就造成，各门课程各自为政，各个部门也对自己在“课程思政”建设中的定位不明确，使得学校的“课程思政”不能与思政课形成有效的协同效应。

3 以思政为核心，构建教师素养、课堂教学、课程资源和课程评价四位一体、层层递进的课程思政建设体系

“课程思政”从实质上来说，是一种课程观，不是增开一门课，也不是增设一项活动，而是将高校思想政治教育融入课堂教学的各环节、各方面，实现立德树人润物无声。而课程建设是实现人才培养目标，保障和提高教学质量的重要手段，也是高校的常规性工作。在课程建设中融入思政元素，有意识地增强价值引领的功能和作用，并在课程考核和教学考察中将价值引领作为一个重要的指标，以重点课程建设为先导，层层递进地推行“课程思政”建设，构建以思政为核心，教师素养、课程教学、课程资源和课程评价四位一体的课程建设体系，能有效地推行课程思政，让课程思政落到实处。

3.1 以思政为核心，教师素养、课程教学、课程资源和教师评价四位一体的课程建设体系

四位一体课程建设体系的中心是“思政”，必

须将思政作为课程建设的底色、核心，围绕思政对课程建设各个环节进行梳理、重构。

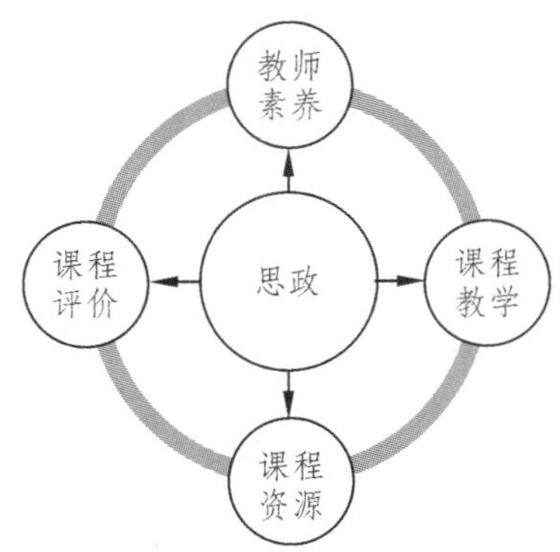

图 1 课程思政建设体系

3.1.1 教师素养

要用思想政治元素进一步规范教师行为，让教师做好学生的表率。教师的言行会对学生产生很大的影响，相对于传统课程教学，课程思政对教师的言行举止提出了更高的要求，学校要根据思政要求，对任课教师的行为规范进行修订，在课程建设中强化教师为人师表的示范作用，使教师可以通过自身言行感染学生，引导学生树立远大的信念、正确的世界观和人生观。

要让教师正确认识思想政治元素，正确认识“课程思政”，做到推行“课程思政”的时候有底气、有自信。在课程建设中，必须首先组织教师进行思政学习，让教师了解、熟悉学校的思政课开设情况，熟练掌握马克思主义理论，提高自身的思政水平，这样才能在课程内容设计、课堂讲授、课程资源建设等方面灵活地运用马克思主义的理论、方法论，才能在教学过程中使用马克思主义的方法论分析问题，才能更深入地挖掘课程中的思政元素，确保课程思政与思政课程同向同行。

3.1.2 课程教学

将思政元素融入课程全过程。修订课程大纲，将思想政治元素融入课程教学目标，在教案的具体章节中加入思政元素，切实将专业教育与思政教育融合。在课堂教学中加入思政元素，利用引导法、案例法等教学方法，通过隐形的方式完成课堂思政，做到思政育人润物无声。在课堂评价中适当地加入思政内容，如在形成性考核中合理安排专业教育和思政元素，加大学生积极参与思政教育的主动性。在课程中融入思政，要切实做到：构成教材讲义必要章节进入教案；成为课堂讲授重要内容进入课堂；化为核心知识点进入学生考核的关键知识。

善于挖掘课程内容中的思想政治教育元素。每门课程都有丰富的思政元素，隐含在课程所属专业学科中，也隐含在每个知识点的背后。挖掘思政元素，要立足于学科专业：从学科发展史中挖掘，每个学科发展史都包含了马克思主义的发展观；从学科科学家追求真理的奋斗史和精神中挖掘；从学科特有的科学法和思维中挖掘；从学科所特有的职业素养和精神中挖掘。

深入研究教学方法，找准课程思政的切入点。“融”是课程思政教学重点，只有将思政融入专业教学，才能做到于无声处育人。要找准课程中思政元素的融入点，如用引导法，引导学生用马克思主义的观点和方法分析社会热点和专业课程相关的经典案例，如用案例法，将专业学科追求真理的精神灌输给学生。根据不同课程特征和教学方法，找准思政的切入点，用学生喜闻乐见的方式，引导学生主动接受和运用马克思主义理论。

3.1.3 课程资源

将课程思政落实到课程资源建设中，保障课程思政的顺利推行。可以建立思政课程和专业课共建、共享、共惠的教学资源平台。要根据学科专业的特征，挖掘课程中的思政元素，形成课程思政的案例、习题、动画等资源库；根据学校和课程的特色，将思政元素融入教材中，在教材中体现价值引领；积极利用网络教学资源，丰富教学内容，增加学生的直观感受和体验。

3.1.4 课程评价

评价体系是课程建设的指挥棒，科学地制定课程考核标准，要将思政元素纳入课程考核中，修订课程评价体系，同时注重课程的知识传授和德育引导；要将思政育人贯彻到整体课程评价中，从课程大纲、课程内容建设到思政队伍建设等。教师是课程的执行者，要加强教师队伍建设，强化师德评价。课程的最终目的是培育学生，课程思政是在课程中树立学生正确的世界观、人生观和价值观，要将学生的思政效果纳入课程建设评建体系中。

3.2 层层递进地推进四位一体课程建设体系

3.2.1 教师素养是关键

教师是课程的实施者，要确保价值引领的实施效果，必须将课程思政师资队伍建设作为课程建设的第一步。可以通过修订课程建设中的教师评价体系，将师德作为教师评价的重要指标，落实师德一票否决制。开展教师角色大讨论，全面转变教师观念，使教师认识到价值引领和知识传递一样，都是教师的重要职责和使命。组织思政培训，确保教师正确认识和落实课程思政。

3.2.2 课程教学和课程资源建设是重点

课程内容和资源是课程思政实施的重要载体，要以重点课程建设为先导，逐步推行课程内容和课程资源的课程思政建设。在课程建设中，教师要深挖课程中的思政元素，将思政贯彻课程的各个环节。可以开展有思政教师参与的教学研讨，根据学科专业的特点，并结合思政教育，修订课程大纲，落实课程育人的目标；完善教案，发掘课程中的思政元素；改革课程考核方式，将思政元素纳入考核；建设课程思政资源库。开展课程思政建设的示范课，学校给予一定的政策支持，积极引导其他课程加入课程思政建设中。

3.2.3 课程评价体系是保障

课程评价是课程建设的标准，是教师开展课程建设的指挥棒，要确保教师积极主动地将思政元素融入课程建设中，就必须修订课程建设评价体系，将评价体系的重点落脚到立德树人、促进学生的全面发展上来。

4 结 语

知识传授和价值引导并重是新时代对教育工作者的要求。要在课程中融入思政，在教学中引导学生，于无声处让学生树立正确的三观，提高学生用马克思主义认识、处理问题的能力，促使学生全面的成才，为国家培养社会主义的接班人。课程建设是高校中常规的工作，要在课程建设中融入课程思政，以重点课程建设带动学院整体课程思政能力的全面提高，确保课程思政的顺利开展，提高学校人才培养的质量。

参考文献

[1] 张宏彬. 高等学校如何实施课程思政[N]. 中国教育报，2019-04-16（11）.

[2] 叶陈勇.从"思政课程"到"课程思政"[J]. 教师·上，2017（12）：256-257.

[3] 张正光."课程思政"和"思政课程"同向同行的逻辑理路[J]. 思想教育研究，2018（4）：18.

[4] 马亮. 协同育人视角下专业教师开展课程思政建设的实践与思考[J]. 黑龙江高教研究，2019（1）：125-128.

基于“雨课堂”的翻转课堂模式在“综合日语”课程中的应用

李秦朗

（成都东软学院应用外语系 四川 成都 611844）

摘　要：“翻转课堂”的教学模式自诞生以来广受关注，自 2015 年起在国内高校的英语专业教育掀起了一轮热潮，但是目前对高校日语专业教育实践的讨论还远远不够。本文以日语专业高年级“综合日语”课程为例，初步探讨了通过智慧教学软件“雨课堂”实践“翻转课堂”的教学模式。通过从课前、课中、课后三个环节进行的实践，验证了“翻转课堂”这一教学模式能为高年级日语课程教学创造出了更多学生语言实践运用机会。

关键词：翻转课堂；雨课堂；“综合日语”

雨課程に基づく「総合日本語」における反転授業型の実践

李秦朗

（成都東軟学院応用外国語学部 四川省 成都市 611844）

要　旨：反転授業の形式の誕生以来大きな注目を浴び、2015 年から国内大学の英語教育においてもブームが起きている。しかし、大学の日本語専門教育において反転授業の検討はまだ足りない。本文では日本語専攻上級生向けの「総合日本語」課程を例として雨課程というソフトに基づく反転授業の実践を試みた。授業前、授業中、授業後の三つの段階を通じて検討を行い、反転授業型の実践によって日本語専攻の上級科目の対面授業時に新たな時間を作り、学生に言語実践の機会を与えたことが分かった。

キーワード：反転授業；雨課程；「総合日本語」

1　翻转课堂在日语教学中的实践必要性

在 2000 年 Baker（2000）等学者已提出“翻转”一词，但是关于“翻转课堂”的概念是 2012 年由 Bergman &Sams 归纳：“the concept of flipped classroom is this：that which is traditionally done in class is now done at home，and that which is traditionally done as homework is now completed in class（翻转课堂与传统课堂相反，是将传统课堂中的内容转移到课堂外完成，并且将传统课堂外的作业及练习等放到课堂完成[笔者译]）”

从 2015 年起，高校英语教学掀起了一股“翻转课堂”研究热潮（2014 年知网收录 260 篇相关文献，2015 年，知网收录 1172 篇相关文献），大量高校英语教师希望通过“翻转课堂”改革现行的英语教学模式。国内在“翻转课堂”的应用方面借助不同学科以及工具发展出了不同的实践方法，对于“翻转课堂”的理解侧重于“教师”与“学生”角色的重新定位、学生主体地位的思考等。

在高校日语教学中“翻转课堂”这一教学模式的实践案例相对较少。一方面，与英语专业学生不同，绝大多数日语专业学生进校为“零起点”，翻转课堂的教学模式通常需要学生在课堂上与教

作者简介：李秦朗（1991—），女，汉族，籍贯四川，助教，硕士，研究方向为日本文化。

师进行充分探讨交流，而对于需要从日语假名开始学习的学生来说这一教学模式的应用在大一、大二初级学习阶段有一定的局限性。另一方面，由于2017年起高校教育通识课程课时增加，专业课课时压缩，又加上日语专业学生在本科学习阶段必须考取专业日语四级、专业日语八级、日语国际能力测试 N1 等专业证书，导致日语教师面临必须在有限的专业学时内尽可能提高专业过级率的压力。而“翻转课堂”这一教学模式对日语教师的专业素质、课堂把控能力提出了新的要求，同时也要花费大量时间重新调整教学思路。所以目前大多数高校高级日语课程依然沿用传统教学模式，即教师授课、学生听讲的教授形式。

但是“综合日语”作为日语专业高年级的核心主干课程，不光涵盖大量高阶日语词汇、句型，还有复杂的语言文化背景知识，这是其与日语其他课程截然不同的地方。有限时间内，教师如何保质保量完成教学任务并尽可能增加课堂互动环节为学生创造实践机会，是当前高年级日语教学改革的重要课题之一。

2 “雨课堂”在高级日语课程中的实践

“雨课堂”是一款免费的智慧教学软件，将微信与 PowerPoint 连接，实现了课堂教学与智能手机的有效结合。教师可以在课前向学生推送预习课件、视频、习题，课中借助弹幕、在线投稿、随机点名等工具将课堂时间更多交予学生，课后向学生推送延展练习。学生能够就每一页课件或者习题通过软件向教师提问讨论，教师也可以在课前课后收到学生的即时反馈，并通过电脑自动批改客观题等功能以实现课前-课堂-课后整体的数据化管理。本文以“综合日语”课程为例介绍借助“雨课堂”软件实现“翻转课堂”的教学模式。

2.1 课前——预习管理

“综合日语”课程面向大三、大四日语本科年级学生，每周 6 学时。这门课程不同于大一、大二年级的基础日语科目，要求学生不光要掌握高阶词汇、句型，更重要的是要理解日语语言文化、社会背景等。以通用教材《日语综合教程》(5、6 册，上海外语出版社) 为例，书中多选用日本近现代名家作品，涉及日本文化、文学、社会、科学、语言学等不同领域，文章从 3 000 字 ~ 8 000 字不等，每课生词均接近百余，重点句型或语法 10 条左右。在每周 6 学时的时间内完成教学任务，教师大多将重点放在字词语法讲解，对文章文化背景内容的讲解不够，导致教学成为语法课，很大程度上影响了学生对语言文化背景的理解。

教师利用软件将字词语法知识点以 PPT、习题等形式推送给学生，学生通过自学，在不懂或者有疑问的页面下点击“不懂”或者进一步将问题内容推送给教师，同时在自习的基础上完成教师推送的自测练习题。教师在课前即时得到反馈，在教学中尽可能实现有的放矢。同时针对课文所涉及相关的社会文化背景知识的日语视频通过插件的形式推送给学生，帮助学生理解课文，为课堂上营造更有深度的讨论打下基础。

另外通过“雨课堂”软件可以统计每一页课件的停留时间以及预习率,可以通过 EXCEL 导出数据；在一段教学单元后，也可导出数据到 excel 中统计学生的预习率、习题正确率。通过数据分析，针对预习率低、正确率低的同学在课堂上提问进一步了解学习效果，尽可能实现差异化管理和教学。

2.2 课中——学生为主体的课堂互动

由于教材文章篇幅普遍较长，内容较深，如果教师逐字逐句讲解学生很容易出现倦怠。通过课前预习，教师可实现“精讲”PPT，同时在思考环节学生可根据需求在手机端随时查看已翻页的 PPT 界面，有效地进行差异化学习。例如《日语综合教程》5 册第 2 课《田中正造》一文讲述了明治时期日本政治家、社会运动家田中正造为危害农民的矿毒问题不断抗议、演讲，甚至不顾安危向天皇上诉的故事。这篇文章在讲解前如果没有相应的社会时代背景的介绍，对于日语专业大三年级学生来说相对枯燥冗长。笔者将田中正造的人物形象、明治时期社会背景以及同时期中国的社会情况通过视频、文字资料提前传送到“雨课堂”平台，学生在第一遍通读文章时结合资料预习，可以大大提高预习效果。

同时，课前预习为课堂争取了更多实践时间。笔者在教学环节增加了学生个人主题发表、新闻视听复述、分组合作讲解课文等环节，学生课前将发表内容与教师讨论后在课堂上发表，发言同学通过 PPT 发表的同时，其余同学也可以通过手机或教室投屏看到 PPT 界面，并通过“雨课堂”平台以留意等形式即时发表意见。教师可以在学生发表的同时思考学生的疑问，使课堂发表后的疑问讨论环节更加丰满。

另外，通过课前反馈教师，能针对错误率高、疑问较多的知识点即时调整教学内容，适当增加课堂即时测验，学生和教师都能够即时通过投屏看到每个选项的选择人数，帮助直观了解正确率以及易错选项，还能够即时检验学生听课效果。

2.3 课后——复习与延展

学生利用“雨课堂”可以随时在手机上查看课前、课中推送的学习资料，并且软件会根据时间顺序以及模块排列各项资料，充分实现移动教学，使学生不受时间、地点限制充分有效地学习。另外，针对课堂上讨论得出的新观点、引发的疑问等，教师可通过平台推送相关资料或者通过进一步提问引发学生思考。课后练习方面，利用“雨课堂”软件的统计功能客观题的正确率一目了然。如果需要学生作答主观题，例如翻译练习等类型题目时，可以让学生通过拍照上传平台的方式提交答案。这样既提高了清点作业提交人数的效率，又可以避免学生长期电脑输入日语而造成日汉字书写生疏，还有一个不可忽略地优点是，可以对学生作业进行存档，改变了以往归还学生作业以后教师无法再查阅的困境。

2.4 课前—课中—课后数据管理

“雨课堂”软件从课前到课中再到课后都有一套完整的数据，涵盖了是否查看教师推送的学习资料、预习复习 PPT 时间长短、习题正确率等。为教师对学生平时成绩考核提供了一套数据支撑，对平时在课堂中少发言的同学也能够通过软件提供的数据了解课后学习状况。

当然，不管软件功能再完善、数据统计功能再齐全，没有学生如果没有学习动机、没有自律性也无法保证数据的可靠性、真实性。如何提高学生的能动性、自律性也是高校教师需要不断探索的课题。

3 结 语

笔者利用“雨课堂”软件实现了课堂时间优化，为“翻转课堂”的教学模式提供了案例，在日语专业高年级“综合日语”课程中做出了实践探索。实践证明，这种方式有效减少了教师讲课时间，增加了学生发表等语言运用实践时间，并且提供了一套较完善的反馈机制。但是本文未从学生角度进行数据调查验证课堂效果，这也将作为今后的课题进一步讨论。

另外，近年来“翻转课堂”的教学模式在高校很多专业中受到很大程度的关注，但是可以肯定“翻转课堂”不是唯一的教学模式，也不一定是最理想的教学模式。利用智慧教学软件为学生提供预习资料等手段而创造出来的新的课堂时间如何利用，到底应该以什么方式授课，教师的角色应该如何转变，应该怎样应对偏好传统讲授形式的学生等，都是需要探讨的课题。

参考文献

[1] BAKER J W. The“classroom flip”: using web course management tools to become a guide by the side[C]// Selected Papers from the 11th International Conference on College Teaching and Learning, 2000(11): 7-19.

[2] BERGMANN, J, SAMS A. Flip your classroom：reach every student in every class every day[M]. New York: International society for Technology in Education, 2012.

[3] 古川智樹，手塚まゆ子. 日本語教育における反転授業実践—上級学習者対象の文法教育において[J].『日本語教育』, 2016（164）：126-141.

基于 SWOT 分析的迈克达威运动护具公司发展研究

章 仪 袁永波

（成都东软学院商务管理系 四川 成都 611844）

摘 要： 随着全民运动理念的深入，运动护具作为保护运动中免受伤害的一种穿戴装备，在近些年得到了蓬勃发展。迈克达威（McDavid）运动护具公司拥有产品价格高、生产工艺成熟、专利多等优势；同时又存在产品线过长、缺乏国内明星代言等劣势。故其要抓住运动护具上游纺织业平稳增长和下游需求空间巨大的机会；也要关注国民使用运动护具意识有待提升和医药器材类护具崛起的威胁。

关键词： 运动护具；SWOT 分析；迈克达威

Research on the Development of McDavid Sports Protection Company Based on SWOT Analysis

ZhangYi Yuan Yongbo

(Business Management Department, Chengdu Neusoft University, Chengdu 611844)

Abstract: With the deepening of the concept of the national fitness, sports protective gear, as a kind of wearing equipment to protect people from injury in sports, has been booming in recent years. McDavid has the advantages of high product price, mature production process and many patents. At the same time, It has the disadvantages of long product line, lacking domestic star endorsement and others. We should seize the opportunity of steady growth of the upstream textile industry and huge demand of the downstream, and also pay attention to the national awareness of the use of sports equipment and the rising threat of medical equipment.

Keywords: sports gear; SWOT analysis; McDavid

1 引 言

运动风潮席卷当今社会，运动能增强体质、放松身心、给人带来愉悦，但运动过度或不当也会产生运动伤害。运动爱好者针对不同的运动项目选择对应的运动护具，不仅能够有效降低受伤概率，同时还能提高运动表系。迈克达威（McDavid）作为北美老牌运动护具公司，在国内市场中的销售业绩和反响都很不错，但是在激烈市场竞争下认清机遇和威胁有助于公司长远发展。

2 运动护具定义及迈克达威公司简介

2.1 运动护具定义

百度百科对于运动护具的定义是：保护运动中免受伤害的一种穿戴装备。一般可分为护头、护肩、护手、护肘、护腕、护腰、护腿、护膝、护髌骨、护踝、组合运动护具、其他运动护具。

作者简介： 章仪（1988—），男，浙江舟山人，成都东软学院，讲师，研究方向为高尔夫产业、赛事包装、海钓运动；袁永波（1987—），男，湖北襄阳人，成都东软学院，讲师，研究方向为大学生思想政治教育教育、大学生创业。

2.2 迈克达威公司简介

迈克达威是美国专业运动防护品牌，1969 年创始于美国伊利诺伊州。作为全球运动护具行业的引领者，迈克达威已经拥有将近 50 年的品牌历史，为全世界不同级别以及各个年龄段的职业运动员和业余运动爱好者提供包括护膝、护臂、护腰、护腿等护具，恢复类服装、袜子，运动绷带、贴布等在内的一系列运动医学、运动防护以及提升运动表现的产品。目前研发面世了 600 多款不同类型、不同防护级别的运动护具和配件。

3 迈克达威运动护具公司 SWOT 分析

SWOT 分析法，即基于内外部竞争环境和竞争条件下的态势分析，就是将与迈克达威公司密切相关的各种主要内部优势、劣势和运动护具市场的机会和威胁等，运用系统分析的思维把所提炼因素进行匹配加以分析，从中得出一系列的结论，而且结论一般可用来帮助组织或公司进行商业决策。

3.1 运动护具市场主要品牌

目前国内运动护具市场品牌主要有两大类，一类是专业运动护具厂商，全部是做运动护具起家，如迈克达威、慕乐（Mueller）、赞斯特（ZAMST）、AQ、LP 等。另一类是知名运动品牌生产运动护具，如耐克（Nike）、阿迪达斯（Adidas）、李宁（Lining）、安踏（ANTA）等。

3.2 优势（strengths）

3.2.1 迈克达威产品价格高

迈克达威定位中高端运动护具市场，产品的价格总体较高，这就能产生更高利润，为品牌的发展、品牌营销和研发提供了保障。全网对比同款绑带护踝的定价（见表 1），可以看出迈克达威是同级别中定价最高的。

表 1 各品牌二级护踝价格

品牌	型号	价格
迈克达威	195R 绑带护踝	380
慕乐	XLP 稳定加压护踝	225
AQ	AQ 致雅绑带护踝	219
LP	LP757ca 分段绑带护踝	179
李宁	Lining 固定式护踝	119

3.2.2 老品牌的生产工艺和科技沉淀

迈克达威有 50 年的品牌历史，最早为北美四大球联赛专供运动护具起家，研发面世了 600 多款不同类型、不同防护级别的运动护具。拥有 HEX 蜂窝防撞、HDC 速干排汗、Bio-Logix 仿生、COMPRESSION 定向压缩科技等 70 多项材料和结构科技专利。经调查分析，从消费者角度影响运动护具产品价格的主要因素（见图 1）是产品产地（19.7%）和生产工艺（18.5%）。迈克达威作为北美老牌护具，其成熟的生产工艺支撑了高价格。

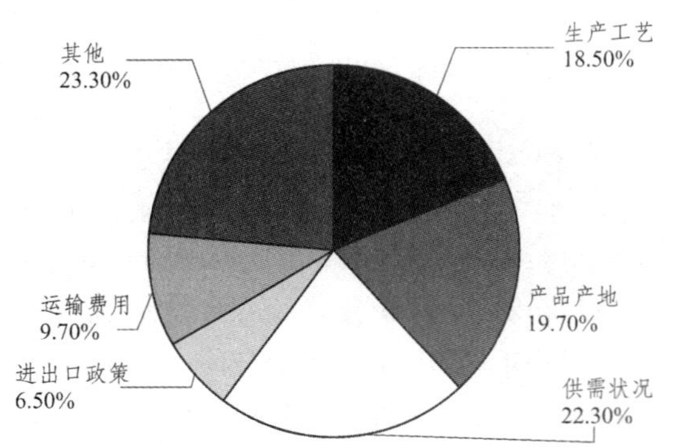

图 1 我国运动护具产品价格影响因素

3.3 劣势（weaknesses）

3.3.1 产品线过长，部分品类发展乏力

迈克达威品牌有 50 年的品牌历史，产品线全面扩张，涉及护腰、护臂、护肩、护肘、护大腿、护小腿、护膝、护踝、护齿、压缩衣、紧身衣、肌肉贴、冰袋、冷喷、绑带等。由于每个产品线都需要关注和竞争，势必无法保障在每个产品线上都处于领先地位。比如：压缩衣、紧身衣产品线，就与北美老牌安德玛（Under Amour）展开激

烈竞争；肌肉贴、冰袋、冷喷、绑带产品等受到LP的挤压。在中国市场传统护具产品线遭受耐克（Nike）、阿迪达斯（Adidas）、李宁（Lining）等品牌的狙击。迈克达威还是需要确立自己的核心品牌线，保障核心产品线的优势地位。

3.3.2 缺乏国内明星代言

Osei-Frimpong 研究发现明星代言产品是粉丝购买决策中的主导因素之一[3]，那么国际品牌在国内市场推广运动护具时签约一些国内顶级运动员、明星也就顺理成章。例如LP品牌就签约了国家女子排球队，耐克（Nike）签约亚洲百米飞人苏炳添、篮球明星易建联等，阿迪达斯（Adidas）签约了彭于晏、张钧甯等。而反观迈克达威只有NBA球星哈里斯·巴恩斯、NFL全明星贾马尔·查尔斯、2K TV美女主持瑞秋-A-德米塔等，在国内市场的知名度还不够高，国内明星代言较为缺乏。

3.4 机会（opportunities）

3.4.1 运动护具上游纺织行业平稳增长

随着纺织材料加工技术的不断进步，利用高性能纺织材料制备的运动护具能够有效地弥补传统运动护具的缺陷。[4]运动护具会大面积使用轻纺织物或混合织物，而运动护具的需求提升也为我国纺织纤维加工量平稳增长做出了贡献。据相关报告显示，2016年全国纺织类纤维加工量达到5 420万吨，同比增长2.3%，占全球纤维类加工总量50%以上。

近几年的明星材料“三维纺织复合材料”具有弹力优异、记忆性好、透气性佳和体积小等诸多优点[5]，可以满足各类护具工业生产的需求。近年来，我国的三维纺织复合材料加工量以每年5～10万吨的速度持续增长，于2020年达到200万吨，增幅稳定在3.5%。纺织行业的蓬勃发展为运动护具行业稳定发展提供了有力保障。

3.4.2 运动护具下游需求空间巨大

2017年，国家体育产业总规模为2.2万亿元，增加值为7 811亿元，占同期国内生产总值的比重为0.9%。2017年体育产业总产出比上年增长了15.7%，增加值增长了20.6%。这表明我国目前处于体育产业发展的早期，但是增长势头非常稳健，未来将有广阔地增长空间。体育产业规模和全民健身人口地增长将为体育用品制造业尤其是运动护具市场的蓬勃发展提供温床。

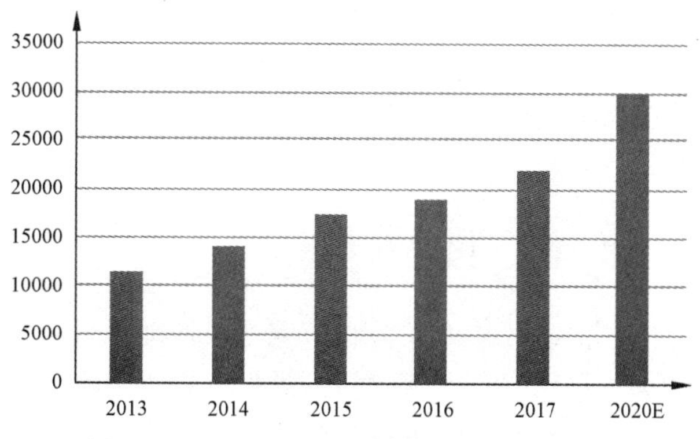

图2 2013—2020我国体育产业总产值

从我国体育产业内部构成来看，体育用品和相关产品制造的总产出和增加值占比最大，分别为61.4%和41.8%。下游体育用品和相关产品销售、贸易代理的增加值占比也异常迅猛。2018年城镇居民人均可支配收入39 251元，人均GDP超过6 000美元标志着中高收入人群正在形成和扩大，中产阶级的消费升级对体育产业的发展有利。

3.5 威胁（Threats）

3.5.1 国民使用运动护具的意识还有待提升

虽然现在大家在球场、健身房、野外锻炼的时候都能看到佩戴护具的运动爱好者，但是从数据层面看真正从观念上接受运动时应该佩戴护具、护具能提高关节稳定性、提高运动表现、减少运动伤害等理念的还为数不多。大部分人还停留在只有受伤了才应该使用运动护具的观念上。所以护具品牌在大力推广品牌的同时，还应举办一些公益讲座、运动员示范、护具测评等活动，以提升国民使用运动护具的意识。

3.5.2 医药器材类护具的崛起

迈克达威不仅要接受来自同类运动品牌的竞争，市场份额还可能受到医药器材类护具的蚕食。

当运动伤害产生后除了必要的治疗以外，医生往往还会开具一些医用护具来辅助受伤部位的恢复，给人感觉也更为专业。例如近些年日本医药器材品牌“万特力”的护具产品线“万特力·护”的年均复合增长率都在 10%以上，这些都是迈克达威不可忽视的威胁。J. Lucy Lee 也曾研究表示运动品牌需要清晰自己的产品定位[6]，所以迈克达威需要在品牌传播上搞清楚专业运动护具与医疗护具的定位问题。

4 结　语

本文通过 SWOT 分析迈克达威运动护具公司现状，对比竞争品牌中的优势和劣势，系统分析了运动护具市场的机遇和威胁。迈克达威运动护具公司需要确立自己的核心产品线，以确保品牌的竞争优势；签约国内的运动明星或娱乐明星，提升品牌知名度；借助上下游市场的良好势头，进一步提升国民使用运动护具的意识，同时还要关注来自医药器材类护具的威胁。

参考文献

[1] 百度百科.运动护具[EB/OL]. https://baike.baidu.com/item/运动护具/6231719?fr=aladdin 2018-08-09/2019-08-08.

[2] 北京中政国宏社会经济咨询中心.运动护具市场消费状况分析[M]. 北京：机械工业出版社 2018：5.

[3] OSEI-FRIMPONG, DONKOR, OWUSU-FRIMPONG. The impact of celebrity endorsement on consumer purchase intention: an emerging market perspective[J]. Journal of marketing theory and practice, 2019, 27(1): 103-121.

[4] 唐进单，程浩南. 纺织材料在体育运动领域的应用及发展[J]. 产业用纺织品，2018，36（12）：1-4.

[5] 叶冬茂. 三维织物复合材料在运动护具上的应用前景[J]. 产业用纺织品，2012，30（2）：1-4.

[6] J LUCY LEE, YUKYOUM KIM, JUNE WON. Sports brand positioning: Positioning congruence and consumer perceptions toward brands[J]. International journal of sports marketing and sponsorship, 2018, 19(4): 450-471.

西药类和中药类。西药类作用心血管药品主要为快速治疗药品，在市场上拥有无可撼动的领导地位，但中药类的产品由于毒副作用较小等优点也逐渐受到市场的热宠。

2 心达康软胶囊 SWOT 分析

2.1 产品概述

A 公司产品心达康软胶囊主要成分为沙棘。根据现代医学研究表明，沙棘可有效降低胆固醇，缓解心绞痛的发作，并且还具有防治冠状动脉粥样硬化性心脏病的作用。主治：化瘀通脉，补益心气，消痰运脾。用于心气虚弱，心脉淤阻，痰湿困脾所致心慌、心悸、心痛，气短胸闷，血脉不畅，咳累等症。

2.2 产品优势

产品方面：植物药、纯天然，疗效确切、安全无毒。剂型优势：心达康软胶囊为国内 15 张国家药监局国药准字号批文中的唯一软胶囊剂型。价格方面：因剂型独家，虽有国家差比价的政策限制，但仍在各地物价和招投标工作中具有优势。销售政策方面：从目前的中标情况看，由于中标价格比较理想，所以不管自建销售队伍还是代理商分销，给出的利润空间都比心达康片或胶囊更高。

2.3 产品劣势

心达康软胶囊不属于基本药物目录和医保目录。而同类产品心达康片和胶囊两种剂型为国家基本药物和医保乙类品种。直接竞品心达康片上市时间早，近几年销量比较稳定，部分市场如北京、上海市场认知度比较高。目前自身公司销售队伍的不健全及销售网络的不完善。

2.4 机　会

通过对产品的准确定位，建立完善的销售队伍和销售网络，制定正确的销售政策，通过划分心达康片及胶囊的市场份额来抢占冠心病、心绞痛等中成药市场。

2.5 威　胁

心脑血管类药物种类繁多；与心达康软胶囊临床适应证接近的药物种类有几十种；来自西药和同类中成药的竞争激烈。

2.6 小　结

根据产品的优势和劣势，结合市场机会和威胁，建议从大中城市市场突破。大中城市有三大特征：（1）接受新产品速度和范围相对较快、较广，利于产品的推广；（2）人口数量多且集中，便于公司集中有限资源开拓；（3）消费水平较高，能接收高价位的产品定位。初期从成都市场出发，立足川渝市场。采用以点带面策略逐步向周边市场辐射。

3 心达康软胶囊 4P 营销策略

3.1 产品策略

功能定位：疗效好、剂量小、服用方便；价值定位：补益心气、化瘀通脉、消痰运脾，临床可以用于冠心病、心绞痛等症状；心理定位：植物药、安全无毒、优质优价。

产品包装：目前产品有 2 种规格（含总黄酮以异鼠李素计）：5 mg 和 10 mg。5 mg 针对零售药店市场，10 mg 主推临床市场。

3.2 价格策略

相对心达康片及胶囊相对较低的价格，避免引起实际和潜在的竞争，以优质优价吸引消费者，提高市场占有率。从行业宏观来看，药价降低是必然的趋势。公司可根据市场目标和产品成本来确定价格，以获取利润为主要营销目标，不参与价格的恶性竞争，可通过品牌塑造和质量管理来提升非价格竞争力。

3.3 渠道策略

全国商业公司渠道建设：可把全国销售区域分成北区、东区、南区、西区四部分。供应链分三级：一级供应链为直辖市或者省会城市的一级代理商，负责覆盖区域内的一线城市主要医院和二级代理商之间的货物配送。通过二级经销商覆盖区域内的二线城市医院和三级代理商的货物调拨。三级代理商负责本区域内县级市医院的配送和货物供给。同时在北京、上海、广州各地区设置一个一级经销商，分别负责北区、东区、南区的渠道供应。通过对经销商的三级设计，解决回款和渠道网络覆盖之间的矛盾。考虑到 A 公司现在与上市公司科伦药业的合作关系，四川科伦医药贸易公司可作为公司一级经销商首选。二级经销商主要是从前十医药公司的分公司或子公司中发现，或者从当地有优势的医药公司中过滤，它们在当地有比较好的渠道优势。三级医药公司主要是当地的医药公司，也是需要重点建设的区域，三级医药公司可供筛选的不多，覆盖的区域也比较集中，是县市级医院和卫生院的主要药品供应渠道。全国布局方面，以国药、上药、广药为基本辐射点，全国筛选若干家一级经销商，40 家二级分销商，覆盖全国渠道网络。

全国医院终端目标的覆盖：全国 30 多个省、市及自治区共有三级医院 1 200 多所，二级医院接近 7 000 家，一级医院接近 5 000 家。现在的情况是只有省会城市、地级市或者经济发达的县级市才会有二甲及三甲医院，因此，心达康软胶囊未来的市场目标应该是国内的三甲医院要基本覆盖。根据周期的不同、覆盖比例不同，导入期至少要覆盖 20%以上医院终端，成长期覆盖 50%左右的终端，成熟期覆盖至少 80%的医院终端。A 公司心达康软胶囊的成长还有很大的提升空间。

3.4 促销策略

通过整体现代促销组合的实施，配合商业铺货，提高产品知名度和品牌认知率。通过和经销商或者顾客交流信息，沟通情感，协调相互的关系等促销技术的实施达到以下目标：形象和心理目标为高知晓度、高知名度；竞争目标为采用类似于草船借箭的方式，借用心达康片及胶囊现有市场，让产品快速进入和扩张；广告目标为提高产品认知率，树立品牌形象，有效配合商业铺货，迅速扩大市场占有率和销售率。媒介选择：以医药报等专业报纸、网络软文为主，商业公司和终端广告为辅。

4 资源配置

4.1 区域及人员设置

可将全国分为 4 个大区，人员配置和销售净额按每 30 万销售净额设置一名销售代表，每 8 名销售代表设置 1 名销售地区经理负责管理，不到 8 名销售代表地区设置 1 名销售主管，不设置销售地区经理，全国分 4 大区，每大区设置 1 名大区经理。东区：上海、江浙、皖、鲁、赣、闽；南区：鄂、湘、豫、粤、桂、琼；西区：西南三省、重庆、陕甘宁青新五省；北区：东北三省、京津冀晋、内蒙古。

4.2 人员奖励方案

建立公平、公正、公开并且简单易行的激励方案尤为重要。全年 4 个周期：1 至 3 月份，4 至 6 月份，7 至 9 月份，10 至 12 月份。每个周期施以季度考核。支付周期按每季度计算，每月发放，仅考核目标医院销售。对于重点医院季度第三个月的销售考核：限制在前两个月的平均销量的 140%。如果下个季度第一个月的销量大于上个季度第三个月销量的 70%，那么上个季度第三个月被扣除的销量计入下个季度。新员工第一个季度的奖金计算是从上岗后的第二个月开始，除非是第一个月的第一个工作日上岗。

4.3 推广活动费用使用规范和预算

举例如科内会：在单一科室内进行的产品推广介绍，产品推广者为本公司人员，活动参与人数不超过 50 人，平均每人 100 元每人次费用。时间控制在半小时以内，产品介绍后要注意医生的问题和反馈，每次科内会总费用不超过 5 000 元人民币。

5 结 语

随着社会老龄化比例的日益加重，心脑血管类疾病的发病率逐渐增高，一个安全有效的治疗药品显得尤为重要。本文基于 SWOT 模型对 A 公司产品心达康软胶囊进行分析，突出强调产品主要成分沙棘为药食同源植物，利用软胶囊具有整洁美观、容易吞服、可掩盖药物的不适气味、可提高药物的生物利用度等优点，提出建立完善的渠道和搭配合理促销政策，期望能为该产品及行业的整体发展起到积极作用。

参考文献

[1] 成应刚. 施贵宝公司“博路定”市场营销策略研究[D]. 济南：山东财经大学，2015.

[2] 庞雅婷. 基于 4Ps 理论分析迪卡侬的营销策略[J]. 中国商论，2019（86）：75-76.

[3] 陈曲. 我国中小企业网络营销存在问题及其对策[J]. 知识经济. 2018（14）：81-83.

基于 T-C 的“影视编剧”中少儿教育题材的研究与实践

胡楚梦　马晓东

（成都东软学院数字艺术系 四川 成都 611844）

摘　要：少儿教育题材是影视剧作中的一种传统题材，此类题材的经典影片也不乏其数。但是随着国内外影视市场日益蓬勃发展，现阶段少儿教育题材的影视剧作相对欠缺。《看上去很美》《浅蓝深蓝》《刮痧》、*Doubt*、*August Rush*、*Vitus* 这些影片的上映已在 10 年之前。而近几年内对于少儿的教育这一题材的影视剧或是编剧研究远远低于其他题材。但少儿教育题材的影视剧却常给受众带来深思和启发。本文便从“影视编剧”课程中教学指导学生创作少儿教育题材剧本的实践出发，对此类题材进行研究与探讨。

关键词：影视编剧；少儿教育题材；教学指导；学生创作

Research and Practice of Children’s Education Subject in Film and Television Writer Based on T-C

Hu Chumeng　Ma Xiaodong

(Digital Art Department, Chengdu Neusoft University, Chengdu 611844)

Abstract: Children’s education is a traditional theme in film and television dramas, and there are numerous classical films on this theme. However, with the vigorous development of the domestic and foreign film and television market, there is a relative lack of children’s education theme at this stage. *Looks Beautiful*, *Light Blue and Deep Blue*, *Scraping*, *Doubt*, *August Rush* and *Vitus* were released 10 years ago. In recent years, the researches on children's education is far less than that on other subjects. However, the films and television dramas on children’s education is easy to cause reflection and inspiration. In this paper, in the “Film and Television Writer” course, from the practice of teaching and guiding students to create children's education scripts, this kind of subject is studied and discussed.

Keywords: film and television; Scriptwriter; children’s education subject; teaching to guide; students’creation

在“影视编剧”课程教学中以兴趣为宗旨，提倡学生自主发掘创作动机，并切实可行地将灵感与构思转化为微电影剧本成品，从而实现 TOPCARES-CDIO 中设计与制作相结合的理念。除此之外，利用课内外时间培养稳定的学生团队从而实现项目落地，实现 TOPCARES-CDIO 中强调的团队协作能力。而后文将以学生创作的两部微电影剧本《糖果小孩》及《两个怪小孩》为例，对 TOPCARES-CDIO 培养模式下的“影视编剧”

基金项目：成都东软学院 2017 年度教研教改项目（编号：NSUJG2018-012）。

作者简介：胡楚梦（1992—），女，汉族，硕士，助教，研究方向为戏剧影视学；马晓东（1986—），男，汉族，硕士，讲师，研究方向为电影学。

课程中少儿教育题材的实践进行研究分析。

1 少儿教育题材剧本的选材起因

1.1 《糖果小孩》选材起因

微电影剧本《糖果小孩》以“罚站”这个动作作为串联整个故事的线索。林子航小朋友是个叛逆的小孩，因为他的调皮和不听话被老师罚站，可是单纯、不懂事的林子航心里却没有太多的情绪变化。随着老师对孩子们过度的纪律要求与精神束缚，加上派发糖果的鼓励与诱惑，林子航开始向这种规矩低头。为了不再被老师与同学们责骂，为了得到糖果，林子航自愿成为舞台演出中的背景墙。当林子航站在舞台最后一动不动地望着同学们的精彩表演时，这便成为另一种意义上的“罚站”，而此时罚站的林子航羞愧难当。这便是整个故事的雏形。

根据这一最初的灵感构思，我们立刻发掘到这是一个普遍的少儿教育问题。仍有大量错误的教育理念认为严格遵守纪律、压制个人思想的乖小孩才能够人见人爱。这种消灭一切异类，主张将孩子培养成生产出的模式化产品的教育理念实在太过可怕。这个角度的主题探讨是具有一定社会意义的，而微电影《异类者》也阐述了同样的主题，可供小组创作时借鉴与思考。

1.2 《两个怪小孩》选材起因

微电影剧本《两个怪小孩》以维护自尊的“蘑菇帽”这个道具作为串联整个故事的线索。小女孩安阳因为头上有缺陷从小被同龄人排挤嘲笑，奶奶为了维护她的自尊织了一顶蘑菇帽。校长和老师都惧怕触到她的伤处，对她区别对待，眼不见为净。可是安阳渴望被理解，更渴望被当成正常人，所以便用一些奇怪的行为吸引别人的注意。

根据这一最初的灵感构思，小组成员提炼出的主题是对边缘人物的关爱。但是这一层的主题略微浅显，我们便尝试挖掘更深一层的主题。对待有着天生自身缺陷的安阳，同学们的态度是嘲笑；校长老师的态度是躲闪、尽量避免去触碰；而最爱安阳的奶奶的态度是用蘑菇帽去掩藏。但这些均不是对少儿教育最好的方法。为此，我们便新增添了一个人物，便是患有老年痴呆症的老小孩谢芳华。谢芳华并未戴着有色眼镜看待安阳，她把安阳当成一个正常的朋友，和她平等正常的交往，甚至在吴老师不愿对安阳的错误行为做出指正时，坦诚地告知了安阳正确的是非观。这一人物的设立同时也树立了更深一层的主题思想——儿童教育观念的探讨。在这种儿童教育观念下，安阳最终直面自己外表的缺陷，摘下了蘑菇帽，更明白了内心美的重要。两个在别人眼中的怪小孩，互相温暖，共谱了一曲温馨的歌谣。

2 少儿教育题材剧本的创作流程

2.1 《糖果小孩》创作流程

当小组成员确定这一主题后，教师分享了同类型经典影片《看上去很美》，小组成员设置了人物小传，并丰富了故事的情节。在电影《看上去很美》中，有一个非常精彩的桥段是调皮的小男孩方枪枪同好友小姑娘玩扮演医生病人的游戏，方枪枪给北燕的屁股上打针，而老师却误认为是方枪枪流氓并对他进行责罚。这一故事情节一是使方枪枪与老师的关系更加恶化，二是表现了儿童世界与成人世界的隔阂与鸿沟。当成年人对儿童进行教育时没办法换位思考，直接不分青红皂白对孩子进行否定与责罚时，这种教育方式便已存在了巨大的问题。

通过对此类经典电影的赏析，学生对这一主题有了更为深刻的理解，便梳理情节线索，完成了如下故事梗概：

在玉林小学一年级七班里，刚转来的林子航是一个不守规矩，调皮捣蛋的“坏小孩”。班上其他孩子在杨老师的带领下认真听讲、认真玩耍，但梦想成为孙悟空的林子航却不听老师教导，多次违背校规班规。

在杨老师的公开课上，林子航由于“组词不当”被全班同学嘲笑。因为扰乱课堂纪律，他被杨老师叫去教室后面罚站，而林子航却不以为意。课后杨老师给全班同学分发糖果，而只有林子航没有得到，并且老师还没收了他的孙悟空玩偶。林子航第一次感受到了羞耻。

自此之后林子航也想要获得糖果，于是他变得主动积极，甚至主动拔掉了那棵长在窗台他呵护已久的草。可是他又被罚站了，原因是他在课间玩耍的时候和一位女同学手拉手去了女厕所被杨老师撞见了。林子航什么都不知道，只知道杨老师这次很生气。

学校即将举办舞台演出，班上的同学都不愿意去演那棵作为背景的树。而林子航为了获得糖果却主动请求演背景墙。演出开始，林子航穿着背景墙一动不动默默地站在载歌载舞的同学们身后，聚光灯十分闪耀。

演出大获成功，林子航如愿以偿获得了糖果，老师又将孙悟空玩偶还给了他，而他却把孙悟空玩偶随意地丢在墙角。林子航炫耀着手中的糖果，变成了老师和家长都喜欢的最乖的糖果小孩。

从整体的故事架构来看，学生较好的通过这个剧本完成了对少儿教育题材的表达。之后通过课内外的团队合作完成了七千多字的微电影成品剧本。

2.2 《两个怪小孩》创作流程

当小组成员明确了主题，便给予谢芳华这一人物更为重要的戏份及作用，使之成为故事中最重要的主人公之一。在这几种不同的少儿教育观念的引导下，小组成员设置了人物小传，并完成了如下故事梗概：

吴老师带着自己痴呆的母亲去学校上课。上课途中，安阳突然大叫起来。奇怪的行为让吴老师摸不着头脑。事后，吴老师向马校长了解安阳的情况，校长提醒吴老师安阳是个奇怪的小孩，要注意她的情绪和她的帽子。其他同学认为安阳是个怪物，都不愿意和她交朋友，甚至还会欺负她。

吴老师的母亲谢芳华却在这次吵闹中注意到了这个有趣的孩子。她发现安阳一直重复着自己是蘑菇，喜欢独自蹲在墙角发呆。好奇的谢芳华想要和这个奇怪的孩子做朋友。之后，谢芳华总是跟在安阳屁股后面，安阳做什么，谢芳华就会跟着做什么。

起初，安阳总是回避着谢芳华，谢芳华给安阳讲小白兔的故事，请安阳吃奶糖，一次又一次用自己的行动去感染安阳，安阳对谢芳华敞开了心扉。但因为一次误会，没有得到谢芳华帮助的安阳再次封闭自己。谢芳华用小故事教会安阳要遵守规矩，尊重老师，成功解开误会，两人重归于好。

安阳经常被梁博捉弄欺负。有一次被谢芳华撞见，谢芳华为了保护安阳不小心把梁博弄伤，梁博恶人先告状，导致谢芳华被所有人误解。学生家长来到学校讨公道，谢芳华被家长们咄咄逼人的气势吓到。安阳为了保护谢芳华，勇敢站出来逼梁博说出真相。谢芳华临走之前，安阳把自己最珍贵的蘑菇帽送给了她，勇敢面对了自己的缺陷。

根据对这一情节脉络的梳理，小组成员合作完成了七千多字的微电影成品剧本，并在创作过程中加深了对少儿教育观念题材的理解，较好地完成了这一主题的表达，比起初的主题设置更深刻，拥有较大的进步。

3 结 语

在“影视编剧”课程中，学生在对《糖果小孩》《两个怪小孩》这两部少儿教育题材的微电影剧本进行创作时都有所收获，尤其是对少儿教育题材有了更为深刻的理解和研究。而在选材构思、人物小传、故事梗概、分场剧本这整个流程的总品创作中，学生也更加熟悉了影视剧本的创作规律，成功将构思设计转化为成品制作，增强了团队合作的协调性和凝聚力。学生对少儿教育题材影视剧本的创作有了更为深刻的感悟，并饱含着持续创作的热情，积极投入到之后的影视剧本创作中去。

参考文献

[1] 塞河沿. 编剧的艺术[M]. 昆明：云南大学出版社，2010.

[2] 胡楚梦.《虐童事件》中情节线索的铺设与安排[D]. 昆明：云南艺术学院，2017.

[3] 宋敏.教育的解放与人性的复归：弗莱雷解放教育思想对儿童教育的启示[J]. 现代教育论丛，2019（2）：32-37.

[4] 刘济良，赵文慧. 生成性思维视阈下的儿童教育理念探究[J]. 教育与教学研究，2019（4）：11-19.

[5] 陈乐乐. 新中国 70 年儿童观的历史考察与

反思[J]. 南京师大学报（社会科学版），2019（3）：41-49.

[6] MALINI MISTRY. Review of influencing early childhood education: key figures, philosophies and ideas [J]. Education 3-13, 2019 (4): 503.

基于财产权社会属性角度分析机动车限行措施的合理性

赵媛媛　李　扬

（成都东软学院商务管理系 四川 成都 611844）

摘　要：产权是指财产所有权，即所有权人依法对自己的财产享有占有、使用、收益和处分的权利。机动车限行从表面看是政府的一个行政命令，但实际上是对公民财产权限制的问题。本文基于巴泽尔教授提出的限制产权部分属性理论分析限制产权与价值最大化之间的关系，研究机动车限行这一措施的合理性和公正性。

关键词：限制；产权；价值最大化

Analysis of Rationality of Motor Vehicle Restriction from the Perspective of Social Attribute of Property Rights

Zhao Yuanyuan　Li Yang

(Business Management Department, Chengdu Neusoft University, Chengdu 611844)

Abstract: Property rights refer to the ownership of property, that is, the owner has the right to possess, use, benefit and dispose of his/her property according to law. Vehicle restriction is a government administrative rule. However, it is actually a restriction for the citizens' property rights. Based on Professor Bazel's theory of partial attributes of restricted property rights, this paper analyses the relationship between limited property rights and maximization of value, and studies the rationality and fairness of motor vehicle restriction.

Keywords: restriction; property right; maximization of value

从产权的角度看，“机动车限行”本质上是限制了公民对自有使用权的机动车的使用权利，是对公民财产权的一种限制，这种限制降低了机动车使用价值本应受到公民的抵制或抗议。然而，在人民网 2014 年发起“您是否赞成单双号限行的调查”中发现 54.9%的网民赞成机动车单双号限行，说明赞成机动车限行的网民稍占优势，为什么会出现这样的结果？这种看似不协调的现象用巴泽尔的理论来解释就非常容易理解，即财产权具有两重属性，应从财产权的社会属性角度出发调和产权限制与权力价值最大化之间的关系，使限制条件具备合理性和公正性。

1　财产权限制的缘起

产权是指财产所有权，即所有权人依法对自己的财产享有占有、使用、收益和处分的权力[1]。最早古典自由主义认为财产权是一种典型的具有自由属性的权利，强调私有财产的绝对性，国家不能干预介入公民的财产权，国家不得随意剥夺、

作者简介：赵媛媛，成都东软商务管理系，副教授，西南财大在读博士，研究方向为财务管理；李扬，成都东软商务管理系，讲师，研究方向为财务会计。

限制公民的财产。19 世纪末 20 世纪初，曾经盛行的自由主义的财产权理念和法律在实践中导致垄断的出现、环境污染、企业停产、工人失业、劳资双方的矛盾不断激化等一系列社会化问题，自由的财产权理念也对随后所爆发的世界经济危机产生了推波助澜的作用。人们在经历了经济大萧条的同时对原有的自由财产权观念产生了质疑，认识到财产权并非绝对自由，而在某些时候应受到一定的限制，即财产权在具备自由属性的同时还具备社会属性。

2 财产权限制的类型

对公民财产权限制依据不同标准可分为以下三种类型：一是公益征收。公益征收是指国家根据公共利益的需要，依据法律规定并按照法定程序剥夺公民财产所有权并给予公民补偿的公法行为。公益征收涉及的项目一般都是水利水电工程、铁路、高速铁路等公共基础设施建设。二是准征收。准征收是指国家基于公共利益的需要，在未剥夺公民所有权的情况下，对公民财产权的限制程度达到征收的效果的行为。无论是公益征收还是准征收都需要对公民进行补偿。而本文所提到的“机动车限行”限制了公民机动车的使用权并且未对公民进行补偿，从表面上看“机动车限行”使公民财产权的价值降低，但为何还得到了大多数人的赞同？这就需要分析第三种类型的限制，即财产权的社会义务。财产权的社会义务即出于公共利益的考虑，财产权理当进行自我限制和缩小（张翔，2012）。城市道路的资源是有限的，机动车的增加对空气的污染也是有目共睹，因此机动车主在使用机动车的同时还担负着社会责任，从根本上说就是由于财产权负有社会义务，在主张个人财产自由的同时，应使其财产亦有助于社会公共福祉的实现。“财产权负有社会义务”是对“自由财产权”理念的一种反思，是从财产权绝对自由到财产权担负一定程度的社会义务的转变，意味着财产权的功能随着时代的变迁发生着变革。制度经济学家认为，一种资源不存在排他性的所有权，就会导致对这种资源被过度利用，而适当的限制财产权就成为权利人和平共处、增进社会整体福利的正当性依据。

3 产权限制与权力价值最大化的协调

在产权理论发展史上，巴泽尔是最先对任何限制产权的行为都有害的传统观点提出质疑的学者。传统观点认为，通过财产获得的利益与其产权的实现程度相关，这里产权包括使用权（以及排他权）、转让权、收益权的实现程度等。当产权实现得越彻底，应用的范围越广，产权的所有者获得的利益就越大；反之产权的所有者获得的利益就越小，因而这些限制看似都是有害的。然而在现实中却是，个人也不能任意使用“他们”的财产，他们的自由处处受到限制。例如，卡车司机除非获得“特许”否则不准收费载客；在城市地区，楼房的建设规模及地点也要服从城市规划的安排。那么究竟产权的限制会不会必然导致个人财富的减少？我们将从限制产权部分属性的角度分析产权与价值最大化之间的关系。

首先，巴泽尔认为，每一种商品都是多种属性的组合。这些属性如果都归于一人所有并不一定产生最佳效果，反而会形成权利的滥用。依据巴泽尔的理论，根据财产权的不同属性对其进行分割，其中自然属性应归属财产的所有者，而社会属性则应由社会所有公民共同拥有，即便是财产的所有者也会天然地受到其他人的约束和限制。本文提到的“机动车限行令”就是财产权社会属性体现的一个方面。公民购买机动车一方面拥有了机动车这一财产所带来的各项权利，公民可以自由地使用机动车从事任何经济活动，这是财产权自然属性的体现；另一方面由于机动车在行驶的过程中会使用道路、环境、能源等社会公共资源，既然会使用到公共资源，机动车的所有者就不能任意地使用这些资源必须兼顾他人的利益，这就是财产权社会属性的体现。因此，我们将使用财产权得到的效用设为 $U_{N,S}$，数值上等于财产权自然属性所产生的效用 $U(N)$ 和社会属性所产生的效用 $U(G_S)$ 之和，其中 G_S 为社会中其他人的效用。如果不存在约束条件 $U(G_S)$，出于自利的因素是自然属性所产生的效用越大越好，每个人都无所不用其极地行使自己的权利，必然会造成资源的浪费或无偿占有，加大对社会公共利益的损害。当存在约束条件 $U(G_S)$ 时，每个所有者在行使权利时都必然受到一定的限制，这种限制因为对产权进行了明确的界定，使得财富被无偿占有的可能性变小，降低了浪费，从而增加产权的价值，提高了效用。

$$U_{N,S}=U(N)$$

约束条件：$U(G_S)=\sum_{i=1}^{\infty}g(s)$

$U_{N,S}$——财产权效用

$U(N)$——财产权自然属性所产生的效用

$U(G_S)$——财产权社会属性所产生的效用

gs——社会中每个人的效用

其次，为限制公共领域利益的损失常用的方法是对产权进行约束。这些约束既可以由政府实施，又可以由私人实施，还可以由政府和私人混合实施。机动车限行就是由政府约束的例子，政府强制规定机动车按车牌尾号在工作日高峰时段限行，每周限行一天。虽然限行带来了一些不便，但是在减少污染、缓解交通等公共领域方面的确起到了不小的作用，当然更有效的方式是同时大力发展公共交通。

最后，通过对产权限制与价值最大化的分析，我们认为公民财产权是个人自治的出发点，但由于财产权又具有社会责任的属性，其内容应受到法律的规定和公共利益的限制。政府在社会管理中为了实现公共利益，一定程度上限制公民的财产权利是不可避免的。当个人权利和社会公共利益发生冲突时，如果交易者之间能自愿接受约束将不会影响其产权价值最大化，从而打破了所有对产权的限制都将对产权产生稀释作用，降低产权价值的传统理论。

综上所述，现代产权理论认为产权具有自然和社会双重属性，当产权的行使会危害社会利益的时候，产权应履行其社会责任，应在一定程度上对其施加限制，即便给权利人造成不便，亦属于合理范畴，同时这样的限制并不会影响产权的价值。实践中，比如禁止在休息日进行房屋装修、强制要求工厂进行污水处理、限制私有文物出境等，均属此类。这些虽是对财产权的限制，但只是为了防止财产权的滥用损害社会公益，并未妨碍私人财产权正当利益的实现。因而，对不同的产权属性进行限制有助于社会的发展，并不会导致价值最大化的受损。值得我们进一步思考的是，限制公民的财产权利不仅要考虑到公共利益的需求，还要考虑坚持法律保留原则、比例原则与补偿原则这类实质标准，更应该强调程序控制，以实现有效控制社会管制中公权力对公民财产权的限制。

参考文献

[1] 巴泽尔. 产权的经济分析[M]. 上海：上海人民出版社，1997.

[2] 程民选. 巴泽尔产权理论的独特视角及其现实启示[J]. 河北经贸大学学报，4(5)：41-45.

[3] 董全瑞. 巴泽尔相对产权思想及其应用价值[J]. 河北经贸大学学报，2016（1）：37-41.

[4] 黄少安. 制度经济学实质上都是关于产权的经济学[J]. 经济纵横，2010（9）：1-7.

[5] 李中秋.巴泽尔产权界定的逻辑思路[J]. 河北经贸大学学报，2015（5）：29.

[6] 徐恒婧. 对限行令、限购令限制公民财产权的宪法思考[J]. 烟台职业学院学报，2016（1）：82-86.

[7] 李累. 论法律对财产权的限制：兼论我国宪法财产权规范体系的缺陷及其克服[J]. 法制与社会发展，2002（2）：41.

[8] 连建彬. 论公民财产权的限制：以机动车限行为视角[J]. 中共青岛市委党校（青岛行政学院学报），2015（4）：86-90.

基于高校的数据结构课程翻转课堂教学方法实践与研究

杨云超

（成都东软学院计算机科学与技术系 四川 成都 611844）

摘　要：数据结构课程是高校计算机类的一门核心课程，但该课程对教师和学生都有一定的难度。教师在教学过程中，致力于提高学生的学习积极性和学习效果。在教学过程中，笔者做出了很多尝试，头脑风暴、小组学习法、项目教学法、翻转课堂等。在这些教学方法的实践中，翻转课堂的教学方法是效果最好的，值得进行推广和实施。

关键词：数据结构；翻转课堂；教学方法

Practice and Research of Flipped Classroom Teaching Method Based on Data Structure Course in Universities

Yang Yunchao

(Department of Computer Science and Technology, Chengdu Neusoft University, Chengdu 611844)

Abstract: Data structure is a core course of computer science in universities, but it is difficult for teachers and students. In the process of teaching, teachers are committed to improving students' enthusiasm and learning effect. In the process of teaching, the author has made many attempts, such as brainstorming, group learning, project teaching, flipped classroom, etc. In the practice of these teaching methods, the flipped classroom teaching method is the best one, which is worth promoting and implementing.

Keywords: data structure; flipped classroom; teaching method

1　研究背景

数据结构课程是高校计算机类专业的一门重要课程，对建立学生的计算机思维及理性思维有很大的帮助。该门课程也是一门对学生来说比较困难的课程，通过简单的记忆和模仿不能掌握。因为该课程主要内容是不同应用场景下对数据的表示及处理数据和数据之间的关系。该课程不仅要求理解数据和数据之间的关系，还要求能够应用一门编程语言实现数据的表示和数据的处理。该课程要求学生有编程语言基础，还要能够将数据之间的逻辑结构和物理结构合理地表示。学生不仅要理解数据与数据的关系，还要能够根据应用的实际场景，合理地选择某种数据结构。选择行之有效的教学方法，帮助学生完成该门课程的学习，成为该门课程教师的一个重要任务。传统的教学方法主要以教师讲解和演示，学生听课、模仿练习的方式进行。这种教学方法对于上课认真听讲，课后认真练习的学生来说，是比较适合的。而现在高校中普遍的情况是，认真听讲的学生可能少于总人数的二分之一。教师上课激情飞扬，学生听课似懂非懂。这种教学方法最大的问

基金项目：全国高等院校计算机基础教育研究会 18 年度基于数据结构课程的翻转课堂教学模式探索项目（项目批准号：2018-AFCEC-189）成果。

作者简介：杨云超（1979—），女，汉族，籍贯云南，讲师，硕士，研究方向为软件工程。

题是学生和教师的教学关系是以教师为中心，广播式的教学方式。知识的传播，是从教师到学生的一种单向的传播方式，结果可能导致：教师都讲过了，学生未必学过。翻转课堂教学方法是一种近年来受到众多学校和教师推广和实践的方法。翻转课堂和传统的说教式教学的不同之处在于，翻转课堂是以学生为中心，以教师为主导的教学方式，教师的角色就像导演，策划和安排教学活动，而学生是主角，所有的教学活动都由学生来完成。任何一个教学活动，都是由学生主动完成的，学生的角色发生了变化，而学生学习的过程就是完成一系列的任务，每次阶段性的收获都是学生下一步的学习的动力。这种参与感与荣誉感能够让学生改变被动学习的习惯，而转变为主动学习，主动发现问题并及时解决。

探究如何在数据结构课程中有效实施翻转课堂教学方法，是本次教学研究的主要目标。

2　翻转课堂教学方法实施过程

根据当前学生的基本情况，合理地制定翻转课堂的实施过程。翻转课堂的实施，由课前准备、课堂实施、课后反馈三个阶段组成。课前准备阶段如图 1 所示，课堂实施阶段如图 2 所示，课后反馈阶段流程图如图 3 所示。

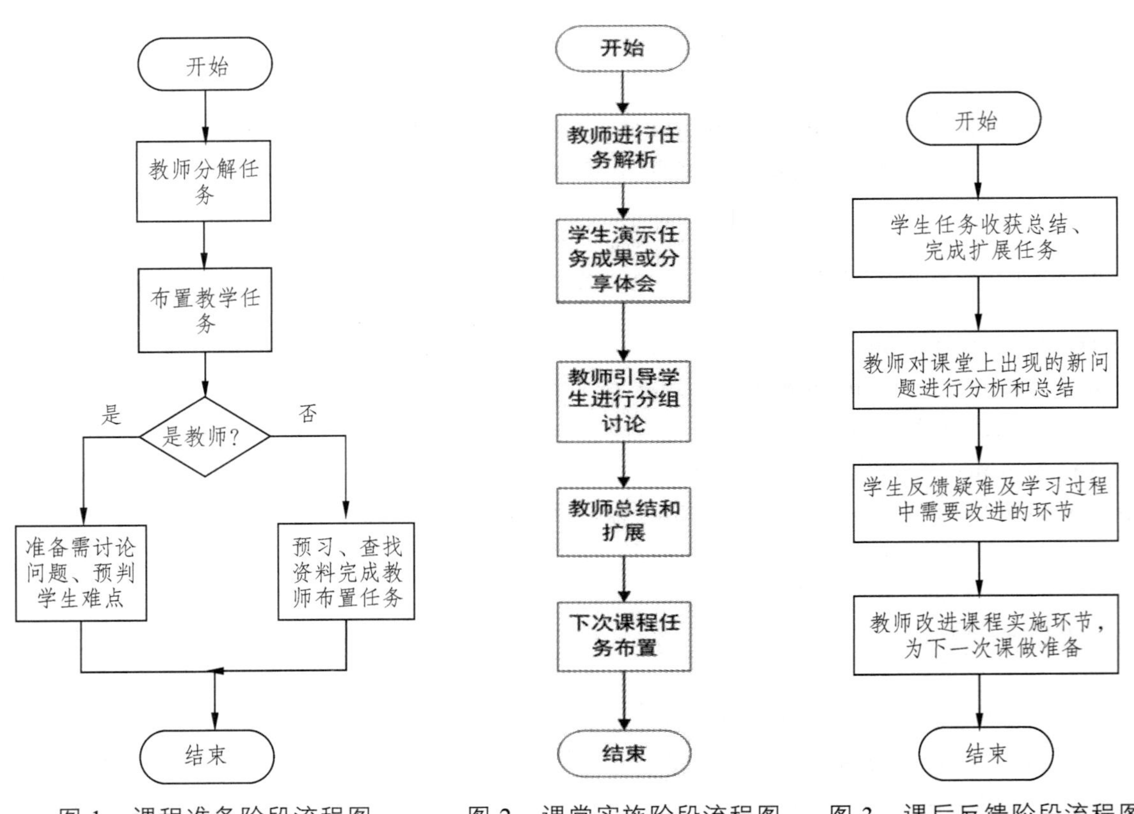

图 1　课程准备阶段流程图　　图 2　课堂实施阶段流程图　　图 3　课后反馈阶段流程图

课前准备阶段，要求教师预先对教学活动的任务进行分解，根据学生的基本情况，以个人或小组为单位布置教学任务，要求学生课前预先在网上以观看视频或查找其他资源的方式完成一次课程的一个或多个任务，而教师需要课前准备好该次课程需要讨论的重点问题，并预判学生难点，在课堂中进行总结和强调。

课堂实施阶段，教师首先明确课程的过程，由教师组织整个课程活动。然后，由学生展示完成的任务成果及分享任务完成体会，学生根据上台演示的成果，进行分组讨论。在讨论过程中，由教师进行引导，解决任务中的重点、难点。最后，教师对此次的课程活动进行总结，并且将该内容扩展到更广泛的应用场景中。课程结束前，为下一次的课程布置任务。

课后反馈阶段，学生根据教师的指导意见，

完成扩展任务，自我进行归纳和总结。而教师对于课堂中出现的新问题进行分析和总结。学生对疑难问题和教学活动中需要改进的环节进行反馈，教师根据实际情况及学生反馈改进实施环节，为下一次课的教学活动做准备。

翻转课堂教学实施过程中，教师通过不断改进教学环节，找到适合学生的教学方法，让学生在课前、课上、课后都能够有所收获和提高。

3 研究过程及成果

在数据结构课堂上，选取一部分难度适中的内容来作为翻转课堂教学方法的研究。在课堂上按照翻转课堂教学的三个阶段组织教学过程。

第一阶段，课前准备。以教学内容为单链表的基本操作这一次课为例，在上次课上，已经将本次课的内容分解为单链表的初始化、单链表的创建、单链表插入一个结点、单链表删除一个结点等内容，作为任务，要求学生进行预习，并请部分同学进行准备，为大家以单个任务准备演讲和 PPT。教师在课前准备本次课程需要讨论的问题，例如单链表创建的不同的方式（头部插入和尾部插入结点），插入顺序和链表的结点的顺序之间的关系，链式存储各有哪些优缺点。

第二阶段，课堂实施。基于学生的准备工作，每个任务挑选一位同学在课堂上进行讲演。当一个任务讲演结束，提示其他同学将自己预习的体会和上台演讲的同学进行分享，先提出是否有不同的理解或者看法，或者提出某一个任务是否有更有效的方式的建议。然后进行小组讨论，最后由教师提出一些常见问题并进行集中讨论。例如，在链表的插入过程中，我们必须先找到插入结点的前一个结点还是插入结点的后一个结点呢，如何找到该结点。教师可以通过适当的提问了解学生是否能够真正理解并完成某一任务。在课堂的最后阶段，为学生布置下一次的课堂任务。

第三阶段，课后反馈。教师通过给学生布置一些相应的扩展任务和课后作业，检验学生本次课程的收获。学生则可以在课后对于本次课程的内容进行反馈，特别是对疑难问题向教师或者科代表进行反馈，以便教师下次课程有针对性地复习或者进行合理的教学流程的改进。而教师则需要通过学生的反馈，改进教学方式、教学难点、深度等以适应本班大多数同学，使得学生能够获得学习成果的最大化。

研究成果：采用翻转课堂教学方式与采用传统的教师讲演、学生听讲的授课方式相比，翻转课堂中，学生的演讲能力、其他同学的课程参与的积极性都有明显的提高。特别是在课前准备、课后反馈环节，大多数的同学都能够完成经过分解的任务，学生和教师都作为教学活动中的重要参与者，以一种主人翁的身份参与到教学活动中，而不再是教师一个人的独角戏。相比其他的教学方式，这种教学方式的学生的认同感、参与感更加强烈，而学生的学习的主动性被最大程度地调动起来。从课后学生对于该教学方式的反馈来说，学生也对该教学方式表示欢迎，课堂上的演讲、讨论使课堂气氛活跃起来，学生在轻松的学习氛围中，很容易分享自己的观点和提高自己的表达能力。

表 1 以一个教学班 60 人为基准，根据上一年度数据结构课程与本年度加入了翻转课堂教学方式后学生的参与度与学习效果对比。从表中的数据能看出，翻转课堂教学方式提高了学生的教学参与度及学习成绩。

表 1 两种教学模式对比表

教学模式	课前参与人数	课堂参与学习人数	期末成绩>=60 分人数
传统教学模式	<20 人	<40 人	约为 40 人
翻转课堂教学模式	>40 人	>50 人	约为 54 人

4 结　语

在实施翻转课堂的过程中，我们的学生有了很多的收获，沟通与演讲的能力提高，学习自觉性提高，课堂参与的兴趣提高，最终学习成绩提高。但实施翻转课堂，也有一些问题需要解决。是否数据结构课程的所有内容都适合采用翻转课堂教学模式？是否高校的其他课程都适合采用翻转课堂教学模式？翻转课堂的成功，取决于学生能否在课前进行认真准备，课后认真完成作业和扩展任务。教师对于学生的课后的预习和复习怎么进行有效督促？针对部分不进行课前预习和课后复习的同学，采取什么方式来改正？解决好了以上问题，翻转课堂教学模式将以一种重要的教学模式为各种层次的教学提供参考。

参考文献

[1] 张金磊，王颖，张宝辉. 翻转课堂教学模式研究[J]. 远程教育杂志，2012（4）：46-51.

[2] 李云晖，王君. 高等教育信息化趋势下翻转课堂学习模式设计分析[J]. 黑龙江高教研究，2015（4）：166-169.

[3] 胡玥，董永权，杨淼. 基于 CiteSpace 的国内翻转课堂研究现状与趋势研究[J]. 高教探索，2017（11）：50-57.

[4] 凡妙然. 基于 MOOC 的翻转课堂在高校教学中的应用[J]. 软件导刊，2014（9）：189-190.

[5] 王海英. 基于翻转课堂的教学实践与思考[J]. 广东化工，2018（3）：201-205.

[6] 崔秀萍. 一种基于“翻转课堂”的新型教学模式实践探索[J]. 内蒙古财经大学学报，2018（1）：120-122.

课程思政在日语专业课程的应用方法研习
——以“综合日语”为例

于 洁

（成都东软学院应用外语系 四川 成都 611844）

摘 要：进行课程思政改革是新形势下落实教育立德树人根本任务的必然趋势和要求，日语类课程应该结合外语课程特点，以“润物细无声”的原则，潜移默化地引导学生，达到立德树人的目标。

关键词：课程思政；综合日语；日语教学

Research and Analysis on Ideological and Political Course's Application in Japanese Language Teaching and Its Relevant Methods
— Taking Comprehensive Japanese Course As an Example

Yu Jie

(Department of Applied Foreign Language, Chengdu Neusoft University, Chengdu 611844)

Abstract: It is an inevitable trend and requirement to carry out the fundamental task of strengthening moral education and cultivating people under the new situation to carry out the reform of curriculum thinking. In combination with the characteristics of foreign language courses, Japanese language courses should guide the students subtly and achieve the goal of and cultivating people.

Keywords: ideological and political course; Comprehensive Japanese; Japanese language teaching

1 日语专业教学融入思政教育的必要性

学习日语专业的学生，很多都从小受到日本文化的影响，尤其是日本动漫和日本游戏。很多学生都是先喜欢上日本文化，从而选择日语专业，立志学好日语，并希望将来到日本留学深造。根据日本入国管理局的统计（2010年7月7日发表），登录在册的在日中国国籍人数为 680 518 人，其中留学签证 94 355 人，就学签证 32 408 人，也就是说在日本有正规身份的中国人有 68 万多，其中留学生 12 万多。

日语专业的学生选择留学是无可非议的，这对于提高他们的专业技能也是有百利而无一害，但是我们也应该思考这样一个问题：我们要满足于让学生学好语言知识，考出好的成绩，找到满意的工作的同时，也应该思考我们为什么要培养外语类的人才，我们为了谁在培养外语类的人才。少年强则国强，青年兴则国家兴，如果培养的优秀人才，最终都流向国外，这就与我们培育有理想、有担当的青年的教育目标背道而驰，脱离了我们为国家发展培养人才的初衷。

习近平总书记在 2016 年全国高校思想政治工作会议上强调：“做好高校思想政治工作……要用好课堂教学这个主渠道，思想政治理论课要坚持在改进中加强，提升思想政治教育亲和力和针

作者简介：于洁（1977.8—），男，汉族，副教授，工程硕士，主要研究日语教育、日本社会文化。

对性，满足学生成长发展需求和期待，其他各门课都要守好一段渠、种好责任田，使各类课程与思想政治理论课同向同行，形成协同效应。”总书记的教诲发人深省，每位教师都应该种好自己的责任田，而日语专业教师的责任田就是：坚守课堂阵地，站在中日文化的交汇点上，引导学生学习日语的同时不忘初心，坚守爱党、爱国、爱人民的信念，树立为祖国发展奉献终生的崇高理想。

高年级日语专业课程体系主要涵盖了“综合日语”“日本历史与文化”“日本文学选读”“日语翻译”等专业类课程，每个课程在传授专业的同时都应该加入思政教育，而“综合日语”作为高校日语专业高年级阶段最重要的课程，有必要也有条件、资源种好思想政治教育的责任田。

2 日语课程思政的目标与原则

日语作为外语类课程，因其人文性、直观性和实用性，以及中日两国的历史渊源，结合当下中日关系，可以很好地将思想政治教育融入教学过程中。

同时外语课程除了教授语言知识之外，还有一个重要的目标是立德树人，与思想政治理论课同向同行，形成协同效应。另外，日语专业学生随着学习的深入，接触的日本文化相关的内容会越来越多，可能会对日本产生盲目的崇拜感，片面地认为国外一切都好，为避免产生这样的错觉，日语教师还应该承担起提升学生文化自觉和自信的重担。

另外，课程思政固然重要，但一味地为了思政而思政，反而会影响教学效果，甚至让学生产生逆反心理。所以，在课程思政的设计中应遵循“润物细无声”的原则——把思政教育内容融入专业知识的教学，使两者有机结合，潜移默化地引导学生。

3 课程思政内容的探索

3.1 在课堂讨论中引领核心价值

当下的大学生从小接触网络，很容易获得各类的文化信息，日语专业的学生尤其对日本文化中的动漫、游戏感兴趣，但是这里面充斥着大量的不良的生活方式和价值观。在课堂上，老师应引导学生带着批判的目光解读各类文化现象背后的精神实质，真正做到取其精华去其糟粕，牢牢守住社会主义核心价值观的主旋律。

3.2 在专业教学中融入国家战略、大政方针的宣讲

国家大事、时事政治在日语专业教学中也很重要。我们带领学生对国家“一带一路”提出的时代背景、内涵实质等进行深入的解析，让学生深切体会到了我们的大国气质、大国担当，培养学生的大国自信。我们坚决支持拥护党中央“一带一路”倡议，用学来的外语知识进行中国文化传播，进行贸易输出。同时鼓励学生积极对外宣传“一带一路”，让世界更加了解中国，做好传播中国文化的使者。

3.3 在语言教学中渗透文化自信

我们应该加强对学生文化自信的培养。老师们应该在教学过程中融入中国五千年的传统文化，站在大国的高度来讲解中日文化，帮助学生在跨文化学习中思正身正，树立文化自觉和文化自信。课内讲解词语和课文的时候，我们也应该注意去选取一些具有代表意义的中国传统文化资料。

3.4 在第二课堂中弘扬中国精神

开展丰富多彩的第二课堂教学，使其与第一课堂内容有效衔接。开展外语文化节，增加语言实践的机会。在外语文化节中，鼓励学生积极参与各项活动和比赛，比如外文歌曲大赛、外语演讲比赛等。我们引导学生进行一系列主题鲜明的活动，真正做到使用外语工具，讲述中国故事，唱响中国旋律，弘扬中国精神！

4 “综合日语”思政课程设计

在课程思政的设计中应遵循“润物细无声”的原则，多采取中日情况比较、学生讨论、翻转课堂、制作微视频等形式多样的教学方式引导学生。

4.1 中日社会现象对比类

“综合日语”教材中介绍日本社会的素材很多，在教学过程中应该结合中日情况对比加以解释和说明。比如教材中涉及日本少子化的现象和小家庭现状，结合这一知识点，就应该通过对日本少子化、小家庭化、养老困境等社会问题的介绍，引导学生反观中国的社会现状，加深对社会主义核心价值观中的“富强、民主、文明、和谐”这一国家层面价值目标的理解。具体融入方式为小组讨论。以翻转课堂的形式，在课前把日本少子化、小家庭、养老现状及解决方案等相关资料发给学生学习，让学生以小组讨论的方式围绕自己的家庭和我国的现状展开讨论并在课堂上发表观点。再如，书中涉及旅行和购物的内容，可以在学习语言知识的同时，同样以小组讨论的方式让学生反思近年来中国游客海外购物热以及一些不良习惯，借此机会对学生进行社会主义核心价值观的教育。

4.2 中日传统文化对比类

在教材中也有很多章节都对日本传统文化进行了介绍，而其中相当一部分都和中国传统文化有着千丝万缕的联系。比如介绍日本传统节日、如盂兰盆节和年末的送礼习俗、日本料理、和服、相扑等体育运动，都可以和中国传统文化进行对比学习，以加深学生对中国传统文化以及传统美德的热爱继而培养学生对中华民族优秀文化的传承意识。以和服为例，首先通过图片和小视频介绍日本的和服，指出和服在日本人心目中的地位以及在国际上的影响力，特别说明日本人穿着和服的场合以及各种讲究。然后通过提问让学生思考中国具有代表性和国际知名度的传统服装是什么，大家平时是否会穿着传统服装吗，由此引出学生对中国传统文化传承和发扬的思考。其实日本和服的样式在很大程度上受到了汉唐时期中国服饰的影响，但和中国的汉服相比，无论是布料、样式、花色还是文化内涵上又有很多区别。借此对比学习的机会，学生不仅学习了日本的传统服装，也重新认识了中国的传统服饰，了解到中国传统文化对外国的巨大影响，同时也能意识到对传统文化进行继承和传播的重要性。

4.3 新闻导向类

日语教学过程中会经常使用视频材料，比如日本的 NHK 的新闻、朝日新闻的素材，对于这些新闻素材，除了用于提高学生的听力和阅读能力，应该对新闻内容加以分析、提炼，提高学生的判断是非的能力。比如在朝日新闻中有一个非常有名的专栏——天声人语。这个栏目刊载的多是日本人的杂感和随想。对于这些文章，应结合其写作的背景，让学生更加清楚认识日本社会的现状。客观地、辩证地看待问题。

作为一门外语类的专业课程，“综合日语”主要从提升学生的文化自觉和自信、弘扬中华传统美德以及加强对社会主义核心价值的理解等几个方面和思政教育内容进行有机结合，同时也应该为专业的其他课程思政做出良好示范。

5 结 语

青年一代有理想、有本领、有担当，国家就有前途，民族就有希望。进行课程思政就是让越来越多的学生意识到他们的努力不仅仅是为了个人的前途和利益，还关系到祖国的发展和民族的希望。

我们要在习总书记红船精神的引领下，更加深入地推行课程思政改革。

参考文献

[1] 习近平. 把思想政治工作贯穿教育教学全过程 开创我国高等教育事业发展新局面[N]. 人民日报，2016-12-09（001）.

[2] 陈蓓. 论“课程思政”理念下的《基础日语》教学设计[J]. 现代商贸工业，2018（34）：156-157.

[3] 边宇琪. 外语类专业课与“课程思政”的融入[J]. 文教资料，2018（18）：212-213.

外宣文本英译的重构过程及对应用翻译教学的反思

金小丽

（成都东软学院应用外语系 四川 成都 611844）

摘　要：外宣文本英译应以传递信息为目的，并同时考量译入语读者的接受程度。本文从语篇结构、修辞风格、文化信息多个角度讨论外宣文本英译的重构过程，在此基础上提出对应用翻译教学的一点思考。

关键词：外宣文本英译；外宣英译重构；应用翻译教学

The Reconstruction of the Translation of Publicity Texts and Reflection on the Teaching of Applied Translation

Jin Xiaoli

(Department of Applied Foreign Language, Chengdu Neusoft University, Chengdu 611844)

Abstract: When translating publicity material from Chinese to English, translators should take into consideration the response of the readers of translated version on the basis of conveying the information of the original text. This thesis intends to discuss the reconstruction of the translation of publicity texts from the handling of discourse structure, rhetoric style and culturally-loaded information and hence reflect on the teaching of applied translation.

Keywords: publicity texts translation; reconstruction of the translation of publicity texts; teaching of applied translation

1　外宣文本英译的理论指导框架

近年来，随着中国在国际上的地位日益增强，国际交往日渐频繁，这一形势对外宣资料英译质量提出了更高的要求。外宣文本英译以帮助译入语读者了解相关信息，激发其进行体验或消费的欲望为预期目的。按照纽马克对文本类型的分类，外宣资料属于信息型和呼唤型文本，对于该类文本的翻译策略的选择应以促进目标群读者的理解与接受，实现原文预期功能和效果为指导原则。综合来讲，对于外宣资料英译的策略选择，国内学者有以下几种代表观点。

黄友义认为“外宣翻译需要翻译工作者熟知并运用‘外宣三贴近’原则”，即“贴近中国发展的实际，贴近国外受众对中国信息的需求，贴近国外受众的思维习惯”（黄友义，2004）。林克难仿照“信、达、雅”的翻译标准，提出应用英语翻译应进行“看、写、译”（林克难，2003），也就是提倡通过熟悉英语母语者的表达习惯，在翻译时进行模仿，而不是逐字照搬，以使译文更加符合英语母语者的阅读习惯，甚至可以根据翻译发起人的意图，直接用英语对造成译入语读者理解障碍之处进行改写。

基于以上观点，笔者认为，外宣文本英译可以看作一个基于翻译预期目的、对原文从多个角度进行调整和重构的过程。在此过程中，译者应

作者简介：金小丽（1981—），女，汉族，四川，讲师，硕士，研究方向为英汉语口笔译。

以“受众反应”，也就是译入语读者反应为参考标准，综合运用省译、改译、重组等一系列翻译手段，对原文从信息呈现、修辞、逻辑关系等各方面进行综合调整。

2 外宣文本英译的重构过程

2.1 语篇布局

中英双语在语篇结构上存在较大的差异。中国古文，行文洗练，选字用词意义高度概括，往往一个段落就是一篇文章，文章内部的逻辑关系都通过文字内在的意思来体现，没有明显的逻辑衔接标志和段落分层，作者往往倾向于先作铺垫，逐步推进，文章的主旨到最后才能“拨云见日”。这一文字表达习惯也深远地影响了近代白话文，后者虽然出现了段落层次，但“汉语的分段任意性较大，受情感支配较多”（蔡基刚，2003）。与之相反的是，英语行文逻辑性较强，段落作为文章的逻辑单位，具有明确和单一的思想性；英语的语篇结构也相对固定，作者倾向于开篇明义，在文章开头就阐明观点或进行总述。英汉语之间这一语篇构筑的差异性，为外宣文本英译的语篇结构调整提供了指导方向：在进行外宣英译时，译者通常需要以译入语读者，也就是英语读者的阅读习惯为基础，对原文的语篇布局进行相应调整，使之更符合其思维模式和逻辑特点。

武陵源风景名胜区位于湖南省张家界市，总面积 264 平方公里，由张家界国家森林公园、索溪峪和天山等几大景区组成。主要景观为石英砂岩峰林地貌，境内共有 3 103 座奇峰，姿态万千，蔚为壮观。加之沟壑纵横，溪涧密布，森林茂密，人迹罕至，森林覆盖率达 85%，植被覆盖率 99%，中、高等植物 3 000 余种，乔木树种 700 余种，可供观赏园林花卉多达 450 种。陆生脊椎动物 50 科 116 种。

区内地下溶洞串珠贯玉，已开发的黄龙洞初探长度达 11 公里。武陵源以奇峰、怪石、幽谷、秀水、溶洞“五绝”而闻名于世。

——《武陵源风景名胜区》

这是国内景点的宣传资料。按照意义划分，这一段文本中分别提到了该景区的基本信息，如地理位置、面积和组成部分；该景区的景观特点，如“奇峰”“植被茂密”“溶洞”等。可是这一段文本的段落划分较为混乱：在前文介绍位置、面积的基础之上，重新开启一段，但内容并没有进行新的扩展，而是继续对该景区的特色景点“溶洞”进行介绍；并且在这之后，作者用一句话总结武陵源的景色特点。这段内容对于汉语读者来说理解起来没有困难，但在译为英语的时候，译者就需进行语篇结构的调整：按照英语的行文逻辑来对原文内容重新安排，也就是对于某事物的介绍，应该遵循基本信息至特征信息的行文逻辑，概括类信息在细节类信息之前的语篇结构，以及段落划分主题统一、层次明晰的语间逻辑。

因此按照英语阅读者的思维习惯，经过结构调整后的英语译文如下：

Located at Zhangjiajie, Hunan Province and covering 264 square kilometers of land, the Wulingyuan Scenic Area encompasses the Zhangjiajie National Forest Park, Suoxiyu and Tianshan National Reserves. It is known in the world with the outstanding features of spectacular peaks, unique rocks, secluded valleys, serene waters and karst caves. The spectacular quartz and stone formation is noted for its clusters of peaks, 3103 in number, in all wonderful shapes. Crisscrossed by valley, ravines and streams, the densely wooded forests are untraversed by men. Wulingyuan has a forest coverage of 85% and a vegetation coverage of 99%. It houses over 3000 species of high and middle- level plants, 700 arbor species, 450 species of ornamental flowers, and 116 species terrestrial vertebrates falling into 50 families.

在这段译文中，原文的最后一句被调换至第三句，在介绍了基本信息之后，对该景区的景点特征做了一个简要概括，随后进行具体阐述。这样的语篇结构调整更有利于英语读者迅速地把握文本的重点信息，符合其认知逻辑。

2.2 语言风格

受哲学渊源和审美观念的影响，汉语在表意的同时追求一种形式和韵律之美，在行文中大量使用平行、对称结构，或者使用大量的四字格的词语以及重复排比等修辞手段来加强语气。而英语表达更倾向于理性与客观，不管是表达意图或进行描写都尽量避免重复和过度渲染。在外宣文本英译的过程中，译者需要注意到这一差异，尽量以译入语读者的思维习惯和审美倾向为基准，对原文中过于华丽的辞藻、重复渲染的文字进行包括省译、改写等手段在内的重构，使语言简洁和平实化。

2.2.1 化繁为简，避免重复

成都东软学院成立于2002年，是一所以工学为主，管理学、艺术学、文学等学科相互支撑、协调发展的，以建设“有特色、高水平、创业型”应用技术大学为目标的普通高等院校。

这一句话主要介绍学院的学科组成和办学目标，把这两点信息在译文中传递清楚即可。原文中为了加强语气，使用了两个意思类似的四字格词语“相互支撑”和“协调发展”来形容学科的特点，在翻译成英语译文的时候实则没有太大必要，突出“发展的协调性”即可。调整后的译文如下：

Founded in 2002, Chengdu Neusoft University (CNU), with the engineering offering as its priority discipline, facilitates the coordinated development of various disciplines such as management, art and literature and is in incessant pursuit of its goal of growing into an application-oriented and technology-focused university.

2.2.2 语言平实化

这里三千座奇峰拔地而起，形态各异，有的似玉柱神鞭，立地顶天；有的像铜墙铁壁，巍然屹立；有的如晃板累卵，摇摇欲坠；有的若盆景古董，玲珑剔透——神奇而又真实，迷离而又实在，不是艺术创造胜似艺术创造，令人叹为观止。

在这一段文字里，作者使用了大量的四字格成语和平行排比结构来表达对武陵源景区之美的赞赏；并且在后半部分，抒发了基于美景的自我感受。这样的自我感受的表达，在英语文化语境的信息介绍类文本里，实属少见，英语读者对此可能会感到难以理解。

因此，该文本在被译为英语时，译者进行了大量的省译和改写，去除了烦冗的修饰词汇和个人感受，译文更集中表达“奇峰”的形态各异，实现了信息的有效传达。

3,000 crags in various shapes----pillars, columns, walls, shaky eggs stacks and potted landscapes conjure up unforgettably fantastic images. (translated by Fang Mengzhi)

2.3 文化信息

汉语中有很多包含文化内涵和中国特色的词语和表达方式。在外宣文本英译过程中，对这类文化词的处理有不同的情况。其中一类体现源远流长的中国文化词，诸如“阴阳”“太极”等，译者为了促进中国文化的传播，多采用直译或者音译的翻译策略和手段；然而对于另一类在社会发展过程中逐渐形成的、具有典型历史阶段和社会特色的词，诸如“菜篮子”“米袋子”等，在进行英译时，则需要考虑译入语接受者的文化语境缺失这一背景，采用省译或使信息具体化的策略来实现源语实质信息的传达。

某某县已初步建立起了优质果品、畜禽、蚕桑、蔬菜、水产、林木、中药材、农产品基地，被列为全国优质商品瘦肉型猪基地县，国家商品粮基地县和四川省商品牛、优质山羊示范县，优质水禽、优质蚕茧基地县，全省综合经济实力十强县、全国科技工作先进县、全国首批“两基”工作先进县，“蜀中第一小康县”。县内某公司连续六年获“四川省最佳文明单位”“四川省先进企业”“四川省消费者满意单位”“双拥单位”等各类荣誉。

该段文本旨在宣传某县农林产业资源优势，使用了大量具有时代特色的用语和称号来突出其取得的成绩和优势地位。这样的文字汉语读者理解起来没有困难，但是对于英语读者来说，由于缺乏相应的社会背景和文化语境，不能理解和体会这些名号的罗列与该县和企业宣传的关联作用；并且，读者很容易迷失在堆砌的文字里，反而无法有效地获取这一文本所想要表达的关键信息。因此，译者对于其中体现特定的社会和文化内涵的词汇进行了删减，只保留原文作者想要传递的核心信息，该段被译为：

The county is noted for its large agricultural productions and sideline products of fruitage, livestock, sericulture, aquiculture, vegetables, lumber and medicinal herbs, as well as rapid development of its township industries and rural urbanization. ***Inc. is a consumer favored business and received dozens of honorary and professional titles conferred by relevant provincial and city authorities. (translated by Fang Mengzhi)

3 基于外宣文本英译的重构对应用翻译教学进行反思

应用翻译是应用型外语专业的一项重要的翻译教学课题；外宣文本英译属于应用翻译，应以信息的传达为目的。在教学中，建议从以下方面来提升学生在外宣英译方面的翻译素养。

首先，在平时的教学中加强学生对指导外宣资料英译的功能目的论、“外宣三贴近”等理论和原则的理解，在外宣英译的策略和方法的选择上，指导学生树立翻译的“受众”意识，鼓励其在翻译实践中自觉运用省译、改写、重组等多种翻译手段，对原文中对译入语读者的理解构成障碍、不能有效实现翻译目的之处进行调整和重构。

其次，不断督促学生提升英语的驾驭能力。这种能力不仅指遣词造句，更多的是对英汉两种语言差异的规律性的把控。英语重形合，句子多以主谓结构为主，句子之间逻辑关系紧密，相互关系需要借助衔接手段进行外部显化；语篇结构相对固定：开篇即交代主旨要义，后续段落围绕主旨按照一定的逻辑顺序排列展开论述；每个段落围绕一个主题展开。相较而言，汉语重意合，不论是句子或篇章，多以主题型、归纳型的思维方式展开；语篇结构多采用“先铺垫、后点题”的方式展开，行文内部逻辑关系不甚紧密，“分段任意性较大，受作者情感支配较多”（蔡基刚，2003）。只有当学生深刻理解了英汉双语在语篇结构、行文风格、表达方式上的诸多差异，才能在外宣英译实践中正确地对原文进行梳理、调整和重组，进而避免翻译腔严重的译文。

再次，应鼓励学生在翻译中用跨文化视角来处理“文化负载”词。在翻译中碰到的具有中国特色的文化词和现象，需要根据具体情况进行具体分析。对于一些约定俗成的、汉语读者心领神会的表达方式，要运用跨文化思维，考量其是否对缺乏文化背景和特定语境的译入语读者造成理解障碍。

外宣文本英译的功能目的要求其需要接近译入语读者的思维方式和阅读习惯。因此，应该鼓励学生在进行该类翻译实践时，大胆地进行改写、调整和重构，力争使译文的语篇布局、修辞风格和文化信息等各个方面都更易于被译入语读者接受。

参考文献

[1] NEWMARK PETER. A textbook of translation [M]. NJ: Prentice Hall, 1988.

[2] 蔡基刚. 重视大学英语翻译教学 提高学生英语应用能力[J]. 中国翻译，2003（1）：63-66.

[3] 方梦之. 实用文本汉译英[M]. 青岛：青岛出版社，2002.

[4] 方梦之，毛忠明. 英汉—汉英应用翻译教程[M]. 上海：上海外语教育出版社，2004.

新常态下 LNG 行业分析

孔晶晶　吕宜航

（成都东软学院商务管理系　四川　成都　611844）

摘　要：在经济新常态的背景下，近年来国内 GDP 增速有所放缓。与此同时，飞速发展的互联网信息通信技术与传统产业进一步融合，全球政治经济环境纷繁复杂，市场竞争日益激烈，氢能和燃料电池等新兴能源在能源消费结构中的占比大幅增加。LNG（液化天然气）能源企业不得不面对市场导向的剧变和日趋下降的用户需求，企业商业模式的创新势在必行。本文通过对 LNG 行业的 PEST 分析，结合新常态时代背景，从行业的角度就创新模式与新变革之驱动因素进行深入探索，旨在探讨 LNG 行业在新常态时代背景下走向行业新变革的必要性，以及行业自身进入良性循环的生态系统的践行方向。

关键词：新常态；LNG 行业；能源结构

Analysis on LNG Industry of the New Normal

Kong Jingjing, Lv Yihang

(Business Management Department, Chengdu Neusoft University, Chengdu 611844)

Abstract: Under the New Normal environment, China GDP growth is at lower pace in recent years. Meanwhile, the industry convergence of rapidly growing Internet information and communication technology with traditional industry is being accelerated, global political and economic circumstance is being ever more complex, market competition is becoming increasingly fierce, and also the kind of new energy such as hydrogen energy and fuel cells has higher proportion of energy structure. LNG industry enterprises have to face the changing market and declining customer needs, and business model innovation is imperative. This paper conducts research by using PEST analysis model. It explores the key driving factors of business model innovation from the perspective of LNG industry. As a result, it indicates the necessity for LNG industry change in the environment of New Normal, and the possible paths for industry life system's virtuous circle as well.

Keywords: New Normal; LNG industry; energy structure

1　引　言

在全球气候变化的压力与产业革命的推动下，国际地缘政治形势瞬息万变，世界能源结构正在经历剧变与转型。中国在经历了经济高速发展的三十年后，迈进了趋于稳定的历史新阶段[1]。作为能源大国，积极开展核心技术研发与创新，发展低碳清洁能源是促进能源革命与产业升级的必经途径。本文将在市场需求减缓，新能源行业竞争加剧的新常态大环境中，以中国传统行业中最为重要且最兼具时代特征的新能源行业——LNG（Liquefied Natural Gas，液化天然气）行业为例，

作者简介：孔晶晶（1987—），女，汉族，四川，高级工程师，硕士，研究方向为市场营销、项目管理；吕宜航（1981—），男，汉族，四川，九三学社社员，副教授，高级工程师，高级经济师，硕士，研究方向为市场营销、企业管理。

结合时代特性，回顾与解读 LNG 行业的发展历程及特点，运用 PEST（Politics 政治、Economy 经济、Society 社会、技术 technology）模型从四个维度探讨 LNG 行业变革与商业模式创新的必要性与路径方向。

2 LNG 行业解读-PEST 模型分析

LNG 作为世界上最干净的化石能源，具有无色无毒无味的物理特性和与常温条件下气态气体的体积比优势（LNG/NG=1/625）；相较于电动汽车和燃料电池目前在技术应用上的局限性，LNG 在经济性、安全性、充装效率、续航里程各方面均具有显著优势。在世界各国均积极寻求能源结构转型的大趋势中，以上这些优势促使 LNG 成为当前最能有效替代民用、车船用燃料（汽、柴油）的清洁能源。世界能源结构将进入石油、天然气、煤、核能及可再生能源并驾齐驱的新时代，而天然气，尤其是 LNG 在能源结构中的重要性将愈发明显[2]。

本文将从政治、经济、社会与技术四个方面的来解读 LNG 行业现状，分析在全球 LNG 贸易持续活跃，国家政策倾斜，且 LNG 应用技术研发呈现蓬勃生机之时，LNG 为何依然迎来了行业的“寒冬”，LNG 相关企业为何不得不面对行业变革与商业模式创新。

2.1 LNG 行业 PEST 分析

2.1.1 政治（Politics）

中国 LNG 行业较之美国、澳大利亚、卡塔尔等 LNG 发达地区起步较晚，行业在短期内获得如此巨大的发展，与国家经济性激励政策的支持与体制保障密不可分。但自 2017 年以来，由于 LNG 市场的迅速拓展，核心技术逐步成熟，随之而来的则是成本和行业进入门槛的降低，及相关设备企业产品同质化现象的增加。对 LNG 行业而言，国家政策放缓了对 LNG 产业的扶持，转而推进电动汽车的发展，依赖于政府财税优惠、价格调控等政策倾斜所带来的“红利”逐渐减少。以上种种因素，对 LNG 行业的进一步深入发展形成了一定程度的体制掣肘。

回顾 2014 至 2018 年，中国 LNG 行业“爆发式”发展。国务院办公厅于 2014 年印发的《能源发展战略行动计划（2014—2020）》中首次将发展 LNGV 汽车和发展燃料电池汽车提到了同等优先级[3]。首先在 LNG 的技术研发创新与应用上国家均予以持续的政策支持。其间，市场为寻求替代传统能源，尤其是成品油的生态型能源，全国各地均在政府的积极引导下大力发展以 LNG 为代表的清洁能源。截至 2018 年底，全国范围内共建 LNG 加气站 3100 余座，LNGV 车辆 4 万余辆[4]。单看于此，LNG 的前期政策支持和长期增速尚可，但此阶段全国范围内公共充电基础设施，特别是充电桩的建设速度相较于 LNG 加气站保持了更为高速的增长[5]。其次，值得注意的是，电动汽车和 LNGV 汽车所侧重的应用领域的不同。燃料电池技术应用于民用电动汽车，其市场前景非常广泛：不仅局限于以特斯拉为代表的乘用车市场，更有可以与 LNG 相提并论的以国网投资额增速为转移的板块——商用车公共交通汽车市场。最后，虽然目前尚有技术难题和电价等问题未能完全攻克，但政府强有力的政策导向发挥着巨大的推动作用。更为关键的是，这些也对于 LNG 行业如期发展形成了不可忽视的阻碍。自 2015 年以来，政府有关部门多次出台的关于电动汽车鼓励推广扶持政策，涵盖从“免除车牌拍卖、摇号、限行、停车费、电价调整”等方面，到将电动新能源汽车纳入政府采购项目[5]，以上这些无一不是对电动汽车行业超越 LNG 行业的“保驾护航”。

表 1 2010—2014 年国家政策支持不完全统计（LNG 车用）

文件名称	政策内容
《天然气利用政策》	优先发展天然气汽车（尤其是双燃料及液化天然气汽车）包括城市公交车、出租车、物流配送车、载客汽车、环卫
《国务院关于印发节能减排“十二五”规划的通知》（国发〔2012〕）	推广节能与新能源汽，加快加气站、充电站等配套设施规划和建设
《国务院关于印发节能与新能源汽车产业发展规划（2012—2020 年）的通知》	替换燃料汽车：积极开展车用替代燃料制造技术的研发和应用，鼓励天然气（包括液化天然气）、生物燃料等资源丰富的地区发展替代燃料汽车

续表

文件名称	政策内容
《大气污染防治行动计划》	推广新能源汽车：北京、上海、广州等城市每年新增或更新的公交车中新能源和清洁燃料车的比例达到60%以上
《交通运输部关于印发公路水路交通运输节能减排“十二五”规划的通知》	使用天然气车辆，逐步提高城市公交出租汽车中天然气车辆的比重，在城市物流配送、城际客货运输车辆中积极开展试点推广工作，以新购置天然气车辆代替淘汰的老旧车辆
《能源发展战略行动计划（2014—2020年）》	能源消费中，天然气比重达到10%以上。提高天然气消费比重，到2020年，天然气在一次能源消费中的比重提高到10%以上

2.1.2 经济（Economy）

从经济与市场的角度来看，一方面，全球LNG贸易活跃，以北美和亚太地区为核心的LNG消费量持续增长，中国LNG的现货交易受到终端消费者大幅增长的促进。另一方面，全球GDP在未来二十年内的低增长将转化为较低的能源需求[6]，这对本来就处于竞争激烈的新能源市场中的LNG行业无疑是雪上加霜。近年来中国一直是世界范围内排名前三的LNG进口大国。国内LNG的终端价格受制于以美国、澳大利亚为首的发达国家。中美贸易的影响以及其他经济体增长速度放缓的阻碍是国内能源需求不确定性的主要来源。并且，贸易溢出效应将导致全球GDP的增速低于年均3%[6]。全球经济一体化使各国之间的经济纽带更加密切，经济发展更趋于协同。因此，在此经济新常态下，更加缓慢的全球GDP增速与更为复杂的经济环境，是LNG行业不得不面临的潜在风险。

2.1.3 社会（Society）

在社会要素的众多构成中，社会成员的数量、民族和文化特征，以及关于环境的价值观，对行业发展有重要的影响。工业革命以来，科技进步和经济发展带来了日益严重的环境污染，中国同样受到全球工业化进程与气候变暖的影响，伴随着机动车保有量的快速增长与能源消费量的不断上升，加速低碳能源转型，并将其赋能于经济发展已迫在眉睫。收入和人口是能源需求增长背后的关键推动因素。全球GDP增量中约有20%来源于人口增长的贡献[7]。反观电动汽车，在国家能源局的推动下，日趋完善的公共充电基础设施网络和经济性政策使大众消费者对电动乘用车的接受度空前高涨（见图1、图2），2018年电动乘用车的保有量年增速高达50%[8]。

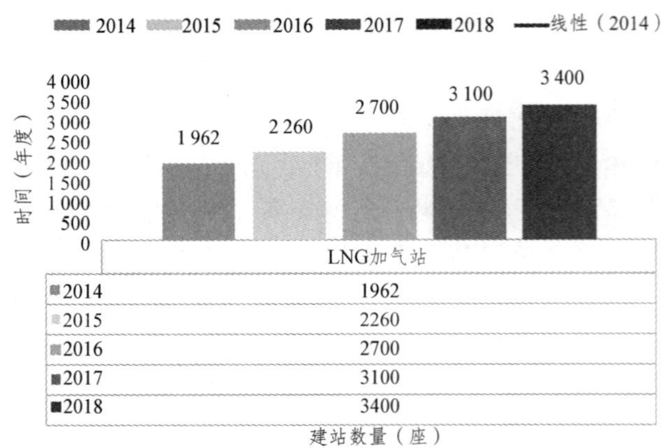

图1 2014—2018年全国LNG加气站建站情况统计

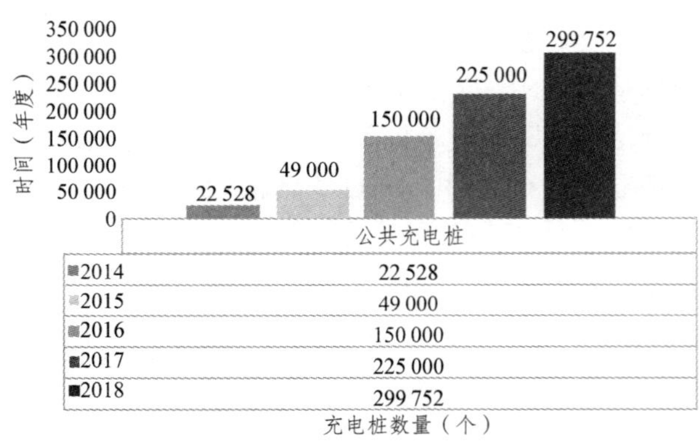

图2 2014—2018年全国公共充电桩建站情况统计

2.1.4 技术（Technology）

科技研发与创新是推动行业发展的重要内驱力。LNG技术研发与创新包含了从开采、炼化、加工、运输、气化到终端销售的完整产业链，同时又涵盖工业、民用、车船用及调峰备用等领域。与世界LNG行业发展较早的美国、如本、澳大利亚等国相比，中国LNG技术在民用终端应用技术上较为成熟，但在LNG产储与运输技术方面相对薄弱。目前，国内LNG用气大部分依赖进口。建设规模化的多层次LNG产储系统（LNG工厂、LNG接收站与LNG储气库）已在稳步推行。从另一个角度，产储运的技术壁垒加速 LNG 行业进入“阵痛”时期，同时也迫使相关企业开始重新思考企业与其利益相关者（包括业主、供应商、关联企业、终端用户）的关系及互动方式。

简言之，以上各方面的因素，既是促进 LNG 发展必不可少的作用力，又毋庸置疑地驱动了 LNG 行业的新变革和商业模式创新。传统的格局是：世界上绝大部分地区的能源消费者包含中国在内很难选择自己的能源供应商。大部分的 LNG 上游企业以垄断或类似垄断的方式掌握了一个区域大部分的资源或消费者，没有太充分的动力和绝对的必要去思考商业模式创新，即如何以更高的效率与更优质的服务来吸引客户或提高客户忠诚度，这是亟待解决也是必须改变的现状[8]。

3 结 语

综上所述，随着我国 GDP 增速放缓，燃料电池与氢能技术的迅速发展，加之互联网信息通信技术与传统产业的深入融合，传统 LNG 行业在经济新常态下的新变革与商业模式创新势在必行。一方面，LNG 及其应用领域的企业，无论生产商、设备集成商、服务商均不应仅仅依赖于政府的政策支持和用户分配，而需结合新常态下的环境背景，借助网络信息技术，通过社群平台聚合资源、直接与终端用户对接，更加明确地捕捉用户能源需求，达成企业利润目标[9]。另一方面，站在行业消费者或用户的角度，其需求、满意度、融合度均将被最大化地分析、满足与回馈。

简言之，在新常态下的 LNG 行业无论从政治、经济、社会及技术的角度分析，均驱动着行业进行新的变革与产业升级。整个 LNG 行业需要借力时代特性，通过行业平台进行优势资源聚合、先进技术分享及合理价值分配，随之催生出有别于传统企业经营模式的 LNG 企业，最终利用传统能源生态链上各环节与现代网络信息技术的融合与商业模式创新，促使 LNG 行业形成持续发展的行业生态系统。

参考文献

[1] 陈世清. 新常态经济学的理论建构[EB/OL].（2016-04-16）[2019-09-09].http：//news.people.com.cn.20l5.in/g/0410/c1004-2646975397.html

[2] 王一鸣，李凡荣. 中国天然气发展报告（2019）[M]. 北京：石油工业出版社，2019.

[3] 陈炜伟. 控总量、调结构、促改革：解读《能源发展战略行动计划 2014—2020 年》三大看点[EB/OL].（2014-11-19）[2019-09-09]. http：//www.gov.cn/xinwen/2014-11/19/content_2780851.htm

[4] 张飞云，孙沛阳. LNG 加气站工艺路线的选择[J]. 化工管理，2018，489（18）：146-158.

[5] 智研咨询. 2019—2025 年中国 LNG 加气站市场竞争格局及投资前景预测报告[EB/OL].（2019-08-02）[2019-09-11]. http://www. ibaogao.com/baogao/0P22TD12019.html

[6] BP. BP 世界能源展望 2018 年[EB/OL].（2018-04-11）[2019-09-09]. https：//www.bp.com/zh_cn/china/reports-and-publications/_bp_2018_.html

[7] 陈丽芳. 2018 年上半年新能源乘用车销量分析[EB/OL].（2018-07-29）[2019-09-11]. http://auto.gasgoo.com/News/2018/07/291151225122i7 0053547C206.shtml

[8] 曹寅. 能源互联网时代将催生那些商业模式[N]. 中国能源报，2016-03-07（006）

[9] AL-DEBEI M M，AVISON D. Developing a unified framework of the business model concept[J]. European journal of information systems, 2010, 19(3): 359-376.

新时代民办高校“形势与政策”课程建设的多重思考

张　勇　郑志林

（成都东软学院计算机科学与工程系 四川 成都 611844）

摘　要：民办高校是我国高等教育事业的重要组成部分，切实开好“形势与政策”课，让学生真心喜爱、终身受益，不仅是以实际行动回答“办什么样的大学、怎样办大学的根本问题”，更是落实培养中国特色社会主义事业合格建设者和可靠接班人的有力回应。加强新时代民办高校“形势与政策”课程建设，需结合新时代互联网特征，从新时代学生实际出发，科学运用互联网思维，更新科学育人观念，鼓励学生合理表达意见，引导多方参与，形成“集中调研—集体备课—教师授课—学生反馈”的教学闭环，切实保障“形势与政策”课程教学效果，真正把这门课打造成思想政治理论课的示范课。

关键词：民办高校；形势与政策；课程建设

Multiple Thoughts on the Course Construction of “Situation and Policy” in Private Colleges in the New Era

Zhang Yong　Zheng Zhilin

(Department of Computer Science and Engineering, Chengdu Neusoft University, Chengdu 611844)

Abstract: Private colleges are an important part of China’s higher education. Practically setting up the course of “Situation and Policy” so that students can really enjoy it and benefit from it for life is not only a practical answer to the fundamental question of “what kind of university to run and how to run a university”, but also a powerful response to the training of qualified builders and reliable successors of the cause of socialism with Chinese characteristics. To strengthen the construction of the course “Situation and Policy” in private colleges in the new era, it is necessary to combine the characteristics of the new era’s Internet with the reality of the new era’s students, scientifically use the Internet thinking, update the scientific concept of educating people, encourage students to express their opinions reasonably, guide multi-party participation, form a closed-loop teaching system of “centralized research—collective lesson preparation—teacher teaching—student feedback”, and effectively guarantee the “shape”. The teaching effect of the course “Potential and Policy” really turns this course into a demonstration course of ideological and political theory.

Keywords: private colleges; situation and policy course; curriculum construction

中共中央宣传部、教育部等相关部门对高校“形势与政策”课提出了具体要求，规定了课程具体内容，要求了课时数、考核方式，民办高校严格以此执行，形成了相对稳定的教学模式。然而，伴随互联网的深入发展，民办高校“形势与政策”课程改革迎来新契机。民办高校“形势与政策”课程需要更加注重党委示范，切实沉下身子带头讲好形势与政策课；需要参加师生都更新观念，打破传统课堂角色局限，形成多方资源共享局面；需要严格网络资源审核引进关口，切实根据民办

作者简介：张勇（1981—），男，汉族，四川，讲师，硕士，研究方向为就业指导。

院校学生实际开设网络公开课程。

1 民办高校党委应带头学懂讲好民办高校形势与政策课

民办高校党委是否重视形势与政策课，影响着课程执行的客观效果，反映出社会主义办学理念的落实程度。2015 年，中共中央宣传部与教育部联合印发《〈中共中央宣传部、教育部关于进一步加强和改进高等学校思想政治理论课的意见〉实施方案》，其中明确要求民办高校党委要切实负责政治责任、高度重视形势与政策课程教师队伍建设、做好教师思想政治工作。由此而见，民办高校党委积极带头学懂讲好形势与政策课，是主动作为的必应之举。

打铁必须自身硬。要掌好民办高等学校的舵，让学校走得远、行得稳，民办高校党委就必须埋头学懂国家政策方针，染红自身理论底色。学生和授课教师需要学懂学透形势与政策课程内容，民办高校党委更应首先研究透彻。然而，事实上，部分民办高校党委对于这种学习研究不是走过场，就是摆形式，敷衍了事，有些甚至连形式也疏于组织，缺乏发自内心的主动自觉。

习近平总书记指出，我们的高校是党领导下的高校，是中国特色社会主义高校。办好我国高等教育，必须坚持党的领导，牢牢掌握党对高校工作的领导权，使高校成为坚持党的领导的坚强阵地，并强调高校党委要对学校工作实行全面领导。不容置疑，民办高校党委理应强化学校工作的全面领导。这种强化势必要求民办高校党委弄懂学透习近平新时代中国特色社会主义思想，坚持用习近平教育思想指导学校走社会主义办学道路，为社会主义事业培养合格人才。切实真抓常抓学校师生以及领导干部思想政治工作，通过主动学带头讲国家政策、分析当前形势，营造学校上下良好氛围，才能让形势与政策课反哺学校社会主义办学需求。

2 破除课程参与角色局限，共建共享形势与政策课程资源

形势与政策课程教学内容复杂，涉及学科宽泛、时效性强、理论性高，同时还具有较强的实践性，对授课教师提出较高理论要求。加之，新时代互联网的广泛使用，国家政策性资讯高度公开，学生随时随地能够进行查询式学习验证，对授课教师内容解读权威性提出较大挑战。面对此情况，形势与政策互联网线上课程应运而生，但也出现“一刀切”等问题。

随着互联网+教育政策的推行，形势与政策互联网线上课程越来越多。但多数民办高校条件受限，大部分教师仅充当了互联网课程资源提供方与学生的中间枢纽，形同“物流”，传统教师角色作用被极大弱化，形势与政策课程内容则通过网络平台送达学生手中，学生进行线下观看。在此过程中，形势与政策互联网课程资源提供方，缺乏对民办高校学生情况的足够深入了解，学生与形势与政策课程资源提供方互动性明显不足。与此同时，教师对学生在课程学习中的评价与反馈，缺乏科学有效的处理，民办高校学生很难参与到形势与政策课程资源建设中来。

建设社会主义现代化强国对教师队伍建设提出新的更高要求，也对全党全社会尊师重教提出新的更高要求。人民教师无上光荣，每个教师都要珍惜这份光荣，爱惜这份职业，严格要求自己，不断完善自己。面对新时代新情况，教师完善自己首先要从更新自己的育人观念做起。打破形势与政策课教师“一言堂”，更加尊重学生参与教学的自主学习积极性，鼓励学生把听课问题讲出来，引导学生把学习中的想法表达出来，重视学生的情感体验，让学生在更加宽松自由的氛围中就学。其次，教师学会利用互联网工具优化形势与政策课程教学。通过丰富饱满、形式多样的内容展示，引导学生对真善美的追求，尊重学生对新事物的猎奇心态，提高形势与政策教学内容的曝光审美度，以更多美的爆破点打开学生思维，促使学生主动从思考中获得对形势与政策内容的深度收获。再次，教师及时整改学生反馈意见，促成教学相长的良好局面。教育部部长陈宝生指出，本科教育要坚持内涵发展，积极推动课堂革命。形势与政策课堂要革命，首先要明确形势与政策课程是教师和学生共同的事，要共同完成教学资源收集整理，要共同完成教学中对内容的理解。其次，就是要更加关注学生对形势与政策课程的评价，教师要更善于将学生的听课意见运用到课程

改革中，更注重因材施教，更注重学生个性化的形势与政策课程需求。只有如此，才能真正把学生融入形势与政策课程资源建设，破除角色限制，实现形势与政策课程资源共建共享。

3 民办高校各部门通力合作，严把形势与政策课程资源质量关

形势与政策课是理论武装时效性、释疑解惑针对性、教育引导综合性都很强的一门高校思想政治理论课。因此，教育部发布的《关于加强新时代高校“形势与政策”课建设的若干意见》中明确指出：“形势与政策课教学管理工作需要党委宣传部、党委学生工作部、教务处等相关部门配合完成。”

然而，民办高校形势与政策课，多数集中归口教务部门管理，少数放置于学生工作部门开展。教师队伍以辅导员兼职为主，搭台唱独角戏，以完成任务为目标。授课方式往往以播放线上形势与政策课程视频为主，线下很少有充足时间回答学生关心的国家形势与政策方面的问题。学校党委监督指导少，教学内容完全依靠教材，少有通俗易通的讲述。尤其对线上形势与政策课程资源审核，以节约成本为原则，盲目引进，极少依据学生实际需求去选择优质线上形势与政策课程资源。

要上好形势与政策课，民办高校更应注重多部门配合，严把质量关。学校党委宣传部牵头督查监控教学效果，学生工作部门积极策划形势与政策第二课堂、开展对学生形势与政策需求调查分析，教务部门规范教学成绩考核，教师注重体验式教学、重视学生个性需求。让形势与政策课既有集中理论讲授，又有实践活动可供学生体验；既有线下实体师生交流，又有线上优质资源互动；既有教务部门规范管理教学运行，又有其他部门精心设计透析理论实践。学校相关部门在引入网络课程前，重视学生需求和新时代学生变化，注重让学生参与形势与政策课程资源建设，注重形势与政策课程资源质量把控和筛选，减少盲目主观性。

参考文献

[1] 中共中央宣传部、教育部关于进一步加强高等学校学生形势与政策教育的通知[E].教社政[2004]13.

[2] 教育部关于加强新时代高校“形势与政策”课建设的若干意见[E].教社科〔2018〕1号.

[3] 中央宣传部 教育部关于印发《普通高校思想政治理论课建设体系创新计划》的通知[E].教社科〔2015〕2号.

新时期保险企业管理层数字化领导力对商业模式创新影响研究

陈　刚

（成都东软学院 成都 611844）

摘　要：本次研究充分吸收借鉴了扎根理论的精华，深入探讨保险企业管理层数字化领导力对商业模式的影响具体包括哪些，采用社会调查的方式进行，创建开放性译码与主轴译码，最终得出选择性译码，为构建保险企业管理层数字化领导力对商业模式影响因素基本理论框架奠定坚实基础，以供大家参考。

关键词：商业模式；保险；扎根理论；开放性译码；主轴译码；选择性译码

Research on the Impact of Digital Leadership of Insurance Enterprise Management on Business Model Innovation in the New Period

Chen Gang

(Chengdu Neusoft University, Chengdu 611844)

Abstract: This study fully absorbs the essence of grounded theory, deeply explores a series of factors that affect the digital leadership of insurance enterprise management on business model. It uses social survey method, creates open decoding and spindle decoding, and finally obtains selective decoding. It lays a solid foundation for the basic theoretical framework of business model factors and provides a useful reference.

Keywords: business model; insurance; grounded theory; open decoding; spindle decoding; selective decoding

本文选择以扎根理论为研究基础的根本原因就是其突破了传统理论研究的束缚，启用开放度更高、灵活性更强的研究方法，所得理论成果均以经验资料为前提，运用介入式观察和非结构性访谈的形式来取得这些资料，并让研究人员也参与到整个研究过程当中，本着严谨务实的态度，进一步落实实事求是的原则，将整个研究事实进行具体阐述，并在阐述的事实基础之上对理论概念进行进一步的升华，属于自下而上的理论研究形式。整体而言，扎根理论更加重视有效收集各项经验资料，在此前提之下积极获取能够揭示当前社会现象的本质概念，分析这些概念之间的联系进而形成系统全面地理论结构框架。

1　研究过程概述

为了使最终研究结果更加具有科学性和可靠性，我们要求被研究对象必须要有一次商业模式创新经历，并在其中随机选择五位进行商业模式创新的保险企业管理层进行观察，同时让被研究对象以文字的方式表达对数字化领导力对商业模式创新的了解。也正是基于这样一个事实，本人所选取的研究对象不仅仅要拥有商业模式创新的经历，同时还要具备较高的数字化领导力，这样才能够确保文字表达对保险企业管理层商业模式创新了解环节能够正常运行。当然，现阶段扎根理论的研究也延伸出了更多形式，例如录音录像、

作者简介：陈刚（1986.05.20—），男，汉族，安徽全椒人，助理研究员，硕士研究生，研究方向为工商管理类。

谈话记录等，由于本次研究的难度系数较低，所以我们还是采用传统的文字表达记录形式来进行。

紧接着要将研究过程中收集的所有文字资料建立资料库，这样便可以按照扎根理论的研究程序对其进行深入研究，第一步要建立开放性译码与主轴译码，紧接着就是建立选择性译码，最终得出所需要的结论。

首先要建立开放性译码，值得特别注意的是，这个过程需要从概念逐渐扩展到范畴。具体来讲，概念指的是众多资料信息当中针对有研究价值的目标进行不断加工整理得出的结论，同时还要将繁琐的语言文字尽可能地精简化，为了便于理解，本文会将繁琐性内容实施特别标注。

其次要归纳合并提取完的概念，逐步扩展到范畴领域。可以说，范畴进一步精简了概念，能够从本质上反映概念的观点。

第二步就是要建立主轴译码，主要是对开放性译码当中得到范畴进行归纳总结的过程，具体情况参照表 2。

表 1　部分初始编码

访谈数据	初始编码
1. 实践中还没开始商业模式创新，对此问题认识不深	认识不深
2. 我们企业管理层未开展这方面的工作，无法给你提供相关信息，还是找其他保险企业了解情况。	无法提供信息
3. 管理层数字化领导力对商业模式创新我们有做，但是现在有很多问题，我们觉得数字化领导力让商业模式创新更现实、更可行。	管理层数字化领导力对商业模式创新可行
	有实施并有效果
4. 我们有围绕管理层数字化领导力商业模式创新的研究，效果挺好的。	有意义
5. 运用数字化领导力进行商业模式创新挺有意义的，方便管理层的运用。	积极协调与合作
6. 运用数字化领导力进行商业模式创新时，管理层之间的协调、合作非常重要。	
7. 我们管理层有数字化领导力的要求进行商业模式创新。	主动进行数字化
8. 希望能进行一定的商业模式创新，方便管理层的利用。	有成就感
9. 事实上管理层运用数字化领导力进行商业模式创新比较成功。	希望做有价值的事

表 2　部分聚焦编码及初步类属

初始编码	聚焦编码	初步类属
积极协调与合作		
主动进行数字化		
有成就感	态度	
未必愿意共享商业模式创新		
不愿意进行商业模式创新		
做这事比较难		
想做商业模式创新		
希望做商业模式创新	理念	数字化管理对商业模式创新的影响
愿意做商业模式创新		
承担不起数字化管理的责任	风险规避性	
数字化管理的水平不足		
需上级牵头		
需上级发文推动	权力差距大	
需上级行政命令		

2 理论分析与模型建立

2.1 概念特征分析

第一步先分析概念色彩。由于本次研究具有一定的独特性，所以在研究概念色彩时也要分为正面和负面这两种。经粗略统计发现，相比较正面概念而言，负面概念地位更高，这也意味着国内如今保险企业管理层商业模式创新制约不良因素较多。值得特别注意的是，在经济领域当中探讨某种经济现象的影响因素并不全都是负面因素占主导地位，这主要是因为开放性译码有着“什么都可以说”的特征。第二步则要分析概念的演变方向。概念并不是一成不变的，随着研究的不断深入都会发生一些改变，而这些改变又具体分为正面演变、负面演变以及演变方向不确定这三种。此次研究得出的概念都具有想正面演变的共同特点，这是因为按照目前的情况来看，我国经济发展前景较好，未来的发展方向一定是前进的，再加上我国法制体系得以进一步完善，保险行业也开始逐步实现规范管理，各种不确定性问题也可以完全剔除掉，所以其他一些负面发展概念也不予考虑。

2.2 主轴译码的范畴分析

通过上述分析可以看出，以上范畴基本涵盖完成目标的全部必备要素，据此，可以进一步进行理论构建：保险购买行为受以上所有范畴影响都很大，影响路径遵循一定模式（见图 1）。

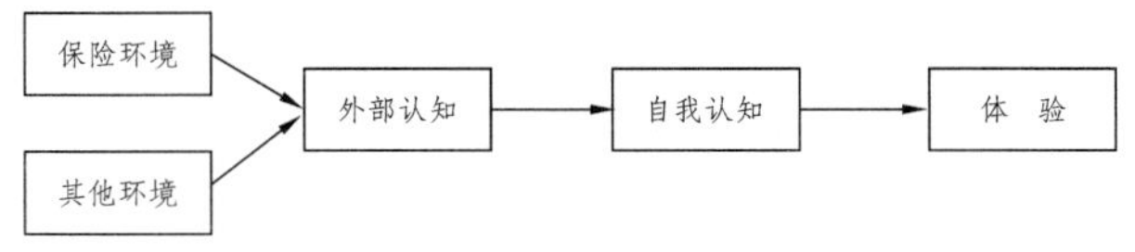

图 1 保险影响因素的理论构建

确定范畴之间的内在逻辑联系。在扎根理论研究过程中主轴范畴之间的联系不仅仅包括因果关系的紧密程度，还包含各个范畴之间相互制约的严格程度。首先，范畴之间拥有因果关系，但这种关系没有严格的单一路径，例如“保险环境”“其他环境”彼此之间就不具备这种特征。其次，也正是由于因果联系的存在，范畴之间也难免会拥有制约关系，然而这种制约联系的严格程度并不均衡。

（1）自我认知是形成保险企业管理层数字化领导力对商业模式创新影响的基础条件，也是形成“体验”范畴的基本前提，发挥着纽带联系的功能。换句话讲，其他各项影响因素只有转化为自我认知才可以进行保险企业管理层商业模式创新购买。然而问题在于，受多种多样因素的影响，例如文化程度、社会经历、职位高低等，自我认知往往由于个体因素的不同使其不能长时间维持正向发展关系，这一现象存在于各类保险当中，而在于保险企业管理层商业模式创新当中这一现象表现得更加突出，这也就导致自我认知的那些“前置”影响因素造成的作用在总体推断当中有意义但在个体推断中的意义较小。从因果逻辑关系看，“自我认知”位于“体验”之前、其他范畴之后。该范畴改进不单单受到其他范畴改进情况的影响，与此同时也在某种程度上受到某些“内省活动”的影响。

（2）外部认知。保险企业管理层数字化领导力对商业模式创新影响当中的外部认知与普通保险当中的外部认知之间具有较为密切的联系，事实上，对普通保险的正面评价也就是对保险企业管理层商业模式创新的正面评价。有关调查资料表明，企业管理层商业模式创新以及可能购买保险企业管理层商业模式创新的潜在投保人也属于喜欢购买其他保险的投保群体范畴。另外，相比较自我认知而言，外部认知的变化程度较小，但由于社会意识形成后的相对稳定性导致外部认知具备滞后反应的特征。就目前的情况来看，外部认知对于国内保险评价产生一种负面影响，现实当中绝大多数人对保险的信任程度较低，所以说保险被大众群体广泛接受的难度系数较高。外部认知在因果链条中位于自我认知与体验之前，位于另外其他两个概念之后。改进在某种意义上取决于“前置范畴”的改进，但速度比较缓慢。

（3）体验不单单是指保险企业管理层商业模式创新的目的，同时也属于改变认知的方式。其实所有的保险在体验之后都非常有可能会形成负面认知，这不仅是因为保险服务或理赔低于预期，也因为投入和收益之间的非物质型匹配，即买保险在损失没有实际发生的前提之下，只能获得精神方面的安慰，并不能取得物质方面的赔偿。体验位于所有范畴的最后一个环节上，改进的可能受前置范畴因素的影响较大。但要注意，体验和自我认知之间往往会产生一种正反馈效果，好的体验能够正向提升自我认知，而不良的体验则从负向提升自我认知。

（4）保险环境。保险企业管理层数字化领导力对商业模式创新的根本原因在于获得一种安全保障，但也必须认识到购买保险也有一定的风险，现如今也经常出现一些不能获得预期保障的案例。但是与其他保险相比，保险企业管理层商业模式创新拥有的风险较小，这是因为意外伤害才可以获得保险企业管理层商业模式创新赔付，损害的程度较高，损害原因明了。因此，尽管保险公司的行为不被大多数人认可，但保险企业管理层商业模式创新的环境相比其他保险而言较好。在逻辑关系上它位于其他范畴之前，与社会环境并列。由于社会声誉水平在很大程度上直接影响到保险公司的业务扩展和效益，所以保险公司会不断自主改进这一点。

经过以上的阐述可以得出：保险企业管理层数字化领导力对商业模式创新影响的发展并不是由某种单一要素影响而成的，而是受到多种多样因素的影响，但是牵一发而动全身，单一因素的变化或多或少都会影响保险企业管理层商业模式创新的发展。因此，尽管保险企业管理层商业模式创新“逐步进展”模式还存在许多不足之处，但也有借鉴的意义。

参考文献

[1] 郑祖军，张玲. 浅谈我国互联网保险的商业模式[J]. 金融经济，2015（2）：50-52.

[2] 刘梦辉，赵文. 关于旅游保险的文献综述[J]. 经济研究导刊，2014（2）：171-172.

[3] 朱劲松. 基于扎根理论的中国旅游保险发展影响因素研究[J]. 旅游学刊，2010，25（1）：38-41.

[4] 董迎秋. 财产保险公司重塑商业模式框架思路探析[J]. 保险研究，2009（11）：72-75.

英国学徒制培养对中国现代学徒制教育改革的启示

杨浩磊

（成都东软学院商务管理系 四川 成都 611844）

摘 要： 英国的现代学徒制培养通过确立学徒的双重身份，利用校企双元育人、工学交替、实岗培训的模式，较好地解决了职业教育脱离企业实践的问题。在英国接受学徒制培养的青年人可以通过职业教育在获得工作经验的同时，收获相应的职业资格证书和高等学历证书，职业发展前景广阔。英国学徒制的成功，对我国现代学徒制的落地提供了有益的参考，本研究对我国院校、企业、政府可以在学徒制教育中起到的作用进行了讨论，提出了现代学徒制本土化的实施策略。

关键词： 英国学徒制；现代学徒制；职业教育；学徒制

Enlightenment of British Apprenticeship System to the Reform of Modern Apprenticeship Education in China

Yang Haolei

(Department of Business Management, Chengdu Neusoft University, Chengdu 611844)

Abstract: The modern apprenticeship system in the United Kingdom has solved the problem of vocational education from corporate practice by establishing the dual identity of apprentices and using the mode of school-enterprise dual education, engineering and education alternation, and practical training. Young people who have received apprenticeship training in the UK can gain corresponding work qualifications and higher education certificates while gaining work experience through vocational education. The career development prospects are broad. The success of the British apprenticeship provides a useful reference for the modern apprenticeship in China. This study discusses the role that Chinese universities, enterprises, and governments can play in apprenticeship education, and proposes implementing strategy the localization of modern apprenticeship.

Keywords: British apprenticeship; modern apprenticeship; vocational education; apprenticeship

1 引 言

英国作为工业化强国，拥有领先的产品制造和服务水平，部分原因应该归结为其不断发展和改革的学徒制。英国的学徒制从11世纪末的手工业行会开始萌芽，随着社会经济发展对其产生的现实需求，经历了兴起、衰落、复兴与发展。20世纪90年代开始，英国政府决定从根本上着手解决职业教育脱离企业实践的弊端，重振学徒制培养，于1993年11月宣布实施现代学徒制（Modern Apprenticeship）计划。英国的现代学徒制为已经完成义务教育的 16～24 岁青年人提供了一条有别于传统全日制学术学习的发展道路。若干年来，英国政府不断对全国各地区的学徒制发展进行指导、调整和干预，现代学徒制的改革在英国逐步进行。

作者简介： 杨浩磊（1979—），男，汉，四川成都人，成都东软学院副教授，主要研究方向为企业管理、商业经济、国际教育。

2 英国学徒制发展现状和特征

2.1 学徒既是雇员，又是学生

英国的学徒制是涵盖了工作和学习两种属性的一个套餐，参加学徒制培养的年轻人具有工作者和学生的双重身份。作为工作者，学徒将被一家企业雇佣，每周至少在企业观摩、学习和工作30小时，并获得用工报酬。在工作期间，企业安排导师指导、监督学徒。作为学生，学徒需要进入学院、大学、培训机构或在工作单位受训。学徒可能每周参加一个整天的学习，或几个半天的学习，或参加在线学习。在英国，学徒其实是一份拥有大量培训内容的工作，学生首先是企业的雇员，学徒通过“学”和“做”最终获得国家承认的职业资格证书。

2.2 学徒可以获得从中级技术职业资格至硕士学位等级的多种级别证书

英国的学徒制培养，作为青年人成才的重要替代路径，为已经完成义务教育的学生提供了完善的技术培训和学历晋升方式。在英国，16周岁以上的学生可以通过学徒制教育获得相应级别的专业技术职业资格，直至进入高等教育，获得完整的学士学位或硕士学位。选择学位课程学徒制的学生，在毕业的时候不但可以获得高等教育学位，还可以同时收获数年的工作经验。

2.3 企业/行业深入融合到学徒制课程的录取、培养、考核全过程

进入到学徒制教育的学生，最短要求参加一年的学徒制培养，然而参加高等教育学徒制或学位课程学徒制的学徒，则可能需要四至六年才能完成整个培养计划。不同的学徒制课程，录取条件受到所在行业和学徒已具备技能的影响，雇主不单单要看申请者的成绩单，还要考察申请者是否已经具备需要的工作经验、行业经验。在有的行业，例如工程类学徒制教育中，一些申请者即使已经拥有高中教育证书（A level），仍然可能被要求从中级或高级学徒制开始学习，以便使其拥有相应的基本职业技能。

学徒制教育下所设置的“职业”和“职业资格”由企业来决定，英国政府支持企业和行业根据其对未来雇员的要求来对学徒的能力目标与毕业考核进行规范。

2.4 学徒在受训过程中有着可观的经济回报

参加学徒制培养的学生，可以在没有经济负担的情况下完成大学教育。其学费由用人单位和政府承担。年龄在16至18岁的学徒，以及年满19岁但还在学徒生涯第一年的学徒，按照英国法律可以获得至少3.30英镑/小时（约30元人民币）的最低工资。高等教育学徒制的学徒能获得的收入往往更多，根据近期的学徒职位空缺招聘信息显示，高等教育学徒制学徒的周薪幅度在170英镑到300英镑（约1 510～2 665元人民币/周）。

客观的经济回报前景和免费的受教育机会，对学徒和他们的家长可以产生很大的吸引力。通过学徒制培养，学生们可以获得与普通学术教育级别相同的高等教育文凭，同时还能获得职业资格证书和执业证书。学徒们的技术培训计划是由用人单位参与制定的，这就保证了学徒们的学习和工作经验有着长期的职业生涯发展潜力，毕业后他们的收入也有相应的增长潜力。

3 英国高等教育学徒制人才培养模式的创新发展

英国传统文化上存在轻视职业教育的现象，导致了英国青少年群体应用型技能人才跟不上经济发展的需求，而偏重学术的高等教育存在与行业需求不完全适应的问题，但传统的学徒制教育又主要局限于初级或中级水平，英国社会因而对教育的功效产生了信任危机。为了解决这一问题，英国学徒制在2010年到2013年经历了人才培养模式的升级，在相当于学历教育高中水平的中（3级）、高级（4级）学徒制的基础上，着力发展了高等教育学徒制（4级是大学预科，5级是大专，6级是本科学位，7级是硕士学位课程学徒制）。

英国的高等教育学徒制人才培养模式展现了以下创新之处。

3.1 研究问题实现了行业人才培养按需定制

政府通过法律和政策影响，推动了行业技能体系的建立，并鼓励了企业发挥主导作用，通过学徒制对行业人才培养进行按需定制。这一做法的好处是，人才培养方案反映了企业对人才的真实需求，学徒学到的本领正是企业所需要的。

3.2 多方共治的培养体系拓展了学徒的职业生涯

学徒制培养的框架体系由各行业领域内的企业、学校、监管部门共同进行规划和组织实施。培养体系强调开发学徒的综合技术能力，学徒既是企业的员工，又是接受教育的学生，实现了工学结合、终身学习，高等教育机构参与学徒制项目的策划实施，保证了学徒在专业岗位上实现技术进步的同时，提升学历水平，拓展了学徒的职业生涯。

3.3 高等教育学历证书和高层次职业资格证书紧密结合

英国的高等级学徒制培养提供了与学历教育相对应的学位课程学徒制教育机会，让学徒们也可以通过工学结合的培养途径，获得最高达到 7 级，也就是硕士学位的高等教育学历证书。英国学徒制的资格证书体系完备，为学徒素质的提升铺平了道路。

4 我国的现代学徒制人才培养现状与英国之比较

多年来，由于借鉴国外现代学徒制发展经验和中国各级政府在政策上给予的扶持，现代学徒制在中国取得了一定的成绩，学术界对点学徒制在中国落地进行的研究越来越多，国内的许多高职院校也开始进行基于现代学徒制教育的教学改革和实践。但中国现阶段的实践尚处于探索阶段，与体制灵活健全的英国学徒制教育相比，还有很多明显区别。

4.1 行业与产业部门对学徒制的管理发挥的作用不同

英国的 25 个行业技能开发委员会（SSCs：Sector Skills Councils）在英国职业资格的开发与批准中发挥着关键作用，这些行业技能开发委员会是由雇主进行主导的组织，涵盖了全英国各类具体行业，由国家提供经费，其职责包括通过对学徒的标准进行开发和管理来支持企业，减小学徒技能与实际工作需要间的差距并提高工作效率。对比我国的实际情况，目前尚未出台专门的行业协会法，各行业协会的章程中虽承认参与职业教育治理是其应承担的社会责任，但行业协会的基本性质、地位、权利与责任均处于模糊状态，导致我国行业协会在职业教育中的角色定位、职能发挥、组织运行等缺乏行政上的合法性[6]。我国行业协会的组织能力较弱，社会公信力不高，深受经费、人力资源、管理等问题困扰。

4.2 培养对象的合法身份与权益维护方式不同

在英国参加学徒制教育的培养对象，即“学徒”，其合法身份是企业的员工或准员工，企业对学徒培养承担主要责任，学徒享受到的劳动保障、社会福利等合法权益与企业正式员工并无差异，区别基本上仅限于工资差距。我国职业教育中的校企合作模式，可能是最接近英国学徒制的表现形态了。比较高级的校企合作模式往往体现为“订单班”等定制化培养模式。在我国，更多的校企合作是以“顶岗实习”作为主要形式的，这种形式中的学生往往只有在特定的学期才得以进入企业进行实习，企业对教学过程没有或只有很小的影响力，学生实习的内容可能与在学校所学的内容关系不大。不管是“订单班”的形式，还是“顶岗实习”的形式，培养对象都不具备“学徒”的身份，他们以学生身份进入用人单位实习，学生的合法权益主要以政策的方式进行规范。

4.3 培养主体发挥的作用不同

英国现行法律规定接受学徒制培养的学徒应该受雇于某个具体的企业，并且平均每周应该有30个小时以上在企业观摩、学习和工作，同时获得用工报酬[3]。企业是学徒制培养中真正发挥主要作用的一方。企业和学徒之间，是“雇佣”和“培训”的关系。而在我国的校企合作中，学校处于主角位置，企业仅仅是为学生提供“实习岗位”，有时企业会向学生支付一定的劳动报酬，有时学生甚至需要为成为“实习生”而给企业支付实习费。“实习”往往是学生为顺利获得学历必须完成的一件事情，校企合作最终也只是巩固学校与学生之间“教育”与“学习”关系的一种方式。

4.4 职业教育与职业生涯规划水平存在差距

英国现代学徒制的资格证书体系完备，为那些通过接受职业教育进入职业岗位的学徒们提供了较好的职业生涯规划愿景，人们可以利用学徒制一边工作获得报酬，一边接受高等教育，最高可以通过学徒制获得硕士学位。我国职业教育目前普遍停留在中专和大专水平，一定程度上阻碍了人们接受职业教育的积极性。

5 中国的现代学徒制改革策略

5.1 校企共同研制人才培养课程体系

目前职业教育课程体系通常由院校负责设置和实施，有利于学校的教学管理，但这样的课程体系与企业对技术技能人才的需求往往并不匹配。这样一来，职业院校就应该在充分了解企业对人才的需求的基础上，对不合适的课程培养体系进行重构。尤其是高等职业教育，更应该加强对企业的调研，在制定课程体系的时候将企业这个场所纳入进来，在条件许可的情况下，尽量提高“工学结合”的可能性，提高企业的参与程度，增强学生对企业和职业的认同，提高综合素质，以更好地适应毕业后的工作，并为职业生涯的提升做好准备。

5.2 确立学徒的身份

学徒兼有“员工”和“学生”的双重身份，但在现代学徒制中，只有具有了“员工”的合法身份，并给予学徒法律地位、经济地位上的肯定和扶持，学徒制才能真正实现“现代化”。现代学徒制人才培养模式的改进，离不开政府的支持，截至2016年6月底，广东省已经在24所高职院校的 48 个专业开展了职业教育现代学徒制的试点，省财政厅还安排专项经费对其中的15个试点专业的教学建设提供支持，鼓励校企双方共同制定课程体系，共建师资队伍，互聘共用，共同制定考核办法[8]。通过这种方式，高职院校以自主招生方式招收企业在职员工，还招收往届中职生，并将考生与企业签订用工合同和注册入学相结合。合作企业也开始在高职院校招收在校生为学徒，学校、企业、学生签订三方协议。

5.3 政府引导现代学徒制落地

目前我国推动学徒制的主要动力来自学校，而企业没有相关义务协助学校培养人才，这就需要政府牵头，建立合适的制度，确保学校、企业、学徒、师傅都能从中受益。国家应从顶层设计入手，让地方政府主动参与到这场改革中来，调动企业，特别是大型国企的积极性，让企业参与到职业教育中来。对这类项目，政府应该加大经费投入，加强学徒制试点培训指导和现代学徒制理论研究工作。政府还应该通过一系列措施，提升职业教育的社会地位，为接受了高等职业教育的学生提供学历提升的直通渠道。可以借鉴英国高等教育学历证书和高层次职业资格证书紧密结合的模式，提高高职教育的办学层次。

参考文献

[1] 李爱燕，王梅. 英国学徒制的发展及其变革[J]. 职业技术教育，2014，35（13）：88-93.

[2] Skills Funding Agency. Key facts about apprenticeships [EB/OL].（2016-03-30）[2016-09-23]. https://www.gov.uk/government/

publications/key-facts-about-apprenticeships.

[3] National Apprenticeship Service. The complete guide to higher and degree apprenticeships [M/OL].[2016-09-06].https://www.gov.uk/government/uploads/system/uploads/attachment_data/file/513573/The_Complete_Guide_to_Which_Uni.pdf.

[4] Skills Funding Agency. A parent's guide to apprenticeships[M/OL]. [2016-09-06]. https://www. gov.uk/government/publications/a-parents-guide-to-apprenticeships.

[5] 刘冬，王辉. 高等学徒制：英国学徒制人才培养模式的创新发展[J]. 中国职业技术教育，2013（36）：46-49.

[6] 肖凤翔，贾旻. 行业协会参与现代职业教育治理的机理、困境和思路[J]. 西南大学学报（社会科学版），2016（4）：84-91.

[7] 陈俊兰. 职业教育现代学徒制研究[M]. 长沙：湖南大学出版社，2014.

[8] 广东省教育厅. 广东职业教育现代学徒制试点取得积极成效[EB/OL].（2016-08-18）[2016-10-24]. http://www.moe.gov.cn/jyb_ xwfb/s6192/s222/moe_1751/201608/t20160818_275591.html.

[9] 王强，蔡继乐，倪秀，等. 现代学徒制如何从文件到实践[N]. 中国教育报，2015-07-04.

华盛顿·欧文《见闻札记》中《作者自叙》汉译研究

赵 璧 李跃璧

（成都东软学院数字艺术系和应用外语系 四川 成都 611844）

摘 要：美国文学之父华盛顿·欧文《见闻札记》中的作者自叙是其很有代表性的一篇作品，被多位翻译家译过，本文以以色列学者埃文·佐哈尔建立的多元系统理论和奈达的读者接受理论为基础，做林纾和高健两个汉译本的对比研究和分析，探讨了多元系统论和读者接受论的适用性问题，为我们进一步研究翻译策略的选择及其影响因素提供借鉴。

关键词：多元系统论；读者反应论；林纾；高健；归化

A Study on Chinese Translation of "The Author's Account of Himself" from Washington Irving's *The Sketch Book of Geoffrey Crayon*

Zhao Bi Li Yuebi

(Digital Art Department & Applied Foreign Language Department, Chengdu Neusoft University, Chengdu 611844)

Abstract: "The Author's Account of Himself " in *The Sketch Book of Geoffrey Crayon* is an outstanding piece of work of Washington Irving. This paper makes a comparative study and analysis on two Chinese versions respectively translated by Lin Shu and Gao Jian, on the basis of the polysystem theory and reader reception perspective, so as to give an enlightenment on the translator's preference and influential elements for translation.

Keywords: polysystem theory; Lin Shu; Gao Jian; domestication

1 引 言

华盛顿·欧文（1783—1859），美国散文家和短篇小说家。他赴欧的 17 年间，访问名胜古迹，了解风土人情，收集民间传说，积累了丰富的创作素材。1820 年他将发表的散文、随笔和故事汇集成《见闻札记》（*The Sketch Book of Geoffrey Crayon*），在英国出版后引起轰动，被评论界誉为“美国富有想象力的第一部真正杰作”，它“组成了它所属的那个民族文学的新时代”。这使他成为第一个获得国际声誉的美国作家，被誉为“美国文学之父”。《作者自叙》（“The Author's Account of Himself”）是其中一篇代表作品，本文从多元系统论和读者反映论的角度，对林纾和高健两人的译文进行分析。

2 多元系统论

多元系统论（Polysystem Theory）是以色列学者埃文·佐哈尔（Even-Zoher）于 20 世纪 70 年代提出的，其理论基础是 20 世纪 20 年代俄国形式主义，特别是梯尼亚诺夫（Tynjanov）的文

作者简介：赵璧（1981—），男，汉族，四川，副教授，研究方向为大学英语教学、T-C 一体化教育；李跃璧（1982—），女，汉族，四川，副教授，研究方向为语料库、大学英语教学改革。

学进化论观点。佐哈尔认为文学、文化等各种社会符号现象应视为系统，这些系统并非单一，而是由若干个不同的系统组成，一个多元系统里包含着一系列的对立关系，如中心与边缘(centre vs. periphery)、经典化与非经典化（ canonized vs. non-canonized ）等。在论及翻译与文学多系统的关系时，佐哈尔认为“翻译文学在文学这个多系统中的地位和作用影响着翻译实践”[1]。对于一些强势的文学来说，翻译文学只能处于边缘地位，在文学系统中起次要作用。当翻译文学处于文学系统中心位置时，就会积极参与建造多元系统中心的工作，不但要借助翻译来输入新的思想和内容，还要提供形式和技巧。因此，翻译文学会较倾向于接近原著，体现“充分性”，将原著里大多数新元素带到目的语文化系统里，这便是所谓的异化式翻译。反之则会形成归化式的翻译。

3 对林、高两译本的文本分析

在中国文学翻译史上，林纾的翻译以其典雅的古文语言形式和比较传统的中国道德伦理观被看作极端归化式翻译的代表，而高健的翻译则以译文与原文的风格对等、词句优美、文体通畅、圆熟自然著称。现在从以下几方面来进行对比分析。

3.1 题目的翻译

林纾将书名译为《拊掌录》，“拊掌”的原意为鼓掌大笑，是笑话的文学术语。林纾把这本书当作一系列趣味故事的集锦和记录，主观色彩较浓。而高译为《见闻札记》，简单精练，态度客观，表现了一名翻译家客观对待事物的标准。

3.2 忠实传达以及节奏处理

作者第一段第一句就切入主题，提纲挈领，“I was always fond of visiting new scenes，and observing strange characters and manners。”

林译：余生平好采风而问俗，凡有奇事，必稔闻之。

高译：我生平最喜游览新境，考察种种异地人物及其风习。

试比下，高译更好地利用了浅近文言文的优势，作到了“信”而“切”，贴近原文风格。同时译文对停顿做了合理处理，以两字为一顿，如“生平”“最喜”“游览”，使得通篇译文有了自然的节奏和丰富的律动。而林译的“必稔闻之”在一定程度上有过之而不“信”之嫌。

3.3 选词、句式以及风格再现

第三段第三句是个很有特色的长句，这一大段描写并不是一个完整的句子，而只是长达八个之多的一连串实物名词勾勒出美不胜收的祖国风光。

原文：...for on no country have the charms of nature been more prodigally lavished. Her mighty lakes, like oceans of liquid silver, her mountains, with their bright aerial tints；her valleys, teeming with wild fertility; her tremendous cataracts, thundering in their solitudes; her boundless plains, waving with spontaneous verdure; her broad deep rivers，rolling in solemn silence to the ocean; her trackless forests, where vegetation puts forth all its magnificence; her skies, kindling with the magic of summer clouds and glorious sunshine, ...

高译精心选词，使用了大量四字词组和成语，如“Her mountains，with their bright aerial tints”译作“那晴光耀眼、顶作天青的巍峨群山”，气势不凡。而林译只用了个“山色如画”，意境顿失。再如“Her boundless plains，waving with spontaneous verdure”，林译“平壤矿原，有同碧海”，不如高译“绿色葱茏，好风阵阵的无际平原”有动感。此外，高译中还有“世罕其俦”“银波荡漾”“万木争荣”等这样的四字美化词，流畅优美，充分实现了与原作的动态对等。

高译原文：……因为纯以大自然的妩媚而论，此邦确可谓得天独厚，世罕其俦。试想她那银波荡漾，与海相若的浩渺湖面；那晴光耀眼，顶作天青的巍峨群山；那粗犷而富饶盈衍的峡岸溪谷；那雷鸣喧嚣于阒寂之中的巨大飞瀑急湍；那绿色葱茏，好风阵阵的无际平原；那庄严静谧，滚滚入海的深广江流；那万木争荣，无径可循的茂密森林；那夏云丽日，谲诡幻变的灿烂天空；……

这段译文充分体现了译者善于追摹原作笔调的特点。其高明处在于译者对原文的结构基本上不做改动，以保持其语气的连贯性，并较好地保存了原文的结构和风格。

3.4 误译、漏译

林译中常出现未尽其意的情况，如第一段第四、五句的“holiday afternoon”误为“午后放学”，“history or fable”简作“典故”；第六句的“a murder or robbery”，漏掉“凶杀”，过分引申为“亲涉其地，相其原隰”；第七句又漏掉“added greatly to my stock of knowledge”。第二段第二句的“Books of voyages and travels”，林译为“古人之游记”，相对而言高译“描写海陆的游记”更确切。

林纾采用中国传统的古文字词、句法、表达方式和写作风格，文字典雅，表达简洁，易于发挥，然其言语过于雕琢，有伤译文娓娓自如，从而在一定程度上妨碍了抑扬有致、亦庄亦谐的原文风格再现。高译更为切近原文的形式和风格，符合现代读者的审美情趣。

4 从多元系统论和读者反映论看两译本

4.1 林纾译本

从多元系统论的角度来看，中国文学系统也是一个古老的、已确立的强势系统。当历史发展到近代，新兴资产阶级为求得自身的发展，开辟了新航路，掀起了文艺复兴运动，进行了宗教改革，加速了封建制度的衰落，为文化科学事业的发展开辟了道路。从 17 世纪开始，资本主义经济迅速发展，带动了文学、艺术、科学等各个文化领域，呈现出一派欣欣向荣的景象。而地处东方的中国却由于强大而牢固的封建专制制度而趋于保守，政治、经济、军事等全面落后。1840 年鸦片战争后，中国的文化、文学事业无疑已落后于此时的西方，而且由于受到外来文化与文学的冲击与影响，“中国传统的文化与文学也正面临着一个新的转折”[2]。

按照佐哈尔的观点，当某一文学系统处于转折时期或弱势地位时，翻译文学就会处于文学系统的中心位置，原来的文学要借助翻译来输入新的思想内容和艺术技巧，因此翻译文学会较倾向于接近原著，译者往往会采用异化式翻译策略。林纾生活时期的中国文学系统在更大的世界文化系统中已经处于弱势了，按照多系统理论应采用异化式的翻译策略，可是他却采用了极端的归化式翻译策略。究其原因：虽然当时中国的文化地位客观上已处于劣势，但中国五千年文明以及晚清政府长期闭关锁国的政策，使当时国人盲目自信，以为还是世界文化的中心，心理上不承认与外界的差距。反映在翻译上，就表现为译者为了使自己的译文容易被读者接受，多数都采取了归化的译法。所以王东风认为“多元系统论没有把译者对两种文化的主观认定在翻译过程中的作用考虑进去，因为一个民族的文化地位一种客观事实，也是一种主观的认定，翻译策略的决定因素还是译者本人，因为目标文化与出发文化相比，孰强孰弱，在很大程度上是由译者主观决定的”[3]。

虽然林纾也考虑到了读者的文化心理，但是对林纾的归化式翻译策略选择起了更重要作用的是林纾本人的文化心理。作为一个受中国传统文化浸润的文人，尽管他看到了国家劫难衰落，体会到文化危机，甚至意识到向西方学习的重要性与紧迫性，但他在内心深处仍然坚守、维护中国的传统文化，视之为一个重要职责和使命。林纾深受儒家传统教育的影响，建立了儒家的理道德观，因此在翻译外国文学作品时，往往有意或无意地把西方的道德伦理纳入中国传统的儒家道德伦理秩序，这种保守的文化心态使归化策略成为他在翻译中的必然选择。

4.2 高健译本

高先生翻译的《见闻札记》是在 1997 年完成的，此时中国无论在政治、经济还是文化方面都有了显著的进步，文字的使用也由文言文发展到了现在的白话文。如果在这个时候译者仍然以生涩的文言文来翻译的话，读者难以充分理解，原文的审美价值不能传达。但若全用白话，原文的古雅风格和丰富的文化内涵也必然会丧失。为了能更好地传达原作的内容和意境，高先生采用了以归化为主的翻译策略，用浅近的文言文来翻译。其译笔巧妙地再现了原作风格各异的美，既有洋味的适度体现，也有不同程度的归化，这样的处理可以还原文本来面目，却又不让译文读者产生与原作者的距离感。

从读者反应论的视角出发，读者反应具有历时性。人们的期待视野不是停滞不前、一成不变的。随着人类文明的推进及世界文化交流的深入，译文读者接受外来文化的承受力也在不断加强。文化融合会导致译文中越来越多的异化翻译，异化是全球化时代的必然趋势。但不管怎样，世界各民族之间的文化差异始终存在，人们接受新的异国文化始终需要一个或长或短的过程。因此，归化作为这个接受过程的桥梁与媒介，始终占有一席之地。归化和异化之间的度随着时代的改变而改变，译者对这个度的把握必须始终以动态的读者反应作为判断的标准。适当的归化能保证读者在已然的期待视野内欣赏译作，缩小审美距离。特别是文化翻译，其读者针对性更强，所以必须把读者作为优先考虑的对象。

我国另一位著名翻译家王佐良先生的译文与高先生的有异曲同工之妙，王先生所译的《论读书》不仅把原作的内容与形式准确无误地再现，更牢牢地把握住了原文的意蕴和神韵，达到了出神入化的境界。他在考察了严复的“信达雅”和翻译活动之后指出，“吸引心目中的读者是任何翻译家所不能忽视的大事”。奈达因为读者反应论而受到批评的一个重要原因就是，读者反应论会导致过度归化，从而导致译文失去源语文化中的几乎所有文化特色。但是，只要仔细研读一下等效论者的其他论述，我们就不难发现，“等效论者从来没有说过纯粹以读者反应的好坏来评价译文”。事实上，等效论也是强调忠于原作的，只不过它更重视忠于原作的效果，而非字面意义。

在文字层面应该以归化为主，这在目前也是较好的做法。如果译本的语言过于背离译语语言规范，必然会造成读者的接受障碍。在大胆尝试异化法方面，韦努蒂可谓走得最远，但他也不得不接受一定程度的归化，“异化法毕竟是为了目的语文化而翻译原作的，它必须依赖居统治地位的目的语价值观才能够显现出来”。中国翻译界的异化法与韦努蒂的“异化法”有所不同：韦努蒂认为，译本既可以使用流畅的标准目标语，也可以使用不流畅的边缘话语；而目前国内的异化论者普遍认为，译本在求异的同时，应当尽量保持通达，以照顾读者的接受能力。

5 结 语

高译忠实传达原文思想，再现原文风格，在当代读者的接受度上已然超越林译。读者并非一个固定不变的群体，读者的接受能力也随时代发展而产生变化，读者反应的这种特性决定了翻译策略也应该与时俱进。从大的历史层面上看，从晚清以来，中国的文学翻译在策略上从以归化为主逐渐转向以异化为主。前译采用较多的明晰化、同化处理，后译则更倾向于保留原文的语言和文化特色。正是由于读者反应呈现动态变化，才使得复译有了必要。当然，由于不同译者对翻译原则的认识不尽相同，后来的译本未必比前译的异化程度高。事实上，20 世纪的大部分时间里，绝大多数译者是采用归化译法的。但我们有理由相信，随着中国的更加开放，随着读者对外国文化的了解进一步深入，随着译者对翻译策略认识的提高，未来必将出现较多的采用异化法译出的作品。

参考文献

[1] ITAMAR EVEN-ZOHAR. Polysystem theory[J]. Poetics today, 1990(11): 29-66.

[2] 陈平原. 二十世纪中国小说史[M]. 北京：北京大学出版社，1989.

[3] 王东风. 翻译文学的文化地位与译者的文化态度[J]. 中国翻译，2000（4）：3-9.

[4] 王佐良. 翻译研究论文集（1949—1983）[M]. 北京：外语教学与研究出版社，1984.

[5] 张南峰. 从奈达等效原则的接受看中国译论研究中的价值判断[J]. 外国语（上海外国语大学学报），1999（5）：44-51.

[6] VENUTI LAWRENCE. The translator’s Invisibility: a history of translation [M]. London & NewYork: Routledge, 1995.

[7] 孙致礼. 中国的文学翻译：从归化趋向异化[J]. 英美文学研究论丛，2002（00）：326-344.

《哪吒之魔童降世》的角色设计浅析

王方方　王运栋

（成都东软学院数字艺术系　四川　成都　611844）

摘　要：本文主要简略剖析位列中国影史票房第三位的《哪吒之魔童降世》的系列角色设计，总结规律，以为后续创作提供经验。

关键字：《哪吒之魔童降世》；角色设计

Brief Analysis of the Character Design in *Ne Zha*

Wang Fangfang　Wang Yundong

(Digital Art Department, Chengdu Neusoft University, Chengdu 611844)

Abstract: This article briefly analyzes the series character design of *Ne Zha*, which ranks the third highest grossing of Chinese film history, summarizes the rules to provide experience for subsequent creation.

Keywords: *Ne Zha*; character design

1　本文主要内容及研究方法

《哪吒之魔童降世》是一部家喻户晓、深入人心，得到全国上下一致好评的电影作品。其票房 49 亿居中国影史第三（截至 2021 年 3 月），角色手办众筹高达 15 093.02%。本片成功塑造了众多深入人心的经典角色，有哪吒、敖丙、元始天尊、太乙真人、申公豹、李靖、殷夫人、敖广、结界兽、海夜叉、伏魔帮、小云云、睁眼瞎、娘娘腔、乐队、管家等。本文简略分析该影片的角色设计，揭开本片在角色方面的一些用心。本文研究方法主要是以影片为依据的分析与总结。

图 1　影片手办众筹页面截图与票房海报

图 2　影片手办重要角色开发

基金项目：2019 年高等学校省级“课程思政”示范课程建设项目“角色设计”。

作者简介：王方方（1986—），男，汉族，陕西渭南，讲师，学士，研究方向为艺术学；王运栋（1963—），男，汉族，辽宁大连，副教授，学士，研究方向为艺术学。

2 主角哪吒的角色设计浅析

哪吒这个角色本就是一个经典 IP，在《西游记》和《封神演义》中均有出现，至今已经过数代文学艺术家的艺术加工。哪吒的身世、师徒关系、造型、法宝等大众已了然于胸。相比齐天大圣孙悟空，哪吒是一个小孩更有其可爱之处，哪吒也是家喻户晓的神话角色中法宝最多的一位。下面我们来具体分析导演在哪吒身上所做的精心设计。

哪吒未出生时和敖丙同为一颗混元珠（球形），这个混元珠内心火热（哪吒）外表冷酷（敖丙），混元珠可变化出六个手臂（无三头，这与后续的哪吒形象匹配）。其后被元始天尊收于宝莲之内（分开成水火两珠——灵珠和魔丸）。其后哪吒降生为一个肉球（其额头有一个半太极形状的火焰标识，注意看空白处正是一个水花），生长出了几乎占到面部一半的一双大眼睛（大眼睛符合孩子特性，更能清晰表达角色表情），有着大大的黑眼圈（是因为他的火属性给熏的），后又长出了一缕火焰头发和长有圆尖的唇齿。

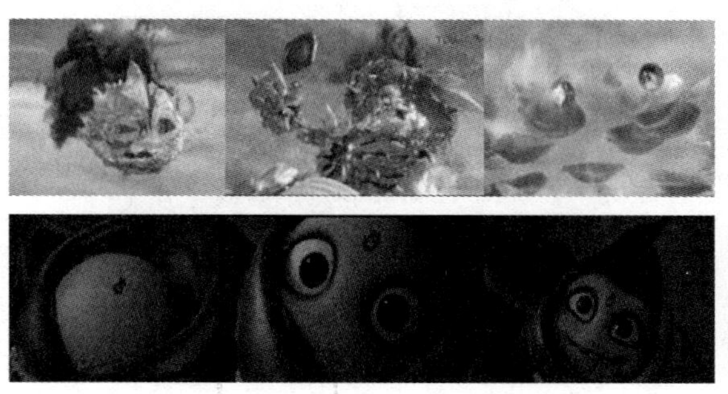

图 3 主角哪吒的设定状态-01

图 4 主角哪吒的设定状态-02

再后来哪吒长出肢体，显出魔性（黑眼珠消失、暴躁失控），乾坤圈出现（锁住魔性），母爱也第一次注入了魔丸，哪吒被结界兽封在家（这更进一步加剧了哪吒想出去玩的内心需求）。时间过去了一年，我们熟悉的丸子头、红头绳、齐刘海造型哪吒出现了，也出现了前莲花后荷叶图案无袖露肚皮红色上衣和火焰图案福袋式裤子，赤脚，一亮相的打油诗和缺个牙齿的细节就很用心设计了。

之后哪吒出现过扮演伏魔帮小猪头形象，也有哪吒回忆自己小时候的造型（莲花肚兜，顺便交代喜欢踢毽子）画面。后来，他学会了变身术（障眼法高级阶段），后又变成自己的妈妈殷夫人（黑眼圈、尖牙齿），也有变成申公豹形象（捅了两次敖丙屁股）。影片中还出现了哪吒颓废时、得意时、魔化时、半魔化时、推起影片高潮部分的超帅超燃六臂时、遭遇天雷回归宝莲时（球）等形象。“小妹被妖怪抓走了”这个也很经典。“球”和“火相”属性充分设计融合，“嗨”与“帅”兼得。

图 5 主角哪吒的设定状态-03

主角哪吒的设计到此还远远没有停止，哪吒的道具（法宝）乾坤圈（三条龙组成，两种状态）、风火轮（高科技的投影录像设备，会变身）、混天绫（可拟人）、火尖枪（能喷火）在影片中都有充分创新表达，更值得注意的是影片中哪吒是以喜剧角色形式来设计的。

3 重要角色敖丙的角色设计浅析

这里简单梳理下影片中的重要角色敖丙，敖丙与哪吒一阴一阳同由混元珠（灵珠是颜值担当）而来，敖丙从敖广口中的一颗龙蛋中生化，未完全进化的一对龙角改变了剧情。敖丙设计了蒙面服状态、3 岁后英俊状态、万龙甲状态、持冰双锤状态、化而为恶龙状态（被混天绫捆绑致敬老版《哪吒闹海》）等。

图 6 敖丙的设定状态-01

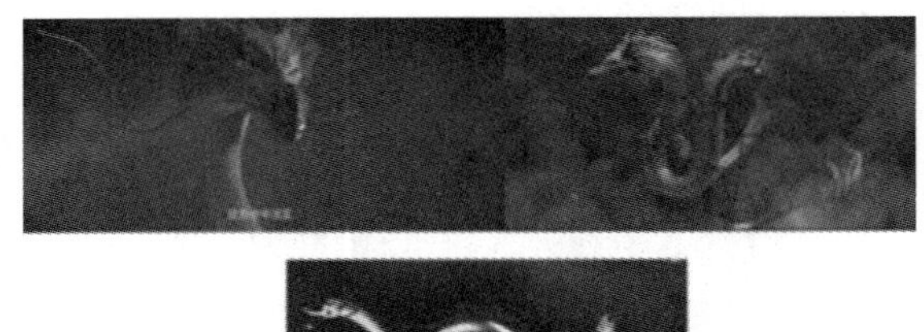

图 7 敖丙的设定状态-02

4 重要角色元始天尊、太乙真人、申公豹的角色设计浅析

影片中的元始天尊“甲“字脸，身形伟岸、仙气飘飘，可斗转星移施法天雷（天劫咒—震卦相），哪吒的名字也是他给取的。

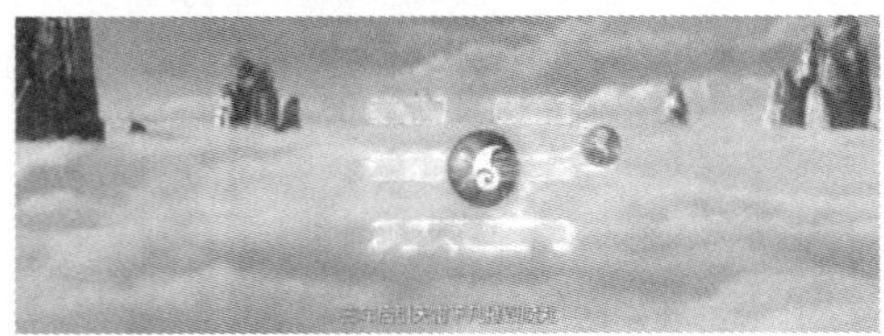

图 8 元始天尊——布局者

太乙真人讲川普、肥胖、幽默、善良、拂尘、指纹认证、录像投影于一体的高科技坐骑、嗜酒、中毒、裤子里很多法宝、大无畏、三花聚顶等设计都给观众留下深刻印象。

图 9 太乙真人

申公豹（申公公）“申“字脸、结巴、“异类”、“阴暗”装束、傀儡符、雷公鞭、哪吒变成的申公豹等设计都令人印象深刻。

图 10 申公豹

5 角色李靖、殷夫人、东海龙王敖广、结界兽、海夜叉、伏魔帮、小云云、睁眼瞎、娘娘腔、乐队、管家等的角色设计浅析

影片中教会哪吒“你是谁只有你自己说了算”、使用替身符的李靖，女汉子到慈母、陪哪吒踢毽子、总是第一个抱住哪吒的殷夫人，深陷海底、给敖丙不断施压的自觉天庭视己为异类（与申公豹同）的东海龙王敖广，三星堆特点造型的两个结界兽，鼻涕（外敷、内服）可以将人石化的蛤蟆海夜叉，以降伏哪吒为己任的阿丑（多次激化矛盾），虚空之门的守护者小云云（云中子），对着狴犴（急公好义、仗义执言、明辨是非、秉公而断）是非不分的睁眼瞎，粗壮大汉娘娘腔、经常不合时宜奏乐的乐队、致敬《哪吒闹海》的管家等角色形象设计都可圈可点、令人印象深刻。

6 结 语

如上粗略计来，这部片子不同程度成功塑造的角色形象至少有 16 种之多，更为重要的是这部片子中哪吒的角色设计状态就有至少 17 种之多，其他角色皆因哪吒的塑造而设计，形成了一个整体。每个角色记忆点多，创造合理，设计用心，秉持“价值观”“以人为本”而非“剧本是一剧之根本”。本文分析这么多就是要说明角色设计的非常重要性，创作者当尽心注重之。

参考文献

[1] 张瑞瑞，涂凌琳. 动画角色设计[M]. 湖北美术出版社，2006.

[2] 徐越，郭冶.《哪吒之魔童降世》的人物形象简析[J]. 戏剧之家，2020（26）：154-155.

[3] 张引.《哪吒之魔童降世》动画角色造型设计的评析[J]. 工业工程设计，2020（4）：45-50.

组织信任修复的反应方式及修复机制理论综述

沈洪科　王堰琦　朱亚君

（成都东软学院商务管理系 四川 成都 611844）

摘　要：本文对信任修复的实质性反应方式和非实质性反应方式对信任修复所产生的效力进行了对比，得出信任修复主要有不信任管理和可信度证明两种机制，并经过及时反应、诊断、采取措施和评估四个阶段。经过梳理，文章发现，目前对于信任违背的研究缺乏一个统一的理论框架，而且实证方法主要是以实验法为主，因而需要在研究方法上进行拓展。最后，本文简要总结了现有文献的局限性并在此基础上提出了未来可能的研究方向。

关键词：信任修复；致歉；不信任管理机制；可信度证明机制

Theoretical Summary of the Response Mode and Repair Mechanism of Organizational Trust Repair

Shen Hongke　Wang Yanqi　Zhu Yajun

(Business Management Department, Chengdu Neusoft University, Chengdu 611844)

Abstract: This paper compares the effectiveness of trust restoration between the substantive response method and the non-substantial response method of trust restoration. It is concluded that trust restoration mainly includes two mechanisms, distrust management and credibility certification, and they go through responding in time, diagnosis, taking measures and evaluating four stages. After sorting out, the article found that the current research on trust violation lacks a unified theoretical framework, and the empirical methods are mainly based on experimental methods, so the research methods need to be expanded. Finally, this article briefly summarizes the limitations of the existing literature and proposes possible future research directions on this basis.

Keywords: trust repair; apology; distrust management mechanism; credibility proof mechanism

1　引　言

自 20 世纪 90 年代开始，信任修复开始进入学者的视野成为研究的重点。本文在对信任、信任违背和信任修复的核心概念的梳理的基础上，进一步比较了不同的信任修复反应方式所产生的效力、信任修复的机制以及信任修复的过程。最后基于对文献的梳理，本文提出了未来可能的研究方向，抛砖引玉，希望能对此后的研究有所启发。

2　信任修复的反应策略

2.1　非实质性的反应策略

在组织中，管理者与组织对员工做出的信任

作者简介：沈洪科（1978—），男，汉族，湖北随州，副研究员，硕士，研究方向为企业战略管理；王堰琦（1989—），女，汉族，四川成都，讲师，硕士，研究方向为人力资源管理及市场营销；朱亚君（1991—），女，汉族，四川巴中，讲师，博士，研究方向为组织行为学。

违背行为时有发生。但当双方表达出和解的意愿并为了修复受损的关系而努力时就产生了信任修复行为（Dirks et al., 2011; Lewicki and Bunker, 1996）。信任修复的反应策略主要分为两种：非实质性的反应策略和实质性的反应策略（Tomlinson and Mayer, 2009; Kim et al., 2006; Schweitzer et al., 2006；Bottom et al., 2001; Lewicki and Bunker, 1996; Sitkin and Roth, 1993）。非实质性的反应策略主要是指在信任违背发生后，违背者采取语言性的反应方式来对其行为做出反应从而使得信任修复得以顺利进行。在信任违背发生后可以采取的语言性修复方式包括致歉、否认、沉默、辩护和寻找借口等（Gillespie, 2009; Scott and Lyman, 1968; Shaprio, 1991）。主要的研究方向集中于致歉、否认和沉默三个方面。实质性的反应方式呈现出非语言的特征。当前对信任违背的实质性反应方式主要有两种：法律手段、经济补偿。

2.2 基于违背类型的各种反应方式的效力比较

尽管很多学者对信任修复的反应方式进行过研究，并提出了多种反应方式，也有一些学者对某两种或者多种反应方式进行了比较，但没有形成一个比较系统的结果。

2.2.1 非实质性反应方式的效力比较

研究表明，衡量各种反应方式的效力取决于人们在衡量他人的能力和真诚度时对信息的处理（Ferrin et al.,2007）. Kim 和 Ferrin（2007）通过实验的方法检验了致歉、沉默和否认三种反应方式的相对效力，实验结果表明当发生真诚型信任违背时，否认是最好的反应方式，而发生能力型违背时，致歉是最好的方式，而相比较这两者而言,沉默在多数情况下都不是一个有效的反应方式。

2.2.2 实质性反应方式的效力比较

在信任违背类型的前提下比较法律手段和经济补偿的效力主要是比较这两者在不同信任违背背景下所产生的积极信息还是消极信息的相对比重（Ferrin et al., 2007; Kim et al., 2004, 2006, 2009）。在真诚型违背的情况下，人们更关注过错而非悔意，此时经济赔偿手段更为有效；而在能力型违约的情况下，人们开始关注违背者在对以后的信任违背行为的预防能力，而对能力型违约采取法律手段更为有效。

2.2.3 非实质性反应方式与实质性反应方式的效力比较

当发生信任违背行为时，违背者可以选择非实质性反应方式或者实质性反应方式。但是进一步的研究表明，违背者的实质性反应方式将更有利于信任修复（Bottom et al.2002）。

3 组织中的信任修复机制与过程

3.1 组织与组织模块

Gillespie 和 Dietz（2009）提出了一个涉及多个层次和多个行为者的框架来指引组织层面的信任修复行为。组织层面的信任违背来源于企业投入—产出过程中所发生的问题，主要集中在 6 个模块上，包括 4 个内部的模块——领导和管理实践，文化与环境，战略，结构、政策与过程和 2 个外部的模块——外部控制与公众声誉。这些组件受到组织环境中各种因素的影响（Nadler and Tushman, 1997; Burke and Litwin, 1992）。

以员工对组织的可信度的感知为例，根据系统理论，组织并不是向员工展示自己是否可以被信任，而是通过各系统模块的相互影响促使员工判定组织的可信度（Morgeson & Hofmann, 1999）。图 3 显示了各模块之间对员工感知组织可信度的影响。信任修复的过程就是要解决产生于各个模块的员工的负面预期并使员工重新恢复对组织的信心（Kim et al.2004），基于此信任修复主要通过两种机制，即不信任管理机制和可信度证明机制。

3.2 信任修复机制

信任修复的首要目标就是要恢复人们对于违背者将来的可信度的信心（Kim et al.，2004）。基于此，主要有两种信任修复机制：不信任管理机制以及可信度证明机制。

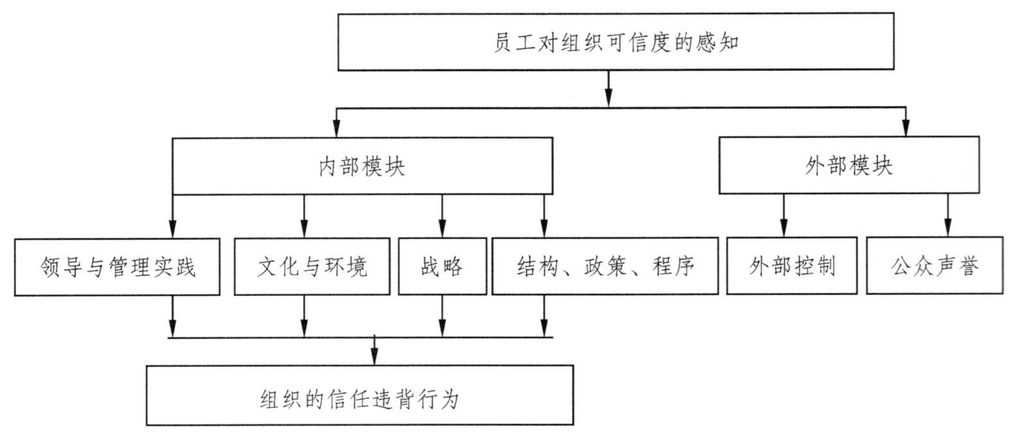

图 1 组织模块对员工对组织信任违背及组织可信度感知的影响

3.2.1 不信任管理机制

该机制旨在解决员工的不信任感，主要方法是采取相关措施来规避或者制止未来的信任违背行为，该机制主要是为了修正导致信任违背的模块，而代之以一系列“范围内”的行为，这种机制要求实施足够的监管控制来阻止或者约束组织成员及团体实施可能导致信任违背的行为，包括排除能促进不信任行为的激励机制。

3.2.2 可信度证明机制

可信度证明机制主要通过语言反应或者行为反应来体现组织的能力、善意和正直从而正面促进新的可信性的建立，通过向员工提供重复的、清晰、前后一致的信号使得员工能够对企业产生有利行为的预期，最终提升员工对企业的期待感、信念以及自身的安全感（Lewicki et al.，1998）。其主要措施包括在组织对信任违背做出反应的整个过程中，充分表达后悔感、承担责任、致歉、赔款，以及显示自身的能力、善意和正直。

因此这种机制与不信任管理机制具有较大的区别，因为前者主要聚焦于象征性或者实际性来展示自身的可信度，而后者则主要聚焦于对产生信任违背行为的行为本身进行管制。

3.3 信任修复的过程

组织层面的信任修复涉及 4 个步骤（Gillespie and Dietz，2009；Burke & Litwin，1992；Lewicki & Bunker，1996）：及时反应阶段、诊断阶段、采取措施阶段和评估阶段。

及时反应阶段主要是在发生信任违背之后对员工和受影响的利益相关方针对信任违背及时进行交流，并要保证及时可信。诊断阶段的主要目的是检测导致信任违背的原因，以及为了防止以后再次发生的类似事情需要做出哪些改变和信任修复所应该采取的措施。一个有效的诊断应该具备三个特性：准确性、透明性、及时性。采取措施阶段的依据来自诊断阶段得出的信息。最后，通过评估，可以为以后的采取措施提供足够的争端数据并且最重要的是维持来自不同组织模块的相关信任信号的一致性，并且需要不断地重复“诊断—改进措施—诊断”这一过程。通过将信任等级衡量方法的制度化，规律性的评估可以维持对信任修复程序的关注和投入的努力，提高信任修复的有效性和持续性。

4 信任修复理论的局限性和未来研究方向

前文对信任修复反应方式已经做了简要梳理。已有文献往往都只专注于讨论某一个具体策略，而没有综合起来考虑一个策略与另一个策略的相互关系，因此不具备理论上的连贯性。此外，对于信任修复的不同反应方式何者更为有效的现有理论缺乏整体性、逻辑性和一致性，需要有框架或模型将上述理论进行整合，从而全面反映信任修复反应方式作用的过程和效果。事实上，信任者在信任修复的过程中往往扮演着更为积极的角色。信任者一是有可能主动地与被信任者一起修复信任，二是信任者可能会坚持己见，不信任违背承诺的被信任者，拒绝被信任者修复信任的努力，阻碍了双方的信任修复的进程（Kimet al. 2009）。至于信任者如何参与信任修复的过程，以及发挥了怎样的作用，都需要进一步的研究，但目前这方面的研究还比较少。

参考文献

[1] 姚琦. 组织行为学中的信任违背和修复研究[J]. 南开学报（哲学社会科学版），2011（5）: 133-134.

[2] 吴玉洁. 违背类型修复策略及结果反馈对信任修复效果的中外比较研究[D]. 广州：暨南大学，2016.

[3] M E SCHWEITZER, J C HERSHEY, E BRADLOW, Promises and lies: restoring violated trust[J]. Organizational behavior and human decision processes, 2006(101): 1-19.

中国女性婚姻选择的影响因素

黄载阳

（成都东软学院应用外语系 四川 成都 611844）

摘 要： 随着市场化和经济的发展，人们对自主选择婚姻的期望增强了。而中国女性的受教育程度的提高也使中国女性能够有更多的婚姻自主权。但是由于男女性别比下降，人口老龄化迅速增加，社会和家庭的负担相应加重。同时中国女性的初婚年龄上升，未婚女性的数量增加。这些现象对中国经济发展产生了负面影响。因此，除了受教育程度之外，研究哪些因素影响中国女性的婚姻选择是很有必要的。

关键词： 婚姻选择；面板数据；受教育程度

The Influencing Factors of Marital Choices for Chinese Women

Huang Zaiyang

(Department of Applied Foreign Languages, Chengdu Neusoft University, Chengdu 611184)

Abstract: With the development of marketization and economy, people's expectation of independent marital choice has increased. The increase of educational attainments of Chinese women also gives them more autonomy in marriage. However, due to the decline of the sex ratio and rapid increase of aging population, the burden on society and families is correspondingly increasing. Meanwhile, the age for first marriage is increasing, and the number of unmarried women is expanding. These phenomena have exerted a negative impact on China's economic development. Therefore, in addition to education level, it is necessary to find out what are the influencing factors of marital choices for Chinese women.

Keywords: marital choice; panel data; education attainment

1 引 言

美国经济学家贝克尔（1973）率先将经济学方法引入婚姻和家庭。此后，婚姻经济学在西方实证分析中成为一个热门话题。而在中国，存在两千余年的中国哲学传统—儒家思想——对中国人的思维方式和行为，包括女性的社会地位、自我认知以及婚姻选择等产生了很大的影响。即使经过文艺复兴和解放运动，中国女性仍然在一定程度上受到传统观念的束缚。

近年来，中国社会转型的市场化和开放性缓解了性别比例失衡的问题。从图 1 可以看出，近 10 年性别比例从 120.56 持续下降到 111.9。

与过去相比，女性也拥有更多的婚姻自主权，因为女性受教育程度的提高促进了她们经济独立和思想独立。从图 2 可以看出，本科和硕士学位中，女生人数连续多年占到一半以上。虽然攻读博士学位的女生不到 50%，但是比例仍在不断上升。

作者简介： 黄载阳（1996—），女，壮族，籍贯广西，助教，硕士，研究方向为经济政策、商务英语。

图 1　2008—2017 年中国出生人口性别比

（来源：中商产业研究院数据库）

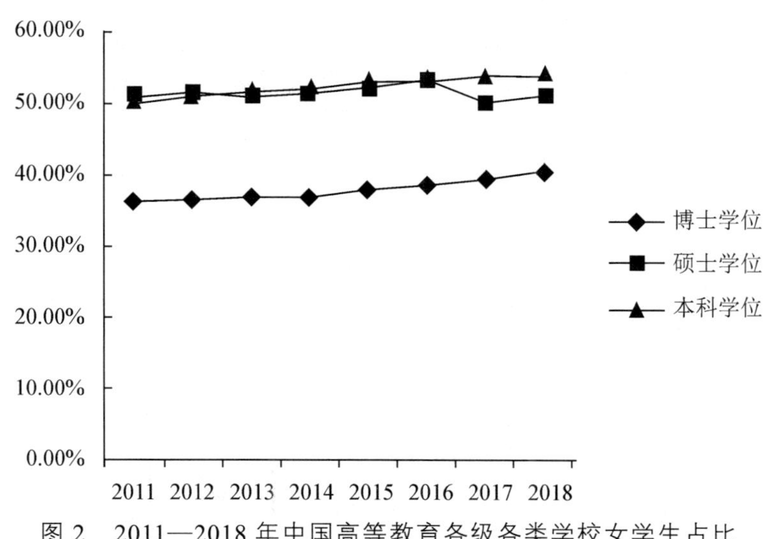

图 2　2011—2018 年中国高等教育各级各类学校女学生占比

（来源：中国教育部）

近年来中国女性的初婚年龄有所推迟，未婚女性数量急剧增加。根据 2010 年的第六次全国人口普查，30 岁以上的女性中未婚女性占 2.47%，而 2000 年的上一次人口普查为 0.92%。2016 年，适龄未婚人口接近 2 亿。然而，受教育程度提高和求学生涯拉长不是未婚人数增加和初婚年龄推迟的唯一原因。中国所具有的特殊城乡二元结构——户口也可能对婚姻选择产生影响。其他因素如工作单位、每周工作时间、每周家务时间、健康状况等都可能对婚姻选择产生一定的影响。为了帮助中国女性有更清晰的婚姻意识，并在婚前做出慎重的决定，找出影响婚姻选择的真正因素是有必要的。本文共分为六个部分：第一部分为引言，第二部分为文献综述，第三部分为数据来源和定义，第四部分是关于模型的介绍，第五部分是结果分析，第六部分为结论和政策建议。

2　文献综述

从古至今，婚姻是人们生活中不可避免的话题。作为一个重要的人生选择，择偶不能草率。在选择配偶方面，Schwartz（2013）将选择性婚配模式分为两种。一种是同类婚姻，指的是两个彼此相似的个体之间的婚姻。比如 Watkins 和 Meredith（1981）发现，收入较高的适婚年龄男性和女性都倾向于选择收入水平相近的配偶。另一种是异质婚姻，指的是两个在某种标准上不同的个体之间的婚姻。比如易松国（2008）发现在深圳婚姻市场中，男性倾向于找年轻的妻子。“婚姻梯度”也是一种属于异质婚姻的特殊婚配模式。它指的是女性更喜欢在更高等级的群体中寻找配偶。马磊（2015）通过调查最后发现超过半数的受访者认为自己与配偶属于同一教育、社会阶层或收入水平，超过 90%的受访者认为自己与配偶属于同一户口群体。

在教育方面，Thornton，Axinn 和 Teachman（1995）发现教育和婚姻之间存在相关关系。受过高等教育的女性不满足于只照顾家庭，在劳动力市场上也在寻找实现自己价值的机会。随着地位高、收入高的女性数量的增加，婚姻成为一种机会成本高、边际效用低的选择。因此，未婚和晚婚女性的比例大幅上升。然而，Goldstein 和 Kenney（2001）发现在美国社会中尽管女性的初婚年龄推迟了，但受教育程度高的女性结婚人数比以往任何时候都多，而那些受教育程度低的女性却越来越多地保持单身。而中国的情况与美国不同，吴要武和刘倩（2014）发现，随着女性受正规教育年限的增加，婚姻市场中寻找匹配配偶的困难上升。

由于中国具有特殊的城乡二元结构，中国学者对婚姻选择的研究与西方学者相比有新的方向。吴愈晓（2013）根据职业、教育程度和社会经济地位对男女初婚年龄进行了分析，发现性别和户籍的差异是明显的。而受教育程度的差距导致女性初婚年龄的推迟，这一现象在农村地区较为明显。王玉（2018）发现农村女性结婚的概率高于城市女性。

对于健康状况、工作时间、家务时间等其他因素，中国学者们也做了大量的研究。袁晓燕和石磊（2017）指出，男女健康状况与婚姻关系呈正相关，尤其是女性。王玉（2018）指出，城市女性每周工作时间与婚姻正相关，家务劳动时间与婚姻负相关。农村妇女则正好相反。

3　数据来源和定义

本文利用中国家庭追踪调查（CFPS）中的面板数据。中国家庭追踪调查是北京大学社会科学调查研究所于 2010 年发起的一项具有全国代表性的社区、家庭和个人年度纵向调查。研究关注中国的经济和非经济福祉，涵盖了经济活动、教育成果、家庭动态和关系、移民和健康等主题。数据范围覆盖了中国 25 个省份。本文选取 2010 年、2012 年和 2014 年的 2 563 个样本作为实证研究的数据来源（见表 1）。

表 1　变量信息

变量	变量符号	数据取值
年龄*	age_{it}	20～35 岁(基于2010年)
婚姻状态*	$Marry_{it}$	0（未婚）1（已婚）
正式教育年限	edu_{it}	0～19 年
年收入	$wage_{it}$	0～300 000 元
工作单位*	$unit_{it}$	0(无工作单位)1(有工作单位)
健康状况*	$Health_{it}$	0（不健康）1（健康）
户籍	hr_{it}	0（农村户口）1（城市户口）
一周工作时间	$Workhours_{it}$	0～180 小时
一周家务时间	$Househours_{it}$	0～84 小时

注：1. 中国女性法定结婚年龄为 20 岁，笔者认为如果女性在 35 岁以后还没有结婚，她可能是独身者，因而与本论文的研究没有关系。

2. 个体经营包含在无工作单位的情形中。

3. 在调查中，受访者被要求评估自己的健康状况从 1 到 5，越大越健康。为简单起见，级别 3、4、5 被设置为 1，表示健康。级别 1 和级别 2 被设为 0，表示不健康。

4　模型设定

本文包含了双选项和多选项，因此有两种不同的模型可供选择。一种是 logit 模型，另一种是 probit 模型。这两个模型的区别在于残差。Probit 模型将残差视为正态分布。而 Logit 模型将残差视为逻辑分布。由于逻辑分布的累积分布函数具有解析表达式，且自变量可以连续或分类，因此 logit 模型比 probit 模型更方便灵活。

二元选择模型表明因变量 y 包含 0 或 1 两个可能的值。logit 模型的设定通常采用 logit 逻辑生长曲线。

$$P_i = E(Y_i = 1 \mid X) = F(\alpha + \beta x_i)$$
$$= F(z_i) = \frac{1}{1+e^{-(\alpha+\beta x_i)}} = \frac{1}{1+e^{-z_i}}$$

$$P_i(1+e^{-z_i}) = 1$$

$$e^{-z_i} = \frac{1-P_i}{P_i}$$

$$\frac{1}{e^{-z_i}} = \frac{P_i}{1-P_i}$$

$$z_i = \ln\frac{P_i}{1-P_i} = \alpha + \beta x_i$$

P_i表示人i做出选择($P_i \in [0,1]$)的概率。$F(z_i)$表示逻辑概率密度函数。z_i的范围从负无穷到正无穷，可以通过逻辑函数转化为概率。从上面可以看出，$\frac{P_i}{1-P_i}$是优势比，因变量z_i是某一选择的比值的对数。logit 模型的优点是将概率估计问题转化为优势比估计问题。

在本文中，“Y=1”表示已婚，“Y=0”表示未婚。logit 模型将分析影响因素，如教育，收入等。模型如下：

$$P(\text{married}=1)=\varphi(\theta \inf)$$

P（married=1）是女性结婚的概率。*inf* 是收入、教育、健康状况、户籍等变量。

5 结果分析

本文没有直接使用面板数据来研究婚姻选择的影响因素而是采用logit模型分别对面板数据进行分析。原因是在每年 2563 个样本中，只有 344 名女性的婚姻状况在三年内发生了变化。所以即使解释变量发生了变化，因变量却没有变化，这就会影响结果的准确性。

首先，为了避免多重共线性，本文采用方差膨胀因子对因变量进行检验。2010 年（见表 2）、2012 年（见表 3）和 2014 年（见表 4）的数据的 VIF 值分别为 1.48、1.44 和 1.36，均小于 10 说明模型中不存在多重共线性。这样就可以依照每年的数据设置 logit 模型来找出婚姻选择的影响因素。

表 2 显示，在其他条件不变的情况下，当女性年龄增长 1 岁时，结婚的优势比是以前的 1.46 倍。城镇户口妇女结婚的优势比仅占农村户口妇女的 45.2%，因而农村妇女结婚的可能性更大。此外，当正式教育年限增加 1 年，结婚的优势比仅为以前的 0.88 倍，这意味着教育推迟了结婚。因此户口、学历对婚姻选择有负面影响。而年龄是婚姻选择的一个积极因素。

表 2　2010 年结果

变量	(1) 优势比
age_{it}	1.461***
	(0.0389)
hr_{it}	0.452***
	(0.0817)
edu_{it}	0.875***
	(0.0243)
$unit_{it}$	1.066
	(0.217)
$workhours_{it}$	1.002
	(0.00280)
$househours_{it}$	1.147***
	(0.0155)
$health_{it}$	1.463
	(0.627)
$wage_{it}$	1.000
	(7.26e-06)
Constant	0.000242***
	(0.000194)
Observations	2，563
Psudo R-squared	0.473

表 3 显示，在其他条件不变的情况下，当女性年龄增长 1 岁时，结婚的优势比是以前的 1.47 倍。城镇户口妇女结婚的优势比仅占农村户口妇女的 28.6%，因而农村妇女结婚的可能性更大。此外，当正式教育年限增加 1 年，结婚的优势比仅为以前的 0.89 倍，这意味着教育推迟了结婚。因此户口、学历对婚姻选择有负面影响。而年龄依然是婚姻选择的一个积极因素。

表 3　2012 年结果

变量	(1) 优势比
age_{it}	1.468***
	(0.0413)
hr_{it}	0.286***
	(0.0511)
edu_{it}	0.894***
	(0.0250)
$unit_{it}$	1.342
	(0.252)
$workhours_{it}$	0.997

续表

变量	（1） 优势比
	（0.00333）
$health_{it}$	1.014
	（0.138）
$wage_{it}$	0.999***
	（3.91e-06）
Constant	0.000969***
	（0.000704）
Observations	2，563
Psudo R-squared	0.325

Robust seeform in parentheses
*** p<0.01，** p<0.05，* p<0.1

2014 年的数据也反映出了户口、学历对婚姻选择有负面影响和年龄的积极影响，并且家务时间和健康状况也有影响。

表 4　2014 年结果

变量	（1） 优势比
age_{it}	1.240***
	（0.0289）
hr_{it}	0.800***
	（0.0136）
edu_{it}	0.841***
	（0.0266）
$unit_{it}$	0.743
	（0.143）
$workhours_{it}$	0.998
	（0.00320）
$househours_{it}$	1.046***
	（0.0155）
$health_{it}$	0.786*
	（0.112）
$wage_{it}$	1.000
	（4.02e-06）
Constant	0.000242***
	（0.000194）
Observations	2，563
Psudo R-squared	0.273

Robust seeform in parentheses
*** p<0.01，** p<0.05，* p<0.1

6　结　论

6.1　主要发现

本文利用 CFPS 2010 年、2012 年和 2014 年的面板数据和采用双选项 logit 模型以确定婚姻选择的影响因素。logit 三年的模型都表明：第一，正规教育年限的增加将降低结婚的优势比。学历越高，中国女性的结婚年龄越晚。第二，城市户口女性的结婚优势比农村户口女性要低。因此，与农村户口妇女相比，城市户口妇女往往晚婚。而对于健康状况、工作单位、工作时间、家务时间等其他因素对婚姻选择产生影响，因为部分变量仅在部分模型中突出，所以不能简单地说这些变量是婚姻选择的影响因素。

6.2　政策建议

6.2.1　延长父亲的产假，设立育儿假

现在，中国的女性都可享受产假，且法定产假为 98 天。但是对于男性而言，不同的省份的男性产假从 7 天到 1 个月不等。这与女性产假相比要少得多。所以对于很多公司来说，雇佣女性员工的成本更高。因此，在中国，育龄女性承受着更多的压力和负面影响。而在国外，西方国家比如瑞典从 1974 年开始设置育婴假，即父母双方根据收入水平享有 480 天的带薪育婴假，且父母双方各自享有 90 天的专有权。这项措施极大地促进了工作场所的性别平等。芬兰还将带薪产假改为 164 天以鼓励父亲们花更多的时间照顾孩子。自 2015 年以来，中国政府取消了独生子女政策，引入了二胎政策。由于雇佣女性员工的潜在成本，工作场所的性别壁垒变得更加严重。为了获得公司的信任，一些女性求职者甚至需要以强调自己在未来五年内不会结婚生子来获得工作机会。因此，延长中国男性的产假，设置育婴假是必要的。当雇佣男性和女性的成本不再明显时，工作场所的性别不平等问题就可以得到缓解，婚姻的负面影响就可以减少。

6.2.2 改革城乡二元结构

自 1958 年以来，中国政府实施了严格的户籍制度。该制度具有证明身份、为经济社会发展规划提供基础数据、保障社会安全等优点。但这种二元结构并不利于农村人口的自由流动，因而造成了教育、就业等方面的不平等。由于一些工作和学校需要当地户口，这使得许多农村地区的人才无法获得更好的教育和工作机会。此外，社会保险和医疗保险也与户口有关，不同的户口会对应不同的标准。因此，有必要打破城乡之间的壁垒以调动劳动力，振兴中国的发展，促进各地区的平等。目前，中国政府已经在削弱户口的作用，但是仍然需要科学的规划和指导。比如为生活在同一地区的人们分配相同的福利和资源就是一个不错的选择，这个变化有助于实现平等。为了避免人力资源过度集中在城市地区，政府应该加大对农村的资源配置，出台有利于农村的措施。

参考文献

[1] BECKER G S. A theory of marriage: Part Ⅰ [J]. Journal of political economy, 1973(81): 812-846.

[2] GOLDSTEIN J R, KENNEY C T. Marriage delayed or marriage forgone? New cohort forecasts of first marriage for US women [J]. American sociological review, 2001(66): 506-519.

[3] SCHWARTZ C R. Trends and variation in assortative mating: causes and consequences [J]. Annual review of sociology, 2013(39): 451-470.

[4] THORNTON A, AXINN W G, TEACHMAN J D. The influence of school enrollment and accumulation on cohabitation and marriage in early adulthood [J]. American sociological review, 1995(60): 762-774.

[5] WATKINS M P, MEREDITH W. Spouse similarity in newlyweds with respect to specific cognitive abilities, socioeconomic status, and education [J]. Behavior genetics, 1981, 11(1): 1-21.

[6] 马磊. 同类婚还是异质婚？：当前中国婚姻匹配模式的分析[J]. 人口与发展. 2015，21（3）：29-36.

[7] 王玉. 中国区域特征下的女性婚姻选择及婚后工资变动：基于 CFPS 数据的经验研究[D]. 泉州：华侨大学，2018：1-67.

[8] 吴愈晓. 中国城乡居民的教育机会不平等及其演变（1978—2008）[J]. 中国社会科学，2013（3）：4-21.

[9] 吴要武，刘倩. 高校扩招对婚姻市场的影响：剩女？剩男？[J]. 经济学，2014，14（1）：5-30.

[10] 易松国. 从择偶坡度分析城市女性的婚姻挤压：以深圳市为例[J].湖南师范大学社会科学学报，2008（3）：77-81.

[11] 袁晓燕，石磊. 户籍如何影响婚姻稳定性：基于中国经验数据的解释[J]. 学术月刊，2017（7）：45-57.

新希望乳业竞争能力分析
——基于波特五力模型

章　仪　司世春

（成都东软学院商务管理系　四川　成都　611844）

摘　要：本文以波特五力模型分析西南乳业龙头新希望的竞争力，解读新希望乳业在市场取得长足发展的重要原因和企业优势，为我国乳业企业的未来有序发展提供借鉴。总的来说，新希望乳业卖方的议价能力较弱，买方的议价能力较强，竞争者进入壁垒较高，来自替代品威胁较大。

关键词：新希望乳业；竞争能力；波特五力模型

Competitive Ability Analysis of New Hope Dairy
— Based on Porter's Five Forces Model

ZhangYi　Si Sichun

(Business Management Department, Chengdu Neusoft University, Chengdu 611844)

Abstract: In this paper, porter's Five Forces model is used to analyze the competitiveness of the New Hope Dairy in Southwest China, to interpret the important reasons for the rapid development of the new hope dairy industry in the market and the advantages of the enterprise, so as to provide reference for the orderly development of China's dairy enterprises in the future. In general, seller of New Hope Dairy have weaker bargaining power, and the buyers have stronger bargaining power. New Hope Dairy meet higher entry barriers, however, New Hope Dairy still faces greater threat from substitutes.

Keywords: New Hope Dairy; competitive ability analysis; Porter's Five Forces Model

1　引　言

运随着全球经济水平整体提升，居民健康消费支出扩大，牛奶消费总量得到持续提升。数据显示：截至 2019 年全球牛奶消费量为 1.88 亿吨，相比 2018 年的 1.87 亿吨，提高了 0.56%。中国对喝一杯好奶的需求日渐高涨，而乳业市场的竞争也日趋激烈。乳品企业上游连接奶牛养殖业，下游连接乳制品消费市场，是乳业的中轴和龙头。[1]本文希望通过研究新希望乳业的竞争力，来为其他乳品企业的健康有序发展提供一定的借鉴。

2　新希望乳业公司简介

新希望乳业自成立之初，斥巨资积投入建设新希望的牧场和奶源基地，在全国拥有 10 个直属牧场和 12 个奶源基地，年产奶量接近 38 万吨，通过自有牧场，形成了“公司、牧场、农户三合一”的经销模式，解决了“分散养殖，统一收购”这种方式产生的公司与奶农之间的较为疏松的关系，强化奶源头在收集时的把控力度。通过对奶牛引进、培育、饲养、繁殖、取奶、奶灭菌、深加工、储运和冷链运输等全方位的优势资源，实

作者简介：章仪（1988—），男，浙江舟山人，讲师，研究方向为市场营销、高尔夫产业、体育经济；司世春（1993—），男，四川成都人，助教，研究方向为资产评估、大学生创业。

现了从牧场到消费者口中全链条的质量把控，加强可溯源的反向追踪，坚持“三个鲜”的理念，有效地确保产品质量过关，全面提高新希望公司素质和核心竞争力。

3 新希望乳业公司波特五力模型分析

波特五力模型是于 20 世纪 80 年代初由迈克尔·波特（Michael Porter）提出。行业中存在着决定全面竞争规模和强度的五种力量，这五种力量综合影响着产业的企业的竞争战略决策和影响力。五种力量分别为卖家的议价能力、买家的议价能力和同行业内竞争者竞争力、潜在竞争者进入能力（壁垒）、替代品替代力。

3.1 新希望乳业市场主要品牌

目前新希望乳业在国内市场投放的牛奶品牌有华西、雪兰、蝶泉、天香、双峰等。主打多品牌战略。

3.2 新希望乳业卖方的议价能力

乳业供应商出于公司利润会提高对其企业客户的售价。基于这个经济关系，如果供应商抬高奶源的价格，则乳制品成本会加大，利润会降低。所以确定好奶源产品供应商并保持长期稳定业务往来，对于乳业公司来说至关重要。乳制品行业近些年高速发展，受疫情影响奶牛存栏量和奶类产量下降，乳业供应商提价的意愿更为强烈。但在当今物价全面上涨的环境下，乳业市场处于高度竞争中，利润一直很低，面对奶源供应商的议价能力逐渐丧失。

对乳业消费市场的抢占制约着企业的可持续发展，虽然乳业的主要竞争已从过去对奶源的竞争过渡到现在的消费市场的竞争。中国奶牛和饲料等主要乳业生产资源总量大，但企业规模与生产能力有限，制约要素市场供给效率。[2]虽然新希望乳业有自建牧场，也有固定的奶源公司合作，但是依然不能满足消费者庞大的用奶需求，依然需要向新的奶农和奶源公司收奶。同时要承担来自乳业头部公司蒙牛、伊利等利用价格联盟来占领市场的压力，甚至分阶段使用价格战，这使得新希望乳企业的利润空间大大缩小，总体来说新希望乳业公司卖方的议价能力是比较弱的。

3.3 新希望乳业买方的议价能力

新希望乳业在常温奶上可以做到局部的成本领先，为了抢占市场份额、扩大销售量，早期新希望想方设法多元化筹资、A 股上市得到资金投入到终端，实现主要品牌的奶源完全来自自家牧场。通过引业界领先的奶牛养殖技术和自动化的机械牛奶加工设备，新希望乳业不断改造生产工艺，提高新希望乳业产品的竞争力。

但由于乳品市场的激烈竞争，终端买方消费者对于基础牛奶产品的议价能力较强，一般常温牛奶产品的定价为 1.5 元～3 元/250 ml，低温鲜奶的定价为 4.5 元～9 元/250 ml，价格较为稳定。在大型商超经常会出现 5-7 折、甚至买一送一的奶制品大幅度优惠，所以买方消费者的议价能力源自乳业品牌对于市场份额的攫取。

3.4 新希望乳业潜在竞争者进入的能力（进入壁垒）

目前乳业市场上，内蒙古蒙牛乳业股份有限公司、上海光明乳业股份有限公司、北京三元食品有限公司、内蒙古伊利集团股份有限公司、黑龙江完达山乳业、河南李子园乳业、青岛圣元乳业等均占有较大市场份额。[4]加上深耕西南地区的新希望乳业对于乳业市场的瓜分，潜在竞争者进入的可能非常低。早期我国出现过“三聚氰胺奶”事件，已经淘汰了一批乳业品牌，国内几个大型乳品在消费者心中树立了较好的品牌形象，乳业市场的消费者忠诚度已经开始逐步形成，新晋品牌的成功率会很低。

加上乳业公司的技术壁垒在逐步增强，例如新希望在前年引入的 UHT 超高温瞬间灭菌技术。对采集到的新鲜奶首先进行预处理，原料奶在密闭的 UT 管道内加温至 76 度，最大程度地激发细菌活性，随后采用瞬时超高温杀菌。奶源在超高温灭菌前就要保证细菌数不超过 3 万/ml，才能符合 UHT 超高温瞬间灭菌要求，UHT 技术含量超过了以往的巴氏灭菌。加之现代农业孕育对乳业公司的绿色化要求，[5]以及乳业公司进入市场的高投入和退出市场的固定成本难以收回等特点都导致潜在竞争者进入壁垒的增高。

3.5 新希望乳业的替代品威胁

相关数据显示，我国目前大约有 1.6 亿人患有不同程度的乳糖不耐受症，这意味着这类人群由于肠道内乳糖酶缺乏，无法将牛奶或是其他食物中的乳糖进行有效分解，因此这些人群需要选用植物蛋白饮品作为替代。市场上的植物蛋白饮品原料在保持豆浆营养成分的同时，又改良了口感，上升势头非常明显。豆奶产品作为这几年乳品行业不可忽视的替代力量，引起包括新希望乳业在内的乳品公司的重视。

在市场拉锯的前几年，新希望都及时出品了旗舰产品来对标市场龙头。“澳特兰”（见图 1）在常温奶市场对标伊利的“经典”和蒙牛的“特仑苏”。“24 小时”在低温奶市场对标伊利的“大白瓶”和蒙牛的“现代牧场”，防止在高端市场被替代。

图 1 新希望高端牛奶产品“澳特兰”

2016 年，伊利还成立了专门机构来完善消费者需求洞察以及消费行为研究，以整合集团内外研发资源，最终立足需求快速研发新产品，实现公司产品竞争力的强化。[6]新希望也效仿伊利成立了新产品研发和用户研究部门，以保证捕捉消费者的最新需求，不落后于市场。

参考文献

[1] 祝丽云，李彤，赵慧峰. 全产业链视角下我国乳业竞争力提升研究[J]. 黑龙江畜牧兽医，2017（14）：10-14，288-289.

[2] 曹亚楠，徐雅楠，姜冰，等. 中国与乳业贸易强国国际竞争力差距的成因分析[J]. 世界农业，2018（8）：85-92.

[3] 刘丽. 新希望乳业入股现代牧业，国内奶源形势复杂化[J]. 乳品与人类，2019（4）：22-23.

[4] 何天梅. 蒙牛乳业的竞争力优势分析：基于波特五力模型[J]. 时代融，2015（2）：192-195.

[5] ANDREAS D SOTERIADES, ANDREAS FOSKOLOS, DAVID STYLES, etc. Maintaining production while reducing local and global environmental emissions in dairy farming[J]. Journal of environmental management, 2020, 272.

[6] 刘回春. 伊利创新产品发力市场占有率继续提高[J]. 中国质量万里行，2016（1）：75-76.

应用型高校组织行为学课程能力培养指标的构建

王堰琦　胡秋菊　郑　雪

（成都东软学院商务管理系　四川　成都 611844）

摘　要：构建应用型高校组织行为学课程能力培养指标，其目的是将课程人才培养目标体现应用型高校的特色，从而将学习理论与项目实践相结合，学校教学发展与地区经济发展相结合。有利于培养学生满足社会发展需求的能力要求，树立学生的信心和培养他们的综合应用能力。

关键词：应用型高校；课程能力培养指标；组织行为学

The Construction of Talent Cultivation Indexes for Organizational Behavior Courses in Applied Universities

Wang Yanqi　Hu Qiuju　Zheng Xue

(Department of Computer Science and Technology, Chengdu Neusoft University, Chengdu 611844)

Abstract: The purpose of constructing application-oriented university organizational behavior curriculum ability training indicators is to reflect the characteristics of application-oriented universities, thereby combining learning theory with project practice, and combining school teaching development with regional economic development. The curriculum teaching reform of applied colleges and universities is beneficial to cultivating students' ability to meet the needs of social development, establishing students' confidence and cultivating there comprehensive application ability.

Keywords: applied universities; curriculum ability development index; organizational behavior

1　引　言

关于“组织行为学”课程的改革大多数从教学方法、考核方式等角度来丰富课程资源，教学目标倾向于对学生专业理论知识的理解，强调知识“学会”，而没有做到课程教学与社会需求的匹配。本研究立足于组织行为学课程教学源头的改革。具体地，采用调研的方式，结合专业—企业两个方面确定课程能力培养指标。真正意义上实现培养为社会经济发展需要服务的应用型人才目标[1]。

2　应用型高校人才培养模式

应用型高校的教学和科学研究多以服务地方为宗旨[2]，以新时代背景下的人才观、质量观和教育观为先导，以满足经济和社会发展需要为方向，培养具有较强社会适应能力和竞争能力的高素质应用型人才，进行教学设计—教学实施—教学评价等教学活动[3]，在遵循高校人才培养目标的前提下，提炼适合地区企业对岗位的专业需求指标，其核心环节是实践教学。专业建设需要适合地方需求与发展，注重培养学生的实践能力[4]。

基金项目：成都东软学院 2019 年度校级教研教改立项课题“项目驱动模式下的应用型高校组织行为学教学研究”（NSUJG2019-014）。

作者简介：王堰琦（1989—），女，汉族，籍贯四川，讲师，硕士，研究方向为企业管理，人力资源；胡秋菊（1979—），女，汉族，籍贯四川，副教授，硕士，研究方向为企业管理、人力资源；郑雪（1999—），女，汉族，籍贯四川，学生，学术，专业方向为人力资源。

3 应用型高校组织行为学课程能力培养指标的构建

应用型高校组织行为学课程能力培养指标的构建要体现应用型需满足学校人才培养指标、专业人才培养指标、课程能力培养指标与区域企业对岗位的能力需求多个方面的匹配。为此，本文以成都东软学院为例，深入调研，明确学校、专业的人才培养指标以及区域企业对人力资源岗位的能力需要，采用科学的方法探索具体的课程能力培养指标。

3.1 专业人才培养指标的整理

明确办学理念和人才培模式是课程课题改革和研究的方向。通过查找与整理，本校人力资源专业的人才培养指标从 TOPCARES-CDIO 人才培养模式中提取了适合专业需要的 8 个一级指标[5]，35 个二级指标，127 个三级指标。此外，每一学年通过社会调研基本实现专业能力培养与地区企业需求的匹配。但具体的课程能力培养指标始终缺乏应用型的检验以及有效评估方式。

3.2 地区企业需求的指标提取

本阶段主要采用实证研究。问卷设计以专业人才培养指标为基础，参考系部每年的专业人才培养指标问卷，对应 T-C 模式中的 8 个维度并适当增加了主观题型设计，以便更好地了解企业新的需求。研究以企业相关部分为研究对象，采用问卷开展抽样。样本主要来自西部企业，发放问卷 320 份，回收 300 份，去除 10 份无效问卷。回收了 100%，有效率 93.75%。通过发放和整理数据，得出企业需求排名靠前对应指标如表 1 所示。

表 1　企业需求排名靠前对应指标

一级能力指标	平均票数	二级指标	三级指标	票数
1 技术知识与推理能力	197	1.3 高级基础知识	1.3.1 专业知识	197
2 开放式思维与创新	189	2.1 系统思维	2.1.4 解决问题时的妥协、判断和平衡	212
		2.4 创新能力	2.4.1 引进、消化、吸收再创新能力	212
3 个人职业能力	204	3.1 推理和解决问题的能力	3.1.1 发现问题和表述问题	208
4 沟通表达与团队合作	197	4.1 交流能力	4.1.4 电子及多媒体交流	242
			4.1.6 口头表达和人际交流	242
		4.3 团队工作	4.3.1 组建有效的团队	204
5 态度与习惯	186	5.1 个体性态度与习惯	5.1.2 学习态度与习惯	186
6 责任感	203	6.3 对职业的责任感	6.3.1 职业道德、正直并勇于负责	203
7 价值观	277	7.2 职业价值观	7.2.3 个人与团队共同成长	277
8 实践构思、设计、实现和运行为社会的贡献	244	8.4 商业技能（创业者在管理企业过程中的商业活动）	8.4.2 人力资源管理	244

通过表 1 得知，企业在校学生的价值观、交流能力、实践能力和贡献几个方面票数较高。具体地，员工与团体的共同成长、交流沟通能力强、专业管理能力及专业技术能力强更受企业青睐。结合企业普遍的管理，我们有理由相信由于成本、绩效等原因，企业更加重视员工的实践能力，寄希望于应届毕业生能够尽快实际产出，给企业带来实践价值。

进一步，我们对投票较低的指标进行梳理，并且从主观题的结果探索企业对人力资源管理岗位需求，得出结果如表 2 所示。

表 2　企业需求排名靠后对应指标

一级能力指标	二级能力指标	三级能力指标	投票
4 沟通表达与团队合作	4.2 使用外语能力	4.2.2 阅读、理解专业领域文献	133
4 沟通表达与团队合作	4.2 使用外语能力	4.2.1 基本的听说读写	154
2 开放式思维与创新	2.3 创造性思维	2.3.2 具有综合和通用化能力	168

企业对基础知识等方面则关注相对较少。此外，从企业主观题部分可以知道，区域企业对于人力资源岗位的应届毕业生需求数量较小，原因很大程度上是由于理论不扎实（126/320）和只懂理论，实际操作能力不强（148/320）。这进一步验证了企业更倾向于具备实操能力和尽快产生实际绩效的员工。

3.3 应用型高校的课程能力培养指标的确立

通过深入调研，明确了西部地区企业对人力资源岗位的能力需要，结合本校 T-C 人才培养指标的专业人才培养指标和课程大纲，筛选适合课程操作的 5-7 个指标，构建应用型的课程能力培养指标如表 3 所示。

应用型高校的课程能力培养指标的重新构建，更加突出了学生个人技能和实践能力。从理论层面上，相较于传统教学模式，创造性地构建了基于西部地区企业对岗位的专业能力需求的课程人才培养体系，深化了现有组织行为学教学教改研究，为应用型高校课程的教学教改提供了一定的思路，也为后续研究提供了一定的参考。从实践层面上，在一定程度上弥补了传统组织行为学课程教学中尚未涉足社会的空白。一定程度上解决了本门课程长期存在的缺乏实际应用效果的问题。使课程的人才培养目标与地区经济发展需求相一致。

表 3　应用型高校的课程能力培养指标（以成都东软学院为例）

TOPCARES（1 级能力指标）	二级指标	三级指标	票数
1 技术知识与推理能力	1.3 高级基础知识	1.3.1 专业知识	197
2 开放式思维与创新	2.4 创新能力	2.4.1 引进、消化、吸收再创新能力	212
4 沟通表达与团队合作	4.1 交流能力	4.1.4 电子及多媒体交流	242
		4.1.6 口头表达和人际交流	242
7 价值观	7.2 职业价值观	7.2.3 个人与团队共同成长	277
8 实践构思、设计、实现和运行为社会的贡献	8.4 商业技能（创业者在管理企业过程中的商业活动）	8.4.2 人力资源管理	244

4 结　语

研究采用应用型高校的人才培养理念，有效解决了组织行为学课程人才培养目标与地区经济发展和企业需求脱节的问题，体现了服务地方的宗旨，为课程后续教学活动的开展奠定了基础，也为应用型高校课程改革与建设提供了一定的参考。

参考文献

[1] 齐文浩，李新光，杨兴龙. 地方高校应用型人才培养的目标、障碍与实现路径[J]. 教育教学论坛，2018（38）：46-47.

[2] 宋文生. 教学服务型：地方本科高校转型发展的目标定位[J]. 国家教育行政学院学报，2016（11）：39-44.

[3] 郭威. 应用型本科院校公共英语教学模式探究[J]. 高教学刊，2017（23）：116-118.

[4] 王燕，张贝，连凯宇，等. 高校市场营销专业建设浅议[J]. 合作经济与科技，2016（3）：144-145.

[5] 温涛. 基于 TOPCARES-CDIO 的一体化人才培养模式探索与实践[J]. 计算机教育，2010（11）：23-29.

翻转课堂教学模式下高校“软件项目管理”课程初探

宋昌欣

（成都东软学院 四川 成都 611844）

摘　要：翻转课堂能为学生提供更多的主动学习的机会，能帮助教师更有针对性地了解学生的学习盲点和问题，以便给学生提供更加个性化的指导，因而受到越来越多的高校教师的关注。本文通过分析“软件项目管理”课程教学现状，依据翻转课堂的相关知识理论改变传统教学模式，探索以项目导向的课堂教学、以小组学习的课堂教学、以学生自学平台自主学习为主体教学方法。学生通过课前准备、课堂内化以及课后拓展的学习流程会对课程有更进一步的掌握，翻转课堂这种探究式教学方式能对教学质量有进一步提高。

关键词：翻转课堂；教学模式；软件项目管理

Preliminary Exploration on The Course of Colleges and Universities Software Project Management under the Flipped Classroom Teaching Mode

Song Changxin

(Chengdu Neusoft University, Chengdu 611844)

Abstract: Flipped classroom can provide students with more opportunities for active learning. It can help teachers to understand students' learning blind spots and problems. In order to provide students with more personalized guidance, more and more college teachers pay attention to it.Through the analysis of “software project management” course teaching status and changing the traditional teaching mode according to the knowledge theory of flipped classroom, this paper explores the teaching methods of project-oriented classroom teaching, group learning and self-learning platform.Students will have a better grasp of the course through the learning process of preparation before class, internalization in class and expansion after class. Flipped classroom, which is an inquiry teaching method, can further improve the teaching quality.

Keywords: flipped class; teaching model; software project management

1　引　言

随着信息技术的发展与大数据时代的到来，以及软件需求的日益增长和系统功能的日益增强，软件项目的管理也越来越受到重视。高校“软件项目管理”课程也要更加实用于社会需求，高校课程教学工作同时也面临新的机遇与挑战。而翻转课堂作为大数据时代的产物，在高校教学工作中能够发挥提升教育质量、促进教学发展的重要作用，受到高校各个学科教育者的重视。在实际教学工作中，应积极应用翻转课堂教学模式、新教学流程方式，增强教育效果，充分发挥该模

作者简介：宋昌欣（1989—），男，汉族，四川成都，助理研究员，硕士，研究方向为计算机应用。

式的积极影响，推动高校教育发展。

2 “软件项目管理”课程教学现状

2.1 “软件项目管理”课程目标

软件项目管理是为了使软件项目能够按照预定的成本、进度、质量顺利完成，而对人员、产品、过程和项目进行分析和管理的活动。学习软件项目管理的根本目的是让学生能掌控软件项目尤其是大型项目的整个软件生命周期（从分析、设计、编码到测试、维护全过程），以预定成本按期、按质的完成软件交付用户使用。学习软件项目管理也为了从已项目有的成功或失败的案例中总结出能够指导今后开发的通用原则，方法，同时避免前人的失误。掌握项目与软件项目的概念、项目管理的概念、软件项目生命周期与管理过程，这些归为知识目标。课程涉及的能力目标是促使学生接受软件项目管理方法，在软件开发过程中采用本门课程学习的项目管理方法，能够在项目合同周期以内完成高质量的软件系统，促进软件开发行业的技术进步。

2.2 “软件项目管理”课程教学的主要问题

“软件项目管理”课程是为了帮助学生获得有必要了解掌握的软件项目管理知识，掌握如何开发软件项目计划和如何进行软件项目的管理及跟踪。引导学生将所学的软件项目管理基本知识运用于具体的案例分析和实践中，帮助学生理解所学内容，以提高实践能力。因此“软件项目管理”这门课程在教授时如只采用传统教学方式会有些许不足之处。

（1）理论教学与实践教学不同步。在一部分高校中，大部分教学工作仍然沿用传统的教学模式：突出理论教学，忽略学生的实际技能的培养；先教后学。这种模式带来的一般情况是，教师传授知识和学生实际运用不同步，致使学生学习的知识与技能实践脱节。

（2）教学模式单一，没有体现学生的主体地位。为了在有限学时内完成教学内容，教师往往借助多媒体手段“满堂灌”。由于缺乏师生互动而使得教学内容抽象且乏味，学生缺少独立思考的机会，不利于创造性思维的培养。此外，教学过程中侧重单个知识点的讲解，忽略了知识点之间的联系，内容显得比较零乱，导致学生的综合应用能力较弱。

（3）课程考核重理论轻实践。课程考核方式是“闭卷笔试”，重点考核学生对理论知识的掌握，忽略了考核学生的综合项目能力和工程应用能力，阻碍了科学思维和创新能力的培养。一方面，对教师而言，增大了笔试试卷评阅工作量；另一方面，理论考试会诱导学生搞考前突击复习，出现“高分低能”现象[2]。

（4）课程项目教材案例陈旧又不完整。传统教材时代性、代表性案例缺少，部分案例甚至为虚拟案例，不具备实践可操作性，让案例分析教学起不到应有的作用。同时，授课教师缺少项目管理的实操经历。该课程设定只要求主讲教师具备丰富的理论知识，但若不具备项目管理的实践经历，在理论的授课上只能照本宣科，使得学生缺少实践体验，对理论的理解变得更难。

以上这些问题都使得学生在学习中困难重重，就算通过了课程考试，对这门重要学科的掌握还是浮于表面，得不到软件项目管理需具备的经验，不能满足社会的真正需求。因此，对软件项目管理课程教学的创新迫切又意义重大。

3 翻转课堂

2006 年美国的萨尔曼·可汗（Salman Khan）首先开始尝试一种新型教学模式，翻转课堂（Flipped Class）。在 2011 年以后逐渐向全球推广，近些年来在国内学者中掀起研究热潮。翻转课堂主要是指授课教师提供以教学视频为主要形式的学习资源，学生在课前完成对教学视频等学习资源的观看和学习，师生在课堂上一起完成作业答疑、协作探究和互动交流等活动的一种新型的教学模式，它是信息化建设和课堂教学相结合的有益尝试[2]。在高校积极培养具有独立思考能力和科研创新能力的高水平人才的大环境下，翻转课堂契合了时代要求，顺应了我国教育信息化的大背景，对于改变我国教育体制、教育观念滞后的现状以及“灌输”的教学模式等具有重要意义[3]。

4 翻转课堂教学初步设计

4.1 课程教学设计基本理念

以能力为本位原则。以促进技能掌握为根基，以驾驭软件专业的实际项目技能为标的，以能够有效地完成项目为核心，全面掌握开发企业级别网站的整套流程和技能，全面促进自身在软件行业各方面能力的增长。

学生为主，教师为辅原则。教学中要明确是为了学生更好地掌握基础知识，熟练工作过程中的技能，教和学的过程中教师应该起指导作用，突出学生的主体地位，教师导向性讲解关键点，以学生学习和练习为主，多采用任务驱动、提问式教学方法，激发学生获取知识的欲望，变以往的被动学习为主动学习。教学中采取边教边学边做的方式，使得理论教学和实践教学不仅在时间上融为一体，而且理论教学与实践教学的场地也融为一体[4]。

项目导向，任务驱动原则。将教学过程按两条线展开：一是主线项目任务，目的是让学生通过项目的分阶段实施和整合，实现对知识的整体把握和技能提升；二是辅线知识建构任务，它依托于项目任务，目的是引导学生实现知识的内化和系统化。课程分为多个模块项目或模块任务，每个模块的学习过程以工作过程为导向，最终形成学生的职业能力。

4.2 基于项目导向的课堂教学

“软件项目管理”课程是按照项目软件开发流程的顺序展开教学的，即从项目签订合同开始到项目完成交付课程结束，课程的主要内容就是项目按推进顺序涉及的相关知识，内容主要包括项目定义、可行性分析、系统设计、测试确定、维护支持等。这一课程的学习就是项目驱动化的过程。在项目驱动式教学中既可以采用虚拟项目也可以采用实际项目。在项目驱动式教学这一主轴上，当教授“项目供应商选择”时，又可以结合讨论式教学；在教授“合同签订”时又可以采用多样化教学，多样的教学方式相辅相成来提高学生学习的兴趣并取得极佳的学习效果，达成教学目标。

4.3 基于小组学习的课堂教学过程

教学过程中，将学生分成若干项目组，以模拟项目为具体实例，以相关竞赛促进教学。经过学生自学后，在学习小组内合作学习共同研讨问题，小组成员交流思考成果、相互启发互相帮助，共同解决疑难问题，初步形成小组共识。

（1）小组规模。根据学习强度、项目难度和班级学生人数，将学习小组规模定为 5 人，如果班级人数不能被 5 整除，那么就按照实际情况个别学习小组定为 4 人。

（2）分组策略。学生学习分组策略一般有两种：一是让学生自由组合，学生往往倾向于选择平时关系良好的同学组队，会导致强弱不均组合的问题；二是由教师指派分组，教师有意识地将不同学习程度的学生分在同一组，会导致部分学生积极性不高的组织问题[4]。经过学生调研，综合考虑小组间的平衡及分组的易操作性，确定了“抽签分组”的策略，分组完毕后，不再随意调换组内成员，尽量保证小组的完整性和持续性。

（3）小组分工、职责与权力。每个学习小组课后自由推举组长、评分员、组员，其职责与权力分别是：组长需要组织组员学习，负责汇报单元学习情况，主讲、实训演示，代表本组提问和发言；评分员需要与组长和组员协商后，每次课堂教学当天晚上向学委上报小组成员的成绩；组员需要根据教师下达的任务完成自学提问；组长拥有 10 分加分权利，可以为组员加减分，自己加分小于等于组内平均分。

4.4 课程学生自学平台

学生自学平台以“软件项目管理”网络课程平台为主，以百度云课堂平台为辅助。学生自学平台由教师设计与制作，按照 3 个课堂项目展开课程内容，主要包括每个学习单元的教学内容、课件、实训任务、学习视频、动画演示、课后作业、课后拓展等栏目，以及问题及答疑、在线作业、在线考试、在线通知等子栏目；后者由社会专业讲师制作，包括免费、收费等多门关于软件项目管理知识的课程，学习内容、学习深浅程度不定，学生们可以根据自身实际自由选择。

5 翻转课堂教学实施

面向翻转课堂的教学实施分为3个阶段，分别为课前准备、课堂内化以及课后拓展。

5.1 课前准备

每次上课前一周，教师布置学习任务和相关网络学习资源，学习任务主要包括课程学习需掌握的理论知识、实训任务；学生分组自学，通过各种网络学习平台进行分组并自学，初步完成实训练习任务，对于无法完成的实训任务和无法理解的知识难点进行记录，通过社交平台完成协作学习，或通过交流平台提交给教师，以方便组织专题讲解和讨论。

5.2 课堂内化

课堂上课时，首先由学生组长汇报、展示学习任务完成情况、演示实践操作任务。紧接着就共性问题开展教学，如为实践操作类问题，教师组织以实践活动任务为主线的探究式课堂，演示完成难点实践任务，学生开展探索性实践练习，教师提供指导，直到学生完成实践任务；如为概念性的问题，教师进行讨论式课堂组织，针对概念性问题进行说明、阐述，经过加工后提出更有价值的概念问题，组织学生讨论，按小组发言，教师进行总结、概括和提升[5]。课堂最后的内容是教师总结本次课堂的主要知识点和实践技能，布置课后拓展作业。课堂上需要注意的是教师要根据实践情况组织相应的活动，提升问题，适时施引，精心组织，从而使课堂成为学生质疑问难、解决问题、内化知识的场所。

5.3 课后拓展

课堂教学完成后，在网络课程平台针对学习单元模块设计拓展作业、拓展类实践任务，促使学生课后自主完成作业并探究与反思。课后学生小组评分员、教师分别为每个小组评分，以形成各小组的平时成绩。

6 结 语

翻转课堂教学模式是现代信息技术与课堂教学的结合，将该模式运用于“软件项目管理”课程的教学中弥补了传统教学模式的不足，改变了以往教师单向传授、学生被动接收的角色关系，注重教学过程中的分层次施教，并采取过程性评价方式客观考核学生，避免考前突击行为，促进了学生自主学习能力和创新能力的提升。但是我们也应该认识到每种教学模式都有自身的优劣势，翻转课堂虽然具有种种优势，但在实施过程中也会面临一些阻碍，比如课前学生自主学习能力的强弱、课中教师能否顾及所有分组讨论以及如何有效监督学生自主学习等，这些问题的解决需要我们在教学实践中继续摸索和探究，翻转课堂教学模式的普遍推广仍需时间。

参考文献

[1] 姜茸. 软件项目管理最新研究综述[J]. 项目管理技术，2011（10）：35-39.
[2] 缪静敏，汪琼. 高校翻转课堂：现状、成效与挑战：基于实践一线教师的调查[J]. 开放教育研究，2019（10）：74-81.
[3] LAGE M J，PLATT G J，TREGLIA M. Inverting the classroom: a gateway to creating an inclusive learning environment[J]. The journal of economic education, 2010, 31(1): 30-43.
[4] 赵俊芳，崔莹. 翻转课堂的研究热点及未来趋势：基于CNKI期刊2503篇文献统计分析[J]. 大学教育科学，2016（5）：43-51.
[5] 聂竹明，徐宏进. 基于“掌握学习”的翻转课堂教学设计探究[J]. 中国信息技术教育，2017（8）：68-71.

高校与境外企业产学合作模式研究

——以“INFO-ERP 实践教学基地共建项目”为例

马天行　徐建华

（成都东软学院商务管理系　四川　成都 611844）

摘　要： 随着时代发展，大数据、云计算等新兴技术已经成为“中国制造 2025”战略的核心，IT 技术是各行各业产业结构调整、向智能技术转型的关键，培养专业 IT 软件人才则是实现智能化飞跃的首要战略。本文以成都东软学院“INFO-ERP 共建项目”为例，在 IT 人才建设背景下探讨产学研一体化战略，以满足社会和区域经济对 IT 人才的要求。

关键词： ERP 实践教学；产学合作；实习培训

Research on the Model of Industry-University Cooperation between Universities and Overseas Enterprises

—Taking “INFO-ERP Practice Teaching Base Co-construction Project” as an Example

Ma Tianxing　Xu Jianhua

(Department of Business Administration, Chengdu Neusoft University, Chengdu 611844)

Abstract: With the development of times, emerging technologies such as big data and cloud computing have become the core of the “Made in China 2025” strategy. IT technology is the key to the adjustment of industrial structure and the transformation to intelligent technology in all walks of life. The strategy of training professional IT software talents is the priority to achieve intelligent. Taking the “INFO-ERP Co-construction Project” of Chengdu Neusoft Institute as an example, this paper explores the integration strategy of industry-university combining in the context of IT talent training, in order to meet the talent need of the society and regional economy.

Keywords: ERP practical teaching; industry-university cooperation; practical training

1　现有国内外高校产学合作的主要模式

国内高校实践教学基地模式主要分为三类，校企合作建立校外实习、实训基地，要求学生离开学校前往企业进行实习和实训，由经验丰富的员工担任实训老师，指导学生进行相关技能的培训；校企合作建立校内实习、实训基地，企业选派经验丰富的员工前往学校担任实训老师，在高校与学校老师共同指导学生进行相关技能的培训；学校与政府合作建设创业孵化园，一方面为大学生创业提供平台支撑，另一方面作为高校学生进行实践教学的场所。

作者简介： 马天行（1995—），男，汉族，四川，助教，硕士，研究方向为政府审计；徐建华（1973—），男，汉族，教授，讲师，硕士，研究方向为工商管理。

西方国家的高等教育模式与国内有很大差异，没有严格区分理论教学和实践教学，而是从学生入校开始就有机结合在一起，在理论授课的同时，利用完备的校内实验系统来加强学生的动手能力和工作技能，同时，利用强大的社会公共资源以及企业资源来为学生的社会实习实践提供各种场所和平台。在一些大学，本科学生就可以申请参加学校主导的各种尖端科研项目，在科学研究的同时锻炼自身的实际工作技能。

2 “INFO-ERP 实践教学基地共建项目”的背景及实践方案

2.1 项目背景

面对大数据时代，中国正在全力推进“中国制造 2025”战略，各行各业处于全面的产业结构调整、向智能制造转型的关键时刻。如何利用先进的 IT 解决方案实现这一转型至关重要，而培养专业的 IT 软件人才则是实现智能化飞跃的首要战略。

2016 年 4 月 14 日，成都东软学院正式加盟行业云应用软件的领先厂商 INFO 公司教育联盟项目（Education Alliance Program，EAP），成为该项目在亚太地区的首个合作机构。通过提供创新、行业专属的技术，为研究和教育机构提供教学支持，针对市场特点和需求培养应用型技术人才，支持我国 IT 行业和人才的发展。

2.2 项目实践方案

2.2.1 项目培养目标

通过与美国 INFO 教育联盟项目的合作，共建跨境实践教学平台，提供创新、行业专属的技术，为研究和教育机构提供教学支持，针对市场特点和需求培养应用型技术人才，同时，积极探索一条跨境合作、共建共享的实践教学新模式。

2.2.2 项目培养要求

通过实践学习，使得学生能够系统掌握“信息管理和信息系统”的理论和专业知识及相关技能，熟悉使用 ERP 应用软件，具备综合使用现代计算机先进技术管理事务的应用和实际工作能力，将所学内容在企业工作中熟练运用；具有较高的英语沟通能力，能较熟练地用英语从事有关 ERP 应用与服务的工作。

2.2.3 项目研究共建内容

项目主要研究了专业共建、课程共建、教材共建以及基地共建四个方面。

专业共建试图与 INFO 公司共建“信息管理与信息系统”专业，根据企业实际需求一起修订和完善“信息管理与信息系统”专业的人才培养方案，制定新的切合企业实际需要的人才培养目标以及课程体系，让学生在校期间达到企业实际能力需求，缩短企业内部培训时间。

课程共建是在研究期内，在“ERP 原理与应用”“ERP 专项实训”“会计信息系统”“供应链与物流管理”“客户关系管理”“生产运作管理”“财务管理”等课程中逐步引入 INFO 系统，完成产教融合课程开发。

教材共建是要求在研究期内完成《基于 INFO 产品的 ERP 原理与应用》和《LN ERP 系统供应链实务》教材的编写。

基地共建则是在 2016 年上半年完成共建“成都东软学院-INFO 人才培养基地”合作协议的签署、举行授牌仪式，完成 INFO 日本 ERP-LN 云平台的建设并提供教学支持。2016 年下半年开始推进各项教学计划和研究计划。

2.2.4 项目研究关键

该研究课题的研究关键点主要是基于现有相关专业的课程体系，与 INFO-LN 系统的无缝对接，把相关课程嵌入 LN 系统的各个模块，通过 INFO 系统促进专业课程的教学资源建设，提高课程的授课内涵和质量，完善课程建设各个环节。

具体关键点包括：INFO 系统模块如何与具体教学相结合；INFO 系统的使用对课程教学目标、教学内容、评价方式等产生怎样的影响；以学年为单位，收集教师和学生对共建课程的学习效果反馈并做出教学反思和改进措施；积极探索专业建设与 ERP 产业的产教融合在“信息管理与信息系统”等专业的实践应用；如何积极借鉴国外公司的人才引进和培养模式，共建跨境实践教学基地。

3 “INFO-ERP 共建项目”的主要内容及成果

3.1 共建项目主要内容

本项目的研究技术路线如下图 1 所示，从课题立项论证开始，到成果总结与汇报结束，形成完整的链条。

本次研究由学院与 INFO 公司联合进行，INFO 公司负责把学院的 LN 培训环境由目前的 GDE（演示环境）中迁移到客户环境中，INFO Cloud Team 负责对系统进行维护和管理，并完成 INFO ICS 前端窗口信息处理与接口设计。再授权学院师生远程登录亚马逊东京服务器进行远程教学和实验。之后 INFO 公司与项目团队一起实现系统本地化，直接在东软学院机房架设服务器，解决教学和实验的本地化，之后对 INFO-LN 系统软件汉化处理，最后根据企业的实际需要，对 INFO-LN 系统软件进行二次开发。

截至目前，项目研究可分为四个阶段：

第一个阶段为 2015 年 12 月—2016 年 4 月，与 INFO 公司签署合作协议，合作项目组正式成立，成都东软学院正式加盟 INFO 公司教育联盟项目，成为亚太首个合作机构。

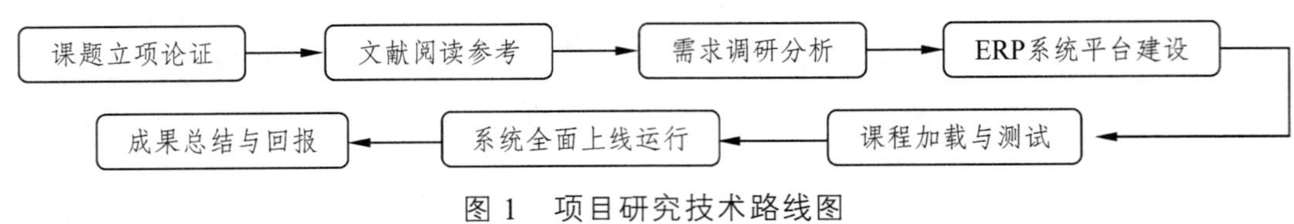

图 1　项目研究技术路线图

第二个阶段为 2016 年 5 月—2016 年 12 月，项目组对“ERP 原理与应用”“ERP 专项实训”“供应链与物流管理”等相关专业课程进行改造和升级，全面嵌入 INFO-LN 系统的模块用于教学和实验，修改课程大纲、实验大纲、考核大纲等教学文档。

第三个阶段为 2017 年 1 月—2017 年 6 月，INFO 公司来学院考察，就下一步专业共建、课程共建、教材共建、实训基地建设、学生实习、实训、就业等多个方面合作达成共识，与此同时，合作教材《LN ERP 系统供应链实务》正式出版使用，同步推出英文版教材。

第四个阶段为 2017 年 7 月—2017 年 12 月，第二本合作教材《数据库原理与应用》正式出版并使用；项目组在学院信管系举办了“成都东软学院首届 INFO LN ERP 知识技能大赛”；学校首次派出 4 名同学到 INFO 公司合作客户珠海格力电器公司进行实习。

3.2 共建项目研究成果

该项目自 2016 年初启动以来，经过项目组老师的协同努力，结合学院信息管理与信息系统专业学生的实际情况，设计了较为详实可行的工作计划及可行性方案，项目实施以来所取得的主要成果主要体现在教学成果和科研成果两方面。

3.2.1 教学成果

设计完成 TOPCARES-CDIO 工程实践模式的信息管理与信息系统专业人才培养方案，提升人才培养目标，修订专业课程体系，增设 INFO-ERP 系统的实验和实践课程。

重新设计了“ERP 原理与应用”“ERP 专项实训”“供应链与物流管理”“客户关系管理”“生产运作管理”等课程的课程大纲、项目大纲和实践实训大纲，把 INFO-LN ERP 系统的供应链模块、产品管理模块、生产管理模块、销售管理模块、采购管理模块、仓库管理模块的实践操作融入课程的实验环节，通过对系统的实际操作来提升学生的认知能力和动手能力。

建设完成一套完整的跨境合作实践教学基地的教学文档，包括各门理论和实验、实训课程的课件、教案、参考资料库等内容，为今后学院类似跨境合作提供了模板和样本，积累了经验。

开发编写出版《LN ERP 系统供应链实务》《数据库原理与应用》以及后续基于 INFO-LN 系统其他模块的合作教材，如《基于 INFOR 产品的 ERP 原理与应用》等。

INFO公司以捐赠的方式提供价值200万美金的 ERP 课程的课堂一体化软件解决方案（INFO-LN ERP 系统）。系统的本地化服务器已架设完成并投入实际运行。该系统的建设极大地改善了学院 ERP 实验教学的软硬件环境，能同时为 3 000 名学生提供实验服务，使得相关教学及实验达到新的水平。

合作双方共同设立了 INFO 奖学金，每年 10 000 美元，用于 INFO 实践教学中的奖学金发放。

项目组采取“合作紧跟”模式，即 INFO 公司发展一家客户，东软学院就建立一家 INFO 合作实践基地，派遣学习过 INFO 系统的优秀应届毕业生前往企业实习实训，一方面解决企业技术人才紧缺的困难，另一方为学生的就业创造有利条件。

3.2.2 科研成果

项目研究期间，项目组成员对部分课程进行重构、实施，以及 ERP 实验室的建设与扩容，在此基础上，积极对各个阶段的研究成果进行总结和提炼，先后发表了多篇论文，并积极进行系列教材建设。

4 “INFO-ERP 共建项目”产学合作模式的创新及发展

4.1 项目创新点

本次研究项目为学院构建“应用—研发—人才”一体化的完整 IT 生态环境合作模式进行了有益的尝试和创新。

在中国乃至全世界，全面的产业调整和转型产生了紧迫的人才需求，尤其是大量的高端 IT 专业人才。成都东软学院加入 INFO 教育联盟项目，通过开设先进的 ERP 课程，培养教师团队和培训学生，为中国培养高端 IT 软件人才，服务中国新兴产业发展。

携手国际顶级 ERP 软件制造商，结合 TOPCARES-CDIO 工程教育中的项目教学方法来设计专业实验实践项目，积极探索一条跨境合作、共建共享的实践教学新路子。

4.2 项目未来发展

继续推进与 INFO 共建“信息管理与信息系统”专业，从人才培养方案的制定到实施的每一个环节，根据企业实际需求，通过协商、讨论的方式进行合理规划。在专业课程中逐步引入 INFO 系统的对应模块，完成产教融合全部课程的开发，并依照计划完成对配套教材的编纂。

扩大学生实习实训基地建设，选择“信息管理与信息系统”专业优秀应届毕业生开展“成都东软学院 – INFO 定制班”，按企业需求进行定制培养。针对大一到大三的学生，也将在每学期的小学期实践环节（每年 8 月）有计划分批次安排学生进入 INFO 公司或合作企业进行专项模块的实习实训，加强和提升学生在学校学习的知识技能。

成立东软-INFO 重点实验室，全面承担项目组后期的各项研究工作。推进 INFO ERP 系列产品资格认证，作为 INFO 的认证培训机构，进行资格认证培训及考试，对培训合格者颁发资格证书并优先推荐就业。

5 结 语

“INFO-ERP”项目将培养应用型 IT 人才作为目标导向作为基础，产学研一体为导向进行研究，在教学课程体系和教学方法上进行创新和改良，建立全新的人才培养模式，共建项目的成果也逐步印证了新型产学合作模式的意义。通过企业反馈的信息可知，参与本项目的学生能较快融入企业，具有一定的创新能力，工作能力强，符合企业对人才的需求。

参考文献

[1] 孙同福，许瑞波，杨雪英. 基于新工科建设的“产教学融合”人才培养模式研究[J]. 淮海工学院学报（人文社会科学版），2018，16（5）：122-126.

[2] 陈兴文，刘燕，邵强. 校企协同育人多元化模式的构建及其实践策略的研究[J]. 大连民族大学学报，2016，18（1）：92-96.

[3] 刘畅. 产学合作背景下地方高校创新创业教育研究[J]. 吉林工商学院学报，2019，35(4)：

128.

[4] 张海霞，解晨光．地方本科院校转型背景下人才培养模式改革研究[J]．教育探索，2016，（6）：80-83.

[5] 姚东伟．“产教”融合人才培养模式研究与实践[J]．高职教育教学研究，2015，12（2）：1-4.

[6] 孔德兰，周建松．高职院校专业人才培养方案设计理念与路径[J]．教研理论，2017，21：10-14.

TC 模式下“大学体育（武术）”课程内容建设探究

——以成都东软学院为例

魏邦明　古　彬　陈　承

（成都东软学院基础教学部　四川　成都　611844）

摘　要：TOPCARES-CDIO 模式注重知识与能力的协调发展，两者协调发展的基础是合理的课程内容设置。本文在 TOPCARES-CDIO 一体化应用型人才培养模式下，探究成都东软学院“大学体育（武术）”课程的内容设置形式与途径，为高校武术课程教学提供借鉴。

关键词：CDIO；TOPCARES-CDIO；“大学体育”；武术

Research on the Content Construction of “University Physical Education (Martial Arts) ”under TC Mode

—Taking Chengdu Neusoft University as an Example

Wei Bangming　Gu Bin　Chen Cheng

(Basic Teaching Department of Chengdu Neusoft University, Chengdu, Sichuan 611844)

Abstract: The TOPCARES-CDIO model focuses on the coordinated development of knowledge and ability. The basis for the coordinated development of the two is a reasonable course content setting. Under the TOPCARES-CDIO integrated application-oriented talent training model, the content setting form and approach of the “University Physical Education (wushu) ” course of Chengdu Neusoft University are explored, which can provide reference for the teaching of Wushu courses in colleges and universities.

Keywords: CDIO; TOPCARES-CDIO; “University Sports”; Wushu

1　引　言

CDIO 的教育模式，是由美国麻省理工学院（MIT）航空航天系最先发起并实施的，是构思（Conceive）、设计（Design）、实现（Implement）、运作（Operate）4 个英文单词的缩写，它是“做中学”和“基于项目教育和学习”（Project-based Edcation and Learning）的集中概括和抽象表达。CDIO 只是一个平台和框架，在这个框架里面，不同的学校和专业可根据需要融入自己的教学体系和教学内容。CDIO 的工程教育理念已经不是一个新概念，它的核心是做中学、关键是能力的培养。在具体的教学中，强调知识与能力之间的有效关联。TOPCARES-CDIO 一体化应用型人才培养模式是对 CDIO 能力培养大纲的继承和发展，是结合中国高等教育的实际和 IT 行业的人才需求标准以及东软学院实际情况而构建的具有东软特色的人才培养模式（简称 T-C 人才培养模式），明确了 TOPCARES 的八大能力指标体系：T（Technical Knowledge and Reasoning）技术知识与推理能力，O（Open-Minded and Innovation）开放式思维与创新，P(Personal and Professional Skills）

作者简介：魏邦明（1984—），男，汉族，籍贯甘肃白银，讲师，硕士，研究方向为民族传统体育；古彬，（1982—），男，汉族，籍贯四川中江，副教授，硕士，研究领域为体育教育；陈承（1984—），男，汉族，籍贯四川成都，讲师，学士，研究领域为篮球、运动训练。

个人职业能力，C（Communication and Teamwork）沟通表达与团队工作，A（Attitude and Manner）态度与习惯，R（Responsibility）责任感，E（Ethical Values）价值观，S（Social Value Created by Application Practice）实践应用创造社会价值。每一门课程的设置和目标构架都应该与指标体系对应。

2 当前“大学体育（武术）”课程内容设置问题分析

随着教育部推动武术进校园活动的进一步开展，武术进校园已经上升为国家战略。武术作为学校体育课的重要组成部分，是培养大学生心理素质、提高身体素质的有效手段，同时也是大学生终身体育锻炼的良好选择。新时期高等教育的四大功能之一就是文化传承与创新，承载着中国传统文化的武术运动势必要在高校体育课中扮演重要角色。

目前，多数高校武术项目课程内容设置过于单一化，很多高校公共体育武术课程内容选项还止步于三路长拳（创编于 1957 年），24 式简化太极拳（创编于 1956 年）以及初级剑。几十年前的学生在学，现在的学生还在学。不是说这几个套路不好，这几个套路在创编与推广上有其科学性与合理性，尤其是 24 式简化太极拳，既作为高校武术教学的常规设置项目，也成为群众体育中普及的健身项目，它的受众面相对于其他武术套路来说较广。笔者在每年大一新生的首堂课中调查发现，学生学习过的武术套路也多是 24 式简化太极拳，可见中学武术教学的一斑。在网络信息与自媒体蓬勃发展的今天，学生获取知识的途径更广，方法更便捷。单一的课程内容很难满足学生的心理需求，容易产生审美疲劳，以至于很多学生对武术课程失去兴趣，在课堂教学中，教师和学生的积极性都受到影响，进而影响了教学质量。

在课程内容的教学上，忽略武术理论知识的传导与武术基本功的练习，普遍偏向就动作学习动作，忽略动作本身的技击含义以及武术本身所承载的丰富的传统文化。例如“白鹤亮翅”这个动作，从外形上，它符合太极哪些原理；从攻防含义上为什么一上一下脚下虚。

3 T-C 教改模式下“大学体育（武术）”课程内容设置之比较分析

3.1 项目内容由单一性向多样性转变

体育课堂教学是学校课程体系的重要组成部分，是实施素质教育、培养人才，促进学生综合发展的重要途径。体育课程属于基础课程，基础课程服务于人才培养目标。培养目标决定了我们要开什么样的课程以及怎样开展。T-C 教改的很重要的环节就是课程内容的选择与制定。学生与体育项目的直接触发点就是兴趣。兴趣是一种无形的动力，是一个人最好的老师，是产生学习动机的重要原因。从 2011 年开始，在 T-C 模式引导下，体育课程的开设以充分尊重学生兴趣，提高学生身体素质为目标，逐渐摒弃传统体育课授课模式，实行分项教学，在一定框架下，学生根据自身兴趣和身体条件选择适合自己的运动项目来完成体育课程，并在课外成立了多个项目俱乐部。自此，成都东软学院告别了全校学生一起学太极，全校学生一起学足球的历史，进一步探索实施课内外一体化的教学模式，从而提高了学生的学习兴趣，发挥了教师专长。分项教学之初，武术课程内容设置还是和过去一样单一，仅有太极。武术项目作为高校体育课程的重要组成部分，与其他项目既有相同的一面，同时又特色鲜明。中国武术门类众多，徒手与器械武艺五花八门，风格迥异，在国家层面大力推广武术进校园（中小学）的形式下，高校武术课程的开展也应该迎头跟上，开设什么内容，怎样开展，运用什么样的教学方式方法以及什么样的考核体系等都是一个武术教师应该深思的问题，2015 年是成都东软学院“大学体育（武术）”课程发生重要转折的一年。自 2015 年 9 月开始，武术课程内容的选取与设置上跳开了以往的途径。传统的初级三路长拳和 24 式简化太极拳成为备选项目。逐步逐年开展了诸如初级剑术、自选剑术、段位长拳、自选长拳、翻子拳、八极拳、陈式太极拳、初级棍、自选棍等一系列新的项目内容，极大丰富了武术课程内容体系，提高了学生的学习兴趣，拓展了学生的视野。武术课的选课率也从最初的垫底逐渐到后来的满员。武术课程内容的丰富性，促进了学生对武术的热爱，潜意识里培养了学生对传统武术文化的传承。在这样一种因素的推动下，2016 年成都东软学院武术代表队成立。2016—2018 年，学院武术代表队连续三年在四川省高校武术比赛中佳绩连连，不断获得团体冠亚军、单项前三名等荣誉。从普通的大学体育武术课，到建立学院竞技武术代表队，再到获得省级比赛多个奖项，都离不开武术课程内容设置的多样性。假设一个学生连续两年选择“大学体育（武术）”，他可以学到四种不同的武术徒手或器械运动。内容的多样促进了学生学习兴趣，也为竞赛拓宽了道路，连续三年的竞赛经验表明，成都东软学院代表队的参赛项目较多，相对于其他高校具有明显的项目优势。

3.2 武术理论与技术协调发展

CDIO 工程教育理论认为学生的学习不仅停留在知识的掌握上还应该体现在能力的培养上，注重知识与能力的协调发展。对体育教学来说，我们在教授学生体育技能的同时也要对其进行理论上的剖析，让学生了解该项目的运动技术原理特点，努力使学生知其然，知其所以然。以往的武术教学，教师就动作教动作，学生就动作学动作，两者的目标都是为了期末考核，无异于书本教条的死记硬背。T-C 教改模式下，武术动作的学习不仅仅是肢体运动的机械重复，还是心灵上的情感体验，是学生在动作学习过程中获得生理和心理满足的过程。在日常教学中，笔者尽最大努力在自己认知范围内讲解武术动作的技术以及它所蕴含的理论知识，武术动作最直白的讲解就是技击，就是攻防，不讲攻防无异于广播操，学生对武术动作的最大兴趣点也是攻防技击，要用学生最感兴趣的点来引导学生最高效的学习动作。

4 T-C 教育模式与“大学体育（武术）”课的内在联系

4.1 武术课程内容设置的多样性是 T-C 教改的产物

T-C 能力指标体系的架构指导着课程体系的建设，从 T-C 一级能力指标体系到四级能力指标体系，逐步分层地明确人才培养目标。培养目标的实现需要相关课程教学去实践。大学体育武术课和其他专业课一样服务于人才培养目标，在促进学生开放式思维与创新、沟通表达与团队协作、态度与习惯、责任感等能力提高方面有着其他课程无法取代的作用，而培养这些能力的基础就是课程内容的选取与设置。这一课程是否被学生接受或欢迎，在分项教学的基础上，对学生首要的吸引点是课程内容。自 2015 年到现在，武术课程的教学内容每学期都在更换，目的就是给学生带来新鲜感，拓宽学生视野，提高学生对这一项运动的认识，武术课程内容设置的多样性是 T-C 教改的产物。

4.2 T-C 教育模式的运作方式与武术课程的实践性具有高度统一性

“构思—设计—实施—运行”是 T-C 教育模式的基本法则，这一法则的运转是通过具体的“实践”来实现。大学体育课其本身就是以实践为主的一门课程，课堂教学内容 90%以上均是实践课。而 T-C 教育模式也是通过实践的方式，让学生通过“构思—设计—实施—运行”这一周期进行学习活动。武术课既有基本功的练习，也有技术动作的学习，还有动作对抗练习，全程注重肢体动作的“构思—设计—实施—运行”。因此，武术课程的实践性和 T-C 教育模式的运作方式保持高度统一性。

5 “大学体育（武术）”课程内容设置的主导与分类选取

5.1 课程内容设置的关键点在于教师

翻阅各个版本的大学体育健康教程（公共基础课系列），武术套路的编撰只有两到三种，内容陈旧，项目单一。为丰富课程内容，武术教师应该发挥主观能动作用，打破常规，不拘泥于教材，充分利用自己专项特长，在传统项目的基础上，适当增加符合学生兴趣和身体发展需要的新的项目形式，开发出更多的课程内容，并逐渐形成体系，力求告别项目单一化。武术教师更应该提高学习能力，不断强化和更新专业知识，发挥在课堂教学中的主导作用。

5.2　课程内容的分类选取与合理性

新时期，中国武术的发展如火如荼，不论是高难美的竞技武术，还是大众健身或师承严密的民间武术，都逐渐占有一席之地，形成了不同的圈子文化。高校是文化传承的圣地，承载着中国传统文化的武术运动不仅仅是中国传统体育的领导者，更应该作为高校公共体育课的常规设置项目，为人才培养服务。武术课程内容的选取与设置应该更新换代，注入新鲜血液。

第一，常规教材中的武术课程内容诸如初级三路长拳，24 式简化太极拳可以作为备用选项而不是必选项目。

第二，国家体育总局武术运动管理中心新编的各种段位制的武术徒手或器械套路应该融进课程内容体系。

第三，对竞技武术中一些炫酷的可以吸引学生注意力、激发学生学习兴趣的组合动作可以进行再加工，如删减或替换高难度动作，或将繁琐动作拆分用于教学实践。

第四，要更多地从传统武术中汲取营养，向学生表现传统武术本身的文化魅力和运动之美，并借助影视作品进行教育，如让学生通过电影《一代宗师》深刻感受形意拳、八卦掌、八极拳、咏春拳等传统拳种的魅力，进而激发学生的学习兴趣。

6　结　语

“大学体育（武术）”课的内容设置应该引起从业者的关注，在互联网信息高度发达，自媒体平台火爆发展的新时代，学生获取与接收信息的渠道广而便捷，武术这种特殊性的项目，虽然受众小，相比篮球等其他项目来说群众基础较为薄弱，但是“不会练”不等于“没见过”。通过自媒体平台，学生可以随时了解到自己喜欢的武术拳种或器械。武术在内容上的丰富性和运动形式上的多样性使得他能够充分满足教学的需求，而这种需求的开发者是每一个从事武术教学的教师。T-C 一体化人才培养模式是将能力的培养贯穿于整个培养过程，“大学体育（武术课）”是这一过程的组成部分，武术课程内容的设定又是培养过程中更具体化的环节。武术种类的丰富性和运动形式的多样性为武术课程的开展提供了充裕的教学资源。挖掘这种资源的关键在于教师。在教师积极发挥主观能动性的前提下，一切符合 T-C 教改模式的，一切能够满足学生心理生理需求的武术运动项目都可以而且应该纳入武术课程内容设置的体系，丰富学生体育锻炼的内容与形式。

参考文献

[1] 杨春．CDIO 工程教育模式下的文献检索课教学探索与实践[J]．图书馆建设，2010（1）：107-108.

[2] 国务院办公厅．转发教育部等部门关于进一步加强学校体育工作若干意见的通知[Z]．国办发（2012）53 号.

[3] 谢燕歌，洪浩．普通高校公共体育课程教学指导思想探索与思考[J]．北京体育大学学报，2014（1）：94-99.

[4] 杨栋．CDIO 教学理念对高校公共体育教学改革的启示[J]．体育世界，2018（9）：20-23.

[5] 李祥慧，刘溢鑫．独立院校公共体育课程贯彻 CDIO 教育模式的研究[J]．学校体育学，2014（33）：40-41.

民办高校红色基因传递途径思考

肖　键　高诗雨　胡　玫

（成都东软学院思想政治理论课教学部　四川　成都　611844）

摘　要：习近平总书记屡次深入革命老区调研视察，每到一处，他都强调要把理想信念的火种、红色传统的基因代代相传。对于一个国家和民族而言，如果没有坚定的信仰，那么就无法以远大理想确立人生航向，就无法实现中华民族的伟大复兴。民办高校作为培养社会主义建设者和接班人的重要力量，具有培养合格建设者和接班人的责任与义务。思想政治理论课是民办高校思想政治教育的主要渠道，是传递红色基因的主要阵地，更是大学思想政治理论教学的应有之义。民办高校守望红色信仰、传递红色基因应从更新教育理念、创新教学模式、拓宽探索渠道的方向入手，推进大学生红色教育和思想政治理论教学的有机融合。

关键词：红色基因；民办高校；思想政治教育

Thoughts on Red Gene Transmission in Private Colleges and Universities

Xiao Jian　Gao Shiyu　Hu Mei

(Ideological and Political Theory Teaching Department, Chengdu Neusoft University, Chengdu 611844)

Abstract: General secretary Xi Jinping repeatedly went into the investigation and inspection of the old revolutionary base areas. He emphasized repeatedly that we should spread the ideals and beliefs of the kindling and the red traditional genes from generation to generation. For a country and nation, if there is no firm belief, then we can not establish the course of life with lofty ideals and realize the great rejuvenation of the Chinese nation. As an important force to train socialist builders and successors, private colleges and universities have the responsibility and obligation to train qualified builders and successors. Deological and political theory course is the main channel of ideological and political education in private colleges and universities and the main position to pass the red gene, and it is also the proper way of ideological and political theory teaching in universities. Private colleges and universities should keep watching on the red faith and pass on the red gene. We should start from the direction of renewing the educational concept, innovating the teaching mode and broadening the exploration channels, so as to promote the organic integration of the red education and the ideological and political theory teaching.

Keywords: red gene; private university; ideological and political education

基金项目：四川网络文化研究中心 2019 年度课题“川东北革命老区红色文化资源的网络思政价值及实现路径研究”（WLWH19-16）阶段性成果。

作者简介：肖键，男，汉族，四川成都，讲师，硕士，研究方向为大学生思想政治教育；高诗雨，女，汉族，四川成都，成都东软学院本科生，研究方向为思想政治教育；胡玫，女，汉族，四川达州，成都东软学院本科生，研究方向为思想政治教育。

1 更新教育理念

1.1 民办高校是学校传递红色基因的重要力量

社会主义高校无论是何种性质、层次，办学者都要首先要弄明白的是“培养什么样的人才、如何培养人才、为谁培养人才”的问题。目前，民办高校主要包括民办普通高等院校、独立学院、中外合作办学等蓬勃发展，占据我国高等教育三分之一席位。民办高校是在党领导下培养合格社会主义建设者和接班人的重要力量，有培养合格社会主义建设者和接班人的责任和义务。要成为合格社会主义建设者和接班人，必要树立正确的世界观、人生观、价值观，把实现个人价值同党和国家光明前途与命运紧密相连在一起。办好中国的事情，关键在党。只有不断坚持党的领导，才能确保我国高等院校的人才培养模式始终以党和国家发展需要、社会需求为导向。民办高校必须要重视、坚持党的领导这一办学、治校、育人的根本目标。红色基因集中体现了中国共产党的性质、宗旨、作风和理念，是我们党和国家弥足珍贵的精神财富和强劲的核心竞争优势，也是增强我们党凝聚力和战斗力，推进党内各项事业不断前进的重要法宝。红色基因是我们党和国家始终坚定不移走中国特色社会主义发展道路强有力的重要保障，更是实现中华民族伟大复兴，走向繁荣、富强、民主的不竭精神源泉。科学认识红色基因、红色传统、红色资源和民办高校办学的内涵是开展红色教育的重要前提。

1.2 红色基因传承是学校思想政治理论教育应有之义

大学生思想政治课是落实立德树人根本任务的关键课程和基础课程，也是大学生思想政治教育的主要渠道和主要阵地，当前形势下，做好大学生思想政治教育，必须要放在世界百年未有之大变局和我们党、国家事业发展全局的格局当中来看，要从不断坚持和发展中国特色社会主义思想、建设社会主义现代化强国、实现中华民族伟大复兴的高度来对待。自《中共中央宣传部、教育部关于进一步加强和改进高等学校思想政治理论课的意见实施方案》制定并实施以来，本科生院校需开设“马克思主义基本原理概论”“毛泽东思想和中国特色社会主义理论体系概论”“中国近现代史纲要”“思想道德修养与法律基础”“形势与政策”等课程。专科生院校开设“毛泽东思想和中国特色社会主义理论体系概论”“思想道德修养与法律基础”“形势与政策”等课程。红色基因教育与大学生思想政治理论课程有着天然深厚的联系，如“中国近现代史纲要”课程主要讲述的是中国一代又一代的英雄和广大人民群众为救亡图存和实现中华民族的伟大复兴而奋勇战斗、艰辛摸索的历史；尤其是全国各族人民在中国共产党的领导下，进行伟大艰难的革命斗争，经过新民主主义革命，创建中华人民共和国，赢得全民族独立和全人民解放。红色革命教育、红色基因教育贯穿“中国近现代史纲要”课程的上中下三篇。把红色基因融入大学生思想政治理论课程教学，可以提升思政课的活力，推动思想政治理论课改革创新发展，不断加强思政课的思想性、理论性、实用性和针对性。传承“红色基因”有利于引导大学生更加全面准确深刻地认识和把握中华民族的历史传统、文化积淀、基本国情，认清中国特色社会主义的历史必然性，坚定不移走中国特色社会主义道路、实现中华民族伟大复兴的中国梦。

2 创新教学模式

在价值取向多元、多维信息冗余、各种文化心理交错、精神追求多样的社会环境中成长起来大学生，仅仅靠课堂教学和传统教学方式传承红色基因，不足以沁人心脾，实现入耳入脑入心的思政课传习效果。因此，要积极探索推进红色基因传递途径教的改革。以校内教学为根本抓手，把红色基因贯穿思想政治理论课教学全过程，达到入耳入脑的效果；以校外红色基地为重要载体，加强红色教育的实践探索学习，达到沁人心脾的作用。校内校外相互融合思想性、科学性、政治性和生动性为一体，推进红色基因教学效果的提升。

2.1 校内教学重根本

思想政治理论课是大学生思想政治教育的主要渠道和主要阵地，是落实立德树人根本任务的关键课程，是一系列具有思想性、政治性、理论性的课程群。思想政治理论课要在合适的情况下融入红色基因，讲好中国革命的故事，要激活其应有之活力、课程功能和价值。红色基因的传递要抓住课堂教学这个根本，就要精讲多练，师生共同带着问题去讲去学，更要从教学现实问题需要出发，引入、延伸、创设与教学内容相匹配的学习场合或氛围，以引起学生的情感共鸣和体验，帮助学生迅速而深刻正确地理解教学的重要内容。

2.2 校外实践抓提升

为持续不断推进红色基因教育的发展与创新，国家教委、民政部、文化部、国家文物局、共青团中央、解放军原总政治部决定命名和向全国学习者推荐上百个爱国主义教育示范营地。就目前而言红色基因教育的资源丰富，为开展校外红色基因实践，提升红色基因“浓度”奠定了基础。至今，我国的爱国主义教育示范基地不断增加，教育模式不断丰富和创新。2015 年 2 月 14 日，习近平总书记在陕西视察时强调：“发展红色旅游时要把准方向，核心是要进行红色教育、传承红色基因，让干部群众来到这里时能够接受红色精神的洗礼。”作为传承红色基因的主要阵地，各大教育基地利用陈列和展厅优势，结合当地红色资源，以雕塑、场景、多媒体等手段为依托，不断面向社会开展红色教育活动，再现当年红色的抗争史和奋斗史。中共中央对红色基因教育的重视使一批批红色教育师范基地不断设立，并为广大人民群众树立正确理想、信念、人生观、价值观和世界观提供重要学习场所，也为促进中华民族振兴发挥了先进作用，更为讲好红色故事、传承好红色精神不断创新与接力。红色基因的传承离不开学生自我对于红色文化、红色革命的内在认识，只有从心底里认同红色教育，红色基因方能永不褪色。

3 民办高校传递红色基因努力方向

3.1 提高红色基因传播者的素养

亲其师、信其道，让有信仰的人继续讲信仰。要加强教师队伍的红色文化素养，首先“传道者自己要明道、信道”。其次要加强高校教师对学生的思想道德的形成和人生价值的确立，以及日常的学习生活和行为习惯养成的主导作用。因此，要做好大学生红色基因的传承工作，加强高校教师队伍的红色文化素养刻不容缓。一是要树立正确的教学观念。在授课过程中更加注重对学生的人文关怀，注重学生的核心价值观养成和正确人格的培养。引导学生主动学习、自觉探索，把红色基因传承转化为学生的学习习惯。二是要丰富自身的红色文化知识。三是要提升个人的传播能力。以深入浅出、通俗易懂、生动活泼、引人入胜的话语为大学生讲述其中蕴含的红色基因精神。四是要规范自己的行为习惯。高校教师与学生的接触和联系密切，其言行举止都会对大学生产生潜移默化的影响。

3.2 发挥党员干部的协同带动作用

党员干部尤其是校领导班子是各级党团学组织和管理职能部门联系广大群众的纽带和桥梁，是政府各类活动的实际参与者和具体的实施者，在红色教育教学和日常管理中发挥着非常关键的协同作用和带动作用。政府要做好群众红色基因传承工作，就需要紧紧依靠包括骨干党员、党员干部群体，充分发挥他们的榜样示范和协同带动作用，让更多群众加入红色基因传承实践中，形成全员参与传承的良好氛围。一是要发挥好党员骨干的凝聚作用。二是要发挥好骨干党员的榜样和引领作用。三是要发挥好红色活动的带动作用。

3.3 用充分利用好宣传媒介

传媒对于红色文化大众化起着至关重要的作用。要丰富红色基因传承方法，必须要用好大众传媒，既要改善和创新传统传播媒介，又要发掘和利用新兴传播媒体，新旧媒体相互结合、相辅相成、相互促进。一是要改善和创新传统媒介的宣传。二是要发掘和利用新兴媒体。通过红色影片、红色动漫、名人演讲、故事亲历者做网络专题报告等形式进行网络课堂教育。三是要重视移动互联网媒体。利用移动互联网等新媒体传播红色文化能够使其传播速度和广度达到最大化，利用其受众的广泛关注，不断扩大红色基因传承的影响力和时效性。

4 结 语

红色基因是中国共产党和中国广大人民群众在长期的历史革命斗争、建设、改革的实践中孕育而成的党和人民群众的重要且宝贵的精神财富和核心品质。习近平总书记曾多次强调：“要把红色基因传承好”，还要“将红色基因代代相传”。大学生是党和国家未来发展的中坚力量，也是国家实现奋斗目标和现代化建设的主力军。树立正确的理想，形成科学的“世界观、人生观、价值观”，传承和弘扬红色基因是当代大学生的历史使命和时代重任，将大学生红色基因传承落到实处、细处，将其作为民办高校立德树人、教学育人的重要目标，有利于坚定大学生的理想信念，提升大学生的思想道德修养，加强大学生对党史国史的认知，增进大学生的文化自信。大学生红色基因传承不是一蹴而就，需要制定清晰的目标和原则。高校要做好红色基因传承工作，就必须要明确培育和促进大学生精神成人这一目标，并通过校内外教学和实践，丰富大学生对红色文化的认知、深化大学生对红色精神的领悟、促使大学生对红色基因的自觉传承。

参考文献

[1] 周金堂. 把红色资源红色传统红色基因利用好发扬好传承好[J]. 党建研究，2017（5）：46-48.

[2] 习近平. 思政课是落实立德树人根本任务的关键课程[EB/OL].http://www.qstheory.cn/dukan/qs/2020-08/31/c_1126430247.htm.2020-08-31.

高等学校"精准思政"探索与实践
——以成都东软学院为例

肖　键

（成都东软学院思想政治理论课教学部　四川　成都　611844）

摘　要：为深入学习贯彻习近平总书记在学校思想政治理论课教师座谈会上重要讲话精神，切实用习近平新时代中国特色社会主义思想铸魂育人，强力推进"不忘初心、牢记使命"主题教育，扎实实施"新时代高校思想政治理论课创优行动"，进一步落实教育部办公厅关于开展"一省一策思政课"集体行动。成都东软学院立足于民办高校实际、立足于教师构成实际、立足于民办高校学生实际，对"精准思政"进行了课堂精准施教、精准挖掘企业文化思政资源、精准打造"4A"柔性学习环境、精准开拓 MOOC 教学资源、精准翻转课堂、精准管理课程、精准培养培训青年教师等方面的积极探索与实践。

关键词：民办高校；精准思政；成都东软学院

Exploration and practice of "Precise Ideological and Political Education" in Colleges
— Taking Chengdu Neusoft University as an Example

Xiao Jian

(Ideological and Political Theory Teaching Department, Chengdu Neusoft University, Chengdu, Sichuan, 611844)

Abstract: In order to further study and implement the spirit of the important speech that general secretary Xi Jinping addressed at the forum of teachers of China's ideological and political theory course, we need to apply Xi Jinping's Thought on Socialism with Chinese Characteristics for a New Era to educate people in spirit, vigorously promote the theme education of "Remain true to our original aspiration and keep our mission firmly in mind", and implement the "excellent action of ideological and political theory courses in new era", and further implement of the general office of the Ministry of Education. Carry out. Based on the reality of private colleges, the reality of teachers' composition, and the actual situation of students in private higher learning institution, Chengdu Neusoft University has carried out accurate classroom teaching, precise mining of ideological and political resources of enterprise culture, precise creation of "4A" flexible learning environment, precise development of MOOC teaching resources, precise flipped classroom, precise management courses and precise training of young teachers and other aspects of active exploration and practice.

Keywords: private higher learning institution; precise ideological and political education; Chengdu Neusoft University

---

基金项目：四川大学生思想政治教育研究中心课题"民办高校企业文化'思政'研究（CSZ19305）"阶段性成果。

作者简介：肖键（1990—），男，汉族，四川成都，讲师，硕士，研究方向为大学生思想政治教育。

1 引 言

成都东软学院以工学为主，兼办管理学、人文学等学科专业，生源入口有理科生、文科生，还有艺术生。因此，面对不同的受众群体，单一的课堂教学和传统的教学方式，已经不能达到较好的思政课教学效果，思政课教学的方式方法、内容形式都应该有所不同，要努力做到依托民办高校的实际，具体问题具体分析，对于不同的专业、不同学科背景的学生采取不同的精准授课策略，从而提升学生在思政课教学中的抬头率和获得感。

2 精准定位

2.1 民办高校校情

成都东软学院是经教育部批准设立，由东软集团出资举办的一所以工科为主的民办普通高等院校，是四川省民办教育协会会长单位。学校高度重视思想政治教育工作，在开办本科教育之初便成立了学校独立的二级机构——成都东软学院思想政治理论课教学部，直属学校领导。作为集团办学的 IT 学校，成都东软学院可以说一路走来见证并参与了中国改革开放的全过程，有较为丰富的民办企业文化思政资源挖掘。同时，作为一所以工科为主的民办高校和川内众多公办高校相比，成都东软学院还存在着办学底子薄、教学教育经验欠缺、地理位置偏僻、思政教育教学起步晚、成果积累不丰厚等问题。

2.2 民办高校教师队伍

搞好思想政治理论课教育教学关键在教师，在于发挥教师的工作积极性、主动性、创造性。在成都东软学院这所民办高校，思政课教师在学生对于思想政治理论的了解过程中的作用十分关键，甚至可以说学生对于思想政治理论的获得主要来源于思想政治理论课教师。民办高校普遍面临着年龄结构、职称结构、学历结构、梯队结构不合理，科研水平不够，人才队伍不稳定等师资队伍问题，成都东软学院也不例外。因此，必须要对思政教师精准管理和精准培养。

2.3 民办高校学情分析

首先，当前高校思想政治理论课的受众群体已由“95 后”逐渐向“00 后”延伸，伴随移动互联网成长起来的“原住民”，其思维、情感、意识都与以往的教育对象有较大不同，在需求的满足等方面也呈现出多样化的特点，思想政治理论课传统方式的教学和灌输已经不适用于这一代学生。其次，从民办高校学生入口来看，有理科生、文科生，还有艺术生，学生普遍在人文素质方面有所欠缺，对于理解马克思主义理论、中国特色社会主义体系等党的集体智慧和结晶存在困难。

3 精准施教

思想政治理论课是大学生思想政治教育的主渠道和主阵地，对社会和学生群体的复杂性，捍卫主渠道和主阵地要从课堂精准施教的根本出发，而要抓住这个根本就要把思政课讲的有滋有味，使学生感同身受，达到入耳入脑入心的效果。如何才能达到感同身受，入耳入脑入心的效果呢？讲好中国故事、传播好中国声音，尤其是要讲好学生能触摸得到、能感受得到的中国好故事，民办高校企业文化思政是一条可选路径。

3.1 课堂精准施教是根本

高校思想政治工作关系高校“培养什么样的人、如何培养人以及为谁培养人”这个根本问题。要针对东软实际情况，在课堂教学内容、课堂教学方法改革等方面做了一些“精准思政”的探索。成都东软学院是一所以计算机技术立业的工科高校，其毕业生主要就业的方向是互联网行业。而在今天的互联网行业，公民的权益需要得到更好的保护。要实现这一目标更深层次的推动力互联网行业从业者正确的工程伦理课道德观。因此，要探索案例式、讨论式、辩论式、新闻解说式等多种教学方法，最大可能地在思政课堂传递工程伦理道德知识。如在“基础”课遵守公民道德准则等章节，探讨如“温饱是否是谈论道德的必要条件”“互联网用户隐私问题”“道德修养中自律更重要还是他律更重要”等问题。希望从教学需要出发，引入、创造或创设与教学内容相适应的具体场景或氛围，以引起学生的情感体验，帮助学生迅速而正确地理解教学内容。

3.2 精准研究企业文化思政

教学研究是高校教师的主要工作之一，思想政治理论课教学若缺乏科研做底蕴，教师便只能照本宣科，其课程的教学也就失去了其活力。要提升师生在思政课中的获得感就要讲好学生能触摸到的中国故事。因此，要对民办高校企业文化思政（指民办高校以自身特有的企业文化资源对大学生进行思想政治教育的教育因素与教育活动）资源进行精准地挖掘、研究和应用。具体来讲，要《马克思主义基本原理概论》等四门思政课教材规定的教学内容为思政课和“企业文化思政”的“教学接口”，把思政课课程内容教学与“企业文化思政”有机地结合起来。

3.3 MOOC 学习是课外精准补充

针对成都东软学院学生的情况，精心准备思想政治理论课课堂教学是根本。课堂学习是解决共同学习的需要，并没有办法满足学生对于知识更深入学习的个性需要。成都东软学院作为一所 IT 院校，在网络资源方面具有巨大的优势，无线网络全校覆盖，教室每个座位还设置了网络接口，具备“4A”柔性学习环境[任何时间（Anytime）、任何地点（Anywhere）、任何方式（Anyway）、任何内容（Anycontent）]。思政部充分利用学校“4A”柔性学习环境，积极配合集团化办学建设，协调集团资源，打造 Neumooc 学习平台，建设适合东软学生实际的思想政治理论 MOOC 在线课程。目前，平台已上线 2018 版思想政治理论 MOOC 在线课程，基本实现学生任何时间、任何地点、任何内容、任何方式的学习思想政治理论，调动了学生学习的积极性和主动性。学生利用 Neumooc 平台自主学习，让更多优质的教学资源对课堂教学进行补充。

3.4 社会实践是“精准思政”的重点

当学习内容扩大，学生有了更多体会甚至疑问时，组织开展翻转课堂教学，与同学互动，与教师互动。积极探索大学生思想政治教育社会实践，着力构建课内课外、校内校外结合的教学模式。课堂教学是大学生思想政治理论课教学的根本，倡导教师积极探索课内翻转课堂、演讲朗诵等社会实践活动。在课外实践上，还重点布置学生社会调查等实践任务。在校内实践上，主要对接学工部以活动的形式开展，如时政论坛等。在校外实践上，按照学校 1 个学年 3 个学期，其中 2 个理论学期，1 个实践学期的“1321”学期设置。在实践学期内，一方面开展积极开展社会实践考察活动，加深学生对革命和建设事业、对中华传统历史人物、红色文化和社会实际的认识，用党的伟大革命精神激励学生，用历史人物的经历教育学生继承和弘扬光荣革命传统，肩负起时代赋予的使命。另一方面积极开展大学生思想政治理论课暑期社会实践教学活动。通过“问卷调查”“三下乡”“四进社区”“关爱留守学生”“关爱进城务工子女”“义务支教”等实践活动了解中国国情。同时，积极筹备建立思想政治教育实践基地，通过建立基地实践，引导学生积极主动参与实践育人活动。

通过课堂讲授入脑入心、民办高校企业文化思政资源感同身受、MOOC 学习扩展、翻转课堂疑义相与析、社会实践检验真理，极大地增加对理论的感性认识，较好地提高学生获得感。基本串联各教学环节的要求和建立起互相支撑的闭环。

4 精准管理

4.1 精准管理课程，创建课程负责人制度

“离娄之明，公输子之巧，不以规矩，不能成方圆。”加强课程建设与管理，提高人才培养质量，鼓励教师积极参与课程建设，是提升师生在思政课中的获得感的有力支撑。首先是课程归类。具有教师专业技术职务、承担课程教学任务的教师，原则上都应归属到一个课程组。教学内容相近的课程可以合并为一个课程组，根据教学任务多少，每个课程组至少由 2 名教师组成，设课程负责人 1 名。课程组实行课程负责人负责制，课程组成

员应当积极参加课程组的活动，努力提高自己的教学能力和水平，服从课程组整体工作安排，支持其他成员的工作。课程负责人负责课程的各个教学环节，管理和监控课程教学实施过程，组织集体备课、听课、议课和课程教研活动，形成教研活动记录；组织实施所负责课程的课程建设，组织本课程范围内的教研和教改活动，包括教材建设，教研教改课程申报，课程教学管理和教学评估等；组织制定或修订课程教学大纲、课程教学日历、课程考试大纲、考试试卷及评分标准、课程考核分析报告等与本课程相关的教学文档；收集及整理本课程相关的教学文档，并按照要求进行归档。

4.2 精准培养培训，开创青年导师制

青年教师是民办高校思想政治理论课教学的主力军，要加强对青年教师的培养，帮助他们尽快适应高等学校教学、科研的基本要求；发挥中老年教师的传、帮、带作用，使其在长期教学、科研工作中积累的经验和师德风范在青年教师中得以传承和发扬光大。根据所指导青年教师的具体情况，明确培养目标，制定出切实可行的培养计划；指导青年教师掌握正确的教学方法，组织并指导青年教师熟悉备课、授课、辅导答疑、批改作业、指导实习、实验、考试等各教学环节，苦练教学基本功，学习和掌握正确的教学方法；指导青年教师至少掌握一门课程的教学内容及其相关的前沿知识，明确该课程在人才培养方案和课程体系中的地位和作用；锻炼青年教师的实践技能和科研技能，帮助青年教师掌握各种教学手段和现代教学教育技术，鼓励并指导青年教师大胆进行教改实践，不断提高教学质量。

经过一段时间“精准思政”的探索，成都东软学院在课堂精准施教、精准挖掘企业文化思政资源、精准打造“4A”柔性学习环境、精准开拓MOOC 教学资源、精准翻转课堂等方面开展的精准施教和精准管理取得了一定的成效。同时，我们也在思考如何形成一个科学的、系统的民办高校“精准思政”教学模式，寻找到一条适合于类似于东软一样的高校的“精准思政”道路。

参考文献

[1] 习近平．习近平治国理政：第三卷[M]．北京：外文出版社，2020.

[2] 习近平．思政课是落实立德树人根本任务的关键课程[EB/OL]. http://www.qstheory.cn/dukan/qs/2020-08/31/c_1126430247.htm.2020-08-3

以学生为中心的混合式教学模式探索与实践
——以“概率论与数理统计”课程为例

郑志静　王　璐

（成都东软学院基础教学部　四川　成都　611844）

摘　要：在高等教育信息化逐步深化的大背景下，混合式教学模式成为高等院校教育教学改革的重点内容。概率论与数理统计课程组以打造“一流课程”为目标，以超星学习通为技术平台，将课程分为线上、线下两部分，从课前预习、课内学习、课后复习及作业、作业讲解到课外知识拓展等多方面进行有效整合，以多样化的教学模式及方法，引导教师发挥引领作用，以学生为中心设计教学内容、教学方法及教学效果评价体系，根据平台提供的多方面指标跟踪学生实际学习情况，及时调整教学方法和进度，使学生学有所得，学有所用。

关键词：混合式教学模式；概率论与数理统计

Research and Practice of Blended Mode of Course Teaching and Learning Based on Student-Centered
—Taking the Course of “Probability and Statistics ”as an Example

Zheng Zhijing　Wang Lu

(Department of Basic Courses Teaching, Chengdu Neusoft University, Chengdu 611844)

Abstract: In the context of a deepening information reform for higher education, the blended mode of course teaching and learning reform has become a key front. Aiming to build the first-class course of “Probability and Statistics”, the research team attempts to turn the course into online section and offline section through the technical platform of Chao Xin. In such attempt, the different phases of learning, like pre-class preview, in-class learning and after-class review and exercise review would be reasonably integrated. Meanwhile, the teacher, under this teaching model, is requested to play a leading role through conducting the student-centered teaching, designing appropriate appraisal system and acquiring the feedback on students’ learning outcomes, with which the teacher can adjust the teaching method and teaching schedule accordingly, in the hope that students can fully understand and practice what they learn.

Keywords: blended mode of course teaching and learning; “Probability and Statistics”

1　引　言

混合式教学，指将在线教学和传统课堂教学有机融合的一种新型教学模式，既能体现教师的自主性又能发挥学生作为学习主体的主观能动性和创造性。在《国家教育事业发展“十三五”规划》中明确提出：“加快完善制度环境，全力推动信息技术与教育教学深度融合，鼓励教师开展混

作者简介：郑志静（1981—），女，汉族，籍贯浙江遂昌，副教授，硕士，研究领域为计算数学、信息安全；王璐（1986—），女，汉族，籍贯四川西昌，讲师，博士，研究领域为应用数学、数学地质。

合式教学。”[1]

2018 年 6 月 21 日，教育部召开了改革开放以来第一次中国高等学校本科教育工作会议，指出要把本科教育放在我国人才培养的核心地位，提出建设“一流课程”的目标和要求[2]。

课程组以此为契机，以“概率论与数理统计”课程为例，对标一流课程建设目标和要求，探索与实践以学生为中心的混合教学模式。

2 课程特点

“概率论与数理统计”课程（32 学时）为面向我校 4 系共 13 个本科专业开设的专业基础课，开设时间为第四学期，近两期授课人数均超 1 600 人。课程以 T-C 教育教学改革为指导思想，结合《普通高等学校本科专业类教学质量国家标准》及专业人才培养方案设计课程内容，以学生为中心，坚持课程思政在课堂，立德树人为核心，教为学服务。

概率论与数理统计课程是学生在学习了高等数学之后需要学习的数学基础课程，主要讲授概率论的基本概念、随机变量及其分布、随机变量的数字特征、数理统计基础这四个单元内容。通过本课程的学习与训练，学生将初步形成研究随机现象的数学思想和方法，具有一定的分析及解决问题的能力，为将来从事相关领域的科学研究工作做好准备，对提高学生数学素养和培养学生抽象思维、逻辑推理、分析和解决实际随机问题的能力具有重要作用。

课程组在基础教学部的指导和数理团队全体教师的支持和配合下，从课程体系优化、教学内容深化、教学方法改革、应用案例更新入手，将教学内容与计算机应用、数学建模有机融合，融通信息技术与教学效果评价体系，努力实现知识、能力、素质有机融合。

3 混合式教学改革的必要性

自 2011 年学校升格为本科院校以来，“概率论与数理统计”课程就是我校工、管类专业必修的专业基础课程。在传统课堂教与学过程，以单一课堂教学为主体，出现了以下问题：课内教学时间有限，教学内容较少且不能很好拓展；课后练习讲解不全面；教学内容重理论、轻应用，教材更新速度慢；教师在教学过程中占主导地位，教学质量完全依赖于教师的教学水平，不能体现学生在教学中的主体地位，学生学习相对被动；考核方式单一，在大班型下，教师对学生的学习过程不能完全考量；师生沟通不够及时、全面。为了改变这种相对落后的教学现状，学校以混合式教学模式为契机，结合线上、线下两大教学平台进行综合教学；利用网络课程资源和智慧化教育教学平台（超星学习通）进行分类教学，以线下课堂授课为主，线上学习为辅，综合设计课后作业和单元自测，配套详细讲解视频，让学生课后学有所练，有问必答，合理设计评价体系，引导学生自主学习。具体教学设计如图 1 所示。

4 混合式教学模式的实施过程

课程组充分发挥团队合作优势，集体备课，结合我校学生情况及专业特色，在教学深度上进行把控、广度上进行延展，将 13 个本科专业按专业大类分为工科类和管理类，在课程内进行区别教学、练习及考核。重构教学内容，整合教学资源，完善教学内容，将原 32 学时讲授的 3 章内容（概率论的基本概念、一维随机变量及其分布、多维随机变量及其分布）拓展为 4 个单元，分别为概率论的基本概念、（一维、多维）随机变量及其分布、随机变量的数字特征、数理统计基础，以线下 32 学时，线上 32 学时共同完成。

建设课程教学资源，包括：教学课件的制作；重难点知识视频录制；课后作业、单元自测的设计、线上题库的整体规划及建设；录制练习详细讲解视频；线上学习内容的设计及视频录制；分专业的课外拓展学习资源建设；对线上已有视频资源进行筛选，持续更新相关内容；以课程组为单位统一发布课程进度、教学内容、课后练习、单元自测、课外拓展；编写配套教材。

设计课程评价体系，完善学生课堂内外、线上线下学习过程的跟踪与记录，使学生在课程评价这个学习风向标下，自主学习，养成独立思考、运用知识和创新思维等能力。

借助超星学习通较为完善的数据统计，实时

反馈学生学习情况及教学过程中的不足，对课程进度、内容深度等进行微调，使课程更贴近学生需求。对社会热点问题进行开放讨论，集大家之智慧于一体，不拘泥于教师教，学生学的模式。

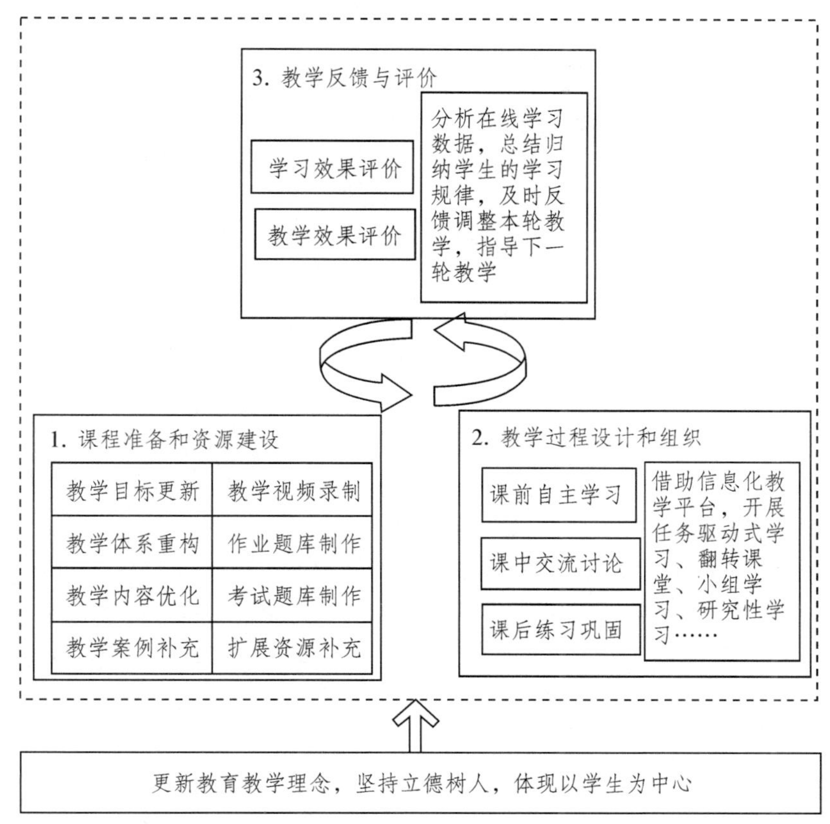

图 1　混合式教学模式设计图

5　结　语

在混合式教学模式下，课程组教师集体备课，集团队力量保证课程质量。教师引导学生课前线上自主学习，对内容进行初步了解；课中对知识点进行深入探讨及应用举例；课后结合作业及拓展练习巩固知识点，对重难点知识录制视频，方便同学课后复习；全方面讲解作业、单元自测，照顾所有同学需求；开放线上问答，教师和学生均可回答问题；对拓展练习采用开放式的过程，引导学生独立思考，运用知识；设计立体评价体系，对学生学习过程进行充分考量，引导学生自主学习，从被动接受知识变为主动学习知识，成为课程的主人。

参考文献

[1] 谢克仁. 混合式教学的文化建构[J]. 科技视界，2019（21）：147-148.

[2] 潘保田. 新时代 新要求 新征程 全面提升高等理科教育水平[J]. 高等理科教育，2019（5）：3-7.

[3] 徐尔，赵鲁涛，李娜，等. 概率论与数理统计“金课”建设与教学改革——基于慕课的混合式教学模式的探索与实践[J]. 高等理科教育，2020（2）：116-123.

[4] 江绍萍，张靠民. 基于 MOOC 的概率论与数理统计混合式教学模式探讨与实践[J]. 教育教学论坛，2020（31）：291-292.

[5] 王芬，张少艳，吴小英. 混合式教学模式下概率论与数理统计课程的改革与实践[J]. 高教学刊，2020（28）：86-8.